大学时期的马敏

工人时期的马敏

1990年在普林斯顿
大学校门口

1990年在耶鲁大学
神学院图书馆

1997年在牛津大学
圣约翰学院

马敏近照

论孙中山的现代国家建设思想

政治现代化是现代化的一个重要方面。而具有现代导向的、高效而有力的现代型国家的建设，又是实现政治现代化的关键。发展是现代化的永恒主题和根本目标，然而，社会与经济的发展离不开广泛的社会动员，离不开社会资源的重新配置和社会利益的重新调整。要成功地推行现代化，社会系统必须创造出新的政治体系，即用国家行为来推动社会和经济变革，为现代化扫清道路。国家（主要指中央政府）的主体作用，在像中国、日本这样的后发型现代化国家的成长过程中，表现得尤为明显。晚清以降，如何摆脱国家权威危机，创建一个能适合现代化发展需要的新型国家体制，一直是困扰几代中国人的核心问题。不同阶级和不同社会利益的代表给出了不同的答案。其中，孙中山以三民主义建设现代型国家的政治理念，不仅标志着近代中国人向西方学习达到了一个新的高度，而且蕴藏着实现政治现代化的极其丰富的内涵，值得深入加以探讨和借鉴。

保证之一。由于政党与民主政治的实施有着如此密切的关系，所以也引起孙中山的高度重视，他说："夫国家之成立，必赖乎政治。而民国之政治，若普问于国民之可否，岂不费时耗事之手续？故欲简而捷，必赖政党。今有二三政党商量妥协，而国之政治即举。"①现代政治往往是多个代表不同政治利益的政党通过相互间的斗争、争论，同时又相互妥协、取多数意见而行动，所以政党的存在和有序竞争是国家政治进步的标志。"国家必有政党，一切政治始能发达。"②"组织政府，则成立同道合之政党内阁，……以其所信之政见，著而措诸施行。退而在野，则使他党执政，而己处于监督之地位，相摩相荡，而政治乃日有进步之机。"③可见政党正是构作现代国家的政治组织，也是传达民意的管道和工具，"各政党集一部分人的组织而成。各持一定之政见，活动国内，其影响及于国家政治，至远且大。"④

民国成立后，孙中山政党政治的理想实际并未实现，许多在不常政治环境中所订立的政治原则都变形走样，以致使政党林立，但纷争不已，政治没有实际的进步，民国也只是徒具虚名。这种政治不靖的现状，直接造成当时近代中国的困难，现实政治的困境，使孙中山不得暂时推

①《政党与政府之重要关系》，《国父全集》第二册，348页。
②《政党宜重党纲党德》，同上，第二册，第223页。
③《国民党宣言》，《孙中山全集》第　卷，第　页。
④《今后国民之努力建设》，同上，第　卷，第　页。

微言希声

——马敏谈史论学集

马敏◎著

華中師範大學出版社

新出图证(鄂)字 10 号

图书在版编目(CIP)数据

微言希声——马敏谈史论学集 /马敏 著. —武汉:华中师范大学出版社,2016. 4
ISBN 978-7-5622-7141-3

Ⅰ. ①微…　Ⅱ. ①马…　Ⅲ. ①史学—文集　Ⅳ. ①KO-53

中国版本图书馆 CIP 数据核字(2015)第 244968 号

微言希声——马敏谈史论学集

责任编辑:王中宝　**责任校对**:刘　峥　**封面设计**:罗明波
编 辑 室:学术出版中心　**电　话**:027－67863220
出版发行:华中师范大学出版社
社　址:湖北省武汉市洪山区珞喻路 152 号　**邮编**:430079
电　话:027－67863040(发行部)　027－67861321(邮购)
传　真:027－67863291
网　址:http://www.ccnupress.com　**电子信箱**:press@mail.ccnu.edu.cn
印　刷:湖北恒泰印务有限公司　**督　印**:王兴平
字　数:400 千字　**开　本**:710mm×1000mm　1/16
印　张:21.5
版　次:2016 年 4 月第 1 版　**印　次**:2016 年 4 月第 1 次印刷
定　价:55.00 元

欢迎上网查询、购书

自　序

我是1955年生人，今年整整六十岁了！从过去的“小马”到如今的“老马”，再到十来年后的“马老”，人生的脚步可谓匆匆，稍不留神，岁月就偷偷溜走了。套一句老话：光阴似箭，日月如梭，时不我待呀！

按中国古人的观念，六十年为一个甲子，循环往复，周而复始，构成所谓纪年。所以，六十年也是人生的一个周期，又称花甲之年、耳顺之年，但凡到此年龄之人，无不积累了较为丰富的人生经验，开始由壮而老了。正因为年届六十，是一值得纪念之年，故我的一些学生和同事建议将平时散见的各类小品文和书评、序言之类稍作汇集，以便观览，亦作一纪念。恭敬不如从命，遂有此文集之诞生。

收入文集的文章大致分四类：“谈师忆旧”、“治学杂感”、“深度书评”、“各类序言”，这些文章大多散见于各类报刊，多数篇幅较短，算不得正规的论文，故取名曰“微言希声”。古人云“大音希声”，我不敢妄言“大音”，所以只能称“微言希声”，有敝帚自珍之意。但尽管是“微言希声”，却又多出自肺腑，天然去雕饰，直抒胸臆，反而可窥见自己真实、简约的一面，这是编辑此文集的本意，还望读者诸君明察。

既然要谈师忆旧，编辑这本文集时就难免要对自己六十年的人生稍作回顾，算一个总账，发一点感慨，多少对已逝的岁月和将面对的读者有个交代。

我这六十年，说来也简单，大致可分为前三十年求学之时代与后三十年治学与治事之时代。

所谓求学之时代，系广义而言，自小学、中学、上山下乡、当工人到上大学、读硕、读博，学人生、学知识、学社会，皆为广义之“学”也。

我出生在四川雅安，长大在成都，籍贯为富顺，所以虽是川人，但要再问四川哪里人，有时就语塞了，按老习惯我应为四川富顺人，但按新规定，我又应以出生地定为雅安人。为顺应时代潮流，也不知系从某年某月起，我在履历表中就一律填作雅安人了。雅安在民国时期系西康省省会，1955年，也就是在我出生那年，西康撤省后并入四川，设雅安地区，后又改为雅安市。雅安也是由川入藏的必经之地，素有“川西咽喉”、“西藏门户”之称，历来为兵家必争之地。我在雅安长到两岁多，但几乎没留下什么记忆。为弥补这一遗憾，2003 年夏，我与夫人在知青时代的好友冯钟先生的陪同下，专门到雅安故地重游。这才发现雅安竟是如此山清水秀，岷江支流青衣江清澈见底，穿城而过，民风淳朴，实乃一宜居之地。也是此次重游，使我了解到雅安有“三雅”：雅雨、雅鱼与雅女，“雅雨在头上，雅鱼在江中，雅女在心里”。2013 年雅安芦山大地震之后，作为雅安人，我也接收到无数的慰问，尤其华师学子的一句“这一刻，我们都是雅安人”，更使我倍感温暖，打心眼里为我的出生地骄傲。

两岁多离开雅安后，除随我的外婆到老家富顺居住了约一年多，我的童年、少年和部分青年时代都是在成都度过的。在成都的 16 年，是我初识人生，逐步成长的 16 年，我在这座城市读完了小学、初中和高中，又从这里上山下乡去了大凉山当知青。所以，我所有童年和青少年时代的美好记忆都与这座从容、休闲的省会城市相关。某种意义上，我也是一个地地道道的成都人，成都人的性格和文化已深入我的骨髓，无法更易了，加之夫人也是成都人，因此，多年以来，虽然长期居住在武汉，但我们在家讲的都是成都话，过的也多半是成都生活，炒菜必加郫县豆瓣，最拿手的菜是回锅肉。青少年时期在成都接受教育的结果，使我学会了乐观、大度、宽容和坚强，成都人都是天生的乐观派，一点微薄的收入也可将日子过得有滋有味，从不怨天尤人。在那个动乱的年代，我的小学、中学和高中教育没什么特别的，一会儿闹革命，一会儿复课，除高中三年因邓小平“回潮”，还扎实学了点知识外，其余时间基本上是信马由缰，无忧无虑地打发日子，看了不少中国的、俄国的小说，学会了下象棋、吹竹笛，以及几套不怎么派得上用场的武术。成都岁月有两件事对我一生影响深远：一是当时我的父亲在外地工作，母亲带着弟妹在成都远郊一所子弟小学教书，大约从小学五年级起，基本上就是我一人独自在成都生活，孤独培养了我独立生活的能力。我从小自我要求甚严，一直担任班级和学校学生干部，是老师心目中的好学生。二是高中毕业那年，作为成都中学生中的优秀学生之一，我有幸被选中，代表当年上山下乡的全体成都知青在人民南路广场主席台上发言，面对黑压压的集会人群，立誓扎根农村干革命。尽管以后因种种原因没能在农村扎根，被招到武汉当了建筑工人，但当年要去农村扎根的思想却是真实和坚定的，有着那个特定时代青年人的一腔热血和献身精神。

从成都到四川冕宁大凉山插队两年半之后，我于 1976 年底被招工到武汉，成了中建三局二公司的一名建筑工人，1977 年年底又幸运地从青山建筑工地考上了华中师范学院历史系，成了恢复高考后的第一届师范生，从此走上了正规求学、治学的道路。

我的治学，严格说来，是在随章开沅先生攻读硕士、博士后才真正开始的。在恩师的指点下，通过持续不断的努力，大致在辛亥革命史、商会史、教会大学史、博览会史等学术领域小有成就，尤其在“三会”（商会、教会、博览会）历史研究中取得了若干独创性的成果，受到学界好评。这些，在我的一些学术简介和访谈中已有较多的报道，不再赘述。

治学而外，大致从1995年担任华中师范大学历史文化学院首任院长开始，我又出人意外地走上了“治事”之路，从院长而副校长、校长、书记，一路走来，又一个20年过去了，至今还没能卸下担子。

回顾我六十年的人生，虽然波澜不惊，但一路走来也颇为曲折艰辛。虽有成功的喜悦，但更多的是奋斗中的坚持，“宝剑锋从磨砺出，梅花香自苦寒来”，“人生不如意事十常八九”，信矣！人是必须要吃些苦方能真正成熟乃至成功的。在我的成长过程中，有两段经历对我影响至深：一是1974年夏至1976年底两年半的知青生活，我称之为“土插队”；一是1989年夏至1992年初两年半的出国访学，我称之为“洋插队”。知青生活经历不仅是吃了许多苦，更重要的是使我接触到了真实的中国农村社会，了解到了什么叫“一穷二白”。我上山下乡的地方是位于大凉山的汉彝杂居的冕宁县团结公社，这里是安宁河的上游，也是当年红军长征途经彝区时刘伯承将军与彝族首领小叶丹歃血为盟的地方。虽然风光秀丽，春来山茶花、迎春花满山满谷，热烈绽放，但生活条件却异常艰苦，以玉米、土豆为主粮，青黄不接时闹粮荒是常事。自己既有过挨饿受冻的经历，也有过抗洪抢险时在激流冲击下九死一生的惊险。我也曾一度在农村小学中当过代课教师，虽然辛苦清贫，但精神上却很满足。尤其时隔40年后，再次回到我曾经插队和教书的地方，一位我当年曾经教过的彝族学生一眼就认出了我，一声“马敏老师”，顿时使我热泪盈眶，百感交集。现在回想起来，这些难得的经历都已成为一笔宝贵的人生财富，无论再遭遇什么样的磨难，我都能咬牙挺过来，或许这种“能扛”或“抗压”的精神就是所谓“知青精神”的内核，也是那一代人中不少人成为今天中国社会栋梁的关键所在。

与上山下乡的“土插队”相比，出国深造的“洋插队”虽然并不存在生活上的“苦”，但置身异域文化中，却难免一份精神上的“苦”。记得一人初去美国时，最难挨的便是漫漫长夜中那种挥之不去的孤独和乡愁。不过，这毕竟是短暂的阵痛，一旦适应了国外的生活，更多的则是打开眼界的新奇和收获。不为学历为学问的较长时间的访学，使我能有更多的时间和精力广泛接触美国一流大学的学者和普通美国民众，在真切了解西方文化的同时，又通过对比反观中国文化，从而获致更深刻的理解，不仅拓展了国际视野，也增强了自己的文化自信。正如我在许多场合所说过的，无论对学者而言，还是对大学领导者而言，一定的国外学习经历是十分重要的。在一个日益全球化的时代，必须有开放的心态和世界的眼光，既要当好堂堂正正的中国人，也要学会做一个心胸开阔的“地球人”。“我们当校长也好，当老师也好，在这样一个全球化的时代，一定要有一种博大的胸怀和长远的眼光，要从世界的角度来看问题，这样才能够兼收并蓄，使自己及学校都能够有所追求，不断创新，不断发展。”（《如何认识大学的文化功能?》，《大学》2012 年第 2 期）自担任校长以来，我一直致力于推动华中师大的国际化进程。其实，这正是若干年前在美国、英国实地观察诸如普林斯顿、耶鲁、牛津、剑桥这些世界一流大学的结果。在这些大学中的实际体验，使我深刻地认识到，大学一定是多元文化交汇之地，创新的灵感往往源于多元文化的碰撞，中国大学的现代化进程必须与国际化进程相结合。

人的一生若要不断有所长进，就得不断总结，时不时算算“人生账”。六十一甲子正是总结人生的一个好时机，对如何“做人”，我有如下一些肤浅的体会：

一是要活得认真。我曾经说过一句大家认为很受启发的话：“在人生的每一个阶段，做最好的自己。”实际上这是一位记者问我如何取得人生的成功，我脱口而出的一句大白话，也是自己人生的经验总结。我觉得，人的一生必须活得认真，活出精彩，不枉来世间走一回。所谓“在人生的每个阶段做最好的自己”，即不好高骛远，一步一个脚印，扎实走好人生的每一步。当知青就当一个好知青，老老实实修好地球；当工人就当一个好工人，拧紧每一颗螺丝钉；上大学就做一个勤奋的大学生，学海泛舟；教书就好好教书，把学问绣出花来；当校长就当个称职的校长，在其位而谋其政。一步步走来，人生也就一步步走向成功。不管命运如何安排你，都活得认认真真，活得潇潇洒洒，活得有尊严，做好眼下事，盯着未来路，永远认真，永不放弃，这便是人生成功的秘诀。

二是要活得真诚。不管别人怎么待我，我永远以真诚待人。无论对己对人，一就是一，二就是二，不蒙别人，不坑别人，也不做违心之事，天地良心，死后可以安然见马克思。如陶行知所说：“捧着一颗心来，不带半根草去。”“千教万教，教人求真；千学万学，学做真人。”平生最不齿的，就是说假话之人、口是心非之徒。一旦认定，绝不再交往，更谈不上信任，敬而远之，一切免谈。

三是要活得有信用。过去的士，有一种最根本的品质：重然诺。一诺千金，九死不悔；“一言既出，驷马难追”。这种说到做到、绝不食言的信用和义气，既为古风，也是今天做人的正道。言而有信，方能得到别人发自内心的尊重与信任。这既是经商的最高准则，也是现代人所应具有的美德。

四是要活得坚韧执著。“大雪压青松，青松挺且直。”为人也要宁折不弯，要有孟子讲的大丈夫的浩然之气。在人生的旅途中，无论遇到多大的挫折和失败，绝不沮丧，绝不垂头丧气，打落牙齿和血吞，从头再来。看准的事，值得做的事，再苦再累再吃亏，也得坚持做，直到有好的结果。人生要有这种韧性和定力，才能真正成就一两桩大事，铸就自己的一些真本领。

五是要活得积极主动。我的人生我做主，一定要有一种“笑对人生”的豁达的人生态度。即要以乐观、积极、主动的态度对待人生，主动做好自我设计，想尽一切办法去克服各种各样的难题。一方面要执著，另一方面又不要迂腐，遇事多问几个“为什么”，与时俱进，多想想解决问题的办法，常活常新，常学常新，始终不失赤子之心，始终保持对新事物的好奇心。

以上所谈，只是我个人的一些肤浅认识，不一定管用，只是希望对年轻人和后来者多少有些提醒和借鉴作用，即吾愿达矣。六十年弹指一挥间！流年似水，韶华易逝。我们得珍惜自己有限的生命，以只争朝夕的态度，多做些对社会和大众有益之事。“莫道桑榆晚，为霞尚满天。”一代人有一代人的使命，人生不同阶段也有不同的使命，花甲之年，更多的是要完成铺路的任务，让后继者迎头赶上，超越自己，以使学术和事业的生命得以延绵，薪火相传。对自己这本即将面世的谈学论史集，亦应作如是观。

言不尽意，是为自序。

马　敏

乙未年初夏于华大家园之淡泊斋

目　录

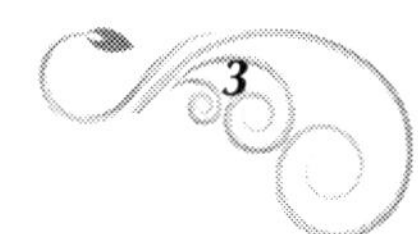

一、谈师忆旧

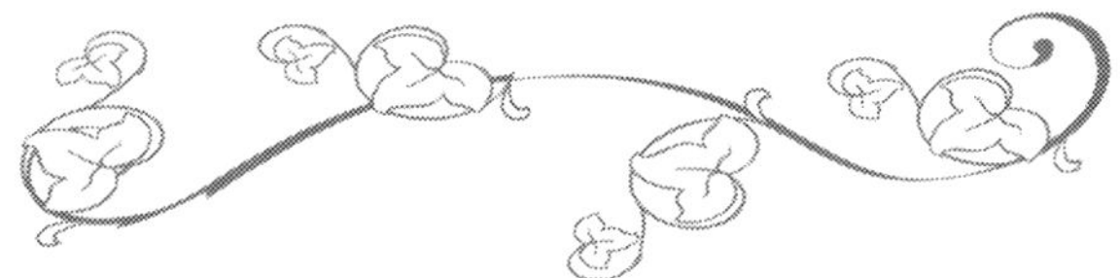

“流水不争先”

——追念史家林增平先生

在近些年相继辞世的几位史学名家中，湖南林增平先生亦是值得大书一笔的。

林先生虽自1953年起，就一直在湘中任教，但却不是湖南人，而是一道地的江西老表。他于1923年旧历十一月诞生于江西萍乡安源，父亲是一个煤矿工程师。林先生的青少年时期，基本上是在江西度过的。连年的军阀混战、艰苦的八年抗战，使青年时代的林先生饱尝颠沛流离之苦，但也锤炼了他一生坚韧不拔的性格。正是在这动荡的岁月中，林先生胸怀大志，勤学不辍，打下了扎实的治学基础。1947年，先生自江西南昌的中正大学文史系毕业，留系任教。1953年院校调整中，林先生从更名后的南昌大学（今江西师范大学）调至湖南师范学院历史系任教，开始了长达近40年的执教湘中的学人生涯。由是之故，作为史家的林增平，既有赣人的质朴淳笃，又具湖湘文化浸润熏陶后的儒雅。

我非林先生的嫡传弟子，不曾正式就教于先生门下，但一则因湖北、湖南两省相邻，交通便利，二则因业师章开沅先生与林公情谊深厚，因此，叨老师之光，与林先生时相过从，认真请教，算得上私塾弟子一路吧。我记得最后一次见到林先生，是1988年元月于武昌桂子山华中师大校园内举行我们那届博士生的毕业论文答辩。当时我们那届博士生共四人同时毕业，导师章开沅先生特请来林增平先生和南京茅家琦先生出席论文答辩会，并由林、茅二公轮流担任论文答辩会主席。在我们这个小小的学术圈子内，几位名师与莘莘学子相聚一堂，于深冬料峭的寒气中，自然感受到一种融融的暖意。知林公平时喜欢喝几口酒，以酒佐文，相得益彰，故特与内子备当时市面上难得见到的正宗五粮液两瓶，邀林公与诸学友同饮。林公饮酒也颇儒雅，一般到好为止，不过量，加之学兄中以不谙杜康之道者居多，一顿酒“闹”下来，尚存半瓶佳酿。从无师长架子的林先生在众人的建议下，也不推辞，乐呵呵地将残存的半瓶好酒揣回住所，一人独饮。此事给我印象极深，足证林先生之平易近人，无半点虚假做作之穷酸文人气。

博士论文顺利通过后，学友们各奔东西，我亦于次年放洋赴美，在大洋彼岸一住就是两年有半。其间也不断地听到林先生的消息，读到他的史学新著。一次听说他应邀访美，自西徂东，一路飞到波士顿，但等我们匆匆驱车赶到波士顿拜谒，他已于两天前飞回大陆了。1992 年年初回国后，整日里忙忙碌碌，竟无缘见上林公一面。不久即听说他老人家不幸患了肺癌，还没有从这可怕的噩讯中清醒过来，接着又传来他病逝的消息。这位享誉史坛的学人实在是走得太突然、太匆忙了，令人不禁感慨系之。

作为知名的中国近代史专家，林增平先生的学问做得好，这是学界所公认的。我当初在大学本科就读时，学海泛舟，懵懵懂懂一脚踏进了中国近现代史的大门，并乐此而不疲，很大程度上，即是受到林先生那部有口皆碑的两卷本六十多万字的《中国近代史》的影响。林先生于 1958 年出版这本书时，年仅 35 岁，刚过而立之年不久。在这本书中，林先生根据多次修改的讲义，对中国近代史上的人物和事件作了系统的梳理，并以马克思主义唯物史观阐释之。此书属最早的成体系的中国近代史通论专著之一，由于体系完整，资料丰富，立论也比较公允，因此，出版后即受到普遍的好评。

以后，我在章开沅先生指导下研究辛亥革命史与中国资产阶级，同时也受惠于林先生的一系列学术著作。这里顺便提一句，在当今中国学界中，林、章二公可谓推心置腹、亲密合作的典范。无论从史学见解和人品风范而论，二人均非常接近，当然其史学风格又各具特色。相比较而言，林先生似更趋平稳、坚实，往往于平淡、细微处异峰突起；章先生则每每高屋建瓴，宏大酣畅，自成一格。两人合作，正好取长补短，相映成趣，一部备受中外学者赞许的三卷本《辛亥革命史》，正是二人珠联璧合的杰作，在辛亥革命史研究中具有里程碑意义。这部由章、林二先生主编的大型著作，于 1981 年出齐，是中国第一部全面论述辛亥革命历史的专著，被海外学者称为“三十年来辛亥革命史研究的集大成者”。自这部书出版以来，弹指 14 年时间过去了，但辛亥革命史研究从体系上来说，仍然没有超出此书的范围。我本人的博士论文《过渡形态：中国早期资产阶级构成之谜》（中国社会科学出版社 1994 年出版），在学理上，正是循着章、林二师的学术框架，作些微新的探索，可以说是站在“巨人”们的肩上去探寻学术的真理。值得一提的是，拙著中所谓微新的探索，某些观点乃是与林先生的学术观点不尽一致的，因此，私下里总有些惴惴不安。然而，雍容大度的林公不仅热情鼓励我大胆地从事新的探索，而且坦诚地表示我的某些不成熟的学术见解，对他自己的研究工作也有所启发。林先生这种虚怀若谷、学术面前人人平等的大师风范，实在令我感动。后来拙著成书出版时，又由章、林二师同时赐序，不胜荣焉！惜此书的出版因种种难以说清的原因，一拖五年，当初欣然为之作序的林先生竟没能看到此书的正式出版，每念及此，不禁悲从中来，夜难成寐。

林增平先生学问好，为人更好。从他老农式的朴实外表上，你绝对想不到他是一位学识渊博的鸿儒、著作等身的学者，更不会想到他还曾是一位挥洒自如的大学校长，头上戴着一顶顶桂冠：全国政协委员、省人大常委会委员、省文史馆馆长等等。林公的学问与人品完全是内在统一的，透着一种毋需雕饰的“内美”，他的学问乃是他人品的外化和展延，就像一眼清泉从看不见的深处汩汩淌出，再为简单和自然不过。人们常常慨叹当今人文精神的世风日下，能“妙手著文章”者可能不少，但能真正做到“铁肩担道义”的人就为数不多了。而林先生恰是那种为数不多的道德、文章俱佳的学者之一。其为人恰如其为文：去尽铅华，里外诚实。学术圈子里私下品评人物，莫不同道林公为忠厚长者。所谓忠厚，一是待人接物皆出之以诚，出之以真，以德报怨，谦和忍让；二是对人宽，律已严，顾全大局，不争私利。“文革”中林增平先生吃过很多苦，挨过许多整，被下放农村劳动一干就是十年，不仅种过地，还烧过水泥。我曾亲耳听他戏曰：当年烧水泥时，汗水与泥沙混在一起，在头发上凝结起来，真真是毛发倒竖，活似怒目金刚。尽管有如此令人痛心疾首的不愉快的经历，但林先生却从不记恨于人，相反，对于整过他，甚至动手“教训”过他的人，他都一概报之以德，不计前嫌，反而使对方觉得无地自容。林先生还曾回忆，当年在农村下放劳动时，挑担可走十里，劳动态度可谓端正之极，房东太太曾疑惑不解地对他说：“像你这样的好人、老实人，怎么会是反动分子?”（《近代中国史研究通讯》第16期，台北“中央研究院”近代史研究所1993年版）或许今天有些人对这种忠厚老实的传统知识分子的美德不太以为然，认定其已然不能适应激烈竞争的市场经济的新形势。但无论如何，我还是希望这世界上，至少在自己的周围多些林先生式的忠厚老实者。这样，我们的人际关系恐要透明得多，和谐得多，容易处理得多，用不着把精力浪费在对人际关系的“心算”和“长考”上，大可以此时间和精力多做些有益于学术和社会的事。

其实，竞争本身仍有着自身的游戏规则，即使我们的社会已转入市场经济，那些历来为人们所称道的传统美德并不会失去效用，人类社会长期累积形成的若干最基本的价值观念具有某种超然性和永恒性，绝不会随时间的推移而“掉价”。现代西方社会早已是高度竞争化的商品社会，但早期基督教所提倡的爱心、诚心、责任感等道德观念仍然是人们经济和社会活动所遵循的基本准则，违背这些准则将会被认为是与西方的价值观念格格不入的，为社会舆论所不齿。更何况我们的老祖宗历来就是把仁义、诚实、信用、勤俭等道德伦理奉为商业活动的最高准则，并提升到

“贯道”的高度加以体认。足见在最基本的为人之道上，往往是中外相通、古今皆同的。

不知怎么，提及林增平先生的人品和学术风范，我总是不自觉地联想到日本棋士高川秀格那种“流水不争先”的“平明流”棋风。其实，这种寓动于静、顺乎自然的“流水不争先”乃是一种极高的人生境界、学问境界和艺术境界。试想淙淙山泉，蓄势而发，顺流直下，汇聚百川，江河赴海，那是何等的力量，何等的气势！还用得着处处“争先”么？惟其不争，方能保持恒常之心，绵绵用力，以实现人生的远大抱负和崇高追求；惟其不争，方不至于因小失大，迷失自我，功亏一篑。因此，“不争先”乃是人生大彻大悟的表现，“不争”之中已包含有顽强的生命意志和不屈不挠的奋斗精神，同时具备了房龙所提倡的彻底的“宽容”精神。比起那种处处争利、吃亏不得的“精明人”，这类大智若愚，立意高远，勇于“不争先”的老实人，实在才是真正的智者和强者。一如围棋大师武官正树对高川秀格的评价：“看来没个性，实际上具有最强烈的个性。”

治学亦如此。记得一位学者受王国维先生《人间词话》中治学“三境界”论的启发，曾把治学的境界具体分别为四等：（一）原始境界。漫无目的，随意而为。（二）功利境界。基于现实，争功求利。（三）艺术境界。基于兴趣，孜孜不倦。（四）圣贤境界。悲天悯人，忘我无私。由此观之，林增平先生是登了圣贤境界的学人。“文章千古事，得失寸心知。”治学是一桩要以生命去相搏的严肃事业，同时又是一个长期累积的过程，要想在学术研究的神圣殿堂上真正占有一席之地，既需要有一种超凡脱俗、十年寒窗的苦干精神，更要有一种决然独立、与世无争的雍容气度，全神贯注于自己的学术事业，借用张謇《自订年谱》中的话说，就是“耐烦读书，耐苦处境”。如果抱着急功近利的功利主义心态，浮躁冒进，孟浪争先，是绝对达不到“悲天悯人、忘我无私”的高远学术境界的。另一位道德、文章俱佳的已故当代史家陈旭麓先生，在其生前密不示人的遗著《浮想录》中，也曾表达过这样的“不争”心迹，“无意苦争春，一任群芳妒”，陆游《咏梅词》中的这句，好在一个“争”字，一个“妒”字，世间的许多杀机就是从“争”和“妒”产生的。

于是我就想到，当我们今天慨叹人文精神之失落，价值体系之紊乱，意欲重寻人文精神之时，是否首先需要以“流水不争先”的“平明流”态度，反求诸己，先定其心，先静其气呢？“心不定，故见理不得。”形而上的人文精神自有其超乎世俗功利、超乎现实政治的终极关怀的一面，这就是为知识而知识、为学术而学术的知识传统和学术传统，它可称为学者的不可或缺的学术修养或学术良心。有此修养和良心，正直的知识分子方可做到胸怀坦荡，无遮无碍，不媚时趋俗，不急功争利，孜孜以求学术的“真经”。明乎此，也就不难理解为什么清儒章学诚在史家诸多品质中，独重“史德”。章氏说：“能具史识者，必知史德；史德者何？谓著书者之心术也。”（章学诚著，叶瑛校注：《文史通义校注·史德》，中华书局1985年版，第219页）对那些“心术”不正且“好名”的著书者，章氏是不屑一顾的。他指出：“好名之人，则务揣人情之所向，不必出于衷之所谓诚然也。且好名者，必趋一时之风尚也，……必屈曲以徇之，故于心术多不可问也。”（章学诚著，叶瑛校注：《文史通义校注·针名》，中华书局1985年版，第445页）

由此可见，史德者，实乃做学问之基本前提也，做人比做学问还要来得要紧。宗师长辞，英气永驻。吾后辈学人亟须明辨这做人与做学问之间的“浅”道理，做学问从做人始，立言之先，先言其德。真如是，在当今社会结构转型空前加剧，文化价值观念相应大幅调整的复杂局面中，或可平心静气地执著于“本业”，重振浩然的人文精神，告慰林公们在天之灵于万一。

（本文原载《读书》1996年第6期）

耶鲁怪杰史景迁

耶鲁大学历史系教授史景迁，身材修长，头顶微秃，穿着随意，不刻意修饰，但又洒脱自如，和蔼可亲，颇具风度；他不爱写严格的学术论文，不出席大型的学术会议，不培养自己的学术“梯队”，不作系统的学术规划。他只是非常投入地教书，教书之余则谈书、写书和旅行。教书、读书和旅行在某种意义上也是为写书作准备。教书、读书、写书是他生活的中心内容和归宿，几十年下来，在他的笔下，已汩汩流出了近十部文学味道很浓的有关中国清代及近现代历史的著作，深得美国读者的欢心。

史景迁系 J. D. Spence 为自己所取的中文名字。他景仰中国汉代大史学家司马迁的成就，悉心追求司马迁的叙事式史学风格，故取本名的谐音而名之。已届耳顺之年的史景迁于 1936 年出生于英国伦敦郊外的萨瑞郡，大学时代曾分别就读于温彻斯特学院和剑桥大学，受到英国史学的严格训练。1959 年他因获美仑奖学金，得以从英国到美国耶鲁大学攻读研究生。在耶鲁，史景迁深得斯坦福大学著名女史学家芮玛丽（Mary C. Wright）的器重和赏识，被招为门下弟子。史景迁则不负师望，刻苦问学。1965 年，他获史学博士学位。其博士论文《曹寅与康熙皇帝》获荣誉极高的一项论文奖：The John Addison Porter Prize。史景迁本人也因此而破例留校任教(美国名牌大学一般不留自己的毕业生任教)。1970 年芮玛丽辞世，史景迁继承乃师在耶鲁的位置，一路升到亚当斯历史讲座教授，并兼任耶鲁大学 Timothy Dwight 学院的院士。

史景迁身居耶鲁教授的高位，却不摆架子，经常于课余饭后或伏案写作的间隙，抽空溜到 New Haven（耶鲁大学所在地）街上的咖啡馆泡上一阵子，与同事、研究生或本科大学生高谈阔论。记得当初我将由普林斯顿转到耶鲁当访问学者之前，曾手持余英时先生的一封介绍信前往耶鲁找史景迁探路。抵达耶鲁后，心里老犯嘀咕：如此一个大牌教授，会不会从百忙中抽时间见我这个来自异邦的无名小卒？犹豫半天，终于还是横下心拨通了他的电话。当我说明来意之后，史景迁不仅满口答应见我，而且于晚间亲自冒雨驱车到我的住处找我。顷刻间，那种陌生和紧张感全部烟消云散，此后在耶鲁我一直得到他的照拂。

在古堡高耸、春藤绕墙的耶鲁校园，史景迁的讲课堪称一绝。他主讲的从明末到目前四百年来的中国近现代史课程，每两年才开一次，一次一学期。按理说，一个遥远的东方古国的近现代历史，是很难引起养尊处优的美国私立大学学生兴趣的。他们有那么多新奇有趣的课程可以选择，干嘛偏要去听一个老学究唠叨陌生国度、陌生时代的陈谷子烂芝麻呢？然而在耶鲁却恰恰例外。史景迁的中国近现代史课是最叫座的课程，每次选修的人数都超过五百人。换言之，差不多每两个新生就有一个选过他的课。

史景迁的中国史课程缘何有如此的魅力呢？我带着疑问，进了史景迁的大课堂。第一感觉是这课堂可真正是大！几百人济济一堂，迟到者只好坐在过道上，甚至爬到窗台上听课。几堂课听下来才恍然大悟：那些枯燥的史实，过耳即忘的人名、地名，经史景迁浓重的英国腔英语娓娓道出来，似乎马上就有了血肉，赋予了活力，充满了形象，可以触摸，可以感觉，可以品味，可以与之交流对话。几百年前的历史穿越时空的阻隔，鲜活地来到你的身旁，使你如身临其境，这真是令人称奇的讲演艺术！史景迁的讲演同时又是一种表演。诙谐的语气，生动的表情，炽热的激情，加之大段引用背诵的诗歌、散文或小说，以及用作教学辅助手段的幻灯片和录像带，总之，他用一切可以调动的形象手段，把毫无中国文化背景知识的学生带入了特定的史境（historical context）。如同史景迁的教学风格，他的著作不像其他历史学家那样拼命追求学术性和科学性，企图在局部或有限范围内精确地描摹历史、还原历史，或发现历史中所隐藏的“规律性”，简言之，以求真求实为史学的生命。史景迁也利用第一手材料甚至原始档案资料写书，但他的长处却不在凭借对史料的占有“科学地”研究历史，而主要在于借助二手资料生动地叙述历史，再现历史的全幅式场景。这正是他以中国史为主题的历史著作能获得如此广泛的美国读者青睐的根本原因。

写人是史氏历史著作最突出的特征，也是其永恒的主题。除近年所出版的一本大部头中国近代史教科书《寻求近代中国》（1990）而外，史景迁的每一本书都是一本独立的传记，或若干交错的传记。这些传记的主人翁可以说是五花八门，形形色色：有雄才大略的封建帝王（《康熙自剖》，1974）；有手持《圣经》的传教士（《利玛窦的记忆之宫》，1984），也有激情浪漫的革命者（《天安门：中国人及其革命》，1981），甚至连姓名也弄不清楚的乡村妇女（《王氏之死》，1978），等等。史景迁以极大的同情心和丰富的想象力讲述这些历史人物的故事，他并不在乎传主们有多少惊天地、泣鬼神的丰功伟绩，而只是平等地将他们视作历史长河中曾经生活过的一个人或一群人。他想告诉人们的，无非是这些人如何以自身的禀赋在不同时代和不同环境中去生活，去思考，去实现其生命的旅程和存在的价值。对人的探讨实际上也就是对生活和生命意义的探讨。他写康熙皇帝，实际上已超越了康熙自身，或者说他是想去探寻康熙内心的世界和他背后的世界，如《康熙自剖》开头所言：

本书的目的是探索康熙的内心世界：何种内在的力量使他能够承负统治中国的重任？他从周围世界学到了些什么？又如何去看待他的子民？什么使他快乐，什么惹他恼怒？在岁月流逝中，他记忆犹新的究竟是些什么？

那个曾在广州替教会看门，后来被耶稣会传教士带到欧洲，受尽屈辱后又返回家乡的江西人胡若望的种种疑问(《胡若望的疑问》，1988)，归结到底，还是史景迁本人的疑问：人的生命旅程的意义究竟是什么？这种对人及生命本体意义的深厚的关怀，使史景迁的史学著作如同他的讲课一样，充溢着人文主义的气息。

优美的文字风格和高超的写作技巧，构成史氏历史著述的又一突出特色。时下一般史学著作因追求严格的科学性，往往忽视了可读性。相反，史景迁格外注重叙事的技巧，如写康熙，他借康熙本人之口，从“游”、“治”、“思”、“寿”、“阿哥”(儿子)、“谕”等六个方面，把康熙的生平行述和内心世界写得声情并茂，多彩多姿，可读性极强。胡若望的生平也充满了传奇色彩：一忽儿广州，一忽儿巴黎，一忽儿好望角，一忽儿罗马，不同的场景、不同的文化和风俗，以及主人翁的幻想、期待、受骗、沮丧、获救、回乡等不同的心理活动和遭遇，简直令人眼花缭乱，应接不暇。但史景迁却写得从容不迫，错落有致，随胡若望的命运沉浮而星流云转，道出了一个早在1722年就到过欧洲的中国人极富传奇色彩的一生，以及他在穿越不同地理与文化空间时内心的种种冲突和疑问。

史景迁文笔的优美，状物写景的深湛功力，在当代史学家中实属罕见，以致有人断言，只要熟读史景迁的若干著作，英文写作就能大体过关。也有人称他为“当代文学家中的语言文学大师”。如他写塞外的夏日：

步出长城之外，清新的空气和湿润的泥土令人为之一爽；舍山间小路，策马跃入粗犷的莽原，森林覆盖的群山起伏，犹如密密匝匝的青纱帐。愈往北行，视野愈加开阔，数百里内一览无余。……虽时值盛夏，但树上有露珠闪亮，一些树叶已开始变黄，宛若深秋的景色。(《康熙自剖》)

尽管我的拙译很难准确传达原著的神韵，但也可以看到：这是一幅优美如歌的塞北风景画，跃动于内的是活泼、旺健的生命力，是对自然的由衷礼赞和热爱。在史景迁的史著中，真、善、美融为一体。正因为如此，麦克阿瑟基金会在颁发给他一笔为数甚巨的奖金时，说史景迁是一个“有着特殊才华、有前途的人士”，他“将原创性的史学见解与叙述故事的文学禀赋相结合，使其著作在描绘人物与情境方面予人以小说式的感觉”。这已准确地道出了他历史著述的根本特色。

20 世纪以来，随着西方新史学的兴起，史学的科学化一直是现代西方史学的主导潮流。实证主义史学家希望把史学变成自然科学式的科学，英国历史学家艾克顿爵士曾充满自信地宣称：“只要把全部史料给我，我就能把整个历史还原出来。”这不禁使人想起一句名言：“只要给我一根杠杆，我就能撬动地球。”而以法国年鉴学派为代表的新型史学，则试图整合历史学与社会学、心理学、地理学等学科，以“总体史”代替“事件史”，探寻历史深层结构的变迁。他们一以贯之的理想，即是让史学成为真正的科学，科学主义是这一主导思潮的本质。由此观之，史景迁的史学追求乃是游移于西方主流史学之外的异数。

史景迁史著尽管属于非主流史学，但其意义丝毫没有降低。它至少在两方面构成对主流史学的挑战与补充。其一，它承续了从希罗多德到修昔底德的西方古典叙事史的传统，并将之发扬光大，使历史学重新变得多姿多彩，令人读来有趣。其二，它注重历史的人文价值，着意发掘史实中所包涵的文化意蕴，在研究历史中寻找人生的终极关怀，使历史再度成为“人”的历史，人重新占据历史的中心舞台。在这一意义上，它可称为人文取向的史学，而与科学取向的史学相对应。后者注重求真，前者则侧重“化人”（以史为鉴，以史育人）。最后，无论是恢复史学的叙事功能，还是重振史学的人文精神，其根本指归，仍在于使史学走出学术专门家的象牙塔，贴近普通民众，贴近生活。因此，在某种意义上，人文史学也就是平民史学。为平民而写，同时又写平民，写那些“在士大夫教育水准之下的普通人”。如果说科学主义史学重在“研究”，那么，人文史学或平民史学则重在“普及”，它体现了一部分历史学家对历史知识传播的关心和重视。这些历史学家旨在通过重建大众史学，使历史这门古老的学问重新焕发活力和青春，重新赢得社会的重视和普通民众的关心、喜爱。目前传记史学的再度受到垂青，便反映了史学发展中的这一新趋势。

史景迁正是以其特有的才华和禀赋，在美国东亚史研究领域中开辟了人文史学即平民史学的先河，架设了一座沟通中西文化的桥梁。

（本文原载《读书》1997 年第 6 期）

规范认识的超越

——黑马黄宗智

今日之美国汉学界，费正清、列文森们一统天下的局面已不复存在了。传统的汉学研究重镇如哈佛、耶鲁、哥伦比亚、普林斯顿、西雅图华盛顿大学而外，一批新的中国研究中心正在迅速崛起。其中，位于西海岸的加州大学洛杉矶分校中国研究中心尤其令人刮目相看。近年来这个中心在西部开放空气的鼓动下，励精图治，后来居上，正在形成一个颇具实力的研究群体，蕴含着极大的发展潜力。而这个中心的崛起，又同美国史学界的一匹黑马——黄宗智（Philip C. C. Huang）的大名分不开。

黄教授13岁即随家由香港赴美国读书，后入西雅图华盛顿大学，在萧公权先生门下治中国近代思想史，可以说是战后在道地的美国教育方式下培养起来的新生代汉学家。但令笔者吃惊的是，黄氏在美生活凡几十年，居然能于纯正的美语而外，操一口流利、标准的普通话，听说广东话和上海话也讲得很地道。这种语言上的优势，使黄氏既能避免某些在中国受教育，后来旅居美国的学者因语言障碍而产生的同西方文化的隔膜，同时又避免了许多“ABC”（在美国出生的中国人）对中国传统文化和国情的缺乏了解。这或许可以看作黄氏日后能从同侪中脱颖而出，享誉美国史坛的诸多因素中的一种吧。

黄宗智先生之暴得大名，成为美国少壮派史学家中的佼佼者，并不以其寒窗数载、苦心营构的论梁启超与近代中国自由主义的博士论文为指归，这在通行以博士论文闯天下的美国学界不能不说是一个少有的例外。使黄氏一举成名的，乃是在与他的博士论文研究方向毫不相干的社会经济史领域中的开创性的研究工作。1985年黄氏出版了《华北的小农经济与社会变迁》（以下简称《华北》）一书。这是一本不同凡响的经济史著作。它既不同于传统经济史著作的从某一微观经济现象出发，剥茧抽丝，精雕细刻；也不同于汤因比、韦伯等哲人型史学家上下几千年，纵横环宇内，对历史进行宏观、整体的描述，而是以华北这一不大不小的经济区域为考察对象，截取由明清至民国时期这一不长不短的时段，就经济发展与社会变迁两个方面进行宏观与微观相结合的中观研究。寓大于小，小中见大。这种研究已难说是经济史研究还是社会史研究，而是将二者熔为一炉；同时也很难说属于明清史还是近现代史的范畴，它已“跨越了清代史和近现代史的鸿沟，把近现代一些历史的变迁，追溯到清代前期”。研究视角和方法的更新，使黄宗智先生在对华北地区的研究中得出许多不同寻常的结论。如著者认为，倘若比较中西方近代社会变迁，突出的不是其相似之处，倒是两者的不同处。在西方，资产阶级的兴起和小农的无产阶级化，导致小农经济的解体和资本主义工业社会的兴起。但在中国，小农经济一直延续到革命前夕。并明确提出：不要把商品经济的发展简单等同于向资本主义过渡。至少华北农村中广泛存在的谋生而非谋利式的简单商品生产，即是在小农经济范围中展开和收束，并不存在性质的变化。正是类似的一系列新颖见解和研究方法上的创新，使该书一出版即引起强烈反响，并于出版后的次年（1986 年）荣获东亚历史专著费正清奖。

6 年之后，黄宗智先生又推出中国近代社会经济史区域研究的第二部力作——《长江三角洲小农家庭与乡村发展》（以下简称《长江》），再次享誉美国史坛。是书于 1992 年被美国历史学会授予东亚史研究列文森奖。黄氏在美国中国史研究中两度蟾宫折桂，显示出强大的实力和优秀史家的素质。尽管黄著中的许多具体结论是可以商榷的，而且确实也引起了诸多争论（如黄氏与马若孟最近的笔墨官司即是一例），但黄氏在著书立说方面的成功乃是无可争议的。

那么，黄氏成功的秘诀何在呢？

全面评述黄宗智先生两本新著的学术价值，不是这篇短文的目的，这两本书在《读书》中已有介绍。我这里想稍微多说几句的，乃是某种史之外的东西，即导致黄氏在具体研究中有一系列突破的认识论方面的因素，笔者名之为规范认识的超越。

去年，黄宗智先生将近几年围绕写作《华北》和《长江》两书所形成的若干单篇论文汇集成册，取名为《中国农村的过密化与现代化：规范认识危机及出路》（以下简称《危机及出路》），交由上海社会科学院出版社出版。这些论文比较清晰地展现了作者近年来在中国农村社会经济史领域中苦苦求索的思想脉络，为我们把握黄宗智先生理论思维的内在超越过程提供了直接的证据。当黄氏上述两本力作相继推出之际，论者们尚在猜测黄氏是否有创立一新规范（或范型）的大抱负，现在看来，谜底已昭然若揭了，他的确有在中国近代社会经济史乃至整个中国近代史研究中创造某种新规范、新体系的远大抱负，且已开始逐步付诸行动。

稍加观察就会发现，尽管《华北》与《长江》两书在研究方法和写作风格上如出一辙，可视为姊妹篇，但从思维角度看，二书却有很大不同。如果说，《华北》一书重在既有规范认识的“综合”，那么，《长江》一书则表现出对若干规范认识的“超越”。综合之中固然不乏富有新意的探索，但超越的追求则更能体现一种全面的创新意识和突破意识。如著者所言：

> 在我一九八八年的书中，我面对矛盾的历史现象，首先企图通过肯定两代学术和两个古典理论各有的部分道理，来寻求一条调和的途径。而只有到一九九〇年的拙作中，我才清楚地看到了历史的悖论现象向以往两代学术和两种理论共享的不言自明的规范信念提出了挑战。（《危机及出路》第 147 页）

正是在《长江》一书中，黄氏一反过去综合两种古典理论（马克思与亚当·斯密）的调和立场，大胆设定表面看来似乎尖锐对立的两种古典理论及其现代诠释（如“封建主义论”、“资本主义萌芽论”、“传统中国论”、“近代早期中国论”等等）存在着某些共同的规范认识（或曰共同信念），如双方都不言自明地把停滞与前商品化经济相联系，把（资本主义）近代化等同于商品化，认为商品化必然会导致资本主义化。正是从怀疑这些不言而喻、无须证明和已成定论的规范认识入手，黄氏根据大量尽可能搜罗到的历史资料和现代人类学调查资料，论证了从明清到 20 世纪 70 年代这数百年间，江南农村蓬勃发展的商品化进程并不必然导致小农经济的解体和小农家庭生产单位的衰亡，反之却是它的进一步完善。他试图证明，数百年来，江南地区的农业生产在总量上虽然有所增长，但这主要是在人口的压力下，以密集的劳动投入为代价来换取的，并不存在劳动生产率的提高，小农生活长期处于糊口水平，中国人口的大部分仍束缚于粮食的生产。由此，黄氏提出了该书中的一个核心概念——“过密型增长”(involutionary growth)，即没发展的增长。围绕这一核心概念，黄氏不仅给人们勾画了一幅与过去的解释截然不同的长江三角洲农业发展长期趋势图，而且从最终打破“过密型增长”的崭新角度，有力地论述了中国农村十年改革的历史意义。显然，从先前的“综合”到最近的“超越”，体现了黄宗智先生史学思维方式的某种飞跃。正是这种思维方式的飞跃，使黄氏能慧眼独具，于他人习以为常处，捕捉到可能引发若干史学新认识的“问题”，在社会经济史这个充满数字和最枯燥无味的事实的领域，作出具有哲学意味的创造性探索。

黄宗智先生对规范认识的超越直接受惠于托马斯·库恩《科学革命的结构》一书。正是在这本篇幅不大，却特别耐读的科学认识论的杰作中，库恩提到了“规范”(paradigm，或译“范型”）在科学革命中的重要作用。库恩认为，规范为科学共同体

（科学工作者按同一规范组成的集体）所一致拥有，他们按照统一的规范从事科学研究活动，这就是科学。在从事科学研究过程中发现有些事实不能纳入共同体的规范内，就形成反常。反常发展到一定阶段就形成危机。在危机中逐渐产生了提出新的规范的需要，于是开始了科学革命。科学的发展就是如此循环往复，以至无穷。但究竟什么是规范，库恩却似乎从未给出一个明确的定义。黄氏将库恩科学规范的思想移植于史学研究，提出："所谓规范认识指的是那些为各种模式和理论，包括对立的模式和理论所共同承认的，不言自明的信念。"（《危机及出路》第141页）他认为这才是库恩 paradigm 一词的真正含义。在他看来，规范信念或规范认识比起任何明白表述的模式和理论来，有着更为广泛、微妙的影响。它们的影响不仅在于引导人们去想什么，更在于不想什么。它们往往构成不同理论、模式间发生争议时的共同前提和出发点。但不幸的是，在中国社会经济史研究中，恰恰是某些不言自明的共同前提和出发点似乎发生了危机，即规范认识的危机。那么，究竟在何种意义上说已经存在着规范认识危机？黄氏认为，规范认识危机主要来自实证研究所揭露的一系列悖论现象（paradox），这些悖论现象使人们不得不转而怀疑规范信念本身，使规范信念濒于崩溃的边缘。在这里，悖论现象指的是那些被现有规范信念认定有此无彼的对立现象在事实上的同时出现。例如，按照规范认识，商品化应同经济发展相一致，商品化将导致近代化。然而，实证研究所揭示的悖论却是：商品化和经济不发展这一对立的现象确实同时存在。在更深的层次，悖论现象则对既有的因果观念提出怀疑：商品化是否必然会导致近代经济发展？如果从事实性研究中得出的答案是否定的，那就应当超越传统规范认识，构筑新的理论规范，对商品化与经济发展的正确关系作出新的解释，这样，新认识和新观念也就随之产生。黄氏提出的其他悖论现象还包括：城市发展与乡村过密化的同步发展，分散的自然经济与整合的市场并存，没有公民权力发展的公众领域的扩张，没有自由主义的规范主义法制，等等。最近黄宗智先生在他正在撰写的有关中国近代民法史的新著中，已开始系统地提出法制史研究中的若干新的规范，朝创立新规范的方向又迈出了一大步。

学术的进步通常伴随思维方式的进步。黄宗智先生上述的探索应当说是相当深刻的，它触及历史研究中一个相当隐秘但又相当关键的思维方式问题，即立论和思考的规范性前提的可靠性问题。倘若我们研究的是新问题，使用的是新资料，但凭借的却是含糊的、外延不周的、缺乏共同约定的旧概念，或已经与事实相悖的旧规范，仍难免穿旧鞋走新路的尴尬，无法获致有突破意义的科学新认识。此外，当我们在既有规范的旧轨道上运行惯了之后，是否会产生某种思维的惯性和惰力，而需要一种根本性的怀疑精神来重新验定既有规范，激活我们的理论创新意识呢？

当前，史学研究存在着某种危机业已成为大多数人的共识。那么，走出危机的出路何在呢？这里，黄宗智先生有关规范认识危机及其出路的思考，对我们不无启迪：调整我们的思维方式，大胆怀疑并超越某些传统规范性认识，可能是走出危机的第一步。对旧理论的改造和新理论的创立，常常是从原有的概念和研究规范暴露出它们的不适用性开始的。自然科学史上，相对论的创立就否定了牛顿物理学的绝对空间和绝对时间观念，并重新审查了质量和能量等概念。所以，超越规范认识，首先意味着对旧有理论的许多看似规范实则不规范的关键性概念进行廓清或重新理解，使概念的表述得以准确化、清晰化和真正规范化。例如，“封建社会”即是在中西方历史学者中长期引起歧义的一个概念。feudalism（封建主义、封建制度）在西方史学家中是一个有着共同约定性的历史概念，通常指中世纪同封臣制、采邑制和庄园制相联系的社会制度。在中国古义中，“封建”一词亦指实行“裂土分封”制的上古社会。然而，在我们今天所接触的历史教科书中，则是指由秦朝至清朝长达二千余年的封建社会形态。这是将斯大林社会发展“五阶段论”运用于中国历史研究的结果。概念上的如许差异，难怪要使金发碧眼的西洋人在洗耳恭听我们宣讲中国封建社会史时，会急得抓耳搔腮，举手频频。再如中国近代史的下限问题，也存在若干认识含混不清的地方。过去受革命史的影响，通常将中国近代史的下限划在1919年的五四运动，但近年来不少研究者主张从社会形态演化的角度，将下限定在1949年中华人民共和国成立。究竟如何断限更合理姑且不去理论，但至少为编写历史教材计，也应有一个相对统一的说法，否则一入近代史大门，真有令人如坠云里雾中的感觉。其次，更重要的是，对规范认识的超越，又意味着摆脱某些似乎认为毋庸置疑的规范性暗示、联想和推理，逐步过渡到一种新的规范性认识或范型。中国近代史研究中使用得颇为频仍的“洋务派”、“改良派”、“买办阶级”等概念，便带有某种规范性、暗示性的否定价值评判在内。历史人物一旦与这些概念沾上边，往往就成为灰色的乃至反面的历史人物，批判有余而肯定不足。反之，对待像太平天国、义和团运动这类来自社会下层的农民运动，则总是自觉或不自觉地要去寻找和论证其革命性、进步性，而对其内在的深刻矛盾性则鲜有着力的分析，对其表现出的愚昧、落后的一面，往往轻轻一笔带过，甚至完全避而不谈。这是习惯从政治史（有时是极狭隘的革命史）评价历史人物和事件的结果，也是长期的规范认识使然，惜乎尚未得到彻底的纠正，总是或明或暗地左右着我们的史学思维。对传统与近代的两极化认识，也是长期左右人们史学思维的一种规范性联想和暗示。在西方“传统—近代”两橛模式的影响下，人们总是习惯不假思索地将西方近代社会当成万流归宗的“楷模”，凡近代的就是好的、进步的，凡传统的就是不好的、落后的，因此有“全盘西化”的主张和“与传统彻底决裂”的误导。而完全看不到“传统”与“近代”并不是互相对立、水火不容的，而是互相渗透、互相转化的。近代化非但没有也完全不必破坏中国的文化传统，恰恰是为传统的近代转化和承传开辟道路。摆脱“传统—近代”两橛模式的旧规范认识的影响，在传统与近代之间确立一种新的中性认识，其结果很可能是导致新规范的产生，使我们的史学思维走出某种思想的误区。

在上述意义上，黄宗智先生近著中对规范认识的超越，其启发性和普适性似又不再仅仅局限于中国社会经济史研究一隅。

（本文原载《读书》1994年第3期）

忆望龄师

几年没到苏州来了，苏州已变得有些认不出来了。街道明显地拓宽了，尤其过去最热闹的观前一带，已全部进行了重新规划和改造，房屋装饰一新，其现代气息，可直逼上海的南京路。

但我还是喜欢17年前初识的苏州。记忆中的姑苏，不仅有亦真亦幻的小桥流水、烟雨蒙蒙，更有我逝去的青春，以及与望龄师一段浓浓的学缘……

与望龄师相识，是在大学读本科时，但上他的课似乎只有一堂选修，印象最深的，是他流利的板书，显示出深厚的功力。但突然有一天，任我们77级中国近代史课的李子霖老师说望龄师要见我，原因是我的一篇习作（记不清具体内容了，好像是谈三民主义）引起了他的注意，因此邀我一谈。记得是在一间寝室中，望龄师接见了我。他不苟言笑地坐在床边，抽着香烟，眼睛直视着我，问了一些有关学习的问题。正当我为这气氛的严肃和语无伦次的应答而直冒虚汗时，他突然说："你的基础还是不错的，好好学，将来可以搞近代史。你可以走了。"当我如获大赦般离去时，尚未意识到我后半生的命运已经同历史，尤其是中国近现代史连在一起了。望龄师是苦心为华师近代史学科物色人才呵！我有幸被相中，并能通过望龄师而受业著名学者章开沅先生的门下，难道真是一种命运的偶然吗？

但真正同望龄师熟识，并透过他冷峻的外表而达于其火热的内心，却主要是1982年苏州一行的结果。那年初春，经章开沅老师的倡议，朱英学友和我在望龄师的带领下，于融融春光中烟花三月下姑苏，同苏州市档案馆的叶万忠等一起整理、编辑卷帙浩繁的苏州商会档案。此行，不仅是我一生治学的真正起点，而且也是我人生旅途中重要的一段。正是在苏州的几个月中，我与望龄师朝夕相处，不仅学到了一些治学的方法，更重要的是明白了许多做人的道理，在思想上更加成熟了。

我因少时长期没同家人生活在一起，经常是自己管理自己，不太懂得如何去关心别人，爱别人。对这一点，望龄师不仅看出了，并经常耳提面命、以身作则地教育我，培养我的爱心。记得他曾多次说过，一个人活在世上，绝不可能天马行空，独往独行。而必得借助于师长，依赖于群体。因此一定要正确对待自己，正确对待别人，处理好各种各样的人际关系，遇事多替他人着想，要时常换到别人的位置上去考虑问题。他是这样说的，也是这样做的。往往替自己考虑得很少，替别人考虑得很多，做事是勤勤恳恳、任劳任怨，随时都在想着如何才能不给别人增添麻烦，如何才能尽可能帮助别人。为了帮助我们丰富学养，增长见识，在苏州期间，他不辞辛劳，专门抽出时间陪同我和朱英去南京、上海、扬州等地拜访名师。我们先后谒见过的老师有茅家琦、蔡少卿、方之光、汤志钧、吴乾兑、魏建猷、陈旭麓、夏东元、祁龙威诸位以及苏州当地的董蔡时、段本洛等。他们中有的已撒手尘寰，多数仍健在，均是饱学之士，又善为人师，对我们学业上的成长可谓帮助甚大。能一一拜见他们，真是多亏了望龄师的细心。

望龄师的细心、周到，主要是给予式的，是设身处地替他人着想，是对师长的无条件的敬重，对晚辈的全心全意的呵护。说到对师长的敬重，有两件事我印象尤深。一次是到上海看望在史学界享有盛名的陈旭麓先生，因各方面的原因，解放前即为副教授的陈先生，到了（20世纪）80年代还是副教授，史学界皆认为这对陈先生实在是不公，但又别无他法。其时，望龄师已提了教授，但去看陈先生时，他绝口不提升迁之事，也嘱我们不要提及此事，说如果说我们这些学生辈的人都提了教授，把陈先生又摆在什么位置呢？他会作何感想呢？

另一次是去扬州师范学院访学时，同行的除望龄师外，还有唐文权老师和朱英二位。当晚，我们下榻条件不算太好的师院招待所，晚饭后，因天气炎热，相聚到屋顶纳凉。那晚月清似水，大家谈兴很浓。望龄师和文权老师不约而同地提到了开沅师对他们两位的栽培，感激之情，溢于言表，令人十分感动。望龄师一再告诫我和朱英，能为开沅师所看重，实在不易，一定要珍惜学习的机会。并感叹他们一代人一生命途多舛，遭遇的政治运动太多，浪费的时间也太多，既无前辈学者那种丰厚的积累，又不像年轻一代赶上了机遇，能够有很好的学习条件，有较高的外语水平。这虽是两位中年学人的谦虚语，但因发自肺腑，实有一股撼人心魄的力量，使我不得不暗自下定决心，一定要专心治学，决不能有辱师门。一晃近20年时光过去了，如今清月仍旧，但唐、刘二位却先后英年早逝，随风而去。忆之实在令人不禁唏嘘！

望龄师的细心、认真，体现在治学上，就是一丝不苟、严格要求的治学态度。80年代还谈不上用电脑写作，文人写文章称为“爬格子”，小至千字文，大至几十万字的书稿，都得首先写出初稿，经反复修改后，再仔细誊抄一遍，方谈得上送交出版社考虑是否出版。尤其抄稿一项，全无创造性劳动的快感，令人苦不堪言。我生性粗率，抄得烦了，丢三落四，张冠李戴，往往在所难免。每遇如此，只要文章或书稿送望龄师审阅，他都会红笔勾出，细加修改，绝不轻易放过。他非常强调做学问讲究一个“磨”字，一篇文章写好，切记不可匆匆拿去发表，最好扔进抽屉冷处理一段时间，再回过头来反复修改，或许又有新的发现，至少可以减少些笔误。据我所知，他的一些文章有的在抽屉里一放就是一年或几年，甚或从此就再也没有“走”出过抽屉。我当然缺乏望龄师那样的耐心和涵养，但至今也不敢随便轻易发表文章，或许多少受到他潜移默化的影响亦未可知。

作为（20世纪）五六十年代成长起来的中年学术带头人，望龄师身上带有那一时代的鲜明特征：本分朴实，默默奉献，不遗余力地扶持后进，像一根蜡烛燃烧自己，照亮别人。作为《苏州商会档案丛编》的三位主编之一，望龄师做了大量实际组织工作，“丛编”的纲目基本是由他拟定的。本来，凭他的学术实力，完全可以利用这批珍贵的档案资料搞出一大批学术成果，但他却把出成果的机会让给了更为年轻的我们，使我们能够通过研究苏州商会和商人，迅速走上学术前沿。我同朱英撰写《传统与近代的二重变奏——晚清苏州商会个案研究》一书，本说好由他领衔，我们三人合作撰写。但到实际撰写此书时，他认为我们这几年对苏州商会已有一些研究成果，完全可以独立撰写，不必再由他领衔，书成后，也坚决不同意署名。这种甘为人梯、不求名不争利的高风亮节，在今天显得多么难能可贵呵！

望龄师一生寄情于发展中国的学术文化事业，尤其对辛亥革命史的研究造诣精深，真正做到了生命不息，奋斗不止。记得他罹病后，我前往广州探视，他自知来日无多，支撑着虚弱的病体，反复叮嘱，一定要请母校出版社尽快出版他花了多年工夫收集的孙中山手迹，以为辛亥革命史研究作出最后的贡献。作为目前主管出版社的校领导，我深知肩上的担子有多重，无论如何要以最好的质量出好望龄师这最后一本书，若望龄师地下有知，或可告慰他于万一。尤其令我感动的是，就在望龄师去世前两个多月，我还收到了他托人自广州寄来的厚厚一册孙中山先生和夫人宋庆龄的影集，这既是临终的告别，更是无限的期望。睹物思人，实在令人感慨系之。我只能说一句：望龄师，请安息吧！

（本文原载马敏：《拓宽历史的视野：诠释与思考》，
华中师范大学出版社2006年版）

追忆野泽丰先生

——兼谈野泽丰先生在学术研究上对我的启迪

去年（2010年）年初，时值上海世博会将于5月至10月在上海举办，中国终于圆了百年世博之梦，为主编《博览会与近代中国》文集，我们特去函商野泽丰先生将其代表作《辛亥革命与产业问题——1910年的南洋劝业会与日、美实业团的访华》收入文集之中，野泽先生很快回函，爽快地赞同我们收入他的文章。2010年9月，该书正式出版之后，我们即与他联络，拟给他寄去赠书及象征性的稿酬，却一直未收到他的回复。再后来，章开沅师与朱英兄于10月30日去日本神户参加“辛亥百年寄语”活动，方得知野泽先生已于26日因病逝世。野泽丰先生同意将其关于博览会研究的论文收入我们主编的文集之中，竟成为他最后支持我们的一项学术活动。睹物思人，不禁怅然！

我与野泽丰先生最早相识，是1986年11月6日至9日在广州中山大学和中山市翠亨村参加“孙中山研究国际学术讨论会”。当时的野泽先生童颜鹤发，西装革履，正襟危坐，不苟言笑，言谈举止间完全系一标准的日本老式学究。但稍加接触，便发现先生严肃的背后是温情，矜持的同时是儒雅，无论对年龄相若的同辈学人还是初出茅庐的晚辈学生均持礼以待，极尽扶掖，温润有加。记得在翠亨村开会期间，一次受会务组之托，去请老先生下楼晚餐，当我用中文和结结巴巴的日语（当时正在将日语作为二外学习）说明来意时，老先生一边用日本式的鞠躬致谢，一边对忘了就餐时间抱歉，反倒弄得我手足无措，不知如何是好。

其实虽结识野泽丰先生甚晚，但因他与业师章开沅先生所结下的深厚情谊，以及他对华中师大中国近代史研究所长期的支持，如将其日文书籍赠予所里设立野泽丰文库，按期寄赠日文《近邻》杂志等等，我对野泽丰先生的大名一点也不陌生，甚或有些如雷贯耳。我早就知道他是日本著名的历史学家，是日本东京辛亥革命研究会的创建人和精神领袖，并曾于1976年任日本历史学会会长，在学术界享有极高的声誉，培养了许多成就卓著的日本年轻一代辛亥革命及中国近代史研究者。

但我真正对野泽丰先生有深入的了解并由衷敬佩，还是在后来转入博览会历史研究及多次访日之后。自上世纪80年代中期开始，我对中国参与博览会的历史产生了浓厚的兴趣，并尝试进行一些开拓性的研究。一旦进入博览会史研究的门径，才突然发觉野泽丰先生以其敏锐的学术眼光和扎实的功力，早就注意到了这一片待开垦的学术园地，并已进行了初步的研究，他乃是中国博览会史研究的真正开创者！

早在1971年，野泽丰先生便在日文的《经理杂志》上发表了《1903年大阪博览会与张謇来日》，利用日文和中文资料，尤其是张謇的《东游日记》，对张謇前往日本参加博览会的情况及所见所思作了细致分析，使学界注意到博览会对张謇思想的影响。1981年纪念辛亥革命70周年国际学术研讨会上，野泽丰先生所提交的论文系《辛亥革命与产业问题——1910年的南洋劝业会与日、美实业团的访华》。这篇开拓性的重要论文，不仅延续了对中国参与博览会历程的研究，而且揭示了辛亥革命期间中、美、日商人和商会之间的密切交往，从实业发展和商人交往的视角，拓展了辛亥革命广阔社会背景的研究，可谓打开了一扇深入研究辛亥革命的历史大门，启示了由革命走向社会的重要历史研究转向。

我认为，《辛亥革命与产业问题》这篇论文，可以说是比较集中地体现了野泽丰先生辛亥革命史研究的个人风格，即不是单纯从政治史的角度分析辛亥革命的得失成败，而是从经济史、社会史等更广阔的视角去分析这场革命的社会成因。如他所说："如何规定辛亥革命的性质，对这个问题一直有各种各样的议论，但没有一个彻底解决这个问题的。因此可以说现在还是在理论上、实证上必要深化研究的阶段。……在这里，对于关涉南洋劝业会的举办诸问题，我尝试实证性研究，是因打算为深化辛亥革命研究提供一材料而已。"关于"资产阶级问题"，野泽丰先生也不主张简单化、贴标签式的研究，而主张通过博览会、产业政策、实业团体等实证性的研究从而深化这一问题，"如果我们将辛亥革命看作资产阶级民主革命，应该解释清楚中国近代阶级——资产阶级和无产阶级如何成长，达到了阶级如何结集的阶段，在反映其阶级成熟的形式上构筑了如何改良和变革的理论等"。

正因为具有广阔的历史眼光和多重视野，野泽丰先生和业师章开沅先生的研究风格一样，呈现出政治与经济并重，革命与社会互动的交叉、多维、立体、厚重的格局，开拓出许多极富潜力的研究领域，不仅开风气之先，而且引领了一代学术潮流，堪称大师级学者。仔细回顾起来，我个人许多学术兴趣，实际上是自觉或不自觉地受章开沅、野泽丰先生的启示、影响的结果。从最初从辛亥革命史研究切入，到以后研究绅商阶层、博览会史、商人组织互动，在他们二位早期的著作中或多或少都能找到学术上的蛛丝马迹。如近代绅商问题，早在1951年野泽丰先生的处女论文《辛亥革命的阶级构成——四川暴动和商绅阶级》(《历史学研究》150号)中便已涉及，以后辛亥革命的阶级构成问题始终是野泽丰先生关注的一个重点学术领域。而章开沅先生在上世纪60年代对张謇的研究也已敏锐地捕捉到张謇"介官商之间，兼官商之任，通官商之邮”，“言商仍向儒”的士与商、绅与商兼而任之的“过渡性人物”特征。而从劝业会、博览会、商会以及中外商人群体互动来研究近代资产阶级的形成问题，更是直接受惠于他们大著中的启迪。当然，大师们给你指出的还只是一条治学的门径，“师傅引进门，修行在各人”，能否循着他们所昭示的门径，持续地进行资料发掘和深入细致的研究，最终形成自己独有的学术见解和成果，那还得看你个人的悟性和勤奋程度。这似乎正是学术传承和开新的奥秘所在：有所本而又不拘泥于师承。

尽管有语言的阻隔，交流起来相对困难，但野泽丰先生对我这个后学仍是关爱有加，他以日本老一代学者特有的彬彬有礼与认真细致，给予我无微不至的帮助。每次我单独或陪同开沅师到日本访问或出席学术会议，野泽丰先生只要身体状况允许，总是抽出时间与我见面，或品茗而谈，或餐室小聚，一如既往地关注中日学术文化交流，关心章师的近况或华师历史所的发展，并将自己微薄的积蓄悉数捐赠出来设立专门的奖学金，以激励华师年轻的学者。记得一次我在东京大学进行学术交流，他还不顾高龄，以抱病之躯专程前来听我的学术报告并进行评论，令我十分感动。为了督促我继续进行中国博览会史研究，野泽丰先生不止一次向我详细介绍日本博览会史研究的情况，而且亲手赠送我日本学者吉田光邦和吉见俊哉等人的著作，鼓励我多作一些中日博览会史的比较研究。正是在野泽丰先生等前辈的鼓励下，我坚持不懈地从事中国博览会史的研究，带出了一些以博览会史为研究主题的硕士、博士生，在这一学术领域中取得若干成就，见证了博览会史研究逐渐由冷变热，直至 2010 年上海世博会召开，博览会史不经意中成为一个大热门。我想，野泽丰先生在有生之年能够看到这些变化，作为倡导者和早期的开拓者，心中也会是由衷欣慰的吧。尽管上海世博会之后，博览会史研究的热度遽减，但可告慰野泽丰老先生的是，我们的研究热情并没有随之降低，仍以十年磨一剑的态度，坚持不懈地进行研究，继续做这一研究领域的忠实耕耘者、守望者。

十年前，在纪念辛亥革命 90 周年的会场上，我曾亲耳听野泽丰先生说过，他要养好身体，积蓄精力，盼望在纪念辛亥革命 100 周年的学术讨论会上与大家再团聚。转眼已是辛亥革命 100 周年纪念，作为日本辛亥革命史研究的开拓者和一代宗师，野泽丰先生最终还是没有赶上这场百年一回的学术盛宴，这不能不说是一个极大的遗憾。但他那种锲而不舍、执著追求的学术精神却永远不曾熄灭；他提携后人、甘作人梯的伟大学者人格，永远在鼓舞着更年轻的学者勇攀学术的高峰。

（本文原载中国近代史研究所编：《桂苑樱声：野泽丰先生仙逝周年抒怀》，编者刊，2011 年）

“真人”：龚书铎先生印象记

龚书铎先生离我们而去已有一年多时间了。我老说要写点什么以作为对这位令人尊敬的学界前辈的纪念，但一则因为忙，二则因为一时还没想好应该写些什么来纪念他，故一直拖了下来。直到某天因准备给学生作报告，突然看到陶行知先生的一句名言：“千教万教，教人求真；千学万学，学做真人。”我终于明白龚先生留给我最深的印象和最值得纪念的是什么了，就是这两个字——“真人”。茫茫人海中，龚书铎先生乃是那种有着真性情、真信仰、真追求，表里如一的真人，一位正直、诚信、值得大家尊敬的前辈学者。

在当代中国近代史学术圈子中，龚书铎先生一直是德高望重的权威，他长期担任学术重镇之一北师大近代史学科的学术带头人，曾任北京师范大学历史系主任、北京师范大学史学研究所所长，同时是国务院学位委员会历史学科评议组原召集人、中国史学会原副会长、北京历史学会原会长。我与龚先生相识并相知，主要是在各种各样的学术会议和评审会上，他要么坐在主席台上，要么是召集人或副召集人，而我由于辈分和年龄的原因，则常常是听众或联络员、记录员（俗称“评审组行走”），加之先生身材瘦削，童颜鹤发，言语不多，老夹着一支香烟于沉思中，故心存敬畏，不太敢接近他。但及至接触多了，才发现龚先生其实是外表严肃，内心却十分善良、随和的人，聊起天来，天南地北，娓娓道来，无所不谈。对一些社会上的不正之风，往往疾言厉色，无情鞭挞；对同道和学生则嘘寒问暖，关爱有加。对此我的老师章开沅先生，或许他们的学术见解不尽相同，但却彼此都十分敬重，龚先生每次见到我，都会问及章先生的身体及近况，让我一定代为问候。我曾有幸在武汉几次接待龚先生，尤其有一年曾陪同他和章开沅、李文海、张海鹏诸先生一道出席荆州端午龙舟节活动，参观三峡大坝等，沿途对龚先生有了更多的接触和了解，发现他老人家话虽不多，但偶尔幽人一默，也妙趣横生，让人忍俊不禁。几位老先生相处甚洽，其乐也融融，充分显示出这些学术大家为人谦和的天性和彼此间的相互尊重。可以看出，他们不仅学问很好，而且都因生活的千历百炼，从而具有崇高的品性修养和博大的胸怀，某种意义上都是性情中人，有着自己的独立人格和真性情。

我与龚先生在学术上交往最多的一次，系 2006 年在沙健孙先生和他的主持下编写全国大学生思想政治理论课重点教材《中国近代史纲要》。这本教材因全国的大学生都要选用，中央格外重视，反反复复讨论、修改多次，近代史部分则主要由龚先生把关。正是在编写这本教材的过程中，我充分领略了龚先生深厚的学养和严谨的治学态度。我们所撰写、提供的初稿，他不仅逐字、逐句通读，画满了各种记号，而且提出了许多中肯的修改意见，帮助核对、查阅了一些重要史料和引文，可以说是一丝不苟，精益求精。大家都体会到，凡经他把过关的文稿，才敢说放心。他不仅重视历史史实和细节，而且具有很高的马克思主义理论素养，能够就许多历史理论问题提出自己独到的看法，非常注重历史的育人功能。他这种既能照顾历史细节，又能总揽全局的史家风范，给我留下很深的印象，可以说使我终身受益匪浅。

也正是参与《中国近代史纲要》的编写工作，使我深切地认识到，龚先生对马克思主义是真信仰、真坚持，是一位真正的马克思主义历史学家。改革开放以来，社会科学界思想日趋活跃，各种西方史学理论和方法不断被介绍进来，这对于人们开阔眼界、丰富思想、提高历史研究的水平无疑具有积极的作用；但与此同时，在部分人中也存在泥沙俱下、良莠不分、过分迷信西方理论，转而怀疑甚至排斥马克思主义的倾向。对此，龚书铎先生旗帜鲜明、义无反顾地予以抵制和批评，成为历史学界坚持马克思主义史学观的代表性人物之一。为此，他既赢得了主流学派的赞誉，也招致了种种误解与非议，甚至被冠以“左倾”、“僵化”的恶谥。但在我看来，恰恰是这份坚持，才真正凸显了龚先生的别具一格和独特价值，体现了他的立场和思想的一致性和真性情。

首先，对马克思主义龚先生是作为自己毕生的信仰而始终坚持，是真信而不是假信。由于他们这一代人的独特的人生经历，他是在比较中自觉地接受了马克思主义的洗礼，始终以历史唯物论作为自己研究历史的根本指导思想，从来没有怀疑过用马克思主义的理论能够对历史作出清晰的说明，发现社会发展的内在规律性。因此，他之捍卫马克思主义史学完全是出自内心，出自本能，不掺杂任何个人的政治目的，不是为了迎合谁或打击谁，也不是为了政治升迁的需要，他最高的职位也就是系主任和研究所所长，完全是学术性职务。

龚先生并非抽象地坚持马克思主义，而是试图运用马克思主义的理论、观点和方法来说明具体的历史发展过程和回答历史所提出的具体问题，有着自己系统的学术见解，不失为学术研究的众多派别之一，完全有其存在的理由与价值。如他所编写的中国近代史教材和文化史教材，均以丰富、严谨的史料为依据，对历史发展过程作出了系统的阐述。尽管也有自身缺陷，但其中不乏真知灼见，因而能作为高校主要采用的历史教材被反复使用，受到广大师生的欢迎。仅他与李侃、李时岳等主编的《中国近代史》教科书就先后出过5版，印刷数十次，发行200余万册，至今没有其他同类教材可与之比肩。

龚先生也并非因坚持马克思主义就完全排斥运用其他史学理论和方法来研究历史，他所反感的往往是故作新奇、实则肤浅、食洋不化的所谓新理论、新方法，对那些能对历史发展作出令人信服的解释的新理论，如现代化理论等，他并没有采取一概排斥的态度，而是赞成适当引进，丰富马克思主义史学理论与方法。他认为“考察历史上的近代化问题，不能脱离中国的实际，必须与半殖民地半封建社会密切联系起来。不改变半殖民地的社会地位，不结束帝国主义在中国的压迫和掠夺，近代化就化不起来，充其量只能是畸形的半殖民地的‘近代化’”。这种见解应当说是比较公允和实事求是的。我曾有机会私下向他请教利用某些社会学和社会心理学理论研究近代历史的可能性问题，他均持积极支持的态度。而且，他自己便率先开启了近代文化史研究，通过多年耕耘，使北师大学术团队在这一领域处于领先地位。“千教万教，教人求真；千学万学，学做真人。”一个人无论地位高低，成就大小，见解如何，关键要活得真，待人诚，令人信。对龚书铎先生这样一位以毕生精力追求自己的信仰、卓然而立、淡泊名利、廉洁奉公的共产党人和马克思主义历史学家，我们由衷地钦佩他，敬重他，怀念他！

（本文原载《龚书铎先生纪念集》，北京师范大学出版社2013年版）

“学官”表率：文海先生印象

前二三十年，史学大家出任大学领导者不在少数，诸如张岂之先生、齐世荣先生、章开沅先生、林增平先生、吴雁南先生等都曾出任过大学校长，他们既有扎实的学问功底和开阔的学术眼光，同时又具备一定的管理水平，治学与治校两不误，深受广大同学的追捧，可谓为“学官”。而在“学官”群体当中，文海先生又具有一定的典型性，可能“当官”的时间最长，级别最高，既当过书记，又当过校长，且官至副部级。他不仅领导大学，而且还领导学术团体，一度身兼数职：中国史学会会长、国务院学位委员会历史学科评议组召集人、教育部历史教学指导委员会主任委员、国家社科基金历史学科评审组组长。总之，曾经是史学界名义上的最高领导人。

但是，稍加接触就会发现，文海先生是官又不像官，很多时候，更像一个学者，最关心和最较真的还是学术上的事，正因为如此，我将之归类为“学官”。

不得不说，文海先生是我见过的“学官”中最为得心应手，又最受信任者，无论政界、学界都有高度好评，这在当今是极其难得的。

在高校领导圈子中，既当过中国人民大学党委书记，又当过人大校长的文海先生被视作领导楷模。在专门培养高校领导干部的国家教育行政学院，我曾有幸聆听过文海先生的领导艺术报告，尤其在如何处理好书记、校长的关系上，他有很深又很好的体会。他认为，高校领导首先要有大局观，而最大的大局，就是要维护好高校班子内部的团结，特别是两个一把手之间的团结。在两个一把手之间没有达成共识的问题，决不上常委会或校长办公会讨论，可暂时放一放，在彼此沟通达成共识后，再付诸决策。显然，在实行党委领导下的校长负责制的现有高校领导体制框架中，这无疑是行之有效的稳妥办法，否则，两个一把手一旦对着干，受损的将是学校工作的大局。文海先生的这种见解，对我有耳提面命之效，我所服务的华中师范大学党政关系一直不错，领导集体长期团结和谐，跟当初文海先生的教诲可以说不无关系，我无论是当校长还是后来做书记，都能按照文海先生的指教，经常换位思考，不争一日一事短长，以工作大局为重，相互配合，相互支持，也相互理解。和为贵，和谐促发展，这就是中国哲学和中国政治特色。照文海校长的办法，学校工

作可能开始慢一点，决策需要一个较长过程，但后来可提速，不会有大的反复和折腾，对学校治理来说未必不是一件好事，毕竟我们追求的还是可持续发展。不折腾某种意义上就是发展，大学多少还是要讲点无为而治、顺势而为。可能有人会说文海先生不是那种十分强势的书记和校长，但反过来想，书记、校长太强势，大学民主就少一分，在领导个人出彩和学校和谐、民主氛围之间，文海先生笃定会取后者，此乃个性使然。

要当好一个“学官”，其实并不容易，首先要讲原则。文海先生能长期受组织信任，一大特点就是讲原则，在大是大非、原则问题上毫不含糊，绝不妥协退让。我曾亲耳听到过文海先生对一些非马克思主义思潮的义正辞严的批判，笃信马列、真信马列、捍卫马列，始终是文海先生的最大原则，在这一点上，他与已故的龚书铎先生最为近似，见解也十分一致，所以他们两人常常形影不离，老是一起散步，一起聊天，一同出席会议，无话不谈。正如有的学者所说，这两人的信马克思主义，是真信，不像有些人，假信。信且真，真且一以贯之，仅此一点，便令人敬佩。对此在我纪念龚书铎先生的文章中已有提到，这里不再展开。

要当好一个“学官”，其次是要大度。胸怀要十分开阔，要让得利，容得人，舍得弃，不为个人和小集团争利。文海先生曾主持过无数的评审，大家公认的评价就是极其公正，处事公道，出于公心。前些年国家社科基金评审尚未实行专家轮流制，我作为基金评委几乎年年都要晋京参评，而历史学科评审组组长则长期由文海先生担任。无论是在名额分配还是最终入选上，文海先生把关均十分严格，对北大、人大、复旦等文科名校申报的课题都有严格的名额限制，入选数不得突破三项，而对一些边远地区、少数民族地区的高校，文海先生则主张支持、照顾，只要符合条件，一般都会立项。记得有一次讨论涉及人大的一个申报项目，有的评委提出论证有些问题，尽管该项目申报者与文海先生十分熟悉，但他仍坚决主张不予立项，为评委们公正评审树立了标杆。这么多年历史学科评审组在社科基金项目的评审上一直受到学界好评，可以说是与文海先生始终坚持公正的评审态度和严谨的工作作风分不开的。

能够遇事出于公心，与文海先生内在的修为、涵养密不可分。由于自始至终都保持着学者本色，即便长期为官从政，文海先生也能做到清正廉洁，不贪不占，不存私心杂念，有着很好的“官德”。有的学者评价，他主政人大时“比较平和，确实是个学者，担任职务不是为了自己，不善经营，比较清廉”，当属公允之论。正是这位学者，说平时与李校长并无交往，但此前有出版社、杂志社找他出书、写文章，问其中原因，才知道是李文海校长的推荐。我本人也有同样的经历，当初教育部高教司为出任新一届教育部历史学科教学指导委员会主任委员征求我的意见，方才知道，是上届主任委员李文海校长的全力推荐，但他自己却从未对我提过此事，只是告诉我应如何做好历史教指委的工作，并在我履新时，亲自赶到长沙出席会议表示支持，十分令我感动。

学者以学术为生命。作为一个曾经的“学官”，文海先生从来没有离开过学术，并以此作为自己的终生寄托。在担任公职的八小时之外的时间中，他抓紧一切时间从事学术研究，从不浪费半点时间。从领导职务退下来之后，更是全身心地投入治学当中，在清史研究、辛亥革命史研究、灾荒史研究等学术领域中均作出了卓越的学术贡献，尤其在中国近代灾荒史研究上更是有开创之功。记得他在私下聊天中曾说过，作为一个学者，从政有时反倒是一种痛苦，退下来则是大解脱，“退下来最舒服”。“归去来兮，田园将芜胡不归?”学术的田园在召唤，退下了便回归了本真，退下来才能真正做一些自己想做的事，或像陶渊明那样，潇潇洒洒，随心所欲，“登东皋以舒啸，临清流而赋诗。聊乘化以归尽，乐夫天命复奚疑!”做学问既是艰辛的探索，也是自我价值的实现，做学问的过程中自有其乐。据说，在临终前一天，文海先生还刚刚完成了学术论文《〈聊斋志异〉描绘的官场百态》。真是：斯人已去，斯言可信!

（本文原为2014年6月22日“纪念李文海先生逝世一周年征文”）

春风化雨，润物无声

——略谈章开沅老师对我治学道路的影响

开沅师已年届八十，尽管我们丝毫意识不到他的“老”，但八十年的风风雨雨毕竟是一个漫长的人生旅程。回顾自己的人生，开沅师最感自豪的一点，就是在海内外培养了大批学有所成的学生，他曾动情地写道：“40 多年来，无论课内课外，校内校外，我为年轻一代历史学者的成长，耗费了不少精力与时间，对自己的著述或多或少有些影响，但我永远无怨无悔，因为学术的小我只有汇入学术的大我才能进入永恒。……为造就青年学者开路，为发展学术交流搭桥，这就是我的人生追求。”

虽然从不轻言为“人师”，但很明显开沅师是高度重视作为“师”的社会责任和人生追求的，在他看来，所谓“师”，无非是“甘当铺路石子，让青年学者成长的道路稍为平坦一点，可以比我们前进得更快更远”，而在我们做弟子的眼里，开沅师始终是最令我们敬重的师长，兼具严师与慈父的双重角色。

关于“师”，大家通常喜欢引用韩愈《师说》中的诠释：“师者，所以传道、授业、解惑也。”在一般意义上，这已说清了“师”的基本内涵，但就学术传承和学者的成长而言，我们切记不要忘了韩愈在《师说》中开宗明义的一句话：“古之学者必有师。”师者，导师也，即年轻学者学问上的领路人。俗话说：“师傅引进门，修行在各人。”一个人能否成才，根本在于自身的努力，但明师的点拨、良师的熏陶也至为关键，无师自通的天才毕竟是少之又少，所以古人云，“学士简练于学，成熟于师”（王充《论衡·量知》）。学者的成熟有赖于良师的指点，学派的形成有赖于延绵的师承。“师”既是照亮后学的红烛，又是传承学问的桥梁。

我在许多场合都说过，能遇到章开沅先生这样的明师、良师，是自己一生最大的幸事，也是能够进入学术的殿堂，学有所成的关键。回顾起来，自己的治学道路无不受到开沅师的深刻影响，他在关键时刻的点拨，对于自己学业上的快速成长起到了至关重要的作用。记得开沅师曾很形象地说过：“觉得自己的一生好像一只忙忙碌碌的老母鸡，成天到处啄啄扒扒，如发现什么谷粒、昆虫之类，便招呼小鸡前来‘会餐’。”细想一下，自己不正是那群不时参与“会餐”的小鸡之一吗？从最初的辛

亥革命史研究、资产阶级研究，到后来的商会史研究、现代化史研究、教会大学史研究，无一不是在开沅师的导引下，寻得门径，渐入佳境，通过不断努力最终取得了若干学术成就。

就我个人的治学而言，目前得到海内外学术界认可的主要有两个领域：一是商会与绅商群体研究，二是教会大学史研究。而这两方面的兴趣，均是缘于开沅师的引导而发生。

1981 年本科毕业后，我幸运地考上华中师范大学（当时为华中师范学院）中国近现代史专业硕士研究生，正式成为章开沅先生的入室弟子。读研不久，为训练我们治史的基本功夫，在章开沅老师的倡议下，我同本所老师刘望龄教授和学友朱英一同前往苏州市档案馆参与整理苏州商会档案。沉潜于浩若烟海的商会档案中，不仅给了我从第一手资料出发治史的严格学术训练，而且使我萌发了若干在当时堪称前沿的问题意识。不过细究起来，这些所谓的问题意识也是受到开沅师潜移默化的影响。譬如对商会的研究，还在大学本科的专题讲座课上，开沅师就曾经饶有兴味地介绍过亲往苏州检阅苏州商会档案的情况以及他的一些思考，这堂课给我留下极其深刻的印象，并引发了我研究近代社会经济史的兴趣。同时早在上世纪 80 年代初，开沅师即在《辛亥革命与江浙资产阶级》这篇名文中，对晚清江浙地区的商会、商团、市民公社等资产阶级社团组织作了初步的研究，提出商会“是早期江浙资产阶级社会活动的最重要的舞台”，“商会的成立，明显地增强了资产阶级在社会生活中的地位和作用”等著名的论断。这些论断极大地影响了随之兴起的商会史研究。正是在这一意义上，我们认为章开沅老师是中国商会史研究的早期开拓者和倡导者，引领了这一新的学术潮流。

再譬如我自己能够注意到晚清绅商群体问题并在这方面作了有益的探索，其中的启发之一，便是来自开沅师多次对资产阶级集团和群体研究重要性的强调。不然，即便沉浸于汗牛充栋的商会档案资料中，也有可能让这个重要课题于不经意间悄悄滑过。同样是早在上世纪 80 年代初，开沅师便强调，在从事资产阶级研究时，“在资本家个人和资产阶级整体（或其某一阶层的整体）之间，多做一些集团（如资本集团、行业、商会以至商团、会馆等等）的研究，然后再进行类型的归纳与区分，所得结论可能比简单的上中下层划分更切合实际一些”（章开沅：《关于改进研究中国资产阶级方法的若干意见》，《历史研究》1983 年第 5 期）。在开沅师对张謇的开创性研究中，他已明确地运用“群体”的概念来分析张謇社会角色的转化，指出：“张謇是过渡性时代、过渡性社会中的一个过渡性人物，他以一个农家子弟经过科举成为士人群体的成员，又从士人群体的低层逐步上升到高层，然后再从士人群体向商人群体转变，进入新兴资产阶级的行列。”他同时指出：“群体这个概念毕竟不能代替阶级和阶层，但如果对这个概念运用得当，则有可能丰富和发展阶级分析的方法。”（章开沅：《开拓者的足迹——张謇传稿》，“序言”，中华书局1986年版）这些论述都直接启发了我对绅商问题的研究，并成为许多思考的源头。

我曾以“曲径通幽”来形容自己介入中国教会大学史研究的愉悦之情，深以能在这一领域开辟出自己学术生涯的新局面为荣。而其中金针度人，将我引入这一新兴学术领域的也正是章开沅老师。

由于众所周知的原因，教会大学和教会史研究在新中国学术研究中始终是一个敏感的问题，80年代以前很少有这方面的学术成果问世。80年代以后尤其是90年代以来这一领域越来越受到学术界的关注，并逐渐形成一股教会大学史研究热，推动了若干专门学术机构的成立和一大批相关研究成果的问世，培养了一批业已崭露头角的新生代学者。章开沅老师在教会大学史研究的发端和兴起中扮演了关键的重要角色，也可以说是国内这一研究领域最重要的倡导者和践行者。

据开沅师的回忆，他之决定将研究重点转向基督教史研究，始于1985年美国普林斯顿大学刘子健与威尔逊两位教授联袂来访，建议他从事并推动中国教会大学史研究。次年，普大的林蔚教授再次来访，考察相关大学并具体探讨在大陆联合开展教会大学研究的可能性。我随开沅师接待了林蔚教授，对教会大学的情况有了初步了解，并首次知道我校前身之一即是十三所新教教会大学之一的华中大学，正是在时任华中师范大学校长的章开沅老师的关注下，华中大学的珍贵历史档案由省档案馆移交校档案室，为研究华中大学的历史提供了良好的资料条件。根据开沅师的建议，我决定暂时中断有关绅商问题的研究，转而以华中大学为突破口研究中国教会大学的历史。

1988年3月，我又随开沅师参加了在四川大学召开的首次合作研究教会大学史工作会议。以顾学稼、张寄谦为首的21名中国学者同专程从美国赶来的林蔚教授出席了这次重要的会议。会上，章开沅老师就教会大学史研究对开展中西文化交流史研究的意义作了重要讲话，并代表华中师范大学欣然应允于次年6月在我校举办首次中国教会大学史国际学术会议。与会学者围绕教会大学史研究的意义、方法及中外学术合作的可能性等进行了热烈、深入的讨论。这次成都会议及次年（1989年）6月在武汉华中师大校园召开的首届中国教会大学史国际学术研讨会，成为以后持续十余年之久的中国内地教会大学史学术研究热潮的起点，标志着中国近代史研究中一个新的学术领域的诞生。我对自己能亲身参与和见证中国当代学术史上的这些历史性时刻而深感庆幸，同时也非常感激开沅师将我引领进了这一片广阔的学术天地，在这里我结交了一大批心地善良、学风纯正的中外学者，并在他们的提携下为教会大学和基督教史的研究作出了自己力所能及的贡献。

教师的职责不仅仅在于知识的传授，更在于人才的培养。好的老师教给学生的往往不仅是做学问的方法，而且有做人的道理。“桃李无言，下自成蹊。”老师的良好风范和道德操守无形之中一定会影响到学生。这种春风化雨、润物无声的人格魅力可以说是“师道”的最高层次，也是教师的最神圣的义务。在这方面，开沅师给我们作出了最好的表率，所有章门弟子从老师那里学到的不仅是治学之道，而且有为人之道、处世之道、生活之道。回顾起来，在治学与做人相统一的意义上，开沅师在下列数方面给我留下深刻的印象，也可以说潜移默化地影响了我的人生态度：

其一，宏大气象。在为人与治学上，开沅师给人最突出的印象就是淹贯浩博，气象宏大。尽管也学有专精，根基扎实，但开沅师的学术路径似乎更趋向于博，趋向于通，趋向于创臻辟莽、前驱先路的创新。开沅师曾比较他与亡友林增平先生的学术风格和路径：“林公憨厚而我豁达，林公扎实而我开放，林公长于细密而我追求宏观，林公旧学根底深厚而我略知西学。如此等等，不一而足。”开沅师和林公是最知心的学术知音，这里的“憨厚”与“豁达”、“扎实”与“开放”、“细密”与“宏观”只是治学风格的不同，并无高下之分。其实，在一定意义上，他们都是那种博古通今、具有广阔学术视野和恢宏学术气度的一代宗师。增平先生能在三十岁出头之际，便以一人之力编成新中国第一部完整的中国近代史教材，即是其具有非凡学术气度的明证。开沅师在创新方面也是不断实现自我超越，从辛亥革命史研究和张謇研究到现代化史研究和教会大学史研究，每一次研究领域的转换无不表现出开沅师过人的学术眼光和惊人的洞察力，他开辟出了一片广阔的学术新天地。

其二，学者人格。开沅师最为强调史学要有自己独立的科学品格，史学家要始终保持自己独立的学者人格。在他看来，史学在本质上是一门求真的学问，真实是史学的生命，“求实存真是历史学家无可推卸的天职，因此也就更需要孟子所提倡的大丈夫刚直的浩然之气”。而事实上，开沅师最令人钦佩的，就是不管环境如何变化、际遇如何沉浮，他始终能保持自己的一颗赤子之心和刚正不阿的独立人格。如他自己所言：“尽管史学在社会上暂时受到冷落，但历史学者千万不可妄自菲薄，必须保持学者的尊严与良知，以高品位的学术成果争取社会的理解与支持。”我记得一位国外学者曾告诉我，章开沅先生给他留下的最突出印象就是始终能坚持自己的学术见解，有一股浩然之气。这实际上也是大多数人的印象和评价。对我们，开沅师常以楚图南为戴震纪念馆的两句题词相赠：“治学不为媚时语，独寻真知启后人。”这里面既包含了他对人生的追求，也是对我们后辈的勉励。照我自己肤浅的理解，这两句话的含义，是要求我们在做人上，要有独立的人格，襟怀坦荡，一身正气，不媚时趋俗，不急功争利，一心以求学术的“真经”；在治学上，应有自己的独立思考和独立追求，以最终形成一种独立的学术风格，展现出自己的独特个性。惟其如此，方能成为开沅师所讲的那种“不忘根本”，既能“铁肩担道义”又能“妙手著文章”的“真正的史学家”。

其三，参与史学。“参与的史学与史学的参与”是开沅师近些年常讲的话题，也在一定意义上体现了他的史观。这种史观强调历史学家要有强烈的参与意识和社会责任感，不仅要书写历史，还要参与创造历史，融入历史，为人类正义事业和社会发展作出自己的贡献。开沅师认为，“面对当代人类文明的严重缺失，历史学家不应该保持沉默，更不应该无所作为。我们必须和其他人文科学、社会科学乃至广大科技专家中的有识之士一起，共同纠正现今文明的缺失，并且用自己的学术精品，用自己的智慧与热情，营造健康向上的使人类免于继续沉沦的精神文明”。历史学家究竟怎样参与现实生活呢？开沅师的答复是主要用自己的史学成果来参与。“历史学家不仅应该积极参与现实生活，而且应该成为把现实与过去及未来连接起来的桥梁，用自己的研究成果丰富与影响现实生活，并且与人民一起追求光明的未来。”（章开沅：《现代化研究与中国近现代史研究——寻求历史与现实的契合》，林言椒主编：《中国历史学年鉴 1995》，生活·读书·新知三联书店 1995 年版，第 3 页）开沅师所提出的“参与史学”，十分发人深省。史学要找到自己的出路，不被社会所漠视，首先就应该自强和自省，在社会发展中明确自己的地位和责任。这就要求史学家不要困守学术的象牙塔，而要主动地走出书斋，关心社会，参与社会，通过自己的社会活动和学术成果来影响历史的进程（尽管可能是微不足道的），“营造健康向上的使人类免于继续沉沦的精神文明”，直接或间接地创造历史。任何对现实社会生活的漠视、逃避和事不关已的清高态度，对一个成熟和正直的历史学家都是不足取的。第二，仍需提倡“古为今用”（不是简单地影射史学或为我所用），加强古与今的对话，在我们的史学成果打通古今，贯穿古今，真正使史学成为构筑过去、现实与未来的桥梁。“人事有代谢，往来成古今。”历史发展存在连续性，过去、现在与未来之间并没有截然的界限，因此，许多史学研究的课题应来自对现实问题的关注，应勇于从历史的角度解读现今社会发展亟须解决的问题。参与的史学只有在史学的参与中才能得到实现。

以上并不完全的概括多少体现了开沅师持之以恒的史学追求和对我们弟子的要求。这些追求和要求说到底是对史学境界的追求，即开沅师近来所讲的“追求圆融”。“圆融”的观念来自佛学，对史学研究而言，“圆融”可以是陈寅恪点明的“神

游冥想，与立说之古人处于同一境界”；也可以是王国维强调的“入乎其内，故有生气；出乎其外，故有高致”的佳妙境界，但总结而言，仍是对真善美的追求。求真、求善、求美乃史学的最高境界和终极追求。只有在对真善美的不懈追求中，我们才能像开沅师揭示的那样发掘出“蕴藏于史事深处的大智慧”，“惟大智慧之发现始能出良史出大家”（章开沅：《境界——追求圆融》，《史学月刊》2004 年第 6 期）。

在治学的道路上，我虽然实在欠缺开沅师所言的“大智慧”，也很难成为“大家”，但还是要以老师的要求自励自勉，一步一个脚印地去追求真善美，追求达于圆融的境界。这样，或许才能不辜负老师的厚望。

（本文原载中国近代史研究所编：《春风化雨润物无声：章开沅先生八十华诞纪念集》，编者刊，2005 年）

“别识心裁”与“贯穴熔铸”

——开沅师对本所学术的开示

时间过得真快呵！转眼章开沅老师已年届九旬了。人生七十古来稀，更何况九十高寿！在庆祝老师九十大寿之时，作为弟子，考虑更多的，是如何继承吾师之志，弘扬本所的学术精神，让桂子学脉“世代延绵”。

回顾起来，在开沅师手创的华中师大中国近代史研究所，无数学子受惠良多，方方面面皆能感受到老师学者人格和学术思想的影响，可谓“春风化雨，润物无声”。但在我看来，开沅师对本所学术发展影响最大的，可能还在他那高屋建瓴、大气磅礴的“史识”与“史观”，以及其“史识”、“史观”对本所同仁和众多弟子的“开示”。这里的“开示”系借用佛家语，其实也就是启发、影响之意，但此种启发和影响往往又具有令人醍醐灌顶、豁然开朗之感，或至终生难忘。

在《史学寻找自己》这篇隽永的短文中，开沅师特别提到了清代史家章学诚力排众议，对郑樵及其《通志》所作出的高度评价：“郑樵生千载而后，概然有见于古人著述之源，而知作者之旨，不徒以词采为文、考据为学也。于是遂欲匡正史迁，益以博雅；贬损班固，讥其因袭。而独取三千年来遗文故册，运以别识心裁。盖承通史家风，而自为经纬，成一家言也。”（章学诚著，叶瑛校注：《文史通义校注·申郑》，中华书局1985年版，第463页）所谓“别识心裁”，即治史者对历史的领悟和裁断，或曰独立思考的能力，也就是通常所说的“史识”。关于“史识”，唐代刘知几有“史才三长”之说：“谓才也、学也、识也。”其中，“史才”是指治史的才具、技艺和方法，“史学”是指所掌握的历史知识和史料，“史识”则是指修史的识见和判断力。对史学家而言，三者皆十分重要，但最难能可贵的可能还是“史识”。史家只有具备较高的“史识”，具有洞察历史真相的“眼力”，方能成为“成一家之言”的大家。

愚意以为，作为当之无愧的当代史学名家、大家，开沅师过人的“史识”，首先表现在他对史学研究方向的深刻洞察力和把握力，即所谓治史的“眼力”。他总是能先人一步，高屋建瓴地发现和指出最有价值的研究方向和研究领域，从而将弟子们引导到学术的前沿，取得具有创新性的学术成果。本所学术所擅长的辛亥革命史研究、早期资产阶级研究、商会史研究、早期现代化史研究、教会大学史研究等领域，均系开沅师最早发现和提倡，并全力加以开拓，然后弟子们相继跟进、加入，最终形成成果迭出、蔚为壮观的大好学术局面。对此，开沅师曾形象地比喻为学术的“会餐”，觉得自己的一生好像“一只忙忙碌碌的老母鸡，成天到处啄啄扒扒，如发现什么谷粒、昆虫之类，便招呼小鸡前来‘会餐’”，“1979 年在东京大学搜集宫崎滔天和梅屋庄吉的档案文献，1980 年在苏州市档案馆勘察苏州商会档案的史料价值，1991 年在耶鲁大学神学院图书馆检阅中国教会大学史档案的收藏状况，都为本所中青年教师的学术成长起了若干导引作用。而经过他们不懈的协同努力，便出现了商会史、教会大学史研究等新领域的开辟”（章开沅：《实斋笔记》，东方出版中心 1998 年版，第 12 页）。不难看出，每次“会餐”的结果，都推动了本所学术开辟出一片全新的学术领域，影响所及，不仅仅在本所的年轻学者，而且在一定程度上对中国的近代史研究也起到了开风气之先的作用。

当下学术界各种名目的“导师”很多，诸如硕导、博导、博士后导等等，但像章开沅老师这样具有开阔的学术视野和独到的学术眼光，能够真正做到“别识心裁”，不断为学生“寻得门径”，指明方向，“但开风气不为师”（龚自珍语）的“导师”，估计还真的不是太多。“山不在高，有仙则名；水不在深，有龙则灵。”一个学术单位，如能拥有几名这样“独具慧眼”的“导师”，则是单位之幸；一个学生如能遇上一名这样真能示以学问及人生方向的“人师”，则实为三生有幸！学者有多种多样，有的专注于埋首耕耘自己的“一亩三分地”，也取得不菲的学术成就；有的则在做好自身学问的同时，关注面更为宽广，志趣更为远大，更善于为所在的学术群体谋集体之未来，开辟新的天地。如前者可称为“战术型学者”，后者则可称为“战略型学者”。就其在多个学术领域的开创之功而言，开沅师正是中国“战略型学者”中的出类拔萃者，也可称得上是当代中国近现代史领域的真正“大师”和“领军人物”，其学术影响力乃是国际性的。

其次，开沅师“别识心裁”的“史识”，还表现在他对许多历史问题的认知上，往往有自己独立和独到的学术见解，常常令人耳目一新，茅塞顿开。读开沅师的著作、文章，常能体味到其思想的火花和睿智的思辨，直抵历史的深层和本质，能切实地感受到一种历史理性之美。

在多种场合，开沅师都曾反复强调，“治学不为媚时语，独寻真知启后人”，史家必须有自己的风骨，治学切忌人云亦云，一定要有自己独立的见解，并在自己的史学实践中始终加以贯彻。以辛亥革命史研究而论，上世纪 80 年代初当一些人怀疑

“辛亥革命史研究得差不多了，很难再深入了”的时候，他能高瞻远瞩地指出，辛亥革命史研究，“从总体上看，还远远没有达到完全成熟的水平。就局部而言，可能在政治方面颇有水平的成果较多；但就整体而言，经济、文化领域的研究非常不足，薄弱环节以至空白地区很多，还有大量工作需要我们努力去做”（《辛亥革命史研究如何深入》，章开沅：《章开沅演讲访谈录》，华中师范大学出版社 2009 年版，第 212 页）。并具体指出，要将辛亥革命史的研究引向深入，就必须加强对辛亥革命时期社会环境的研究，实现从“革命”向“社会”的转向，从社会结构的变迁来研究“革命”，从而逐渐形成其“社会历史土壤学”的理论构想。开沅师的这些独到的见解，不仅廓清了对辛亥革命史研究意义的不正确的认识，而且为今后几十年间辛亥革命史研究的不断深入奠定了坚实的基础。又如，当有些人简单地以为教会大学只是西方帝国主义侵华的工具，不值得加以研究时，开沅师则以客观的历史态度和敏锐的学术眼光指出：“过去人们曾经将中国教会大学单纯看作是帝国主义文化侵略的工具，殊不知它也是近代中西文化交流史的重要组成部分。……教会大学校园内连绵不断的中西文化的碰撞与融会，便属于中西文化交流较高与较深的层次。我们深信，教会大学史研究的进展，必将对近代中西文化交流的探讨产生促进的作用。”（《“教会大学与中西文化交流学术研讨会”开幕词》，章开沅：《章开沅演讲访谈录》，华中师范大学出版社 2009 年版，第 259 页）可以说，正是他的这一深刻论断，打消了当时许多人的顾虑，促进了其后教会大学史研究这一学术分支的崛起。

章开沅老师不仅在一些学术研究的大关节上头脑清醒、预判准确、敢于直言，而且在一些具体的学术论断上也常常新见迭出、振聋发聩，令人印象深刻。譬如，还在改革开放初期，人们物质生活并未充沛之时，他便较早地意识到了章太炎所言“俱分进化论”的忧患意识对中国经济发展所具有的警示意义。就道德言，“善亦进化，恶亦进化”；就经济、文化和物质生活的发展而言，“乐亦进化，苦亦进化”，随着知识与科技水平的提高，善恶、苦乐亦将不断同步增长。这就告诫我们，不可盲目迷信进化和经济增长，更不可将进化和增长视作绝对的信仰。任何事物都有两面性，与物质生活提高相伴随的，很可能是挥之不去的现代病，是对环境的污染和破坏，是道德的滑坡。因此，与许多人认为章太炎发表《俱分进化论》是其思想倒退的表现相反，开沅师则认为章太炎并非全盘否定进化，而是阐明了一种涉及范围更广的进步文明观。若干年后，结合中国发展的实际进程以及面临的许多生态与社会的复杂问题，再回过头来看，不得不佩服开沅师当初敏锐的学术判断。与此相同的还有传统文化与近代化之间的关系问题。早在 20 世纪 80 年代末中国新一轮现代化启动之时，开沅师即在其名著《离异与回归：传统文化与近代化关系试析》中，用

“离异与回归”高度概括了传统文化与近代化之间“剪不断、理还乱”的相互依存、相互转换的辩证关系。他认为，传统文化与近代化之间的动态关系，是“从离异开始，以回归终结；离异之中有回归，回归之中继续有离异”，“这里的离异，首先表现为向西方近代文明的模仿、学习与趋近；这里的回归，则主要表现为从传统文化中寻求本民族的主体意识，以求避免被先进的外国文明同化”。在近代化和现代化过程中，通过“离异”而学习西方，扬弃传统中不合时宜的因素是绝对必需的，但并不意味着现代化可以脱离传统而发展，一个民族的现代文化，只能从本民族传统文化中“生长”出来，而不可能凭空产生。我们的任务，应该是“努力发掘经过长期筛汰的中国文化价值系统中的生命活力，使之适应现代生活并为当代文明的发展服务”。因此，在根本意义上，“我们应该既超越西方文化又超越传统文化，根据现实生活与未来发展的需要营造新的价值体系。当然这种新的价值体系并非无根无源、无依无傍，但它既非传统文化价值体系的简单继承，更非西方文化价值体系的盲目抄袭。它既择善而从、兼容并包，更应该有自己的新的开拓与创造”（章开沅：《离异与回归：传统文化与近代化关系试析》，湖南人民出版社 1988 年版，第 228 页）。这些论断，可以说既中肯又理性，对我们今天处理好传统文化与现代化的关系，真正走出一条中国特色的现代化道路不无启迪意义。顺便说一句，《离异与回归：传统文化与近代化关系试析》一书，篇幅虽然不大，不到 16 万字，但写作于开沅师在拨乱反正之后学术精力最为旺盛，思想最为活跃、成熟之时，其构思之巧，视野之广，见解之深，文笔之美，实堪称老师的代表作之一，值得反复阅读，细细品味，认真研究，从中可发现在中西文化的相互激荡中近代化思想演变、发展的真实历史轨迹。

开沅师之所以具有过人的“史识”，能够在史学研究中不断创获和开新，除有章学诚所强调的作为“著书者之心术”的崇高“史德”外，关键在于他长期对史家“通识”意识的强调和主动修为。在他看来，“别识心裁”的“史识”与“贯穴熔铸”（梁启超语）的“通识”密不可分，史家“贵在通识”。

近代史学名家梁启超在谈专门史与通史（普遍史）的关系时，有一段十分精到的论述：“专门史多数成立，则普遍史转易致力，斯固然矣。虽然，普遍史并非由专门史丛集而成，作普遍史者须别具一种通识，超出各专门事项之外而贯穴乎其间，夫然后甲部分与乙部分之关系见，而整个的文化，始得而理会也。”（梁启超：《中国历史研究法》，上海古籍出版社 1998 年版，第 38 页）开沅师认为，梁氏所谓通识，是就通史（普遍史）而言，但同样适用于整个史学研究。“据我切身体会，专则易入，通始能出。若无深入的专门研究作为基础，所谓通识则如水无源，如木无本。但史家如缺乏通识，亦易于流于支离破碎，乃至成为饾饤之学。”（《贵在通识》，章

开沅：《实斋笔记》，东方出版中心 1998 年版，第 336 页）

在提倡史家“贵在通识”上，开沅师完全是身体力行的。他治学给人最突出的印象便是淹贯赅博、气象宏大，既讲“横通”，也讲“纵通”，还讲中外古今相通，往往是全史在胸、全局在胸，然后阐精抉微，言人所未言。在他看来，史学的使命如司马迁所言，就在于“究天人之际，通古今之变，成一家之言”。如果不能通古今之变，就不能或很难成一家之言。“古与今都是客观存在，通的任务便落在历史学家的身上，也正因为如此，史学便成为把过去与现在及未来连接起来的桥梁。”（《贵在通识》，章开沅：《实斋笔记》，东方出版中心 1998 年版，第 334 页）就历史“纵通”而言，同美国著名华裔史学家黄仁宇先生一样，开沅师力主“大历史观”，主张要从历史的长时段来把握和研究具体的历史事件。比如，在纪念辛亥革命 100 周年之际，开沅师便率先提出辛亥革命史研究要“盘点三百年，三个一百年”的观点，给人以极大启发。先生认为：“应该了解孙中山辛亥革命之前的一百年，特别是辛亥革命怎么来的，孙中山的纲领怎么来的，它都是有依据的。同时还要盘点辛亥革命后的一百年。还要研究从现在开始往后的一百年。”这“三个一百年”，实际上就是要从历史的“过去”、“当下”与“未来”三个长时段中，观察辛亥革命的形成、发展及其影响的全貌和全过程，从而全面深化我们对于辛亥革命的认识。在历史的“横通”方面，开沅师不仅提倡要多做区域性、全球性的比较研究，从空间上拓展我们的历史视野，而且主张要注意历史学科内部及历史学科与其他学科的横向沟通、相互渗透，尽可能地借鉴社会学、人类学、经济学、政治学乃至科技的方法，“史学不是静止地、消极地等待其他学科来渗透，它会主动走近、嫁接许多学科有用的理论与方法，而这正是历史学蓬勃生机之所在”（乐正：《近代上海人社会心态（1860—1910）》，“序”，上海人民出版社 1991 年版）。

值得注意的是，在“贯穴熔铸”的“通识”内涵上，开沅师的思考某种意义上已超越了史学本身，而上升到一种人生、哲理和智慧融通的高度。他提出，现在的史学家要想提高史识，深化对历史的理解，“一定要关心当前人类一些重大的问题，关心当前人类文明的深层次危机问题，不能做一个浑浑噩噩的史学家”。史学有自己独立的品格，史家有自己独立的人格，“学术研究不应该仅仅是上级提出一个什么口号，下级就跟着研究什么东西，而是自己应该密切地关注整个历史的走向，以及当前人类面临的一些重大问题，甚至包括太空问题、宇宙问题，都应该考虑，这样才是一个真正的史学家”。“作为一个史学工作者，你的思想境界，你的事业，你的关注，特别是一种终极关怀达到了什么程度，这才决定了你作为史学家的价值的大小。”（《章开沅教授与中国近现代史写作》，章开沅：《章开沅演讲访谈录》，华中师范大学出版社2009年版，第28、29页）“精神境界不仅是美的本原，也决定着对宇宙、社会人生认识的深浅高低。王国维所谓学者必须领悟宇宙、人生方可成高格出佳句，说的虽是诗词创作，但对史学研究亦有启发意义。”（章开沅、池田大作：《世纪的馈赠：章开沅与池田大作的对话》，湖北人民出版社2011年版，第30页）由此可见，真正意义上的“史识”和“通识”，乃是建立在“天人合一”、悲天悯人的人类终极关怀上的，是来源于历史又超脱于具体历史的大关怀、大觉醒、大智慧，只有达到这样的思想至境，才能真正做到“神游冥思，与立说之古人处于同一境界”（陈寅恪语），获得前所未有的史感，从而去“究天人之际，通古今之变，成一家之言”，实现史学研究的终极价值。在《我的学术生涯》一文中，开沅师曾满怀深情地表露过他心目中的“大历史观”：“由于人所共知的原因，过去我所损失的时间已经太多，剩下的时间又未免太少。现在，我只能做一点力所能及的工作，例如‘贝德士文献研究系列’之类，别无更为宏大的抱负与规划。但我内心深处却保持着一个宏愿，那就是努力把人类历史作为一个整体，用全人类和大史学的观念和方法研究历史，不断以此自勉并寄希望于年轻一代。”（章开沅：《实斋笔记》，东方出版中心1998年版，第10页）

“历史是已经画上句号的过去，史学则是永无止境的远航。”开沅师近90年漫长人生中对历史和史学的不断的思考，是一笔最为宝贵的精神财富，也理应成为本所学术发展的指南。“古之学者必有师”（韩愈《师说》），“学士简练于学，成熟于师”（王充《论衡·量知》）。学术的传承有赖于良师的指点和开示，对“章门弟子”而言，只有通过不断“重读章开沅”，弘扬其学术精神，方能真正使我桂子学脉世代延绵。

（本文原载中国近代史研究所编：《章开沅先生九秩华诞纪念文集》，
华中师范大学出版社2015年版）

叩响大学之门：我如何从普通工人到大学生

在湖北，中建三局是响当当的建筑业老大，凡属最重要、最雄伟、最漂亮的建筑，多半由三局建造。就是在全国，三局及其下属企业的名气也是够大的。改革开放初期，三天一层楼的“深圳速度”，就是由三局创造的，从那以后，“深圳速度”成为中国改革开放的代名词和各项事业迅猛发展的象征，响彻神州大地。说来也巧，中建三局正是我由一个普通建筑工人走进大学之门的起点。

我与中建三局走到一起，是在1976年冬季。转眼就快40年了！那时，我从四川冕宁县团结公社的知青点被内招到中建三局当工人，那个知青点是三局二公司成都子弟上山下乡的集中安插地，负责当地知青工作的带队干部吴成乾书记（当时兼公社副书记，我们知青都叫他“老吴”），属于三局二公司派出的正式干部。记得那年冬天武汉奇冷，鹅毛大雪漫天飞舞，大地白茫茫一片，皆被尺把厚的积雪所覆盖。经过两天两夜乘火车（当时从成都来武汉需在郑州转车）转汽车，终于来到三局二公司当时的驻地纸坊镇时，举目望去，真怀疑是否到了大东北林海雪原深处的某山村，因为从小到大还从未见过这么大的雪。而二公司的驻地除了一栋孤零零的办公楼外，全部是油毛毡铺顶的干打垒简易房，一排排贴山脚（青龙山）而建，完全像一个村庄。“村民”们的住房仅隔着一层薄薄的墙，完全不隔音，也全无隐私可言，大家可以自由自在地走东家，串西家，呼朋引类，和谐共处，显得十分亲热。

1977年春节刚过完，我便与其他知青一道参加了二公司组织的青工培训，并很荣幸地担任了培训班班长。当时的青工教育抓得很紧，记得当时是由劳资科朱先明同志负责具体组织工作，劳资科副科长马晓舟主持动员大会，科长梁其堃（后来曾出任二公司总经理）亲自作动员报告。除例行的政治教育外，也有很多业务培训。印象深刻的，一是老职工介绍的二公司“铁脚板”精神。“三线建设”时期，公司从四川渡口转战贵州平坝时，在车辆不足的情况下，为早日完成建设任务，近百名职工自觉自愿打着背包，扛着红旗，翻山越岭，集体行军整整十天，一路步行到昆明，然后乘车辗转到达贵州平坝。这种在今天看来近乎不可思议的方式，正是当时二公司半军事化管理与艰苦创业、无私奉献、团结争先精神的写照。二是有关公司管理规定的宣讲和讨论。尽管比较繁琐，但将当工人应尽的义务和享有的权利，以及应

该遵守的劳动纪律都讲得清清楚楚，足见当时的管理是十分规范和严格的。青工培训的最后阶段，是前往青山石化建设工地实习，集体住工棚，每天用隔热材料和防水布缠裹化工管道。这种体力劳动对我们当过知青的人来说，完全是小菜一碟，但体现出当时的青工培训贯彻了理论与实践相结合的原则，做得相当认真。

在经过青工培训之后，我被分到二公司三处当钳工，成了一名地道的建筑工人。师傅叫李成林，记得是四川遂宁人，为人老实厚道，技术很好，对工作极其认真负责，一心要栽培我成为一名好钳工。而我心目中的楷模，则是当时的全国工会主席倪志福，因为他曾经是一名技艺精湛的钳工，还著有《倪志福钻头》等专著。我暗地里使劲，一定要奔着八级钳工去，赶超倪志福（当然只是在技术方面），为此还购买了几本有关钳工技术和如何看图画图的书籍，并私下配制过好几把钥匙，以磨炼自己的钳工手艺。

但我的八级钳工梦很快就中断了。在钳工班没干几个月，我便被领导“以工代干”，调到处党委办公室做秘书，主要为领导写讲话稿，整理和传送文件，做会议记录，搞点宣传报道等，又打回了“知青”（即有知识的青年，当时仅高中文化，尚不敢妄称知识分子）的原形。老实说，当秘书似乎还没有当钳工过瘾，因为总有打杂的感觉。况且当时三处的领导，如白乃孝处长（后成为二公司总经理）、赖文明书记，讲话都有自己的语言风格，喜欢讲大白话，对情况又无比熟悉，基本不怎么看我精心起草的讲话稿，认为太文绉绉，因此我总感到很郁闷。

在三处期间，有几件印象十分深刻的事，纵使过去了几十年，回想起来，仍历历在目，犹如昨日。

一是住工棚。当时的建筑工地条件异常艰苦，无论干部、工人，一律住简陋的工棚。冬天奇冷，夏天酷热，人声嘈杂，夜间难以入眠。幸好我还有下象棋的爱好，当知青时一度靠此吃饭（即代表公社参加象棋比赛挣工分），棋艺也还不赖，因此在工棚中的棋摊子上很受欢迎，交了不少朋友。当时三处正为青山热电厂修建100多米高的烟囱，作为武钢引进的一米七轧机工程的辅助工程，我最羡慕的就是武钢职工待遇很好，能住上正规宿舍，随时可以洗热水澡，企盼建筑工人的生活条件能有所改善（听说今天工人都住上空调房了，打心眼里为他们高兴）。

二是打“歼灭战”。每到工期紧张，眼看不能如期完工时，处领导（有时甚至是公司领导）就会祭出撒手锏：打“歼灭战”！即动员一切可以动员的力量，包括机关工作人员，全体出动，传砖搬瓦，加班加点，不舍昼夜，挑灯夜战，很快便把工期赶上去了。其激励措施不过是一顿免费的加餐，大家都吃得高高兴兴，毫无怨言。

三是学知识。当时工会工作做得很到位，办了很多业余培训班，利用晚上开展

各种施工知识和业余爱好培训。记得当时我报了两个班：一个是杨茂林老师办的美术班（他曾经是我们小学的美术老师），一个是刘干事（名字记不清了）办的摄影班。前者只上了几堂课我就溜号了，因为杨老师要从基本功抓起，每次都是画梨子或苹果素描，我越画越不像，就干脆放弃了，以致现在仍为不会画画而耿耿于怀，经常在梦中梦到自己变成了神笔马良，突然就画出了很漂亮的画，引来一片惊叹。后者的摄影课倒是坚持下来了，因为他经常带我们到红钢城一带搞野外摄影和采风，有时高兴了还掏钱请我们撮一顿，至少有啤酒可喝。晚上在他弄的一间暗房中鼓捣冲洗黑白照片，真的还学到了点摄影手艺，在以后谈朋友中派上了用场，为我的夫人拍了几张像模像样的“青春照”，一直保存至今。

正当我在工地过得自由自在、有滋有味时，1977 年秋天，“拨乱反正”的春风开始吹拂了，邓小平召开了著名的恢复高考招生座谈会，突然间国家宣布要马上恢复高考，而且时不我待，当年就考。这犹如一声春雷，又如久旱甘霖，令我们又喜又忧。喜的是终于恢复了高考，自己有望进大学了；忧的是中学学的那点数理化知识和外语知识早已还给老师，身处建筑工地，一时又找不到任何复习资料，从何复习起呢？但想到自己文科方面一直在坚持自学，从未放弃，看了不少这方面的书籍，多少有点功底，似还可放手一搏。当我把参加高考的想法告诉领导后，领导一方面表示支持，但另一方面可能又舍不得我走，于是提了个折中办法：基本不给专门时间复习，但同意报考，如果考上了还是支持我去上大学。

这样，我白天继续干工作，晚上则投入紧张的复习。记得参加高考前一天，我拿出几乎全部积蓄很奢侈地买了一块上海牌手表，以便在考试时准确掌握时间。考试当天（12 月 6 日），早早起来，到食堂买了两个馒头，步行半小时左右到了青山区市 48 中的一个考场。看到同考场的武钢考生都是由单位派车送考，个个踌躇满志、笑逐颜开的，心中煞是羡慕，但旋即自我安慰：也许是他们的考生多，我们的考生少，不然领导也同样会派车送考的。如此想来，心态也就平衡多了。

根据自己的特长，我报考的是文科，头天考语文、史地，第二天考数学、政治。以今天高考生的眼光看，我们当时考的东西太“小儿科”了，但想想已离开学校四五年，又从未系统复习过，敢上考场就已经很不错了，当场难倒一大片也属情理之中的事。我看到周边有些考生早早就离场了，不知是题目太容易呢，还是根本不会做。尽管心里发虚，但我还是坚持了下来。得益于当知青时就着煤油灯长期苦读的结果，我语文、史地、政治都考得比较顺利，史地连额外的附加题全都做了。感觉监考老师在我身边几次驻足，看我答题，可能觉得这位考生还有点戏。数学则出了问题，因我们在成都学的教材与武汉中学生学的教材内容不大一样，我又一向重文轻理，因此有一道大题没能做出来，心中很是懊恼。

参加完高考后，回到工地，忐忑不安地等待发榜结果。一等再等，听说好多考生都陆续收到录取通知书了，但始终不见有我的通知书。等到最后，基本绝望了，心想只好等来年再考了，并着手搜集武汉的中学数学教材，拟重新系统复习数学，补上短板。谁知命运突然有了转机，一天，收发室小李欣喜地通知我，说有我的录取通知书。拿到后打开一看，是华中师范学院历史系的入学录取通知书，而且注明为“走读生”，报到地点为湖北京山。我当时感到很纳闷：一是我并未填报过华中师院历史系，而是填报的北大、武大的哲学系和历史系；二是什么是“走读生”？如何到京山“走读”？经请教三处的几位老大学生（都是业务负责人），他们都鼓励我无论什么学校，无论什么方式，先去了再说，况且，华中师院还是一所声誉很好的名牌师范大学。于是，我下定了读华师的决心。后来才知道，我被华师录取，背后还有一段曲折的故事。因为当时无人指导，报考学校完全是凭着自己的理解填写志愿，那年北大与武大都是同一批次录取，我文科考得较好，差点被北大录取，但因数学没考好，北大决定不录取我时，武大也早录满了。结果，阴差阳错，被求贤若渴的华师以“走读生”名义录取，以致当我去京山分院（因校舍维修，华师 1977 级文科新生都先在那里学习半年）报到时，同学们都已上课一周了。据说，1977 级的录取比例是百分之五，我能作为其中一员走进大学校门，已是很幸运了！再后来，两位曾到省招办录取我的历史系老师非常自豪地对我说：没想到，我们竟为华师捡回了一位未来的历史学家和校长！我与这些人都素不相识，但他们却能如此热心地为国家发掘人才，足见即便是在“文革”之后，当时的社会风气还是很好的。

从中建三局到华师上大学，是我人生的一大转折。从此，我踏上了一条完全不同的人生道路。由学生而教师，由教师而教授，由教授而校长、书记，直至今天仍在高等教育战线奋斗，为国家培育人才。这些年，我曾到过许多国家，也曾获得过这样或那样的荣誉，但无论走到哪里，无论身居何职，无论有多大的名气，我始终记得我的根，记得我开始出发的地方，记得我曾经是中建三局的一员。对当时曾经帮助过我的三局每一位领导、我的师傅、普通工友都充满感激之情。时至今日，我仍清楚地记得，当年去华师报到，就是由曾经是我的领导，同时又是我家邻居的朱先明同志用机动三轮车（当时叫“蹦蹦车”，因开起来颠簸得厉害）将我连人带行李，由二公司所在的纸坊镇送往桂子山的，然后再由学校派卡车送往京山分院正式报到。

2009 年，为纪念恢复高考 30 周年，上海电影制片厂拍摄了一部反映恢复高考的电影《高考 1977》。当剧组来武汉做宣传推介时，我有幸被邀请作为 1977 级代表，与该片导演江海洋，主要演员孙海英、周显欣，以及建议恢复高考的第一人——武大查全性院士一道，作为嘉宾在台上发表感言，并同观众互动。当时可以说是感慨万千，我不仅简单介绍了我如何从一个普通建筑工人考上大学的经历，而且，深情地寄语在座的同学们和普通观众：从建筑工人到大学生、从大学生到大学校长并非遥不可及，关键在于要有梦，要敢于追梦，要在人生的每一个阶段做最好的自己！

今年恰逢中建三局成立50周年，中建三局所给予我的，不仅仅是一段宝贵的人生经历，还有一种可以滋养我一生的精神财富，它由三种精神所构成：争先精神（由“铁脚板”故事体现的不畏艰难、乐于奉献、团结争先精神）、集体主义精神（三局始终像一个令人温暖的大家庭）、乐观主义精神（建筑工人往往天性乐观、幽默，来自四川和贵州的老一辈职工尤其如此）。因此，我真诚地希望所有“三局人”：一定不要忘记自己的传统，一定不要丢了自己的精神，一定要永远充满自信！将中国梦、企业梦、个人梦融为一体，不断筑梦、追梦、圆梦，让梦想成真！

（本文原载《筑典春秋：中建三局五十华诞·领导回忆录》，
长江文艺出版社2015年版）

二、治学杂感

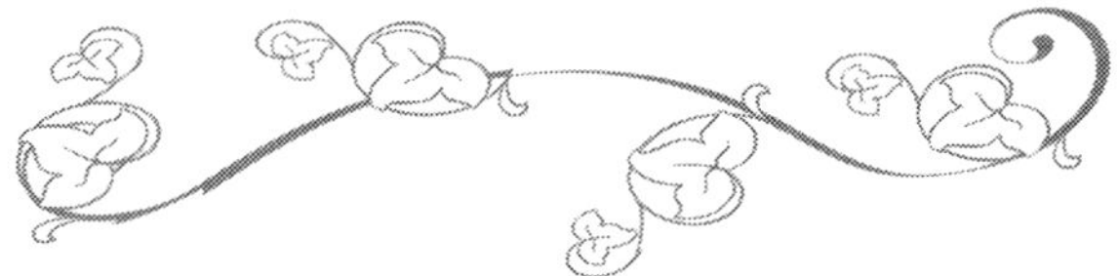

历史的空间

当20世纪行将逝去的时候，一个问题时常萦绕在我的心头：20世纪历史进程的本质特征究竟是什么？这个问题我思考了很久，却难以寻觅到合适的答案。

终于，1993年的一天，我再度访美归来，当我们乘坐的班机在黑暗中飞越位于太平洋上空的时间分界线时，一幅奇观展现在我的眼前：舷窗外尚是漆黑的夜空，星星在远处闪烁；而飞机的前方，却露出了黎明前的曙色，喷薄欲出的朝日将云彩镀上层层金边，背景是玛瑙般的红色。须臾之间，机翼上也开始洒满阳光，我们已是处在东西半球的交接处，正在离去的是西半球沉睡的夜晚，而迎面扑来的则是东半球生机勃勃的清晨。东西界线，明暗之分，在此刻是如此之强烈，又是如此之模糊。忽然，我直觉地感受到了一种从未体验过的空间之美，在极开阔的视野下，有一种莫名的力在胸中涌动，依稀记得曹孟德的诗句："东临碣石，以观沧海……秋风萧瑟，洪波涌起。日月之行，若出其中；星汉灿烂，若出其里。"

由自然空间的壮美，我很快便领悟到了曹诗所传达的那种雄沉的历史空间感，而20世纪历史进程的最本质特征，不正是那种在地理空间横向展开的巨大历史力量吗？全球化、一体化可能是最能概括20世纪历史运动特征的几个字眼。那个一直悬在我心中的疑问，似乎有了比较明确的答案。

历史固然是人类社会在过去时空中活动的轨迹，但人类近代历史与前近代历史又有着截然不同的运行轨迹。如果说漫长的古代农业社会一般是封闭和独立发展的，各个农业文明国家在缺乏横向联系的情况下，形同孤岛般浮沉于世界的海洋中，那么，近世文明的发展在很大程度上则是全球性和一体化的，呈现出横向展开的态势。从欧洲涌起的工业化浪潮无可阻挡地冲向世界每一个角落，强迫所有落后的农业民族改变其自然历史行程，朝着一个既定的方向发展——绝对服从世界市场和工业化的需要。生产力的迅速增长缩小了诸社会和诸国家间的距离，从前各民族画地为牢、自给自足的状态，被各国之间的彼此渗透和互相依赖所取代。这是一个内在联系和横向交流日益密切的一体化发展的新世界、新时代。

世界空间联系的加强，首先体现在20世纪交通和通讯的革命。海洋是世界联系的最古老的通道，从1870年至1910年，世界商船吨位由1680万吨增加至3460万

吨，运载量增加了4倍。1870年至1913年，世界铁路总长度增长了5倍多，达到110万公里。19世纪的最后十几年中，世界电话线的总长度由150万公里增加到了430万公里。1913年，连接世界各地的海底电缆已有2547条，总长度达515578公里。相比较而言，飞机的发明对人类交通的进步更具有革命性意义。1903年12月17日美国莱特兄弟驾驶飞机首次飞行成功，开创了人类空间旅行的崭新历史，国际旅行的时间因飞机的发明而大大缩短。过去，人们从北美到亚洲，需要花费20余日时间乘船跨越浩瀚的太平洋，如今搭乘国际航班作跨洋直飞，仅需费时近20小时，可谓“朝发夕至”，快捷无比。

空间传动机能的增强和横向展开所释放的巨大势能，不仅把世界更紧密地联系在一起，而且从根本上改变了人类的生存方式，与外界的沟通成为社会发展的重要因素和根本标志。

空间联系增强的结果，首先对人类社会的经济组织方式产生了极其重要的影响，成为刺激社会经济发展的主要动力之一。20世纪是国际市场和世界贸易空前扩大的世纪，近代空间传动型历史运动从一开始便建立在市场经济的基础之上，经济意义上的空间拓展，实质上就是商品在最大范围内和最大程度上的流通。正是为了实现这种人类历史上从未有过的大规模的商品流通，并享受其巨大的经济效益，人们不得不组织起来跻身于全球性的经济开发，形形色色的公司、工厂、银行、交易所等经济组织如雨后春笋般应运而生。那种以家庭为基本经济单位，男耕女织、夫唱妇随的田园诗般的农耕时代已成明日黄花，一去不复返了。

与空间联系增强相伴随的是时间距离的缩短。过去一国或一地区经济的明显增长往往需要几十年或上百年的周期，但近代经济的发展却呈现出加速增长的态势。密切的空间联系和发达的通讯手段促成了技术的迅速转移。像中世纪手工工匠般保守技术秘密已不太可能，也没有多大意义，关键在于技术的创新和发明。后发现代化国家可以依靠广泛的科学技术转移和精心组织经济，在较短的时间内迅速赶上发达国家。一般西方国家在两三百年间所完成的现代化过程，一些后发现代化国家如善加利用前者的经验，仅仅用一百多年甚至更短的时间就可以完成。在东亚地区，日本、新加坡、韩国等追赶西方发达国家所创造的经济奇迹，正是典型的例子。这种经济上的加速度发展可能使世界范围内的竞争变得更加激烈，经济竞争本身地区化、国际化和集团化的倾向日益明显。

历史在空间的横向展开，也极大地促进了人类文明的相互交流，创造出一套世界性的话语系统，席卷全球的信息化浪潮已清楚地指明了未来社会的发展方向。随着几代电子计算机的问世，人类已开始进入信息时代，对信息量的拥有，其重要性已不亚于对知识、技能本身的拥有。衡量一个人的社会活动能量，有时仅仅凭其与外界通讯量的大小，便可作出基本不离谱的判断。那些成天忙于处理信息，信箱里总是塞满了信件的人，或办公桌上的电话铃成天响个不停的人，往往就是有能力和比较重要的人物。新近产生的“国际信息高速公路”更使全球共时性的享有信息和处理信息成为可能，世界又向全球一体化和信息化迈出了重要的一步。所谓“地球村”的说法，已不再是想入非非的天方夜谭。全球性的环境保护、跨国公司、经济圈正在成为国际社会的共同话题。当我们一天早晨突然醒来，会惊讶地发现我们正生活在一个谁也离不开谁的奇诡的循环圈和因果链中，我们个人拥有的空间增大了，但世界的空间距离却大大缩小了。这就回到了本文开头时我在国际航班上的那种感觉，这种感觉当你置身于六道或八道并行的高速公路的滚滚车流时，肯定也能感觉得到。

当然，空间传动的历史运动在以巨大的力量改变世界面貌的同时，也会带来若干的负面效应。且不论资本主义在其早期发展阶段所带有的冷酷性及其对落后民族的强迫性征服所造成的无数灾难，仅就工业化本身对人们的价值系统而言，便会带来空前的紊乱、迷离和无所适从，需要一个长期的调适过程。我清楚地记得，当阔别故乡十年后，回到成都郊区我曾度过童年的地方，但见儿时那片自由自在的乐土，早已被工业化的洪流淘尽，代替记忆中蓝天、白云、田野、溪流的，是一片连一片的住宅小区，我心中涌起的是何等的惆怅、失落啊！那些全球性的令人头疼的问题：人口过剩、工业污染、沙漠化、吸毒、犯罪、道德沦丧，无不与工业化过程相伴随，成为后工业时代的社会病。人类物质文明过度扩张所引起的文化反弹，绝非是可以轻易忽略的枝节问题。章太炎在20世纪初就曾担忧过的文明的“俱分进化论”问题，看来并非空穴来风的无病呻吟。

然而历史的空间毕竟是壮美的，人类社会也毕竟是向前发展的。我们要有远见，要对将克服的困难有充分的心理准备，但也大可不必悲观和失望，空间展开的力量既给我们带来巨大的挑战，同时也带来巨大的机会，关键在于去适当地把握这些转瞬即逝的历史机遇。

回到历史研究本身，传统史学所注重的乃是历史的“时间”：冬去春来，花落花开，岁月流逝，王朝更迭，所谓“逝者如斯夫”！这与传统农业社会周而复始的迟缓的时间递进型运动有关，反映了以“历时性”为基础的史观。

然而，已经逝去的20世纪向我们昭示的恰恰是历史“空间”的极端重要性。近代文明在空间的传动和扩张，极大地推动了人类社会的进步，标志着人类社会发展的动力基因已有了重大改变，它为我们从“历时性”与“共时性”两个维度去构筑新型历史学理论提供了新的思路。

历史固然是时空的统一，时间与空间不可割裂，但在不同的历史阶段，时间与空间对人类社会的影响是不同的，人类对时空的认识和把握也是不同的。正如现代科学的许多重大突破都发生在人们对时空关系的新认识、对空间领域的新开拓方面，新型历史学理论在历史空间对人类社会发展的作用、新的历史动力学理论研究方面，也一定会有开创性的突破，从而成为新理论、新学说的生长点。

面对21世纪的史学，我们瞩目于“历史空间”的拓展。历史的天幕群星闪耀，历史的星空灿烂依然。

（本文原载马敏：《拓宽历史的视野：诠释与思考》，华中师范大学出版社2006年版）

治学偶得
——《马敏自选集》书后

孔子云：(人生) 三十而立，四十而不惑。承蒙湖北青年社会科学工作者协会和华中理工大学出版社的好意，使我能在迈过“不惑”之年不久，便能有机会来结集出版自己的学术论文自选集。虽有那么几分愧不敢当的惶惑，但能够通过结集的机会回顾、总结一下自己近20年的治学过程，重新品味当初撰写这些论文时所经历过的甜酸苦辣，真是别有一番滋味在心头。收录在这个集子中的20多篇论文，比较集中地反映了自己从“而立”到“不惑”这10余年间的学术思考和成长历程，尽管有的论文还带有粗糙和不成熟的痕迹，但这次结集时并没有作过多的修改，而是力求保持“原汁原味”，使后来者能够从自己的不成熟中总结出教训，更为健康、顺利地成长。回顾近20年的治学历程（从大学高年级写毕业论文算起），在章开沅先生等名师的指点下，从初出茅庐到略识学术三昧，大致走了一个由实而虚、再由虚而实的治学路子。尽管所收录的文章没有严格按时间排序，但对熟悉我的师长和学友来说，还是隐约可以看出这样一个内在的足迹。

所谓由实而虚，可以概括我前半段的治学。我在不同的地方说过，自己治学的起点，严格说来，是刚刚考上硕士研究生不久，因导师章开沅先生的倡议，随同刘望龄老师和学友朱英一同前往苏州市档案馆参与整理苏州商会档案。沉潜于浩若烟海的商会档案，不仅给了我从第一手资料出发治史的严格训练，而且使我的史学思维方式从一开始就是建立在实证史学的基础上，所关注的题目大多偏小，如我独立发表的第一篇学术论文，便是1984年发表在《史学月刊》上的《我国第一部正式商法》，同年发表在《华中师院研究生学报》上的《冯桂芬思想辨析》，次年发表在《中国社会经济史研究》上的则有《清末第一次南洋劝业会述评》。或许作为学术生涯的开始，从这样一种实证的立场和偏小的题目出发是适宜的，也是一个职业历史学家步入学术殿堂的正常门径。当我也终于忝列导师之列，指导过若干届研究生后，再回过头来看当初在章开沅先生指导下所选择的硕士论文题目：辛亥革命时期的苏州绅商，仍深感章师之深具学术洞察力与自己的幸运。说实话，能在丰富的档案史料中发现这种大小适中且极具发掘内涵的课题，已使论文有一半的成功把握，剩下的就在于自己的勤奋和是否善于去独立思考了。在后来出版的一本研究专著的后记中，我曾提到自己当时如发现新大陆般的心情：

> 对近代绅商产生研究的兴趣，已是十年前的事了。那时，因导师章开沅先生的倡议，我有机会去苏州市档案馆参与苏州商会档案的整理。在整理档案过程中，我逐渐悟出对晚清亦官亦商的绅商群体的研究，或许是理解晚清商会的构造与功能的关键点。推而广之，绅商研究也将十分有助于探讨中国近代社会关系的转型。

就是这偶然的一悟，使我在绅商与商会问题的研究上艰苦跋涉了整整十度春秋，由“而立”步入“不惑”之年。

在完成我的硕士学位论文，进入博士生学习阶段之后，在章开沅先生的鼓励下，我开始研究更为宏阔的中国早期资产阶级的形成问题，治学路子开始向相对较“虚”的一面发展，比较关注一些牵涉面较广的“大”问题。在这一阶段，陆续有《中国近代商人心理结构初探》、《论孙中山的伟人品质》、《过渡特征与中国近代社会形态》等论文发表，并最终形成我的博士论文《过渡形态：中国早期资产阶级构成之谜》。在这些研究对象比较宽泛的成果中，我有机会在较大的历史空间中驰骋自己的理论思维，力图构造一种解释的框架，而不满足于仅仅将历史事实本身说清楚。这样的研究取向虽会冒一定的风险，较易流于空疏，但如把握得当，却可以使历史的实证研究具有一种理性的深度和宏阔的视野，给人耳目一新的感觉。我在博士论文“前言”中开头的一段话，或有助于理解我当时那种初生牛犊不怕虎的心态，以及对解释历史所抱的热衷：

> 如果说，中国古代文明历几千年沧桑而始终保持其稳定性和连续性之谜，曾吸引了无数中外学者的注意，使他们为之绞尽脑汁而最终不得不发出这样的感慨：“中国的历史告诉我们，世界该是多么辽阔而变化无穷，无论是我们的前人，还是我们自己都没有彻底了解它。”那么，可以作出预言，解析这个古老文明在近代人类历史上的沉浮际遇和流转变迁，无疑将使更多的历史学家为之喟然兴叹。然而无论如何，这一课题本身所蕴涵的巨大理论魅力，已经对那些富有远见的历史学家们构成持久的挑战和永恒的吸引。

不久开始明白，对一个青年历史学者而言，这样雄心勃勃的理论尝试不可以没有，但却不能太多。因为在基础未牢的情况下，过多地热衷于解释历史，建构框架，极易陷入思维的误区。

有了这样的认识，我的研究风格遂又发生裂变。取得博士学位后，又开始回过头来研究更为实证的问题，或者说通过一些实证的研究来证实和完善自己的解释框架。难怪明眼者可以看出，我后半段的研究，颇类于我的博士论文在若干细部的展开，把一些过去比较抽象的问题具体化。这就是所谓由虚而归实。老实说，我自己并没有刻意去追求这样一种效果，只是研究的内在逻辑导引着我一步步向这一方向走去。类似于对苏州商会的个案研究，对晚清绅商阶层的研究，以及后来的教会大学史研究似乎都体现出这样一种风格和取向。

自选集中的第二和第三部分的论文，大多可视作这一阶段的产物。我绝不敢说我自己上述的治学道路具有什么普遍性，更不敢用这种似是而非的体会来误导今天的学生，因为个人的治学过程毕竟只是个体经验的结晶，很难具有可重复性的普遍意义。但这又并不是说治学中没有共性的东西，照我后见之明的浅见，至少有下列数端是可以提出来同有志于学问的青年人共勉的：

一曰循序渐进。中国学术历来讲求由浅入深，水到渠成，所谓“行远必自迩，登高必自卑”，强调打好基础，循序渐进，反对急功近利，学问速成。借用晚清张之洞的话说，就是“由小学入经学者，其经学可信；由经学入史学者，其史学可信；由经学、史学入理学者，其理学可信”（《书目答问》）。这里所谈的正是治学的内在规律和路径，企图超越这种内在的规律以图学问的速成，不仅达不到目的，而且根本进入不了治学的状态，即“不预流”。当然，今天的治史者不必一定非要从小学措手，从考据做起，但起码的语言文字功夫和对基本史料、史实的掌握，却是不可或缺的，这也是作为专业历史学家必须遵守的“基本纪律”，如余英时先生所说：“史学毕竟是建立在以往经验的基础上，经验知识无论如何离不开客观的证据。……今天的史学家可以在解释和观点层面自抒己见，但是如果他在基本规律方面犯了严重错误，那么他的史学家资格便会受到怀疑。”（余英时：《犹记风吹水上鳞——钱穆与现代中国学术》，三民书局股份有限公司1991年版，第187页）

二曰执著追求。治学是一项极其艰苦的事业，不知要经历多少回“为伊消得人憔悴”的苦境，因此，必须有一种为学术而学术的献身精神，视学术为自己的第二生命，执著不懈地追求，方能真正求到一点学术的真经。我国文化传统中历来有着神圣庄严、求真求实的学术真精神。所谓“文以载道”，思接千载，学术之道大矣哉！那些真正学有所成的一流大师巨匠，无不自视为“文化托命之人”，基于强烈的敬业精神，浓厚的学术兴趣，穷年累月，孜孜以求，全身心地关注一个领域，投入一项课题，最大限度地占有资料，反反复复地加以研讨，最终才形成独具一格的研究成果。这种老老实实的治学路子，可以最简单地概括为四个字：费时费力，所谓“十年磨一剑”是也。在刻苦治学方面，老一辈学者给我们树立了典范。与我有师生之情的已故著名学人、国学大师张舜徽先生，曾在其《八十自叙》中云：“余之一生，自强不息。如驽马之耐劳，如贞松之后凋，黾勉从事，不敢暇逸……惟视读书为性命，修其身寄情于卷帙。于世俗荣枯亨困，未数数然也。”正是以这种超然而高远的学术追求为强大动力，舜徽先生方能以小学的学历自学成才，成就为著作等身的文献学大师。“文革”受难之际，先生身居澡堂改就的陋室，仍能不分酷暑严冬，刻苦治学，日积月累，终于写成200多万字的巨著《说文解字约注》，光毛笔就写秃了50多支！这种在学术事业上以生命相搏的执著追求，正是无数大师巨子成功的奥秘，也是青年学人最值得学习、继承的品质。

三曰厚积薄发。学术研究一定要有一个比较宽广的知识基础，并形成较为宽阔的学术视野和较为恢宏的气度。过去讲文史不分家，讲学问中的“通识”，均是强调知识的交叉性和相互渗透性，只有那些保持广泛兴趣的人，在各相关领域都有所涉猎、出入自由的人，方可做出大学问。反之，学术趣味狭窄，知识积累浅薄，皓首穷一经，则只能做点饾饤琐碎之学，成不了大气候。史学大师陈寅恪便是由博返约、厚积薄发的典范。如所周知，为了日后的专门治学，青年时代的他曾用十数年的时间游学各国，遍访名师，光是外国语言文字就学了十几门。如此苦心孤诣的精心准备和雄厚积累，正是产生大师级人物的先决条件。国学大师钱基博亦强调博学、通识，自称：“基博论学，务为浩博无涯涘，诂经谭史，旁涉百家，抉摘利病，发其阃奥。”可见，大师们的恢宏气象乃是建立在博学通识的深厚基础上，所谓根深才能叶茂是也。

四曰独立品格。业师章开沅先生素重学者的独立品格，常引楚图南题诗“治学不为媚时语，独寻真知启后人”赠人，提倡“史学应该保持自己独立的科学品格，史学家应该保持独立的学者人格”。照我自己的理解，学者的独立品格似应有两层涵义，一是做人意义上的独立人格，一是治学意义上的独立追求。当然二者又是相通的，做人与做学问存在内在的一致性，所谓“铁肩担道义，妙手著文章”即是指两者的高度统一。在做人意义上，人文学者应有一种超乎世俗功利、超乎现实政治的终极关怀的一面，这就是为知识而知识、为学术而学术的学术良知。有此良知，正直的知识分子方可做到襟怀坦荡，一身正气，不媚时趋俗，不急功争利，一心以求学术的“真经”。这也就是章学诚所说的“史德”。“德者何？谓著书者之心术也。”

心术不正，何以言治学？即使做出学问来，也极可能是曲徇之学、取巧之作，不会存之久远的。在治学意义上，学者又应有自己的独立思考和独立追求，以最终形成独立的风格。治学最忌千人一面、众口一词，了无新意。时下喜言创造性人才和创造性思维，创新乃是学术的生命所在。学术研究要有新意，应是一项最基本的学术规范，要么有新的材料，要么有新的见解，总之要在前人的研究基础上有所推进，否则就很难说是有价值的学术研究。而想要在学术研究上取得创新性的成果，首先就必须进行独立的思考，不能人云亦云，丧失了自我。一个好的学者，不仅需要进行独立的思考，甚至在表述方式、行文风格上都应有自己的个性。要把枯燥的学术论文尽量写得有文采，使人喜欢读、容易懂。正是在这一意义上，我认为学术研究从根本上讲乃是一种个体行为，需要一种“独行侠”般的精神，无牵无碍地“究天人之际，通古今之变，成一家之言”。

以上数端，我不敢说条条做到，事实上也不可能条条做到。但总是将之作为目标来激励和鞭策自己，希望多少向这些目标靠近。这些年能在学术上取得一点成就，可能多少与这种学术上的深层次追求不无关系吧。

学问无止境，治学有境界。我们总应该把自己的境界定得高一点，一步一步地渐入佳境。说到学术的佳境，我最欣赏的一是有良师的指点，二是有学友的切磋，这两者构成良好的学术氛围，对我的治学影响至大。在我有机会结集出版学术自选集时，我最为感激的还是将我引进学术的殿堂，并长期扶植我成长的业师章开沅先生、曾参与指导我的硕士论文的陈辉先生，还有已故的林增平先生、刘望龄先生、唐文权先生，我将永远感激和怀念他们。我也十分怀念当初读研究生时，与诸学友环坐章师的客厅中，清茶一杯，谈天说地，讨论式的学习方式。回想起来，有许多颇具学术价值的思想火花，就是在这种师友间无拘无束的自由式讨论中碰撞出来的。可以说是“踏破铁鞋无处觅，得来全不费工夫”。一介书生，别无所求。人生能遇到这样一些良师益友，能在浩瀚的学术之海中上下求索，寻觅真、善、美的至境，吾愿足矣！

（本文原载马敏：《马敏自选集》，华中理工大学出版社 1999 年版）

文化寻踪偶记

或许是少时读柯南·道尔的《福尔摩斯探案集》和狄更斯的《双城记》这类小说太多的缘故，感觉上英国总是怪怪的，像一座裹着浓雾的古宅，随时可能发生点什么神秘的事情。及至到牛津住了半年，间或搭乘舒适、便捷的coach（大客车）到伦敦、剑桥、巴斯、爱丁堡瞎跑一气，对英国多少有了些了解，少时脑海中那幅怪诞的图画慢慢淡出了，取而代之的是一幅现代英国的立体图画：四道或六道并行的高速公路一直向天际延伸，尽头处是一轮巨大的西沉的红日；斜阳余晖中，近处是啃着青草的羊群和牛群，远处是一座座教堂的金色的尖顶。都市与田园、喧闹与静谧、现代与中古、保守与进步、固执与灵气、拘谨与幽默，形成一种奇异的冥合。而处处流溢出的都是深厚的文化底蕴。这就是英国，一个曾经拥有牛顿与培根，莎士比亚与拜伦、雪莱的国度。

是的，到20世纪末叶，作为政治的、经济的、军事的大英帝国，是无可挽回地衰落了，但文化或人文的英国呢？在我意识的深处，执拗地认为，那些曾经造成英国上一世纪（19世纪）繁荣的深层次因素，即文化的因素，是不可能随着一个帝国的衰落而荡然无存的，它一定会在暗处熠熠生辉，不仅继续滋润民族的心灵，而且成为人类文明的共同宝藏。我就是怀着这样一种文化探险的心理，来到年轻而古老的英国进行文化觅踪的。作为中国学人，我尤其关心当时最先进的英国文明与古老中国文明在上一世纪（19世纪）最初相会时的情形。这两种文明除了兵戎相见、刀光血影的冲突而外，在文化上又是如何会面、竞争以至对流、融合的呢？换言之，近代中西文化交流的渠道和媒介究竟是些什么？我们究竟如何去具体入微地进行观察？这些，是我所关心的问题，也是在英伦寻书、读书的中心兴趣所在。

牛津是与剑桥齐名的文化名城，也是英伦的汉学研究重镇。我此次到英国，就是由该校新设的中国研究所接待的。对文化人而言，建筑古朴典雅、学术氛围浓厚的牛津，正是读书的大好去处。在牛津众多的图书馆中，大名鼎鼎的波德林图书馆(Bodleian Library)系古老的大学图书馆（余皆各学院图书馆）。该馆藏书宏富，但作风守旧，至今仍不实行开架借书制度，严格讲根本就不能将书借出馆外，而只能假手图书管理员，借到书后在指定的阅览室中阅读。尽管这种泥古不化的保守作风深为读者（包括牛津自己的教员）所诟病，但说起来也有一个好处，就是几百年相沿下来，倒真保存了不少好书。就是在此馆的东方阅览室，我无意中发现了一大批对研究早期中西文化交流史极具价值的传教士中译西书和中文传教书。这批书至今尚未编目，静静地在书库中躺了百余年，鲜为外人所知，利用者寥寥（国内也仅熊月之先生的一本大著在“后记”中提及而已）。根据该馆中文部主任哈利威尔先生的初步统计，这批书共 1600 多册，其中大部分为新教传教士所撰写的传教小册子，约占百分之七十，其余百分之三十则为自然科学和人文科学类的中译西书，内容涉及政治、经济、文化、教育、历史、天文、地理、机械、航海、生物、植物、化学、物理、医学、音乐、语言文字等领域，可谓洋洋大观。从西学东渐的角度看，我们最感兴趣的还是后一类书。说起来，这批珍贵汉籍的来源也颇偶然。一是来自 1867 年在华传教士、亚洲文会发起人伟烈亚力等搜集并运往美国费城博览会展览的大部分书籍，这是该藏书的主体；另一部分则来自 1884 年伦敦卫生博览会所展出的传教士提供的中文书籍。这两批书在展出之后均乏资运回中国，结果辗转被牛津大学用极其低廉的价格购入波德林图书馆，终在英伦落户。

有关这些中文书籍的内容和价值，在这篇短文中无法具体述及，但可以肯定的是，无论是在近代中西文化交流史还是在中国近代出版印刷史上，有许多个“第一”都与这批书籍脱不了干系。比如，马礼逊于 1811 年在广州秘密刻印出版的《神道论赎救世总说真本》，系新教在华传教士所撰写的第一本中文传教小册子（tract），对研究基督教在华的传播十分重要，它也是这批藏书中出版年代最早的一本中文书籍。麦都思编的《地理便童略传》，1819 年在马六甲出版，是最早的一本供小学生使用的简明地理教科书。郭实腊编的《贸易通志》于 1840 年出版，系鸦片战争前向中国介绍西方商业制度和贸易情况最为详尽的一本书。书中对公司、银行、蒸汽机等作了最早的介绍。1852 年香港圣保罗书院出版的《算法全书》，是第一部用西方数学体系编成的数学教科书，编者为英国传教士蒙克利。伟烈亚力译，王韬笔述，1858 年上海墨海书馆印行的《重学浅说》，是近代中国译介的第一本关于西方力学的专书。伟烈亚力翻译的《化学鉴原》及其续编，分别于 1872 年、1875 年在上海出版，全书共 10 卷，是译介到中国的第一部较为系统的西方化学著作。合信所著《全体新论》，1851 年出版于上海，是我国第一部系统介绍西方人体解剖学的著作。颇有趣的是，在这批藏书中还有一本由美国传教士高第丕夫人编的《造洋饭书》（1866 年出版），实际是我国最早的一本专门介绍西方烹饪的中文书，内中介绍了 268 种西菜、西点的做法。在牛津海外中心住所，笔者按照该书依样画葫芦，烹制了一道羊肉汤招待朋友，居然获得满堂喝彩。

由此可知，百余年前，这些充满新知的中译西书在早期的中西文化交流中起到了多么重要的媒介作用。文化的流动与传播必须依赖一定的载体进行，而书籍恰是最为常见且最为有效的载体。中国人在睁眼看世界之时，有许多新知便是直接从这些由传教士带来的中译西书中汲取的。比如，近代最早睁眼看世界的林则徐、魏源诸士大夫在编著《四洲志》、《海国图志》等图书时，便广泛参照、征引了西方传教士所著译的这些中文书籍。上面提到的那本《贸易通志》，魏源在《海国图志》中即征引此书凡 14 处。由此引发的一个更具提示性的问题，是西方传教士在中国的主要任务固然是传播基督教，从事文化的征服，但文化征服毕竟不同于军事的征服，资本主义文化中包含着进步的东西，传教士在传教的同时又顺带输入了先进的科学技术知识和近代西方文明，其角色是双重的：布道者与启蒙者并存。这就意味着我们对西方在中国的传教活动，从文化意义上还有可再探讨的地方。当然，这些涉及近代中西文化交流史的大关节处，是没有办法在这里展开的。

在牛津这个文化底蕴极其深厚的地方，好处是不仅大图书馆藏书富足，而且一些不起眼的小图书馆，只要用心淘漉，也会有意外的收获。我就完全没有料到，规模不大的帕格瑞金学院安格斯图书馆（从属于英国浸礼会），居然保存着英浸礼会在华传教的全部档案和另一批数量不大但却弥足珍贵的汉译西书。当初为了找到这个地处窄街深巷的小图书馆看书，绕着它所在学院的大门转了几圈还不知学院究在何方，更不用提图书馆了。真是酒香不怕巷子深呵！安格斯图书馆的汉籍收藏中最有价值者，要数英浸礼会传教士马希曼等的早期中文《圣经》译本。马希曼英文名为 J. Marshman，1799 年被英浸礼会派往印度传教，大半生都生活在印度。所奇怪者，马希曼身为英国在印度的传教士，一生中从未到过中国，却鬼使神差对中文发生了浓厚兴趣，与一位精通中文的亚美尼亚人拉沙一道，花费 18 年的工夫，于 1822 年将全部《圣经》译成中文并在印度出版。这批浸礼会早期中文《圣经》译本的独特价值有二：其一，这是目前所知的最早的完整中文《圣经》版本，比马礼逊和米怜 1823 年在马六甲英华书院出版的全套中文《圣经》——《神天圣书》尚早出 1 年。据此可修正过去认为第一部中文《圣经》出自马礼逊之手的通常说法。其二，在近代印刷技术史上，这部《圣经》中的《若翰所书之福音》，堪称目前所知的第一本应用西方近代铅字活版技术印刷的中文书籍。它于 1813 年在印度印出，比通常所知的 1822 年在澳门用铅字活版印出的马礼逊《华英字典》早了 9 年。

马希曼不仅主持翻译了第一部中文《圣经》，而且还于 1809 年将儒家经典《论语》中的大部分章节译成英文介绍给西方。他还于 1814 年出版了用英文撰写的《中国言法》一书，并将儒家的另一部重要典籍《大学》译成英文，附录于全书之后。

这本长达600多页的巨著，系运用西方语法理论比较系统地研究汉语语法的英文著作之一，比马礼逊的《中文语法》要早出1年。这充分说明，近代中西文化交流史，是一个双向对流的运动过程。一些传教士在对中国宣传西方文化的同时，又把中国文化介绍给西方，扮演了文化双向对流中的载体角色。而某些传教士还有角色倒置的倾向，对西方宣传中国古代文化的热情，甚至超过了对中国的传教。曾在中国长期传教，后返回英国担任牛津大学第一任汉学教授的理雅各，便是其中的一位典型人物。他曾穷毕生的精力，将中国古代典籍中的精华——《论语》、《大学》、《中庸》、《孟子》、《尚书》、《诗经》《春秋》、《左传》全部译成英文，介绍给西方，不仅传播了中国文化，而且长期影响西方学者的汉学研究。牛津大学现存的许多中国古籍便是当年理雅各自中国带回的。对文化交互影响中的这些复杂情形，我们不能不察。

《圣经》汉译是一个相当长的过程。无论是马希曼系统还是马礼逊系统，在其翻译的早期，都有若干不成熟的单行本问世，而在“史”的意义上，这些不成熟的早期版本，对研究西学东渐的具体过程和其中的曲折，似更具价值。可惜，我在牛津并没有找到真正最早的汉译《圣经》单行本。于是，不得不移师英国的另一汉学重镇——剑桥，方才大功告成。

牛津距剑桥约3小时车程，伦敦、牛津、剑桥三座文化名城恰呈掎角之势。牛津位于伦敦西北约40英里处，剑桥则位于伦敦东北51英里处。如果说伦敦已是世界上屈指可数的几座国际大都会之一，牛津则兼具中古与现代都会的风光，那么，剑桥则是硕果仅存的尚保存中古淳朴特色的乡间市镇了。一如社会学家金耀基先生的观察：“如果说牛津是天城，则剑桥必是仙乡了！一丝不假，剑河流过的无数古老剑桥学院的后园，嗅不到一些儿尘烟，见不着丁点儿俗物，水漂云流，万物自得，蓦地里出现裙裾飘逸的仙子，突然间送来一片箫声琴音，你都不会有半点惊讶！”难怪诗人徐志摩要对剑桥梦牵魂绕，唱出一曲令无数海外游子心醉神往的“别了，康桥”。我有幸在剑桥圣约翰学院古堡式的客舍中小住几日，充分领略了剑河傍晚静谧的柔美，以及拂晓时分剑城悠扬的钟声，这钟声在古老的剑桥上空已回荡了几百年之久。

剑桥的自然风景是美的，剑桥的汉籍收藏也是独步的。其大学图书馆尽管外形简朴，却是整个欧洲最好使用的图书馆之一，名气之大，不亚于牛津的波德林图书馆。该馆汉籍收藏以古籍为主，包括两部《永乐大典》，300余种方志，80余部罕见的抄本。内设的“圣经会图书馆”保存着世界上各种文字、各种版本的《圣经》，是世界上《圣经》版本收藏最全的地方。我便是在此地终于找到了两本由新教传教士最早翻译的《圣经》单行本，这很可能也就是世界上最早正式印出的中文《圣经》

版本：一本是马礼逊在广州秘密翻译、印制的《使徒行传》(《新约全书》之一种)，取中文名《耶稣救世使徒行传真本》；另一本是马希曼与拉沙在印度塞兰布尔翻译、印出的《马太福音》(《新约全书》的首篇)，取中文名《此嘉语由呀㗰所著》。十分巧合的是，这两本书均出版于1810年，且均为罕见的孤本。《此嘉语由呀㗰所著》采用传统木刻雕版印刷，线装一册，共95面，封面纸张略呈红色，未具出版时间和译者名字，其内封上有传教士的签名，并标明此书出版于1810年。《耶稣救世使徒行传》也为木刻本，线装一册，前有马礼逊所撰序言，亦未具出版年代，仅根据相关资料推断为1810年出版。目前已知，此书系马礼逊于1807年奉伦敦会之命抵达广州后，利用随身携带的原大英博物馆珍藏的天主教传教士部分汉译《圣经》稿本的抄件译出，凝聚了新老两代传教士的心血。或许一些传教士要把福音传遍中国的愿望是纯良的，意在拯救世人，但不知他们主观上意识到否，要把一种纯西方的宗教移植到中国，本身就意味着文化的征服，而文化征服是一定要引起反弹并付出代价的，这是近代反洋教运动连绵不断的根本内因。但无论如何，能亲眼看到近代中西文化交汇初期的积淀物，并追思这一漫长过程的源头，内心的欣喜难以名状。

近代中西文化交流的另一个重要渠道是世界博览会，有关世界博览会的历史资料，尤其中国参与世界博览会的情况及其评价，是我在英伦文化寻踪所关注的另一个主题。

说起来，英国还是世界博览会的发源地。1851年，在维多利亚女王治下的英国，正处于工业革命的全盛时期，为了向世界展示大不列颠的强大国力，遂于该年在伦敦举办规模巨大的“万国工业品大博览会”(The Great Exhibition of the Works of Industury of All Nations)，历时5个月，参观人数竟达600多万人次！这次历史上空前的大博览会不仅留下了一座巍峨璀璨的“水晶宫”，而且标志着人类发明了一种大规模文明交流的新形式。此后，西方主要资本主义国家几乎无国不会，无年不会，“赛会遂成为实业竞争上之一重要机关”。我国清朝政府正式派官员和商人参加世界博览会，始自1876年美国举办的费城世界博览会，以后参加此类博览会20余次。显然，这样重要的国际场合，正是观察中国古老文化与世界文化如何去“接轨”的绝佳视点。

我能在英伦接触到大量有关世界博览会的文献，实出于偶然。那天，循例与科大卫博士（他是我在牛津的接待人）在圣安东尼学院考究的餐厅共进午餐，顺便交流最近的研究心得。席间，供职于该学院的国际知名法国史研究专家热尔丁博士恰好在邻座就餐，出于礼貌，经科大卫博士的介绍，我与热尔丁博士攀谈起来。热尔丁博士表面上一派英国绅士风度，不显山露水，实则热心快肠，乐于助人。听说我在搜集世界博览会历史资料，当即提供了一些线索。餐毕，又自告奋勇带我去波德林图书馆查阅资料。正是在热尔丁博士的热心相助下，我相继在牛津和伦敦大英图书馆阅读到一批有关世界博览会史的书籍与文献。

渥尔伍德（J. Allwood）著《大博览会》（*The Great Exhibitions*）一书，是70年代出版的一本研究世界博览会史的力作。该书图文并茂，比较详实地记述了世界博览会的起源、发展及历次博览会的盛况，论述了博览会与人类科技进步的密切关系：如1851年伦敦大博览会所建造的“水晶宫”预告了“玻璃时代”的到来；1889年巴黎世界博览会留下的埃菲尔铁塔，象征着钢铁时代的来临。总之，这是了解世界博览会史的一本必读书籍。与渥尔伍德的著作相得益彰的一本书，是芬德林（J. Findling）编的《世界博览会历史辞典》（*Historical Dictionary of World's Fairs and Expositions*，1851—1988）。此书虽名为辞典，实际上是一本世界博览会的简史，对历次博览会作了简要介绍。这本书的好处是在每次博览会简要介绍之后，均附有一研究文献提要，研究者可循此顺藤摸瓜，对感兴趣的博览会作更为深入的研究。值得一提的是，该书将清政府1910年在南京举办的“第一次南洋劝业会”亦列入世界博览会之列，从侧面证明该会不仅仅是中国举办的首次全国博览会，而且具有世界博览会的性质。关于“南洋劝业会”，笔者已有专文介绍（参见《中国社会经济史研究》1985年第4期），但这次在牛津波德林图书馆发现的一本中文相册——《南洋劝业会纪念册》1～3辑，则为国内所未见，不知怎么流传到了海外。这本相册中有“南洋劝业会”人物、建筑与活动的照片几十帧，非常珍贵。首幅系“今上皇帝陛下”宣统的玉照，少儿皇帝憨态可掬。另有一幅名为“劝业路”的照片，为我们呈现了晚清南京街市的旧貌。但见这条当时相当繁华的街道上，短衣赤膊踽踽而行者，不乏其人。足见当日中国虽想与国际“接轨”，但彼此的差距实在太大。难怪西人办博览会一般会盈利，但中国来办博览会，就亏得一塌糊涂。除官场的诸弊端外，国民素质不逮，恐也是一因。

世界博览会的功用主要在通过展品的展陈、比较和推销，起到增进各国文化之间的沟通和交流的作用。因此，展品的组织和质量至关重要。但中国当时参展主要委诸海关洋员承办，有时连代表团团长都由洋人担任，如1884年伦敦卫生博览会中国展团的领队即为英人赫德，时任中国海关总税务司总监督。为了迎合西人的猎奇心理，这些洋员往往不惜把中国最落后的“国渣”展陈给外人。根据一册英文的《1904年美国圣路易斯博览会中国展品目录》，与美国等西方强国展出的汽车、飞艇等尖端产品相对照，中国由海关洋员所承办的展品中，居然有各种装束的小脚妇人泥塑像，以娼妓、囚犯、乞丐和鸦片烟鬼造型的小木人，以及鸦片烟具、枷号、杀人鬼头刀等不堪入目的东西，实在有辱我堂堂中华文明！这给当年有机会亲往博览会参观的华人造成强烈的感官刺激，并产生一种巨大的民族危机感：

> 与会各国，若法若德，穷精极巧，各有其强大不可摧毁之概。后进如日本、澳大利亚、比利时等，皆各有铦铦日上之势。……我中国国虽弱，犹国也，而独为世界上所不齿，夫果安在哉？（张继业：《记散鲁伊斯博览会中国入赛情形》）

而随队满清官僚的庸碌无能，尸位素餐，更令人为之气夺：

> ……均有名无实，事事听外人之所为，而各省委员，有列会场二三礼拜而即去者；有挂委员之名，至会场将停止之际尚未至者，其热心任事极力考察者，惟某某二委员。（同上张继业文）

同中国清朝官方和民间对世界博览会均不太关心、不甚了解、普遍淡漠的情形相比，正处于资本主义上升时期的西方国民，则表现出对世界博览会这类新事物的巨大热情。英国1851年举办“大博览会”期间，伦敦万人空巷，人人争睹为快。闭会不久，各种有关博览会的报道、书籍便接踵而出，对博览会的方方面面进行探讨、研究，不厌其详。这里仅列出伦敦大英图书馆所收藏的写于19世纪的几本书的书名，以见一斑：《1851年大博览会，或英格兰工业、科学和政府评论》，1851年；《在四次参观中对博览会的观感》，1851年；《水晶宫及其展品目录》（附500幅插图），1852年；《1851年大博览会的交织画面》（2卷本），1854年；《四次国内博览会和它们的组织者》，1892年；《世界博览会及其对文明的影响》，1896年。另有一本名为《世界博览会与现代进步》的书，出版于1887年，本很想一读，但管理员找了很久也未找到，最后被告之此书在二战期间已毁于战火，是由德军空袭时引起的大火烧毁的，那场大火还烧毁了其他一些珍贵的书籍。听后不禁令人为之怅然良久，深为一种邪恶力量对文化的摧毁和扼杀而痛惜。

以上所述，不过只涉及中外文化交流史的几个侧面，英伦在这方面的文献收藏当然远远不止这些。大英图书馆的中文部无疑是海外汉学文献收藏最为丰富的几大图书馆之一。该馆所收藏的敦煌文献和太平天国文书，均曾一度成为学术研究的热点，吸引了一批又一批汉学家慕名前往观览。伦敦大学亚非学院图书馆在中外文化交流史方面的文献收藏也极为丰富。1973年，前身为伦敦会的世界传教会（The

Council for World Missionary Society）将其全部档案文献及中国学会（China Association）的档案文件和书籍，悉数寄存该馆，加上英国卫理公会和英国长老会海外传教会的档案文献，构成了该馆极富特色的传教会档案文献收藏。这批文献中除有大量涉及英国教会在华传教历史的档案外，还有600余种19世纪至20世纪上半叶出版的有关中国之西文书。该馆的中国古籍收藏，始自名传教士马礼逊于1824年捐赠的从中国带回的15000余册中文图书，其中大部分是17世纪至18世纪的木版书及百余种明版书。但据说因经费拮据，已高价将这批古籍卖给澳洲的一间大学。如消息确实，那真是一个无法挽回的大损失。

（本文原载《读书》1999年第8期）

两访塞兰坡

塞兰坡（Serampore，今译塞兰布尔）是加尔各答市所辖的一个小镇，位于印度西孟加拉邦胡格利区，恒河支流胡格利（Hooghly River）河流经此地和加尔各答而注入大海。对中国人来讲，这无疑是一个极其陌生的地名，通常没有人知道它究竟在哪里。

我第一次注意到塞兰坡，是1996年在牛津大学中国中心访学期间。当时，负责接待我的科大卫（David Faure）教授告诉我，牛津大学瑞金帕克学院（Regent's Park College）的安格斯图书馆（The Angus Library）保存了一批中文书，因该馆管理员不懂中文，希望我去看看其价值如何。这一看，还真吓了我一跳，原来这个不起眼的小图书馆中，竟然保存着英国浸礼会传教士马士曼（Joshua Marsham，本人曾译作马希曼）等于1822年翻译出版的第一部中文《圣经》，其中的《约翰所书之福音》（1813年出版）很可能就是世上最早用铅活字印刷的第一本中文书籍。此外，还有马士曼英译的《论语》（这很可能是世上第一部英译的《论语》），以及马士曼所著的《中国言法》（1814年出版）书末附有儒家另一部典籍《大学》的英译本，该书较马礼逊著名的中文语法书早出版1年。而所有这一切，居然是在远离英国的印度塞兰坡（今译塞兰布尔）完成的！（参见本书《文化寻踪偶记》）那么，塞兰坡究竟是怎样的一个地方？马士曼等传教士与塞兰坡究竟有什么关系？他们又是如何在塞兰坡完成了与中国相关的这一系列文化创举？这一切引发了我浓厚的兴趣，很想有机会去印度一探究竟。

2007年，机会终于来了。该年8月，亚洲基督教高等教育联合董事会在印度东南部风光秀丽的滨海城市金奈召开一个有关亚洲高等教育比较研究的学术讨论会，我有幸被邀请与会并发表学术演讲。接到通知后，尽管工作十分繁忙，但我仍欣然接受邀请前往参会。其实，我心中有自己的打算，即想利用此机会去塞兰坡进行历史寻踪，追寻200多年前英国浸礼会传教士们的足迹，完成我两赴牛津（2006年又去牛津做了约三周的学术研究）所萌发的夙愿。

从新德里到班加罗尔、金奈，再到塞兰坡所属的加尔各答，可以说是在印度绕了一个大圈子，因天气炎热，途中很是辛苦。作为西孟加拉邦首府的加尔各答是印度的第三大城市，濒临印度洋的孟加拉湾，总人口超过1400万。过去在英属殖民地时期，加尔各答曾是英国总督所在地，是事实上的印度政治、经济、文化中心。尽管殖民时期的繁盛已不再，人口处于爆炸状态，贫富悬殊巨大，但加尔各答城市建筑还堪称优雅，绿树环绕，鲜花遍地，寺庙林立，各类学校、博物馆点缀其间，文化氛围显得十分浓厚，更何况它还是印度诗圣泰戈尔的故乡，天生便带有几分诗意。

我们一行三人从加尔各答去塞兰坡纯属冒险之旅，因为除了从英国传教士们的记载中知道有个塞兰坡外，其余可以说对塞兰坡是一无所知，更不认识当地的任何人。但后来发生的一切证明我们的这次塞兰坡之旅是完全值得的，其学术发现的极大愉悦远远可以抵消旅途的一切劳顿和辛苦。

记得那天是一个酷热的日子，冒着亚热带湿热的高温，我们在导游的带领下，经过约两个半小时颠簸的车程，方抵达塞兰坡。一路上，通过导游的介绍，我们才知道，这座不起眼的小镇有着几百年的历史，因当地有两个著名的神庙，一度是印度教朝圣的中心。从14世纪到18世纪，许多外国商人，如法国商人、葡萄牙商人、荷兰商人和丹麦商人曾来这里进行商业贸易，建立了他们的商业据点。1755年，塞兰坡成为丹麦的殖民地，直至1845年被转卖给英国。在丹麦和英国殖民期间，塞兰坡的航运和商贸得到发展，工业化进程缓慢展开，城市基础设施和市政得到较好的建设，沿河区域新建了法庭、公路和许多富丽堂皇的宫殿式建筑，一度成为繁忙的港口和旅游度假胜地。但今天的塞兰坡随着人口和经济重心向加尔各答转移，已完全衰退了，基础设施和城市建筑年久失修，卫生状况堪忧，看上去就是一个位于乡下的拥挤、忙碌、几乎被人遗忘的小镇，只是一些风格独特的陈旧西式建筑，似乎还在诉说着昨天的故事和曾经的辉煌。

的确，19世纪的塞兰坡曾一度辉煌，其中最为人津津乐道的，便是著名的塞兰坡传教三杰（Serampore Trio）英国浸礼会传教士威廉·凯瑞（William Carey）、乔舒亚·马士曼（Joshua Marshman）和威廉·沃德（William Ward）前来此地传教，建立了塞兰坡传教站，开创了基督新教东方传教的先河，同时也带来了塞兰坡的“文艺复兴”，创设了教堂、印刷所、寄宿制学校、商业银行以及亚洲第一所教会大学——塞兰坡学院（Serampore College）。

于1818年创设的塞兰坡学院是塞兰坡的地标性建筑，其用大理石建造的希腊殿堂式风格的教学大楼（main building），曾经上过印度官方发行的邮票。当初，我们敢于抱着试一试的心态从加尔各答赶往塞兰坡，就是听说那里至今还有一所塞兰坡学院，尽管当时并不知道它是否就是历史上传教士们所创办的那所著名的教会大学。这一切，从我们踏入塞兰坡学院的大门起，便都昭然若揭了。

至今我还清楚地记得那极富戏剧性的一幕：当我们走进塞兰坡学院，向门房职员说明来意时，该职员很热心地把我们引进校长室，校长则很客气地招呼我们入座，当我们斗胆问起这所学院是否与英国传教士威廉·凯瑞和马士曼有关时，校长笑而不语，转身指了指他背后墙上挂的一块历任校长名牌，然后不紧不慢地说："你们算找对了地方，名牌上排名第一的威廉·凯瑞是本校的创校校长，马士曼是第二任校长，本人位列最后一名，是第20任校长。本校就是你们所说的由英国传教士创建的塞兰坡学院，至今已有189年的历史。"听闻校长此言，我们不禁一阵惊喜，真是踏破铁鞋无觅处，得来全不费工夫呀！接下来的谈话就轻松自如多了，我们得知，校长名字很特别，叫拉尔·钟奴嘉（Lalchungnunga），来自印度东北部靠近边境地区的米佐拉姆（Mizoram）邦，该邦东边接壤缅甸，居民长相酷似中国人，属印度的少数民族，因该族集体信奉基督教，故与英国浸礼会有很深的渊源关系，这是他能出任塞兰坡学院校长的宗教背景。

随着钟奴嘉校长给我们不断介绍情况并亲自带领我们参观校园，历史的神秘面纱一层层被揭开，英国浸礼会在塞兰坡的传教史逐渐变得清晰起来。

1799年5月，应浸礼会在印度的第一位传教士凯瑞的邀请，马士曼夫妇与沃德（当时系单身）、布朗敦（Brunsdon）夫妇、格兰特（Grant）夫妇以及他们的小孩［一起同行的还有蒂德小姐（Miss Tidd）］从英国伦敦朴次茅斯出发，远渡重洋，前往印度传教。经过在海上四个半月的艰苦航行之后，他们一行于当年10月9号抵达印度加尔各答，但受当时英国东印度公司禁止传教令的影响，却不能在此登岸。几经交涉无果后，他们只能按事先准备的预案，选择到加尔各答以北16英里的丹麦殖民地塞兰坡落脚。10月13日，马士曼一行换乘小船溯胡格利河而上，经过一夜的航行，于凌晨4点终于在塞兰坡登岸，结束了漫长的海上航行。对此，马士曼航行日记中有一段生动的记载：胡格利河畔，月光皎洁，刚刚登岸的他带着儿子约翰，跪在月色的清辉下，面对滔滔河水，感谢上帝保佑他们一行最终平安抵达遥远的塞兰坡……而随后不久，经沃德亲往联络，凯瑞一家也于1800年1月从马尔达（Malda）举家迁来塞兰坡，由此正式开启了浸礼会在塞兰坡的传教事业。

初来乍到的传教士们发现在塞兰坡首先面临的是如何维持自己的生计问题，英国浸礼会总部所提供的生活费远远不能满足他们的生活所需，为此，他们不得不自谋出路。一是组成联合家庭，几家人联合租房居住，以节省生活开支。二是立即开办出版社和印刷所，由印工出身的华德主持，一边承接丹麦殖民政府和英国东印度公司的印刷业务，一边印刷由凯瑞翻译的孟加拉文的圣经。再就是由马士曼夫妇开设教会寄宿学校，专门招收居住在塞兰坡的欧洲侨民的子女，收取一定学费。这样，通过自力更生，传教士们不仅在塞兰坡立住了脚，而且开始逐步扩大和发展自己的传教事业。

除日常的在当地居民中的宣教工作外，最使塞兰坡教士们感到自豪的有三件大事：

第一，圣经翻译和出版事业。将《圣经》翻译成印度当地语言并进而翻译成全部东方语言，是塞兰坡英国传教士们的主要使命，为此，他们制定了一项雄心勃勃的《圣经》翻译计划，并为此奋斗了 30 年。尽管这一宏大的任务没能最终完成，但其成果也已可圈可点，在新教传教史上产生了深远的影响。塞兰坡传教士的《圣经》翻译活动有两个重点：其中之一是由凯瑞主持的将《圣经》翻译成孟加拉文、梵文、印地语等几十种印度的土著语言，另一个重点则是由马士曼和拉沙（Johannes Lassar）主持的将《圣经》翻译成中文。这项工作起始于 1804 年左右，结束于 1822 年世界上第一部完整的《圣经》中译本在塞兰坡正式出版，历时约 18 年。我们最感兴趣的是后一项，即马士曼和拉沙到底是如何将全部《圣经》翻译成中文的，其间又经历了怎样的艰难曲折和不为人知的辛苦。

与圣经翻译工作相伴随的是印刷事业的拓展。1801 年塞兰坡印刷所便出版了凯瑞翻译的孟加拉语《新约》，首印量为 2000 册，全部得以发行。1801 年至 1832 年间，塞兰坡出版社和印刷所共印行出版了 40 多种语言的图书 212000 册，其中大量为圣经出版物。塞兰坡的印刷工匠们不仅探讨出铅字活版印刷印度文的办法，而且成功地采用铅活字技术印刷包括《圣经》在内的中文书籍，系世界上最早采用汉字铅活字来印刷中文的尝试。为了支撑当地印刷事业，凯瑞还专门创设了一个规模不小的造纸厂，以供应印刷所所需要的大量纸张。

第二，推进教会教育事业。在 1800 年为解决经费短绌而开设专收欧洲侨民小孩的寄宿学校的基础上，同年，马士曼夫人汉娜（Hannah Marsham）又开办了一所教会“女子学校”（Ladies' School），兼收欧亚女孩，系印度近代第一所女子学校。1807 年，马士曼夫妇创办了主要招收印度当地小孩的“本地人学校”（Native School）。到 1825 年，马士曼夫妇及其长子约翰·马士曼（John C. Marshman）在印度各地共办了 27 所学校，有学生总共 554 名。也有记载认为，塞兰坡英国浸礼会传教士们在印度共创办了 100 多所各类学校，包括在农村地区开办的许多女子学校，改变了印度农村女性通常不识字的历史。当然，塞兰坡传教士在教育方面最了不起的成就，还是于 1818 年创办了著名的塞兰坡学院（Serampore College）。他们投入大量经费和精力所创办的这所在当时堪称宏伟的文理学院，系由塞兰坡大学委员会管理的当地最高学府，也是全亚洲第一所能授予学位的教会大学，一直延续至今，成为当地的地标性建筑。

第三，开创了印度现代报刊的先河。1818 年 5 月，马士曼创办了孟加拉语报纸《镜报》(*Mirror of News*)，由塞兰坡差会出版社出版发行，凯瑞担任主编，以报道欧洲时事要闻为主，同时开设有各种专栏，报道科学、文化等方面的消息，此报被视为印度现代报业的开端。同年，凯瑞、马士曼等又创办了一份名为《印度之友》(*The Friend of India*) 的英文月刊，马士曼的长子加入后更增设系列季刊，该刊以介绍印度本土的宗教和文学为主，同时也介绍基督新教在印度及亚洲各地的传教情况。

时至今日，200 多年过去了，传教士们当年的雄图大业早已成为历史传奇，但或许是工业化浪潮对塞兰坡这样的小城影响还不是太大的缘故，传教士们所留存下来的建筑和各种文物、文书大多至今仍保存完好，他们所描述的一些景点，仍依稀可辨认出旧貌。尤其塞兰坡学院内当年传教士们主持设计建造的气势恢宏的教学大楼(main building)、图书馆、“塞兰坡传教三杰”曾经居住过的楼房（即凯瑞纪念楼），以及他们当年使用过的小教堂，今天也都仍还在继续使用。凯瑞纪念楼如今是现任校长的官邸，钟奴嘉校长曾十分热情地邀请我们到他宽敞的住宅喝茶叙谈，并一一指点当年凯瑞一家、马士曼一家和沃德一家曾经使用过的房间及物品，睹物思人，我们犹如穿行在历史的时光隧道之中，过去与现在如此真切地交织在一起，令人不胜唏嘘！

通过我们的首次访问塞兰坡，我校（华中师范大学）与塞兰坡学院建立了正式的校际交流关系，钟奴嘉校长及夫人也于次年到访我校，为我校师生做了有关凯瑞生平的学术报告，并赠送了有关凯瑞和马士曼生平的珍贵传记资料，多少弥补了马士曼父子长期学习、研究中文却从未到过中国的遗憾。此后，我校也有两位教授应塞兰坡学院的邀请访问印度。可以说，正是马士曼 200 多年前的中文翻译和研究，为今天的中印教育和文化交流搭起了一座无形的桥梁，历史的因缘可谓奇妙。

时隔 7 年半之后，今年（2015 年）2 月，为了进一步搜集塞兰坡英国传教士的历史资料，开展马士曼圣经中译活动的深入研究，我们又二访了塞兰坡。所不同的是，这次访问目的非常明确，抓紧难得的机会和有限的时间，经停新德里后便直奔加尔各答和塞兰坡。

这次到印度，无论是在新德里还是在加尔各答和塞兰坡，感觉印度继中国之后，也正在经历着空前的经济高速发展，同中国一样，到处都是新开工的工地，西式风格的高层住宅拔地而起。同前些年一条像样的高速公路都没有不同，无论是在新德里还是加尔各答，都有新的高速公路在修建，从加尔各答去塞兰坡的公路也铺上了沥青，路况好多了，时间也大大缩短了。我们为印度的进步高兴，希望中国与印度这两个最大的发展中国家从“龙象之争”到“龙象共舞”，共同成为亚洲和世界经济发展的引擎。

不过作为加尔各答的卫星小城，塞兰坡发展仍相对迟缓，虽有一些新的楼房和新兴产业出现，交通条件有所改观，但看上去，居住拥挤、设施陈旧、卫生条件较差的状况还未得到根本改善。或许是自来水不太清洁的原因，我们中的一位（恕不报名字了）在塞兰坡重蹈了外国人在印度旅游最容易招惹的老毛病，水土不服，上吐下泻，折腾了整整一宿。

塞兰坡学院校长3年前已易人，新校长系由老校长推荐，名叫拉尔·L.康恩德（Laltluang Liana Khiangte），同样来自集体信奉基督教的米佐拉姆邦。他过去是印度另一所大学的文学教授，擅长用本民族语言写作，有许多作品和诗歌发表。相比老校长的沉稳，新校长要开朗、活泼许多，精力旺盛，充满活力，十分好客。在其任内，已对塞兰坡学院进行了许多改革，校园也更加整洁、美丽，到处栽满了花草。同老校长一样，康恩德校长不仅将我们请到他的官邸（即凯瑞纪念楼）茶叙，而且准备了具有浓郁民族风格的丰富的午餐招待我们。午餐后，还特意为我们举办了一个有不少师生参加的欢迎会，请我就来访目的和两校的友好交往发表了一个即席演讲。这些，都是事前不曾料到的，只好客随主便，格外尽兴。

二访塞兰坡，我们着重查阅资料。这才发现，塞兰坡学院有一个展室兼资料室的特藏馆（Carey Library and Resource Centre），里面不仅收藏有当年凯瑞、马士曼、华德等使用过的药柜、椅子、座钟、矿物标本等文物，而且还有丰富的文献资料。我在牛津安格斯图书馆曾经看到的那批中文文献，如马士曼、拉沙所翻译的中文《圣经》，马士曼的《中国言法》、《论语》英译等研究汉语的著述，这里都有收藏，而且还有大量当时保存下来的传教士所办的报纸杂志。我们还意外地看到一本估计是马士曼使用过的手写的中英文词汇对照表，所列汉字全为蝇头小楷，一丝不苟，足见当年传教士们是何等用功地在学习中文!

在我们临别要返回加尔各答之前，塞兰坡学院还特意安排我们去参观了“塞兰坡传教三杰”的墓园，这是上次访问塞兰坡未了的心愿之一。墓园就在塞兰坡城内离塞兰坡学院不远的地方，属塞兰坡学院名下所有，雇有专人维护。与周边杂乱的居民楼相比，这片不小的墓地青草如织，浓荫匝地，显得格外庄严、肃穆。凯瑞、马士曼和沃德的墓地比邻而居，就像他们初来塞兰坡时共同赁屋居住，过着亲密无间、形同家人的生活一样。只是在一个生命的周期之后，暂归永久的寂静，如同《圣经》中所说：“你来自尘土，仍归于尘土。”

两赴塞兰坡进行历史寻踪和资料搜集，使我深切体会到，牛津浸礼会传教士文献（包括其中的中文文献）毕竟是“流”，而这里才是“源”，是这些文献的源头。“问渠哪得清如许？为有源头活水来。”（朱熹《观书有感》）历史研究亦复如此，只有不辞辛劳，深入源头，千淘万漉，方能吹尽黄沙始见金，寻得历史之真相。因此，宗教和文化史的研究，与人类学研究一样，必须深入实地，进行跨区域、跨国别、跨文化的比较研究，才能最后得出比较可靠、可信的结论。

两访塞兰坡的经历，也使我进一步加深了对业师章开沅先生所倡导的“历史原生态”的认识。即历史学科有自身的学科特征，归根到底，它还是一门实证的学科，必须秉持实证的精神，用原生态的史料去还原原生态的历史，以尽可能接近历史事实的原貌，书写真实的历史。我认为，这里面不仅有一个方法问题，还有一个态度问题，即如何获得历史的史感。借用陈寅恪先生的话来讲，就是学者要“神游冥思，与立说之古人处于同一境界，而对于其持论所以不得不如是之苦心孤诣，表一种之同情，始能批评其学说之是非得失，而无隔阂肤廓之论”。简言之，即必须设法进入古人的心灵和世界，以“同情之理解”的态度，方能与古人进行跨越时空的对话，这乃是历史研究的更高深境界，也是更科学的态度。

若干年前，耶鲁大学著名历史学家史景迁（Jonathan D. Spence）教授曾亲口告诉我，他每写一部有关中国的历史书，都要到曾经发生过这些历史事件的地方旅行一番，亲自考察，亲身感受，积累到一定程度，才能开始自己的写作。经多年治学实践之后，我方才体悟到，史景迁教授所言极是。历史学家往往只有身临其境，进入历史的原生态，有了与众不同的历史感悟，才能妙思泉涌，写出有血有肉的“活”的历史。在塞兰坡期间，最难得的，便是时有这种灵光一现的历史感悟，而这种感悟又成为推动自己去从事这项历史研究的巨大动力。我想，这才是两访塞兰坡的最大的收获吧。

（本文原载《读书》2016 年第 3 期）

有感于孔子“述而不作”

昔读古籍，殊不可解者，乃中国最重要的元典之一《论语》，竟是以孔子与弟子对话的形式，由其弟子或再传弟子记录而得。然而，就是这样一部语录体的薄薄的书，却被奉为儒家至高无上的经典，历两千余年而不衰，成为无数大智慧的源泉。最典型的，就是宋代开国宰相赵普“半部论语治天下”的佳话。

关于孔子的“述而不作”，通常的解释是指其只阐述他人学说而不加自己的创见。那么，为什么一生笃学，有“韦编三绝”之美称的孔子会“述而不作”呢？这个问题很少有人去仔细思考，多取存而不论的态度。

但这个问题必须思考。因为它实关涉到中国人对待学问的一种根本态度。我以为，这就是中国人心灵深处对学术文章的内在虔诚和莫大谦恭。杜甫有言：“文章千古事，得失寸心知。”《春秋左传》更早把著书立说放进了“三不朽”之千秋功业之中：“太上有立德，其次有立功，其次有立言。虽久不废，此之谓不朽。”正因为文章乃经国之大业，不朽之盛事，所以古人从不轻易为文，偶为文，也是惜墨如金，把著书立说看得十分神圣庄严。这恐是孔夫子一生主张“慎于言”，持“述而不作”态度的根本内因。

这种态度传承下来，也就形成了我国文化传统中那种神圣庄严、求真求实的学术真精神。所谓“文以载道”，思接千载，学术之道大矣哉！历代有抱负的学者也往往自视为“文化托命之人”，非常严肃认真地对待自己的学术事业。一代史学宗师陈寅恪便云：“自昔大师巨子，其关系于民族盛衰学术兴废者，不仅在能承续先哲将坠之业，为其托命之人，而尤在能开拓学术之区宇，补前修所未逮。故其著作可以转移一时之风气，而示来者以轨则也。”（王国维：《王静安先生遗书》，商务印书馆1940年长沙石印本）以这样的文化使命感治学，中国历代大学者无不兢兢业业，如履薄冰，视学术事业为自己的生命，从不敢马虎，从不敢轻言速成。已故当代著名学者，华中师范大学教授张舜徽先生，曾在其《八十自述》中吐露了数十载自强不息、孜孜治学的心声：“余之一生，自强不息。若驽马之耐劳，如贞松之后凋，黾勉从事，不敢暇逸……惟视读书为性命，修其身寄情于卷帙。”正是以这种超然而高远的学术追求为强大动力，舜徽先生方能以小学的学历自学成才，成就为著作等身的文献学大师。

对比之下，当今学界某些人的“学术追求”，就未免显得过于浮躁和高度急功近利。其表现为无视起码的学术规范，做学问也讲“高效速成”、“批量生产”，惟恐成果不多，堆头不大，一年下来出上两三本“专著”，发表十数篇论文，也算不得特别稀罕。过去高校评职称，愁的是参评者成果不够，难以拔优，现在愁的是某些参评者成果“太多”，以致使人眼花缭乱，无从评起。

出现这种学术上的“虚假繁荣”现象，主客观原因都有。从客观上讲，一些学术单位的评职称过于讲求成果数量，而忽视质量，形成“比堆头”的错误导向。再者，学术课题申报中的限时结题规定，也在无意中促成了“赶”成果的倾向。当然还有学术规范不健全等多方面的原因。但最为根本的，恐怕还是学者主观精神状态上的问题，即某些“学人”实在缺乏执著的学术敬业精神，缺乏对学问本身的尊重，把做学问看得太易（岂止太易，有时简直视同儿戏!），把学术良知看得太轻，以一种玩世不恭的态度“玩学术”、“炒学术”。这种对“本业”的不敬和对学术道德的淡漠，既是当前学术浮躁现象的深层次原因，也是最可令人担忧的人文精神的根本性失落。试问如果没有那一把高悬头上的学术评判之“达摩克利斯之剑”，学术的神圣和知识的尊严又从何谈起呢?

看来，似乎还是得提倡一点孔子“述而不作”的精神，尊重学术研究的内在规律，维护学问的神圣和尊严，在积累不足、功力尚欠的时候，还是如胡适所劝告的那样“展缓判断”为妙，不要急急忙忙地著书立说，以致老来又“悔之晚矣”。

（本文原载《长江日报》2000 年 11 月）

“十年磨一剑”

——也谈学者敬业精神

在不久前的一篇纪念文字中，我曾顺带提到学者应视治学为“一桩要以生命去相搏的严肃事业”(《读书》1996年第6期)，实际已涉及学者的敬业精神问题，惜仅仅一笔带过，未遑深论。前些时接到友人自大洋彼岸寄来的一封信，信中慨叹在美国治中国学之不易，尤其提到乃师的一本书磨了快十年了，现在才完成五分之三。这并非他治学不勤，而实在是高悬有一学术准则和追求，不肯躐等。因为依乃师目前在彼邦的学术声望，要稍微马虎点出一本“专著”，也不愁找不到出版商。友人的这番喟叹引起我心底的共鸣，感到对当下中国学者的敬业精神问题，的确还有些如鲠在喉、不吐不快的话想说。

过去谈起“国学”，我们多少还有几分自豪感，甚至可以宣称“国学”乃“中国人”所治之“中国学术”，至于洋人的“中国学”（sinology）不过类同于“小儿科”，多少有些隔靴搔痒之感。但是三十年河东，三十年河西。在一场空前的“文化浩劫”之后，当我们重新与西方学术界接触时，不无惊讶地发现：西方的（包括日本的）中国学似乎再也不是“瞠乎其后”，而在许多领域反倒“后来居上”、“功高盖主”了。其他不敢言，以笔者从事之中国近代史研究而论，美国与日本学者在最近三十年均取得了令人刮目相看的长足进展。且不论其研究成果数量上的洋洋大观，研究方法上的花样翻新，单就其研究深度而言，有许多是恰恰搔着了中国史的“痒处”，为国内同类成果所不及。这无须漂洋过海地去翻原著，只要将近年江苏所出的三批几十本《海外中国研究》丛书拿来稍微翻翻即知。这里绝无半点长“洋人”志气，灭自己威风的意思，而只是期望通过指出这样一个简单的“事实”，引起一点反思。

以己之浅见，西方“中国学”界这些年能取得如许进步，原因固然很多，但从根本处看，仍在于由西方的学术制度和学术观念所长期养成的不需言说，又不得不言说的执著的敬业精神。注重科研成果的晋升制度，比较严格的学术质量评判，趋于规范化的学术价值标准，这一切均以无形的压力鞭策学者们拼命用功，力求创新，以拿出第一流的学术成果来证实自身的价值。对有的学者而言，习惯成自然的敬业精神，已不单纯是基于赚钱谋生的市场法则，而是基于浓厚的兴趣，基于为学术而学术的探索精神。他们可以穷年累月，全身心地关注一个领域，投入一项课题，最大限度地占有资料，反反复复地加以研讨，最终才形成研究成果。这种治学路子，可以最简单地概括为四个字——费时费力。所谓“十年磨一剑”是也。周锡瑞（J. W. Esherick）先生的获奖著作《义和团运动的起源》，从1979年着手研究到1987年正式出版，前后费时8年，其间1979年至1980年专门在山东大学历史系作访问学者一年，从事资料搜集与口头历史调查。黄宗智（Philip C. C. Huang）先生的获奖近著《长江三角洲的小农家庭与农村发展》，从1977年开始系统地搜集资料到1990年正式成书出版，前后费时达13年之久，其间从1983年到1985年几乎每年都抽出时间到上海附近的华阳镇农村搞口头历史调查，甚至在出书前两年的1988年还进行了最后一次“田野访问”（field visit）。据友人相告，这些访问记录摞起来有几尺高，足见其用功之勤。这种“十年磨一剑”所“磨”出来的著作，其学术价值自不待言。

对比之下，目前国内学界某些人的“学术追求”，就未免显得浮躁和过于急功近利。做学问也讲“高效速成”，讲“短平快”，不怎么下功夫研究，一年出两三本“专著”，发数十篇文章，也算不得特别稀罕事。过去高校评职称，愁的是参评者成果不够，难以拔优；现在愁的是某些参评者成果“太多”，包拎袋装，使人无暇细阅，也无从判断。于是出现了一种怪现象：有的人学术“专著”出版得越多，学术评价值反倒越低，多出书还不如不出书，1＋1＝0。

造成这种学术上的“虚假繁荣”现象，主客观原因都有。从客观上讲，前些年高校和学术单位的评职称过于讲求成果数量，而忽视质量，形成了“比堆头”的错误导向。此外，学术课题申报中的限时结题规定，也在无意中促成了“赶”成果的倾向。当然，还有学术成果评价中缺乏规范性等多方面的原因，这里不去一一细究。笔者更为关心和留意的，倒是学者自身的主观精神状态，即某些“学人”实在缺乏执著的敬业精神，缺乏起码的职业道德观念，把做学问看得太易（岂止太易，有时简直视同儿戏一般）；把自己的社会责任感和学术良知看得太轻，以一种玩世不恭的态度“玩”学术，“炒”学术。这种对“事业”的不敬和对学术道德的淡漠，既是当前学术浮躁现象的深层次原因，也是最令人担忧的人文精神的根本性失落。如果没有了那个冥冥中令人肃然敬畏的学术“神明”，没有那一把高悬头上的学术评判之“达摩克利斯之剑”，学术的神圣和知识的尊严又从何谈起呢？就此而言，唤醒已然沉睡的学术精神，比已经炒得沸沸扬扬的“学术规范”认定可能还要来得吃紧，对端正学风带有根本性的意义。如果根本方向皆失，规范又有何用？首先要有能够正确把握学术内在精神价值的人，才能谈得上制定和自觉遵守严格的学术规范。诚如

明代薛瑄所言："为学第一功夫立心为本。心存，而读书穷理，躬行践履皆自此进。"（薛瑄：《薛文清公读书录》[一] 卷五，商务印书馆 1939 年版，第 83 页）

其实，不复远求，我国文化传统中就有着非常神圣庄严、求真求实的学术真精神在。"文以载道"，思接千载。学术与国运相关，学术之道大矣哉！孔子一生提倡"执事敬"，既"韦编三绝"，又"述而不作"，似便含有对学术文章的内在虔诚和莫大谦恭。中国历代有抱负、有气节的士人，无不非常严肃认真地视己为文化"托命之人"，一代史学大师陈寅恪在《王静安先生遗书序》一文中即云："自昔大师巨子，其关系于民族盛衰学术兴废者，不仅在能承续先哲将坠之业，为其托命之人，而尤在能开拓学术之区宇，补前修所未逮。故其著作可以转移一时之风气，而示来者以轨则也。"另一方面，中国学术传统历来讲求由浅入深，循序渐进，功到自然成，所谓"行远必自迩，登高必自卑"（孔伋：《中庸古本》，中华书局 1991 年影印本，第 11 页）。而绝对反对急功近利，学问速成。借用晚清张之洞的话说就是："由小学入经学者，其经学可信；由经学入史学者，其史学可信；由经学、史学入理学者，其理学可信。"（《书目答问》，《张之洞全集》第 11 册，河北人民出版社 1998 年版，第 9976 页）这里所谈的正是治学的内在规律和路径，企图超越这种内在规律以图学问的速成，不仅欲速不达，而且根本就进入不了治学的状态，即不"预流"。当然，今天的治史者们不必一定非要从小学措手，从考据做起，但对史料的掌握、鉴别，对历史证据的重视，却是不可少的基本功，也是治史者的"基本纪律"。"史学毕竟是建立在以往的经验的基础上，经验知识无论如何离不开客观的证据。……今天的史学家可以在解释和观点层面自抒己见，但是如果他在基本纪律方面犯了严重错误，那么他的史学家的资格便会受到怀疑。"（余英时：《犹记风吹水上鳞——钱穆与现代中国学术》，三民书局股份有限公司 1991 年版，第 187 页）而搜求史料，寻找证据，可以说是一桩穷年累月、要耗费无限精力的艰苦工作。史家傅斯年于（20 世纪）20 年代创建历史语言研究所时，曾提出"科学的"历史研究，必须扩充研究的材料，扩张研究的工具，认为"凡一种学问能扩张他研究的材料便进步，不能的便退步……凡一种学问能扩充他作研究的应用的工具的，则进步，不能的则退步"。因为有了"上穷碧落下黄泉，动手动脚找东西"的著名口号。不求速成，但求最充分地占有材料，成为一切严肃的史学工作者的座右铭。20 年代胡适著《中国哲学史大纲》，只有上卷，永无下卷，遂有"断头哲学史"之讥评，胡适晚年考证《水经注》，耗时五年，临终也未正式出版，留下学术史上的一个遗憾。这些并非纯然是胡适旁骛太多，不能集中精力于治学，而主要是他做学问认真太过，坚持"小心求证"的信条，有一分证据说一分话，不想随便犯错误，让人抓辫子。反过来看，倒成了学

术史上不愿马虎、迁就的佳话。至于陈寅恪先生以学术为生命，青年时代曾花十数年功夫游学各国，遍访名师，为日后的治学作准备，光外国语言文字就学了十几门，及至老年成“病目衰翁”之后，仍以惊人的毅力，穷十余年之功，口述撰成学术巨著《柳如是别传》，更已是人们耳熟能详的学人典范。在这些学人典范身上，个体生命已与学术事业俨然融为一体，以个体之生命延续学术之薪火，无怨无悔，乐在其中。五年前故去的华中著名学人，国学大师张舜徽先生，曾在其《八十自叙》中吐露了数十载自强不息、孜孜治学的内在心声：“余之一生，自强不息。若驽马之耐劳，如贞松之后凋，黾勉从事，不敢暇逸……惟视读书为性命，修其身寄情于卷帙。于世俗荣枯亨困，未数数然也。”正是以这种超然而高远的学术追求为强大动力，舜徽先生方能以小学的学历自学成才，成就为著作等身的文献学大师。“文革”受难之际，身居澡堂改就的陋室，仍能不分酷暑严冬，刻苦治学，日积月累，终于写成200多万字的巨著《说文解字约注》，光毛笔就写秃了50多支！由此观之，当今学术的振兴，恐怕首先还有赖于这种由无数真正学人代代相传的学术敬业精神的复兴。套用一句或许尚未完全过时的“文革”语言：榜样的力量是无穷的。

令人稍感欣慰的是，即令是在当下普遍的浮躁、赶急的不正学风之中，也有二三甘于寂寞的年轻学子，秉承先贤古圣的淳良学风，不为时尚所动，躲进陋室，做清苦的学问，求学术的真经，这乃是中国学术的希望所在。置诸笔者案头的青年学者桑兵先生的近作《清末新知识界的社团与活动》，便是近年来不可多见的、下了真工夫的史学力作。该书作者不媚时趋俗，依据大量经过仔细考订的史料，对清末知识界各派趋新势力的人事脉络，相互间错综复杂的关系，结社活动的地域色彩、群体意识与全国意向的形成等重大问题，重新作细密、深入的探讨，发前人所未发，言别人所未言，“于缜密考订功夫中驰骋宏观思维”，“体现了严谨而又深沉的治学风格”（桑兵：《清末新知识界的社团与活动》，生活·读书·新知三联书店1995年版）。

对桑君著作中的具体学术见解和结论，这里不去评说，也非三言两语可以说清。我个人特别欣赏的，倒是桑兵著作中所体现的“在了解之同情”基础上求真求实的治学态度和学术追求。诚如著者所言：

“重现复杂的历史，必须从史料入手。史学本应首先仔细准确揭示丰富生动的史实，然后加以归纳，而不能从主观演绎，甚至削足适履地牺牲史实以求吻合抽象的原则。本书对于史料史实，穷搜深究，不厌其详，并不以早有定论作为躲懒的借口……况且，就学术价值而言，论证的过程往往比结论更为重要，因为前者更能体现学术的规范性，更易于测量学术贡献的程度。”（桑兵：《清末新知识界的社团与活动》，生活·读书·新知三联书店1995年版）

在桑兵看来，求真始终是史学的基本价值之一，也是史学不同于其他学问的根本性学科特征。近代中国的几位学术大师无不与史学相关联，个中原因，除时代潮流使然外，历史学科本身所具有的超越与深邃，“也昭示这是一片孕育大师的沃土和托载哲人的磐石”。史学中的求真，其意义不仅仅在于促使认识与史实的不断接近，而且这种追求体现了人类精神生活的崇高境界。古往今来的学术大师们之所以能成为大师，正在于他们能够自觉地进入这样一种境界，高悬这样一种学术理想。如近代学术大师王国维便是将文史哲作为真善美的载体，从中发掘人类价值的极则。而“包括求真在内的对永恒的追求，正是知识分子坚持社会良心的基本规范”。如何能够弃短暂而求永恒呢？桑君的答案是按照严谨规范老老实实地继承前人，做足史学的基本功夫，“只要做足史学的基本功夫，心中的历史与古人的历史就可以不断接近沟通”，“就能够领悟并且进入学问无所谓中西新旧有用无用的意境”（张舜徽《八十自叙》）。

桑君这番务实、清通的见解，在学界普遍的浮躁空气中，不啻吹来一丝清新的凉风，使我们隐然见到了陈寅恪、王国维诸大师所传承的学术统绪仍在潜滋暗长，涓涓细流，津梁后学。在史学研究中，之所以会出现某些猎新猎奇，缺乏“厚”度的速成之作、拼装之作，不正在于著史者对有关史料缺乏充分的占有，没去做足史学的基本功夫，一分史料说两分话，甚至三分话么。投入不足，自然产出也不足。没有时间和精力的大量投入，何来对史料、史实的了然于胸，论断精确呢？话说回来，还是一个治学态度和敬业精神的问题。尝听桑君言，他做学问大体是十年一本书，慢慢做去，一生倘若有一两本书能传之于世，也就知足了。信然。

“文章千古事，得失寸心知。”老杜的这两句古诗，可为学者案头之戒语，亦可借作为本文之结语。

（本文原载马敏：《拓宽历史的视野：诠释与思考》，
华中师范大学出版社2006年版）

中国早期工业化的若干问题

工业化与现代化是两个不同的概念，后者的含义要比前者宽泛得多。但是，现代化的基本内涵和实质取向就是工业化，这点应是没有疑义的，已成为多数学者的共识。尤其在早期现代化过程中，工业化的程度和水平更是被视作一个国家是否现代化的主要标志。

对何谓早期工业化，不同学者有不同的看法。有的认为，“早期工业化”指的是近代工业化之前的工业化，约等于西方新近提出的“原始工业化”概念（如李伯重等）；但也有的学者直接将早期工业化视为近代工业化，即以“工业革命”为其开端的社会结构变迁过程。我个人认为，结合中国的具体情况，从中国现代化历程的全过程来把握，可把中国的工业化进程大致分为两个大的阶段：（1）早期工业化阶段，主要指1860年代至1949年的近代工业化，但往前可追溯到明清江南开始的原始工业化过程；（2）社会主义现代工业化阶段，主要指1949年以后新中国的工业化过程，这一过程至今仍在持续，但已进入了所谓“新型工业化”阶段。当然，这两个大的阶段又可细分为若干小的阶段，可分别把握其阶段性特征。如此划分工业化阶段的好处，一是更符合中国自身历史实际，可将明清时期至今的历史作为一个整体来研究，避免因考虑“西方冲击”而割断中国历史的连续性；二是可分别探讨半殖民地半封建社会的“工业化”与社会主义条件下的工业化之间究竟有何本质区别与联系，以明确中国工业化道路的自身特点。同时，也有助于运用现代化理论，将中国早期工业化纳入早期现代化整体框架中进行研究。

由此，对中国早期工业化的研究，实际上应包括对两个相互衔接的历史过程的研究，亦即中国的原始工业化和近代工业化。自20世纪70年代以来，西方学者普遍趋向于认为，工业化本身是一个漫长的历史演变过程，在以采用机器生产为标志的近代工业革命之前，还存在一个以乡村手工业的迅速发展为主要特点的原始工业化（proto-industrialization）过程，这个过程可称为“工业化之前的工业化”（industrialization before industrialization），正是原始工业化的发展为近代工业化奠定了坚实的基础。中国是否存在一个类似于西方的原始工业化阶段？过去对此甚少研究，基本上是将明清时期手工业的发展纳入“资本主义萌芽”的框架中来研究。然而自

(20世纪)80年代起，一些学者开始引入原始工业化理论来研究中国经济史，倾向于认为明清时期中国东南沿海地区实际上也经历了一个类似于西方的原始工业化过程。

原始工业化概念的引入，使我们能在一定程度上突破“西方中心”论的干扰，从不同的视角来观察中国早期工业化的全过程，对中国近代工业化乃至全部现代化历程作出新的思考，得出一些新的结论。综合诸家论说，就原始工业化与近代工业化的相关性而言，我们可以观察到中国早期工业化呈现出若干不同于西方工业化道路的特征：

首先，和西方近代工业化与原始工业化是一个连续的过程不同，中国的原始工业化与近代工业化之间是非连续性的，后者不是前者的自然过渡。尽管明清时期中国一些地方已有由分工和专业化推动的原始工业化现象，但还仅仅处于初步发展阶段，不可能像欧洲那样自下而上地、自发地导向近代工业化。中国近代工业和近代资本主义的产生基本上是外来的，是西方资本主义入侵中国的结果，与过去手工业的发展没有必然的内在联系，不存在一个明显的、发自内部因素的“工业革命”。因此，如果说西方的近代工业化表现为内发型工业化的自然模式，那么，中国的近代工业化则属另一种类型，可以称之为外发型的非自然的模式，其显著特征是运用国家政权的力量自上而下地推动近代工业化进程。这在洋务运动时期和清末推行的“新政”中均有明显的体现。而由此造成的直接后果之一，便是国家垄断资本在整体实力上远远大于民间资本，民间经济缺乏相应的实力与活力，社会中介组织发育程度甚低。

然而，尽管中国原始工业化与近代工业化之间不存在必然因果联系，近代工业化并非原始工业化充分发展的结果，但原始工业化又毕竟间接构成近代工业化的历史前提和基础，二者之间仍然还是有某种“剪不断，理还乱”的历史承接关系。其中，最突出的就是中国原始工业化发展的不充分，已经在一定程度上造成中国近代工业化进程的步履维艰。由于中国原始工业化的覆盖面极其有限，主要局限于东南沿海一带（或江南地区），这就使得中国近代工业化开始时面临着一个十分狭窄的国内市场，发展的空间极其有限，同时也给近代工业化的资金筹措带来很大的困难。正如有的研究者所指出的：“市场狭窄和投资能力不足像一把钳子的两刃一样钳制着中国的近代化进程，使中国的近代工业发展步履艰辛而迟缓。”

其次，原始工业化的区域有限，时间断裂，近代工业化以外发型的非自然模式为主导，又造成中国近代工业主要分布在沿江、沿海的口岸地区，近代化工业的覆盖面也同样有限，地区分布很不合理。有限的工业与落后的农业长期并存，使中国经济发展具有明显的二元经济特征。在这种二元经济结构中，农业占有绝对的优势，农村像汪洋大海般包围着城市，城市化程度极其有限。这就使中国的工业化基本可界定为“农业国的工业化”。也就是说，中国的工业化必须处理好传统农业经济与现代工业经济的关系，必须关注乡村社会经济的变动，走一条传统与现代相结合的道路。其中关键，是要充分利用和发挥我国传统小农经济的积极因素，使小农经济和大工业优势互补，从而推动小农经济自身的转型，走一条土洋结合、城乡互动、工农业协调发展的“中国式工业近代化”之路。

小农经济能与工业经济相互补充，主要在于中国以小农经济为基石的农村经济中，实际包含着持续若干世纪的农业、商业和手工业的高度结合（尽管这种结合因地区差异而程度不一），正是在这种高度结合中隐藏着中国近代工业化道路的秘密及其特征，使之区别于西方国家的近代工业化。例如，西方的工业化通常系现代大机器工业排挤手工业的过程，但在中国由于农村手工业有着雄厚的基础，又有大量廉价劳动力的人力资源优势，因此近代机器工业与手工业往往可以并存、互补，在一定阶段，甚至可以出现近代机器工业激活、带动农村手工业蓬勃发展的“类原始工业化”现象。有的学者将此归结为“二元工业化道路”。又比如，西方工业化通常系城市征服、吞并农村的过程，但在中国由于存在一个过于庞大的农村人口和同样相对庞大的城市人口，因此，大中城市的发展不一定能带动农村的发展，而最有可能的是处于城乡接合部的乡镇工业带动整个农村的发展，乡村工业化直接促进乡村城市化，小城镇起着举足轻重的作用。

这一切，都需要我们从中国历史实际出发，重新思考中国工业化道路的独特性。尤其要处理好原始工业化与近代工业化、早期工业化与社会主义工业化、一般工业化与新型工业化如何互为基础、合理衔接的问题，从而找到一条真正适合中国国情的工业现代化之路。

（本文原载《光明日报》2003 年 4 月 22 日）

传统与现代化：中国现代化的历史反思

在世界各国现代化进程中，中国的现代化道路究竟是否具有某种独特性？是否真的存在具有特殊学理意义上的现代化“中国模式”或“中国道路”、“中国经验”？中国历经曲折又重新崛起，经济腾飞，声誉日隆，在世界舞台扮演着越来越重要角色的今日，尽管还存在各种质疑，但中国客观上的确走出了一条与众不同的独特的现代化道路，创造了属于自己的现代化发展模式，为现代化理论作出了自己的特殊贡献，这又是不争的事实，并日益成为绝大多数学者的共识。

中国现代化为什么走了一条与众不同的独特道路？现代化的中国模式为什么呈现出今天的形貌？我们必须回到“过去”，回到“历史”，回到那些曾经和正在制约中国现代化的“历史因素”之中，严格讲，是回到现代与传统的真实关联中，方能最终寻觅到何以形成当代中国现代化道路的正确答案。中国的现代化要寻找和发现“活着的传统”，要辨认和发掘那些看似落后的、过时的旧传统中包含的合理因素，使之通过一定形式的转化服务于现代。在笔者看来，至少有如下重要的传统在现代化中发挥了重要作用。

市场传统与今天的市场经济：中国当代市场经济从无到有，从“辅助和补充作用”到起着“决定性作用”，为什么发展如此之快？为什么能很快为社会大众所接受？追溯起来，可能与明清时期甚或更早时期的市场传统不无关系。正是因为有历史上的商品经济与市场的传统，所以，一旦放开限制，鼓励市场经济的发展，那些蛰伏已久的种子便会破土发芽，如雨后春笋般茁壮成长。

中央与地方：两个积极性的发挥。改革开放以来形成了中央集权为主、地方分权为辅的混合体制，发挥中央与地方两个积极性，较好地促进了中国经济的发展。两个积极性的发挥，既是中国经济快速发展的动力源泉和秘密所在，也是一种根深蒂固的历史传统。

冲突与合作：中国式市民社会的历史解读。当代中国式市民社会与西方界定的“市民社会”（civic society）或“公民社会”（civil society）概念不同，中国式市民社会既相对独立，又与政府保持密切的联系和沟通，双方本质上不是对抗关系，而是合作关系。这同中国历史上国家与社会关系、官民关系的传统不无关系。

法治、德治与礼治：治国理政的多样性。古代中国具有法、德、礼三维“综合治理”的传统。中国应当充分汲取传统文化的养分，在依法治国的同时，同样重视以德治国和以礼治国，将法治、德治和礼治有机结合起来，综合加以运用，走出一条富有中国特色的现代化法治道路。

民本与民生：以民为本的现代化。以人为本、以民为本的民本观是儒家学说的重要内容。我们有必要对传统民本思想进行深入的分析和批判，取其精华，去其糟粕，使之服务于中国的现代化。推进现代化、发展经济的根本目的，在于“养民”、“富民”，让人民过上幸福的生活，“人民对美好生活的向往，就是我们的奋斗目标”（《习近平谈治国理政》，外文出版社 2014 年版）。

总的来看，“中国道路”和“中国模式”很大程度上是中国近代历史发展的必然结果，其根基还在于中国不同于西方的历史和文化传统。在中国发生的种种“奇迹”和创新，除当代人的智慧和勇气外，更多的可能还是要回到历史中去寻求答案，要找出背后隐藏的“一以贯之”的“历史因素”。中国的成功证明，在现代化进程中，西方道路并不是唯一的道路，西方模式也不是唯一的模式。西谚云：“条条大路通罗马（All roads lead to Rome）。”中国的现代化固然要学习西方，但不能照搬这种、那种西方模式，也不能照搬苏联与日本模式，只能是创造性地探索属于自己的模式。尽管中国现代化模式也有其缺陷和不足，但必须依靠自身在实践中自我纠正、自我完善、自我成熟，而不可能以其他任何一种外来模式来取代。各国的现代化道路和模式必须根据各国自身的历史、文化和现实即国情来决定，国情与世情是决定中国道路和中国模式的根本因素，也是现代化路径选择的最根本的考量。

（本文原载《中国社会科学报》2015 年 5 月 29 日）

通史贵在“通”

近些年来，在广大史学工作者的辛勤耕耘下，中国近代史研究已取得长足的进步，尤其在专门史研究领域，更是成果迭现、精彩纷呈，不少著述独辟蹊径、观点新颖、资料翔实，极大地丰富和推进了人们对中国近代历史的认识。但稍感遗憾的是，除几部教材而外，真正堪称“通史”的中国近代史著作尚不多见。就此而言，由张海鹏研究员主编的十卷本《中国近代通史》（江苏人民出版社 2006 年版），可以说是目前惟一一部以马克思主义史观为指导，真正写通了的大型中国近代通史。

通史贵在“通”。近代史家梁启超在论专门史与普遍史（即通史）的关系时曾谓：“专门史多数成立，则普遍史较易致力，斯固然矣。虽然，普遍史并非由专门史从集而成，作普遍史者须别具一种通识，超出各专门事项之外而贯穴乎间，夫然后甲部分与乙部分之关系见，而整个的文化始得而理会也。”（梁启超：《中国历史研究法》，上海古籍出版社 1998 年版，第 38 页）这里，梁氏所强调的“贯穴乎间”的“通识”，既包括历史的纵向贯通——纵通，也包括历史的横向联系——横通，同时还包括体例与观点的前后一致——理通。评判一部通史究竟是否“通”，恰好需要从这三方面去加以观察。

就“纵通”而言，《中国近代通史》最鲜明的特色和最突出的贡献之一，便是将 1840 年—1949 年的中国历史真正打通来进行研究，呈现出一部完整的中国近代史，从而明确了中国近代史的分期。与过去主张以 1919 年为界，将中国近现代史划分为中国近代史（1840—1949）和中国现代史（1919—1949）两个时期不同，《中国近代通史》充分吸取史学界的最新研究成果，明确提出“不要再人为地以 1919 年作为中国近现代史的分界”，而应将 1840 年至 1949 年这 110 年历史视为一个完整的历史时期，作为完整的中国近代史来进行研究。这个完整的历史时期，就是中国半殖民地半封建社会形成、成熟和走向衰亡的历史。所谓中国近代通史，也就是一部“完整的包括整个半殖民地半封建社会时代的通史”（李新语）。

尽管是对史学界最新成果的吸取和总结，但《中国近代通史》所持的这一明确的分期主张，无疑为从历史的纵向联系上打通中国近代史，从而真正进入整体史研究奠定了宏观理论基础和分析框架。诚如著者所说，一部通史著作，“只要在宏观思

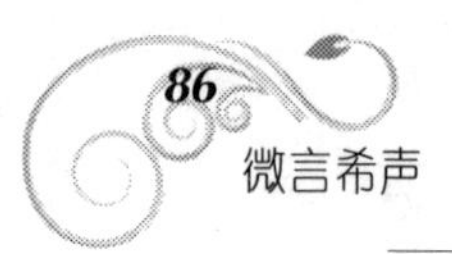

路上、在总的架构上有了前进，在具体论述上基本吸收了学术界已有的成果，这部著作大体上就是成功的”。

在“横通”上，《中国近代通史》力图突破过去中国近代史基本为一部政治史的狭促格局，在以政治史为主干的基础上，加强了对经济史、思想文化史、社会史的研究，使社会发展的方方面面有机联系起来，成为内容丰富、有血有肉的整体的历史。书中明确指出：“50 年来，中国近代史研究领域随着时间的推移，不断有所扩大，这是研究工作本身的规律所决定的。现在如果再用三个高潮、八大事件，就很难概括中国近代史研究的范围了。”“全面反映近代中国历史内容，需要政治的、经济的、文化教育的、社会生活（包括人口状况）的、民族关系的、边疆政情和社情等各方面研究的配合，缺一不可。”

虽然强调历史的横向联系，强调对历史作多维度、多面向的展示，但《中国近代通史》又并没有将这段历史搞成一个大拼盘，等量齐观地罗列方方面面的因素和内容，而是注意抓住这段历史的中心内容与中心环节，突出其救亡、革命、变革的基调，在注意历史的整体发展时，仍将政治史放在最重要的地位来加以叙述，认为“政治史研究的深度和广度如何，对其他的研究领域起着制约的作用”，不能轻率地“对政治史的研究缺乏热情”。这种在强调历史横向联系的同时，又不人云亦云地一味主张宽，主张广，主张杂，而仍然坚持历史发展主次性、线索清晰性的观点，对于通史类著作的撰写是颇有启发意义的，同时也彰显了本书的特色。

在“理通”上，《中国近代通史》不仅强调应当有自己统一的设计和体系框架，而且在宏观上还应当有前后一致的观点，做到在理论上能前后呼应、自成系统，即有某些共同认可的通识。参加撰写的各位学者，尽管在具体问题上很可能会有不同的看法，但在总的学术倾向上则基本保持了一致。这些一致，大致体现在：（1）以半殖民地半封建社会理论来界定中国近代社会性质并贯穿始终；（2）以毛泽东提出的“两个过程论”来厘清中国近代历史发展的基本线索；（3）以帝国主义和中华民族的矛盾、封建主义和人民大众的矛盾来规定近代中国社会的基本矛盾；（4）在改良与革命的关系上强调革命才是社会发展的根本动力；（5）在民族独立与现代化的关系上强调必须通过民族独立以推动现代化的进程；（6）在现代化视角与革命史视角的关系上强调二者的相互结合与不可替代性，如此等等。

以上“通识”不一定是最全面的概括，也不一定完全为近代史学界所全盘赞成，但它毕竟从一个比较完整、比较彻底的马克思主义史观的视角，给出了一种对中国近代历史的通盘性解释，这种通盘性解释正是使通史能够变“通”的关键所在，也是全书的立论基础。

虽然《中国近代通史》在“通”上下了很大功夫，也取得了很好的效果，但以更高的标准要求，如何做到更通、更达、更信，似乎还可作以下的进一步思考：

一是如何处理好大分期与小分期的关系。《中国近代通史》基本已解决了中国近代历史的大分期问题，即将1840年至1949年这110年的历史作为一个整体来看待，上区别于完整的封建社会，下区别于新的社会主义社会，其间又可以以1919年为界，分为旧民主主义革命与新民主主义革命两大历史阶段。这已成为近代史学界多数人的共识。但在更为细致的小的历史阶段划分上，书中似乎还比较模糊或缺乏前后一致的完整把握。比如，全书基本以半殖民地半封建社会的演化过程来分为九卷并外加一卷概说，但有的分卷却很难体现社会性质在本阶段有何实质性变化，如第七卷“国共合作与国民革命”起自1924年，止于1927年，仅仅三年时间且主要论述国共的第一次合作及失败，很难反映全社会的阶段性变化及除政治外，经济、社会、文化全方位的历史发展。再者，以“沉沦”和“上升”的U字形轨迹来观察中国近代史的发展轨迹及其运行规律很有新意，但这110年间“沉沦”与“上升”的阶段划分如何趋于准确，或是否反映了历史进程的本质，还值得进一步探索。比如，北洋军阀时期既是中国半殖民地半封建社会“沉沦”到谷底的时期，但几乎同时又是民族资本经济发展的“黄金十年”（1914—1924），这一悖论现象到底该如何去界定与解释？

二是如何处理好全球背景与全史背景的关系。中国近代历史既是世界走进中国的历史，同时又是中国走向世界的历史。当时的中国被迫应对初期的全球化浪潮的挑战，这是近代中国一切危机和变局的根本起源。而且，中国在当时必须与亚洲各国共同应付这一挑战，并经历了不同的历史命运。在这一意义上，日本学者沟口雄三、滨下武志等曾经提出的“亚洲视角”、“亚洲经济圈”等理论，对我们在更广泛的背景下思考近代中外国际关系的互动不无启发。其中最重要的一点，就是在近代通史的研究中，必须进一步加强中外历史比较研究，包括与西方发达国家的比较研究以及与同属亚洲的日本、朝鲜、印度等各国近代历史的比较研究，从而在更为复杂的近代国际关系网络和首波全球化浪潮的大背景下构筑中国近代历史的轮廓。

所谓全史背景，就是指在研究中国近代通史时，胸中要有中国上下五千年的“全史”意识。“抽刀断水水更流”，历史有内在的延续性，古与今不存在截然的分界线，历史研究的根本目的在于“究天人之际，通古今之变”，因此，对中国近代历史的研究，一是要比较透彻地了解1840年以前一百年中国历史的走向和世界大势，二是要留心对1949年以后新中国历史的影响及二者间可能存在的交错。换言之，在明清史与近代史、近代史与现代史（即中华人民共和国史）的交叉处，往往容易留下历史研究的空白或大家都忽略之处，而这些地方又恰好是历史的“拐点”或大转折处，十分值得认真研究。

在社会结构史意义上，1840 年以前的中国封建社会基本上是一个稳态型的社会，持续了近两千年，1949 年以后的社会主义中国其政治、经济、社会结构也是相对稳定的，恰好其中的 110 年近代史则是充满动荡、冲突、革命的十分不稳定的一段历史时期，与之相应的半殖民地半封建中国社会，其实就是一种特殊的过渡形态社会，从封建社会跨越了资本主义社会逐步过渡到中国特色社会主义社会。显然，如何更深入地研究中国在近两百年间怎样从一个完整的封建社会演化为半殖民地半封建社会，继而又历经曲折进入社会主义社会，正是在所谓“全史”视角下必须加以认真探讨的课题。弄清这一问题，也就在某种意义上弄清了我们正在建设的中国特色社会主义的历史基础问题，同时也为我们进而探讨世界近现代历史发展中的所谓“中国道路”问题廓清了思路。

（本文原载《近代史研究》2007 年第 5 期）

让城市文化史研究更富活力

继城市政治史、经济史、社会史之后，城市文化史研究日益成为中外学界研究的热点之一。近期在活力四射的内地城市成都召开的第二届近代中国城市大众文化史国际学术研讨会，则围绕“城市空间”、“大众文化”的概念，将对城市文化史的研讨引向了新的深入。

研讨会上，无论是梁元生教授提出的“书写城市五度空间”：地理空间、文化空间、权力空间、生活空间、神圣空间，还是王笛教授对茶馆、街头的叙述，或是李德英、程宝美等对公园、戏园、电影院等空间的探讨，就我个人看来，在在皆指向如何进一步扩充城市文化史研究的范围、进一步增强其活力。

究竟如何才能增强城市文化史研究的活力？我以为，首先似乎要进一步拓宽我们的视野，改进研究的方法和叙事的方法，注意城市文化史中时常不为人注意的细节之处和细微之处。如时下一些学人颇为强调“感觉主义”的历史学或历史中的“感觉主义”（杨念群、雷天：《“感觉”历史》，《博览群书》2007 年第 8 期），其实，将“感觉史”概念引入城市文化史研究，就是一个可以尝试的选择。

突然便想到了姜文拍的电影。无论是《阳光灿烂的日子》，还是近期的《太阳照常升起》，姜文的电影说白了其实就是“跟着感觉走”。他的电影中有他早年经历中所难忘的味道、声音：老家唐山马路上的柏油味、乙炔味；一段单调、激越的小号声；有他抹不去的感官印记：“一双脚，一片白沙地；拖拉机从雾里开来；骆驼驮着女人慢慢走进一片橘黄，然后全部橘黄……”他想着那声音、那气味、那印记，便能拍出流水一般的电影、来劲的电影。如他所言：“这电影非得到我能闻到味儿了，我才能拍，才能有自信比谁都拍得好，因为别人闻不着，我能。”（《饥渴的姜文》，《南方人物周刊》2007 年第 7 期）治城市文化史颇有点类似于姜文的拍电影，只有沉潜下去，深入进去，能闻其味，听其声，观其形，摄其魂，简言之，找到感觉了，才能真正将城市文化史写活。激情是感觉的酵母，激活是写活的前提。

城市之味。城市是有味的，这种味，既是一种气味，更是一种韵味。海港城市的空气中时常有一种咸湿的“海味”，这是大海呼吸所散发的气息；滨江城市码头一带的空气中则往往有浓浓的柴油味，它与不时鸣响的汽笛声相伴随，便令人联想起那横卧江中的大小船只和繁忙的水上运输；至于酒楼中所飘逸出的菜香、茶室中所缭绕的清香、公园中馥郁的花香，更是因时、因地、因人而不同，能勾起人无数的回忆、无尽的遐思。

城市之味也是历时的，不同时代有着对城市之味的不同记忆。农业时代城镇中弥漫的柴草味、工业化初期城市中充斥的煤烟味、高速工业化时代城市道路上大量排放的汽车尾气味，均是不同历史时期城市的象征性气味。为什么大家对上世纪五六十年代中国城市柏油马路的气味记忆尤深？因为那时国产劣质柏油铺就的马路，一方面改变了城市道路凸凹不平、坑洼积水的现状，给城市带来崭新的面貌；但与此同时，也带来难闻的气味、夏日里沾鞋的烦恼："记得小时候走的沥青马路，一到夏天，路面便软软的，一脚下去一个窝窝。一时间许多人的鞋都镶了一圈黑边。"（方方：《阅读武汉》，南方日报出版社2003年版）这种集体记忆，是一代人对一个特定时代城市文化的集体记忆。我个人对柏油味的记忆，则与儿时一种特殊的玩法相关。每逢夏日，一伙玩伴人手一根细细的竹竿，顶端涂上晒软的沥青，寻蝉声爬上梧桐树，对准那薄薄的蝉翼，一沾一个准。用此法捉拿停伏在荷叶上的红蜻蜓、绿蜻蜓亦精准无比，妙趣横生。惟一的遗憾，是此游戏的结果总是弄得一身沥青味，稍不小心即染脏了衣服，回家后遭到大人的一顿训斥。

城市之声。城市有城市的声音，乡村有乡村的声音，但乡村即使有声，也是静的；城市即使无声，也是动的。一弯新月，十里荷花，十里蛙鸣，这是乡村式的喧闹，但意境却是静的。这种意境，在筑城而居、车水马龙、市声喧哗的城市是无法体会的，城市交响曲乃是各种声与音的结合、放大，没有热闹哪来城市。就是入夜了，市声渐息了，但仔细听，仍能感觉到城市的喘息、静夜中暗伏的盲动。叶圣陶写秋夜的都市："秋天来了，记忆就轻轻提示道：'凄凄切切的秋虫又要响起来了。'可是一点影响也没有，邻舍儿啼人闹，弦歌杂作的深夜，街上轮震石响，邪许并起的清晨，无论你靠着枕儿听，凭着窗沿听，甚至贴着墙角听，总听不到一丝的秋虫的声息。"（叶绍钧：《圣陶随笔》，上海三通书局1940年版，第1页）因为城市是声音的世界，是喧闹的化身，是"不容留秋虫的地方"。

但城市所发出的声音也是有灵性的，是含有文化的，是有着自身的历史的。古代城市之声自有其悠远的韵味与独特的个性，用心去倾听，总能领会到妙处："姑苏城外寒山寺，夜半钟声到客船。"这是来自古时苏州的声音；"小楼一夜听春雨，深巷明朝卖杏花。"这是来自古时杭州的声音；"长安一片月，万户捣衣声。"这是来自古时西安的声音。彼时的城市，尽管也发声，但尚有节制，还谈不上喧闹，说到底，因城市与乡村的界限还不分明，更多的情形是城中有乡，乡中有城，城乡一体。

进入近现代，历史行进的车轮加快，城市日形发达，也变得越来越喧嚣、躁动。无数的火车站、汽车站、轮船码头、街道、工厂、工地都是近代城市之声的策源地，而星罗棋布的影院、剧场、歌舞厅、茶肆酒楼、集贸商场，则更无形增加了城市音响的分贝。如果说工厂蒸汽机所掀起的巨大声浪，火车轮轨相撞所造成的有节奏的轰响，街头上毫不加限制的汽车喇叭声，再加上各单位自由播放的高音喇叭声，商场和小贩络绎不绝的叫卖声，是上一世纪中国城市特有的音响组合，那么，高速公路上日夜不息的滚滚车流声、豪华酒楼的弦歌声、超市和销品茂的人潮声、成天响个不停的手机铃声，则是今天中国城市的品牌音响效应。要听那风与水的应答、虫与草的吟唱，就只好逃到遥远的郊外，或把自己限于狭小的一隅，聆听来自自己心底的声音。

声音记录了城市成长的脚步，也融入了我们复杂的文化情怀：太清净了孤独、太喧闹了烦恼，茫茫人海，知音难觅呵！

城市之形与魂。除味与声外，城市自然还有自己的形与魂，二者之间密不可分，但又并非天然合一。城市之形，是城市的规划、形状、建筑布局、建筑风格，或宫阙楼台，有古城之遗韵；或高楼林立，有现代之雄风。但一个城市“现代”与否，有魅力与否，又不纯在其城市建筑、市政设施、交通状况这些看得见、摸得着的硬件——形，而更在于其背后看不见但感觉得到的文化意蕴——魂。

城市之魂，即城市所具有的文化传承、文化积淀和文化品位，也是一个城市所追求的精神、理念。城市如果没有内在的文化底蕴和自己的理念，就没有个性，没有风格，没有特色，简言之，也就没了自己的灵魂。任何再漂亮的建筑，只有当赋予其文化的内涵时，才成其为建筑艺术，才具有活的生命。所谓一个城市的标志性建筑，并不在于它是最高的、最大的或最新的，而恰在于它能够体现一个城市的精神，展示一个城市的风格，表达一个城市的追求。埃菲尔铁塔之于巴黎，伦敦桥之于伦敦，皇居之于东京，天安门之于北京，恐怕更多的不在于建筑形式本身，而在于它们所高度浓缩的文化符号。建筑形式与文化理念达于高度一致时，便成为城市的象征。

城市之魂往往体现为城市的独特个性魅力，如北京之气派、上海之典雅、广州之生猛、西安之雄浑、苏州之精致、杭州之绮丽、武汉之大气、成都之超逸、重庆之潇洒、大连之豪迈，如此等等，无不融城市之形与城市之魂于一体，修为而成，有着很深的文化底蕴并以人的集体无意识为载体。如武汉之大气，便既来自历史，又来自其地理与人文，“昔人已乘黄鹤去，此地空余黄鹤楼。黄鹤一去不复返，白云千载空悠悠”，“孤帆远影碧空尽，惟见长江天际流”，这些千古名句中所包孕的那种流动、空灵、磅礴、大气，不正是大武汉的魂魄所在吗？不正应成为武汉城市个性最本质的构成要素吗？江汉朝宗，滚滚东去；大桥飞峙，江山如画。摄其魂而树其形，武汉当大有可为。

由此可见，如能开阔思路，不拘一格，写活城市文化史，的确有很多通道，很多线索，很多着力点，凡可感知的，皆是可写的，且皆是可以入史的。我们因人的不同，因对城市之味、之声、之形、之魂的记忆不同、感觉不同，就可以写出不同的城市文化史，而这样的城市文化史也才可能是有个性、有独特见解的活的文化史，不至于要么趋同，要么架空，终流入俗套。

循文化感觉史的思路，我认为目前城市文化史研究中有两大课题真可以好好研究一番：一是近代以来的游行史，二是近代以来的展览史。前者与政治史有关，后者与经济史有关，但主旨仍为城市文化史。

近代中国城市经历了巨大的社会转型，而政治的转型又首当其冲。从晚清到民国，再到中华人民共和国，近两百年间，在中国城市的街道上，不知道发生过多少请愿、示威、游行、庆祝。这些大规模群众活动，从数百人到数万人、数十万人，可谓万人空巷，热情高涨，血脉贲张，把人们的激情调动到了极致，使人的情感宣泄也达到了极致，形成了中国近代城市一道道亮丽的风景线。我们无意去探寻每一次街头游行活动的背景、组织和目的，这是政治史的任务，城市文化史需从这些大规模群众运动的文化内涵去探讨，需要去深究这些活动对于近代城市文化形成的意义，需要去发掘人们在这些活动中的真切感受，包括对他们心灵的冲击、对其人格的塑制、对其人生道路的影响，而这均需要翔实、可靠、个性化的史料（包括文字、图片与影视的）作为基础，并非一件易事。

近代中国城市中所举办的各式各样的展览，也是一道道流动的风景。这些展览形形色色、内容繁多，既有商品展览，也有花卉展、农艺展、影视展、图片展、艺术展、公园展，不一而足。别的不论，单就民国时期各地举办的国货展览会，估计就有250余次之多。其中规模最大的有两次，一次为1928年在上海举办的中华国货展览会，展会历时64天，展出全国22省的展品共20余万件，参观人数逾130万人，盛况空前。另一次为1929年在杭州举办的西湖博览会，该展会历时128天，展品近15万件，共有近200万人次前往观览，同样盛况空前。这些展览会集中国产品的精华，运用各种宣传手段调动人们购买国货、奋起竞争、共赴国难的热情和决心，不知影响了多少民众。所谓“荡心骇目”、“一日观会，胜于十年就学”，乃是时人对这类展会的普遍感受。如果能从城市文化史的角度对这些展览和人们的参与、感受进行研究，细剖其中的文化意蕴，想必将大大有助于更直观、深入地了解近代城市文化的变迁及其展现形式。

以上所列，不过只是通过感觉历史而深化和写活城市文化史的若干片段的思考，其实，无论就城市精英文化还是就城市大众文化，需要填补的空白尚多，王笛等人通过研究街头、茶馆、公园、戏院、电影、郊游而开辟的城市公共空间的研究，也仅仅是开了一个头，这方面可以做的题目和文章实在太多，城市留给我们的记忆是无限的，可供探讨的空间也是无限的，只是需以完全开放的文化心态，抱一个见微知著、处处留心的治史态度罢了。

（本文原载《史学月刊》2008 年第 5 期）

学问之道

——治学体会漫谈

刚才王恩科副校长对我作了一个简单介绍，我想我这个人说来说去，最根本的还是一名老师。所以今天算是回归到了自己的本位，很荣幸来跟同学们交流，这是件很愉快的事情。我今天讲的题目是“学问之道——治学体会漫谈”，和同学们交流一下个人学习的一些体会。我将与大家交流我在各个领域是怎么学习的，是怎么做研究的，希望能给同学们一些启发。

一、引言——治学与为人的相通性

首先我想讲一个引言——“治学与为人的相通性”，为什么要谈这个呢？因为我觉得我们仅谈学问，不谈为人，就不能讲得太通，学问之道和做人之道之间是存在一定的相通性的，韩愈在《师说》里曾经说：“师者，所以传道、授业、解惑也。”他将传道放在第一位。我们首先要明白，学问之道和做人之道之间有什么相通的地方。道，当然是一种规律，一种公理，一种纪律，一种准则。做学问，有做学问的道。章学诚，清代的大学问家，也是著名的史学家，他说：“能具史识者，必知史德，德者何？为著书者之心术也。”他把做学问的人或是写书的人的心术看得很重，心术正，学问正，心术不正，学问也不正，心术不正的人有时候可能也会做出一点学问来，好像也能够哗众取宠，但是从长远的角度或是进行深入的讨论，就会发现他的学问往往经不起推敲，因为为人不正的话，学术也正不到哪去。所以我一再强调，我们做学问也好，做人也好，它们中间是存在公理或是说通理的。这也就是说，人品和学问不可分，要治学，先要做人，立言之先要先立其德。我们经常谈名师，名师一方面是指他在学术上的造诣很深，他有皓首穷经的追求，其实背后支撑他的是一种对知识和真理的不懈追求的精神。这就是名师的魅力，是人格的修为，是价值情怀。我们讲师道，到最后是什么？我觉得是一个老师的人格魅力，不仅是一种知识的高度，还是一种道德的高度。我的老师章开沅先生，也是我们的老校长，他带了很多学问做得很好的学生，我想他教给我们的不仅仅是治学之道，还有为人之道、生活之道等方方面面的道理。我记得很清楚，当初我和朱英老师读他的硕士研究生，章先生亲手给我们写了一句话，“治学不为媚时语，独寻真知启后人”，这是楚图南先生题给戴震纪念馆的一句话，章先生转赠给我们，郑重其事地到我们寝室来亲自交给我们，实际上是对我们寄托一种希望，所以他教学生，是从教做人开始。用一句话评价章先生，那就是“铁肩担道义，妙手著文章”，先生的人品与学问都在这句话里面，他的人品和学问两者是一致的。为什么很多国内外学者都很佩服他呢？佩服他什么呢？其实更多是佩服他的为人。有海外学者跟我讲，你们大陆能真正坚持自己观点，几十年不变，并且不断与时俱进的，章先生算一个，所以我们佩服他，就是因为他有这一点，即便遭到批判，他的很多基本观点，他都不动摇，这就是一种人格的魅力和人格的力量。为什么我在华师这么多年也不动摇，就是因为有章老师这样的好老师，当初北大曾动员我去，我不去，为什么呢？因为这儿有最好的老师，跟着这样的老师，才能做成大的学问。

治学的过程实际就是一个做人的过程，我们要在治学中学会做人，在做人中学会治学，不要把这两者分开。做研究，要去找资料，要去发现课题，会吃很多苦，这是在治学，但也是一个做人的过程。不断地修炼，我们就会越来越成熟，慢慢地成为学者、大学者，做学问、做人都是这样的一个过程。我们说师傅引进门，修行在个人，进了老师的大门后，最后有的学得好，有的学得一般般，有的学得不怎么样，为什么？老师教的都一样，但为什么成就不一样？关键还是要看个人的修行。修行，我认为要下功夫，要花精力，任何学问不是说随随便便就可以做的；同时，还需要思考，随时要思考，要思考怎样把学问做得更好，要思考哪些值得做，哪些不值得做。把苦功夫和思考两方面结合起来，就是修行。“史无定法，重在心领神会。”我想无论是历史学、文学还是哲学，一切学问，都没有统一的法则，重在研究者自己心领神会，去悟，去悟学问之道，这也是为什么我本次演讲的题目叫“学问之道”，就是希望大家自己去悟这个道。吴承明先生是我国著名的经济史学家，他就是史无定法的倡导者，他曾经有一篇文章专门谈史无定法，为什么呢？严格来说，吴承明是一个经济学家，1949 年前，他在国民党的经济部门工作过，是一个地道的经济学家。新中国成立初期很多经济理论都是他提出来的，他把经济学和历史学紧密结合起来，是我国经济史学界的泰斗。他关于中国资本主义史的研究做得很好，同时他还提出了很多经济史学理论。这些理论，一方面来自他对西方理论的理解，还来自他结合中国实际所做的思考。所以他认为不要去讲很多方法，实际上什么方法都是可以的，用历史学的方法可以，用经济学的方法可以，用社会学的方法也可以，无论什么方法都可以，但一定要适合你的研究对象。虽然我们说史无定法，但做学问还是有一定的路径可循，这个路径得靠自己在做学问的过程中去体会，去摸索，去探讨。我后面要讲的就是，如何进入一个研究领域？又怎么样走出来，然后进入另一个领域？其实都是有些道理在里面的。所以历史研究的方法、过程，是随着研究对象的不同而变化的，历史研究对象的挑选，往往是谨慎的但又是随机的，研究什么，不研究什么，研究什么可以成功，研究什么不能成功，如何研究才能成功，这些都取决于多种多样的因素，所以我们要用心去揣摩。在说了前面这些引言之后，现在过渡到我今天要讲的第一个主题：从革命走向社会 ——关于商会史研究的个人体会。

二、从革命走向社会——商会史研究

商会史研究是我除辛亥革命研究外，个人有所突破的另外一个领域。我们为什么要研究商会呢？我在之前的一些文章里面提到过，实际上我们研究商会是从寻找中国资产阶级开始的。我们研究辛亥革命达到一定阶段后，发现深入不下去了，再深入就涉及中国到底有没有资产阶级这样一个问题。我们说辛亥革命是一场资产阶级革命，但是如果近代中国连资产阶级都没有，它怎么能叫资产阶级革命呢？针对这个问题章开沅先生和台湾的张玉法、张朋园两位先生当时有一场很大的争论，台湾学者认为中国没有资产阶级，你们为什么把辛亥革命叫做资产阶级革命呢？章先生坚持辛亥革命是一场资产阶级革命，他认为中国有自己的资产阶级，只是中国的资产阶级可能跟西方的资产阶级不完全一样，那么什么是中国的资产阶级，它在哪里？当年我们跟着章先生学习的时候，也在为这个事苦恼，也在追寻，想着怎样解释，怎么样才能够讲通。当时我们认为应该有一套理解方法在里面，如果方法得当，我们就可以把这个问题解释清楚。最后章先生给我们找了一条道路，就是把革命推向社会，从革命走向社会，在社会史研究中去寻找中国的资产阶级。如果只谈革命本身，很难将革命讲清楚，但是革命的阶级基础及背后的社会力量，它可能是资产阶级，或者是带有资产阶级性质的群体。章先生提出，我们研究资产阶级，不要学西方那样分成大资产阶级、小资产阶级，我们或许应该把这方面的研究推进到社会阶层、社会群体的层面，从阶层、群体中去一步一步发现当时支撑革命的社会力量，要进行这样的研究就要走向社会，走向社会组织，到一般的商人中去寻求答案。我们的做法就是从社会、从商人、从绅商这个角度去寻找中国的资产阶级，去解释辛亥革命的社会基础问题。

所以我们以辛亥革命史研究作为起点，走上社会史研究的道路，然后又走上了商会史研究的道路。当然我走上商会史研究的道路也是一个机缘，正如我刚讲到的史无定法亦无定路。我是怎样走上了商会史研究的道路呢？辛亥革命史研究需要深入社会，这是一个大的趋势，但是我们为什么恰恰去研究商会，去研究苏州呢？这是一个偶然的机会，(20 世纪) 80 年代初北京有几位学者到苏州去，苏州档案馆的同志就很热情地拿了一些商会档案给他们看，想让他们评判有没有价值，结果可能是有些先生没有认真研究，就说苏州商会是一个很小的商人的组织，没有太大的意义，可能不值得花大功夫去整理。但当时整理档案的一个骨干叶万忠先生很不服气，他认为苏州档案馆最有价值的就是商会档案，而且商会档案还很有系统。恰好当时我们章先生到苏州去会晤唐文权先生，唐文权先生虽然是苏州中学的一个老师，但是他研究章太炎很有心得，虽然没什么学历，仅仅中学毕业，但他靠自学而成才，他因研究章太炎而得到了章开沅老师、汤志钧老师的欣赏，后来汤志钧老师向章先生推荐了他，章先生去考察他。结果去了后，和唐文权谈得很愉快，章老师认为一定要把他招进华师。另外一方面，苏州档案馆的叶万忠先生认为又来了一个大学者，再让章先生看看，如果他也说没什么价值，那就算了，就把资料封存起来。章先生一看，非常兴奋，认为这些档案太有价值了，而不是没有价值，这简直就是苏州近代商人组织的活化石。从 1905 年，一直延续到工商业改造的 1956 年，这么长的历史时段，完完整整保存下来的上万卷的档案，能没有价值吗？它其实就是破解苏州近代城市史秘密的活化石，涉及苏州的方方面面，所以章先生说这批档案太有价值了，非常值得研究。章先生回来后，记得在一节本科生课堂上，那时我还没有读研究生，还在读大学，章先生就和我们讲，他最近在苏州看到了一批材料，并且觉得这批材料很值得研究。当时我为什么要考章先生的研究生呢？其实就是当时听了这样一堂课，我觉得很有意思。他说，我们通常都在讲法国巴黎公社，但其实苏州当时有商会，还有市民公社，如果深入去看这些档案，就会发现苏州商会就活动程度、组织能力而言绝不比法国革命前那些市民组织差，而且商会是研究辛亥革命中资产阶级性质的一条线索。我当时听进去了，所以我就下决心去考章先生的研究生。考上研究生后，章先生派给我们的第一件事就是让我和朱英老师跟着刘望龄老师，于 1982 年春天去苏州参与苏州商会档案的整理和编纂工作。到了苏州后，在那儿一待就是大半年，大半年的时间都在整理档案。从 1982 年开始到现在，30 年了，经过 30 年的努力，我们终于把它编出来了，现在由我们华师出版社出版了6辑12册，当然还差1辑，是1950年到1956年间的档案，这次我们去苏州，苏州档案馆决定全部拿出来，再出1辑，那一共就是7辑，每辑2册，共14册，现在一共900多万字，如果全部出出来，那就是1000多万字。苏州商会档案是我们前后历经30年才整理出来的，章开沅先生、刘望龄老师（已过世）、唐文权老师（已过世），然后我和朱英，再加上苏州档案馆的学者，现在还有后继者郑成林、付海晏、魏文享等人，这样靠着几代人的努力才弄出来，很不容易，所以说做学问是很不容易的。

从整理苏州商会档案开始，我们就真正进入了商会史研究领域，后来又经过多年的努力，现在又出版了四卷本的中国商会通史，这是我主持的一个教育部重大攻关课题，大概也用了6年多的时间，主管部门总是说我们超时了，让我们赶快结项，我就说“你们多给我们一点时间，我们要给后世留一份好成果”。后来这个项目结项时被评为优秀，但是我说还要修订，可能还要修订大半年才能交给出版社，很多出版社都想要出版这套书，因为这套书比较大而且很系统，今后研究商会是绕不过它的，因此把它称为通史，出版社都在抢，但是我们还是很慎重，要力争拿出精品，做学问怎么做？就得这样做，十年、二十年甚至三十年，你才能磨出一柄好剑，学问不是这么简单的。这就是我们从商会档案进入商会史研究的一个机缘。当然即使进入了商会史研究，或是接触到了这么好的商会档案史料，能不能做出好的研究是很难说的。有的人接触了很多非常好的材料，可能就仅仅把那个材料整理一下就出版了，可能最后仅是一个很肤浅的东西，不一定很有水平的。所以在这个过程中间我们就需要动脑筋，要把笨功夫和活脑筋结合起来。

这里想告诉大家怎样去做研究，如果你遇到了一些好的资料，比如一些系统的档案资料，但是要怎么在这个基础上去深化它，拿出好成果来，或者说你们做博士论文也好，硕士论文也好，要怎样才能写出一个高水平的论文来？这个中间就要去做很多思考。我们的体会是，要对商会档案进行解剖，就是要对商会组织系统本身有一个深入的了解。有的人的理解很简单，比如我们接触到的是苏州商务总会的档案，苏州商务总会有分会还有分所，很多人不去想中间的其他组织，就认准一个，研究苏州商会就只研究苏州，研究上海商会就只研究上海，而不去考虑这中间有哪些组织联系。而我们跟别人不一样，当时系统论很热，我们对系统论也不是很了解，但是对于系统性思维的方法，我们很感兴趣，于是我们把它引入史学研究，就是关于怎么去发现其中系统的联系，以一个大的系统架构来把握它，而不是单一的。就这样我们对商会组织进行了解剖，我们发觉它自身有一个组织系统，有总会、分会、分所，从中心城市一直到下面的乡镇，是一个网状组织。另外它自身又通过与各地商务总会的连接，形成了地区性、区域性的网络，比如说上海商会联合会，它的网络是从地方到全国的。最近我们又申报了一个新课题叫中华商会研究，就是海外的华人商会。由此，商会从乡镇到城市，再到一个区域，又到全国，再发展到海外。所以不得了。把商会研究推向海外后，发现它还有更大的一个系统，就是海外各地，美洲、南洋好多地方都散布着商会，而且它是要向晚清中央政府申请成立的，当时在清代就有这么一个庞大的商会网络。新加坡的刘宏，最近刚刚来我们学校做过报告，他的研究就是把网络理论、社会组织系统理论引入商会史研究中，他研究新加坡商会非常成功，我们也有学者把社会组织系统理论引入对内地商会的研究中，包括我自己也用社会组织网络理论去研究苏州商会，也取得了很大的成功。我们在新的研究中引进了新的理论，所以无论是网络理论还是社会组织系统理论，如果不引进来，那你的理解会是很肤浅的，引进来后，就把自己的视野打开了，因此别人看到我们的研究后，就觉得跟过去的研究不一样，觉得我们无论是在学术上还是在理论上都比较领先，这就是理论的突破。

第二个突破是我们采取了联想的办法。商会存在于在城市中间，不管是大城市还是小城市，它跟城市、社会有着密切的关系，那么它在城市中间扮演着一个什么样的角色？在城市生活方面，它涉及了哪些方面？经济、政治、社会、公益、教育这些方面，它涉不涉及？根据我们研究的结果，它都涉及了。正如我前面讲的，商会是一个活化石，能帮助我们去了解中国近代城市是怎样发展的。美国著名学者罗威廉最成功的研究之一就是汉口城市研究，他就汉口写了两本书(《汉口——一个中国城市的商业与社会 1796—1889》[江溶、鲁西奇译，彭雨新、鲁西奇校，中国人民大学出版社 2005 年版]；《汉口：一个中国城市的冲突和社区（1796—1895)》[鲁西奇、罗杜芳译，中国人民大学出版社 2008 年版])。这两本书是城市史研究的权威性著作，他也因此获得了费正清奖，拿了美国中国近代史研究最高奖。实际上他也是从商业组织跟城市发展的关系入手，一步一步地将汉口研究透了，当时我们很奇怪，我们去研究汉口，感觉总是找不到资料，他的本事怎么这么大？不知道是不是因为他是老外，反正他找到了很多有用的资料，当然还有很多海外的资料，结果他写了两巨册关于汉口的书，资料非常丰富。实际上他就是从行会、城市生活入手，把城市的组织和社会功能联系起来做研究，并在汉口研究上取得了很大的突破。那么我们呢？我们研究商会，如果仅仅就研究一个商会，你讲得再清楚，也就是一个商会，但是如果把苏州这个城市讲清楚了，那就不得了，因为苏州是很有代表性的中国城市。我在做苏州研究时曾讲过："苏州是真正典型的中国城市，上海不是，上海是一个飞地，殖民者建立的，受西方影响是很大的，是租界，而苏州恰好是自身发展起来的中国古典城市。"当然它也受到了西方的影响，但是影响比较小，所以在几十年前我就做出一个预言，我说如果苏州哪一天找到了它的发展道路，它的发展速度和发展能量会是很惊人的，当时大家都不相信，都很疑惑，这样一个古老的城市能在现代化和工业化中起到很重要的作用吗？但是30年过去了，我们再看看苏州，它的发展速度是惊人的，把我们武汉甩在了后头，尤其是和新加坡合作建设的工业园区，我觉得跟新加坡基本上没什么区别，有些地方甚至比新加坡还好，因为新加坡毕竟小。苏州的发展不仅体现在GDP上，无论是老城还是新城，发展速度都非常之好。后来苏州有一份报纸让我谈对苏州的看法、当年的预言及现在苏州的发展状况。我用了一个版面来谈我的看法，谈过后大家就很奇怪，你当时怎么会有那种认识呢？我说很简单，我们就是把社会组织和城市研究连接起来，把传统和现代连接起来。苏州明清时期是一个状元云集的地方，出了很多状元，文化很发达，是一个智慧城市，另外它建立了很多传统的社会组织，将这些继承下来并发扬光大，再和现代一嫁接，它的生命力将会很旺盛，比起一些半殖民地城市来讲，它绝对有它的文化根底和后发优势。所以当时我是从这个角度来判断的。

最后，不仅要联系，还要在研究中找到一些吸引眼球的东西，叫做揭秘。为什么苏州在近代能发展得非常好？因为它有一种自我协调的能力，自我组织的能力。苏州有深厚的文化传统，也有一套管理经验，这套经验将官方组织和民间组织结合了起来，形成了一套很好的管理系统，这个管理系统叫做社会自组织，这套系统可以很好地解释近代苏州的发展历程。苏州这个城市发展得很好，是因为它自己从传统社会内部发展出了一套社会自组织的办法，然后才获得非常强势的发展。什么叫自组织？就是很多依托于像商会这样的社会组织，当然还有会馆、公所、教育会等等，它们形成一个城市自身的网络，一个组织的网络，一方面有政府，当时叫做官衙，当然官衙的作用不一定那么大，但是社会组织和官衙相互配合，会把一个城市治理得非常好。例如当时苏州的粪便问题，它没有西方那样的厕所，只有马桶，但它的城市卫生体系却很完善，什么时候收马桶，大家就全部搬出来放好，然后车子来收走，弄干净后再送回来。什么时候晒马桶也是井井有条的，那么多马桶不感觉到臭，这是很不简单的。还有它的水道，苏州到处都是河，这个水道怎么维护？城市的公益，例如慈善问题怎么解决？老人怎么救助？流浪者怎么救助？它都有一套。能够把城市治理得很好，主要依靠自组织。这个问题其实很简单，这些自组织里面有绅商存在，他们受了很好的教育，知道怎么从公众的角度来管理一个城市。所以过渡到后面就是我要讲的绅商，当时苏州有很多这样的人，他们既有官衔，又经商，既有知识，又有钱，然后他们成立了很多组织，不仅是商会，还有其他的社会组织，他们都是领头人，这一批人就是我讲的过渡性社会的过渡性阶层。整个中国的近代社会我觉得是过渡性的，那么绅商就是过渡社会典型的过渡阶层，既是官又是商，既是知识分子又是商人，既当教育家又经商。这些人既能稳定社会，又能拿到官方资源；既有财力，又有功名；既有传统的社会资源，还能学习西方知识用于城市管理，所以这些人，在城市治理中起到很重要的作用。

从联想到解剖，到揭秘，就这样我们就一步一步把商会研究推向了深入，一步一步把眼界打开，做出与别人不同的学问来。关于绅商，就很值得研究，因为这是历史文献中的一个词汇，是指绅士和商人的结合，还是特指一类人？就这个问题，我想了很久，我首先想到的它可能是绅士和商人的一个集合名词，即“士人们”和“商人们”，但是到后来越来越发觉它特指一类人，例如绅商王某某、绅商张某某，这说明两个名词已经集合成一个名词了，绅商成了一个很紧密的群体。《历史研究》还专门就“绅商”这个名词组织了一次专门的讨论，通过这次讨论，学界逐渐比较同意我的说法。针对这个名词，我真的是冥思苦想了很久，它的奥妙到底在哪里？商会组织也好，城市的发展也好，怎么都离不开这群人？最后我们逐步扩大到全国，逐步发现绅商就是辛亥革命时期所谓的资产阶级。中国式的资产阶级就是这些人，既是官又是商，不是这样的人，在中国是站不住脚的，如果仅仅是做生意，没有官方背景，没人理你的；但仅是官而没钱，也干不成事，在当时把权和钱结合起来才能做实事，做出事业来。发现这个秘密后，我发现辛亥革命起义前各地都是这帮人在活动，起义后局面为什么能很快稳定下来呢？从房顶揭几片瓦，把旗帜一换这个地方就光复了，安定了，为什么呢？就是这些人希望尽快安定秩序。他们有商团武装，革命后派商团武装在城市巡逻，然后又出钱来买安定，这样社会秩序就安定下来了，所以辛亥革命背后起作用的主要就是这些人。把这个群体弄清楚了，也就能理解中国近代城市社会发展的秘密以及辛亥革命为什么很快就成功了。但是反过来为什么又很快失败了呢？因为这些人不再配合了，一旦社会秩序稳定了，他们就支持袁世凯了，在他们看来袁世凯代表了一个强有力的国家权力，所以他们支持袁世凯，反对孙中山，因此后来又引发了“二次革命”的爆发。所以把这个阶层搞清楚了，就把中国辛亥革命背后的秘密弄清楚了。当然这不是绝对的，但是通过这个阶层我们至少可以理解近代史上绝大部分的中国革命。

另外做学问不能关起门来做，还需要与国际接轨，怎么接轨呢？就是要把自己的研究纳入国际主流渠道，要能够和别人展开对话，如果无法与别人展开对话，自己说自己的，别人说别人的，这就叫做学术不入流。那么怎样去和别人展开对话呢？这实际上也涉及我们商会研究的现代意义。现在国外史学界普遍关注的一个问题就是市民社会问题。西方认为欧洲有一个市民社会，封建王朝结束后，在向资本主义社会过渡的中间，有一个市民社会，这个市民社会开始引导资本主义社会的产生，在这个基础上，资本主义社会一步一步成熟，一步一步完善。而在市民社会之前，还存在一个公共领域，哈贝马斯等人就提出西方经历了从公共领域到市民社会再到公民社会这样一个发展过程，那么这套理论在我们中国，在我们的研究中间存不存在呢？我们有没有必要学习这套理论？怎么样去和别人对话？如果说我们的研究能和这些理论对话，当然不是说完全同意这些理论，但只要能够对话，实际上就把研究引向了国际史学的高度，别人才会认为你这个研究有意义。而我们恰好在这方面和别人展开了对话，在20世纪90年代初美国以及西方关于公共领域、市民社会的理论讨论得最热烈的时候，我们参与其中并进行了讨论。90年代初我在美国，参加了好几次学术研讨会，在这之前我不知道他们在讨论这些理论，但是在做苏州商会与绅商研究时，我自己发明了一个名词，专门用来形容苏州的公共领域、市民社会，叫做“在野的市政权力网络”。所谓的“在野的市政权力网络”就是很多社会组织连接起来的网络，这套网络或是与官方机构对立，或是与官方机构相配合，就这样形成了苏州的城市民间社会。早在我知道西方市民社会理论之前我已有这样的一套解释，后来我一想，西方史学家说的也不就是这么回事儿吗？西方在资本主义社会建立之前，同样存在一些公众领域，各行各业的行会等，西方讲的是咖啡馆、酒吧、舞厅等，我们没有咖啡馆，但有茶馆；我们没有舞厅，但我们有戏院。无论是茶馆还是戏院，都是公共领域，大家在里面可以欣赏到很多公共的东西，也是公共生活。西方史学家还提到了公共场所的议事，其实苏州商人所谈论的可能比西方还要广泛，为什么呢？因为他们不仅仅是在议事，还议到枪杆子，苏州商团是有枪的，而且像民兵组织一样要巡逻，负责城市治安，保护商人的商业利益；还要出操的，先是体操会，然后是商团兵操。另外一个就是付海晏老师的研究长项，纠纷和诉讼，有很多商事纠纷都是由商会来审理的，先是调解，调解不了再裁判。这些事例说明我们的早期形态的市民社会实际上比西方的市民社会内容还要更丰富，涉及城市生活的面更宽。我记得我当时在加州大学洛杉矶分校一个研讨会上讲商会与商事裁判的时候，黄宗智他们还不相信，说有这个东西吗？商会还可以搞商事审判？我说我把档案给你看看你就知道了。其实中国也是有市民社会的，只是我们当时没有这样叫而已，我们叫做市民公社。所以我觉得他们说的市民社会，我们中国也有，但又不完全一样，它具有土生土长的中国特点，但是和西方的市民社会也有接近的地方，所以后来我们谦虚一点，叫做“市民社会的雏形”，很可惜这个雏形没有发展起来，在南京国民政府时期这个市民社会就被压制下去了，到后来蒋介石的党国更是一竿子插到底。所以今天我们就面临一个社会建设的问题，从党的十七大开始到十八大都在强调社会建设，我觉得就是基于此的，要搞社会建设，实际上就应该把过去的传统发扬起来。

所以说我们的商会研究是有现代意义的，而且也能和国际学术接轨，这种研究才能算是有国际水平的研究。当然我们也不要自卑，我们已经做了很多非常成功的研究，只要能找到展开对话的切入点就行了，通过与别人对话，从中国的实际出发找到属于自己的一套理论解释并且有事实依据就行了。说简单一点这就叫做中国道路、中国特色，把自己的研究搞清楚了，再去和国际接轨，就容易了，怕就怕你没有研究就去和别人接轨，这样你就和别人谈不下去了，或者接到别人的轨上去了。所以我们的结论是，西方的市民社会理论还是适用于中国的，但是你要把它中国化，不结合中国的实际来研究，这套理论就没用，如果结合中国实际，就可以把很多理论解释得更深刻些。前面我讲的是商会研究，后面我就讲由商会研究牵出的另外一个研究，那就是博览会史研究。

三、从中国走向世界——博览会史研究

博览会史研究可以说是我们自己摸索出来的，当然与章开沅先生要求我们在史学研究中一定要放开视野，多角度、多侧面研究历史也密切相关。我在整理苏州商会档案时，看到有大量的有关商会参加博览会的资料，经征得刘望龄老师的同意，于是新列了一条“商会与博览会”，将相关资料编到《苏州商会档案丛编》中去了，没想到出版后很受欢迎。

后来，我越琢磨越觉得博览会这个问题很值得研究，当时各地的商人都热衷于举办博览会、展览会。博览会这个词是从日本传过来的，晚清中国商人觉得日本举办得很热闹，所以也就学着举办。当时我觉得研究这一问题，可能会很有意思，因为它涉及的面很宽。当然那个时候我们并不知道，1999 年昆明要开花卉博会，2010 年上海要举办世博会，但我总觉得这个问题很有研究的必要，所以就一头扎进去。

我自1985年发表《清末第一次南洋劝业会述评》这篇文章到现在，已是30多年过去了，到现在还在研究博览会，对博览会的研究还远没有完。那么这个课题的意义在哪里？我想它的意义便是把中国和国际紧密联系起来了，大家都知道2010年上海开了世博会，那个时候世博会成了研究的热点，当时我在学校也作了一个演讲，将世博会的历史进程作了很详细的介绍。在这里我也稍微跟大家回顾一下。当世界没有电视，或连收音机也没有的时候，人们是靠什么来认识世界文明，来接触人类发明的呢？人类的发明是怎么传播出去的呢？实际上就是通过大大小小的博览会，尤其世界性的博览会传播出去的。1851年的伦敦世博会、1855年的巴黎世博会、1876年的费城世博会，这些世界范围内综合性的博览会，每开一次，就把我们人类的眼光扩大一次，把很多好的发明推广开来。近代的许多发明，很多都是通过博览会传播出去的，包括电报、电话。爱迪生曾在博览会上演示电话使用，电报也曾在博览会上被演示，蒸汽机也曾被搬到英国世博会上去展示，巴黎世博会上展示的也是当时世界上最先进的东西。像柯达胶卷、照相机等发明也是在美国芝加哥世博会上展示后，才慢慢变得有名的。所以我们把世博会叫做文明的集散地、传播地，我们中国是怎么知道外面世界的呢？也是由于去参加了世博会，才知道原来除了有我们中国这样一个古老的国家外，还有美利坚、英吉利、法兰西等这样的国家。过去我们认为中国居于地球的中央，美利坚、英吉利、法兰西等都是一个个的小岛，它们都在我们边上，后来出去参加了世博会，才知道哪是这回事呢？才发觉我们在国际上地位是很低的，因为我们那个时候已经落后了，跟印度排在一起，相与为邻，印度是殖民地，我们是半殖民地，而那些发达国家属于另外一个阵营。后来这个阵营也包括日本，日本一开始和我们差不多，但后来越来越厉害，进入了发达国家阵营，世博会给日本展馆的位置都是比较好的，给我们的展位却往往在边边角角上。这样一比较，大家才认识到，这样下去我们国将不国，然后民族意识、国家意识、世界意识、国际意识就逐渐产生了。所以洪振强写了一篇名为《国际博览会与晚清中国"国家"之形塑》的文章，在当期《历史研究》上作为第一篇文章发表了，我们的国家形象一步一步地通过博览会展示出来了。我在指导他写博士论文时，就发觉这个问题很重要，而且这个中间还有很多重要的问题，还没有研究透彻。比如1851年伦敦首届世博会，出现了一个中国人，真实存在的一个中国人。史料记载上海商人徐荣村寄了12包丝绸过去展览，然后得了一个金奖和银奖，后来他的丝绸在上海卖得很好，就是因为在世博会上得了金奖和银奖。之前我们对博览会的认识是1873年举办维也纳世博会时，我们中国人才去的，之前我们根本就没有去过，但是在2010年上海开世博会时，在新披露出的一张1851年伦敦首届世博会图画中，却发现有一个中国人，这个人是谁呢？针对图画上出现的这个中国人，有人猜测是不是画错了，有人说可能因为考虑到中国这样大的一个国家没有参加，所以就画一个中国人在里面。后来再研究，发现也不是这样，确有其人，这个人是什么人呢？（指着ppt）这上面有当年做的一个纪念章，上面有一个叫“希生”的中国人，这个名字也很奇怪，我不知道怎么来的，在英国他被称为“希生广东老爷”，这是英国报刊上刊登的，而且还专门为他做了这个纪念章。后来才知道当时香港有位中国人登上一艘英国人造的很大的平底帆船，漂洋过海，先是到了美国，大概在1848年左右到了英国，并一直留在英国。三年后，正好赶上1851年召开世博会，世博会的主办者结果就找到了这个希生老爷，他当时在这个船上工作，主办者邀请他来代表中国参加世博会。当然这种解释准不准确，我不敢说，这只是对历史材料的一种解释。这个人的真实姓名，我们到现在也没有搞清楚，历史总是还有很多未解之谜，历史研究越是深入下去，我们就越是发现还有很多类似的奥秘。还有徐荣村，2010年上海开世博会的时候，到处宣传他，说他在160多年前寄了12包中国荣记湖丝去参加世博会，引起了轰动并得了金银两项大奖。但大家一般都认为他没去参加过英国首届世博会，认为只有希生老爷一个中国人去了，但是最近浙江大学的黄时鉴先生，很偶然地在一份伦敦画报中看到，1851年8月31日的伦敦报纸上出现了一张题为“女王陛下接见琼·阿德家族”的照片，这个琼·阿德究竟是什么人呢？徐荣村，名瑞珩，字德琼，当时广东话叫他阿德，琼·阿德有可能就是徐德琼！这样说来，徐荣村应该是去了伦敦的，并不是没有去，所以当初说他只寄了12包湖丝去参展，可能又不准确了，但这个还需要证据，并不是定论。另有一说认为，英国女王接见了琼·阿德，说明徐荣村很可能的确去参加了世博会，但是去得比较晚，没有出席开幕式。他应该是8月份去的，但开幕式是5月份，去了后因为他的展品得了奖，所以英国女王接见了他。这些又给了我们一些线索，到底中国是怎样参加首届世博会的呢？很复杂，不是我们想象的那么简单。当时我准备在2010年前出一本书的，基本上也有了个初稿，出版社一直在催，说赶在2010年前出来不是可以热卖吗？但是现在一想如果连这些基本事实都没有搞清楚，就去讲一大通，材料弄出来全是错的，那不就完蛋了吗？现在想想幸好当时书没有出版。

而博览会史研究还有另一面。我们中国共参加了20多次国际性博览会，其实中国还有很多自己办的博览会，如由张之洞筹备、他的继任者陈夔龙于1909年在武昌平湖门举办的武汉劝业奖进会。这次展览会规模很大，前往观看的人络绎不绝。展会不仅有湖北的产品，还有外国的产品，武汉劝业奖进会后来被称为“中华万国博览会之起点”，换句话说，我们中国举行博览会，是从武汉发源的。为什么会发源于武汉呢？这是张之洞的功劳，当时湖北的洋务运动建设很有成就。武汉劝业奖进会举办之后的第二年，也就是 1910 年，南京举行了真正的全国博览会，叫南洋劝业会，是我国有史以来举办的第一次全国性博览会，在这个博览会上，咱们湖北是大放异彩。为什么呢？因为我们湖北当时工业很发达，又举办过劝业奖进会，所以就给了湖北特殊的待遇。（指着 ppt）这是南洋劝业会的照片，南洋劝业会的纪念册，这个是 1996 年我在牛津做研究时找到的，纪念册里有整个南洋劝业会的照片，内容很丰富。南洋劝业会的展品大概有十万多件，英美日德等国都有展品送过来，所以也可以算是中国开的世博会，占地七百多亩，举办得很好。但最好的是湖北居然有两个馆，通常一个省就设一个馆，边疆省份一个馆都没有，但是给湖北特殊优待，可以设两个馆，“湖北一馆”和“湖北二馆”。一开始我以为是看错了，但查来查去，确实是有两个馆，而且还有从不同角度拍的照片。为什么呢？因为湖北东西太多了，在武汉劝业奖进会上展出过的很多东西，运过去后太多了，所以南洋劝业会就给了特殊待遇，让湖北建了两个展览馆，展出了很多展品，所以说当时湖北很风光。那个时候湖北确实很厉害，张之洞等人在湖北开展的洋务运动是很有成效的，所以世博会研究对我们湖北地方史研究也是很重要的。

2010 年上海召开世博会的时候，湖北省展馆建设相关人员首先找的就是我们，让我们给他们出主意，湖北展馆该怎么建设？当时我们出了很好的主意，我建议利用我手头上的图片办一个图片展。还有人告诉我，他们找到了 1893 年在美国芝加哥世博会上播放的关于中国展览的电影，无声电影，存于美国国会图书馆，说可以给我们拿到湖北展馆里去播放。我当时跟湖北省的有关负责人提出了相关办展建议，他很激动，马上找人和我对接、联系，但最后很遗憾因各种原因不了了之了。

博览会还有它的现实意义。现在我们都讲中国梦，尤其是习总书记讲的中国梦，民族复兴之梦，很精彩。但是中国梦还需要我们把它具体化，近代我们有很多梦，世博梦要算一个，在中国开世博会的梦做了一百年；奥运梦算一个，奥运梦我们也是盼望了很久。我们讲中国梦，它不是抽象的，一个一个梦都实现了，最后才真正有中国的民族复兴梦，包括自强梦、世博梦、奥运梦，当然还包括其他，我想可能还有海军梦，建立强大的海军，这也是一个梦。在当时，的确有人在做世博梦，1910 年陆士谔在他的《新中国》一书中就提到 2010 年要在中国开世博会，他在书中预言：“一百年后，在上海浦东要召开一个万国博览会，中外游客都要来，把地中掘空，做成了隧道，安放了铁轨，日夜点着电灯，电车就在里面飞行不绝……一座很大的铁桥跨过黄埔到浦东。”很多东西他都预言到了，一百年后在浦东开世博会，有地铁和浦东大桥，他都讲到了，这就是他所做的中国梦，居然在一百年后实现了，这是很奇怪的事。而且他预言的其他很多东西都实现了，很不简单。

博览会史研究是一个多维度、多视野的综合性研究，可以做出很多成果来，我们现在做得还不够。虽然我们做得不够，但也已经很了不起了，培养了几个做这方面研究的年轻人，我所指导的洪振强和夏松涛的博士论文都是研究博览会史的，夏松涛的博士论文《展示新中国：建国初期的展览会（1949—1957）》获 2012 年“全国优秀博士学位论文”提名奖，他写的是我们共产党办的展览会，从解放前根据地时期开始研究，研究得很好，最近他的另外一篇文章又在一份权威杂志上发表了。还有乔兆红写硕士论文时，她问我论文写什么，我说过几年可能到处都要开博览会，可以把武汉劝业奖进会写一写，她当时问我，什么是武汉劝业奖进会？我说你看了材料就知道了，后来她去图书馆把相关资料找了出来，决定就写关于武汉劝业奖进会的硕士论文，便一头扎进了博览会史研究领域。后来她到了上海，2010 年上海要开世博会，因此让她研究世博会，结果她成了上海世博会专家。这项研究，在国外也有人做，也有很多写得很好的博士论文，比如研究中国与世博会，研究华侨与世博会等。对于这项研究，我们需要有一些前瞻性，这样文章才会写得好。

博览会史的研究可以看出做学问是有一些规律性的东西，什么规律呢？做学问，首先要从冷门做到热门，历史是需要等待的，二三十年前，我们做博览会时，哪会想到会大热呢？哪会想到中国会开世博会呢？这在当时是一个冷门学问，当时很多人都说，你做这个干什么？这有什么意思？但当时我觉得这是中国文明走向世界，同时把世界文明引向中国的一个桥梁和窗口，很值得研究。后来到开上海世博会时，别人说我很有远见，那个时候就知道去研究博览会了，但实际上我们做历史研究的就是要把冷门慢慢变热门。我们做了很多工作，不是一蹴而就的。这需要等待，需要去找资料，需要坐冷板凳，但是做到一定时候，它就会变热，就会成为热门，我们所做的很多学问实际上后来都成了热门。但是还有一条，需要从热门再到冷门，历史需要远观与过滤，正如我讲的别人都热的时候你要冷，所以我很庆幸 2010 年上海世博会时我没有出书，我们只编了一本书，要真是自己出一本专著，可能错误会改都改不过来了，因为可能会有很多资料、很多成果都没办法用上。我当时就说在开世博会的前前后后肯定会有大量的档案和图片资料冒出来，冒出来后，再坐收渔人之利，再一网打尽，再去做研究，出一本书，那就不一样了。所以有时候做研究一定要冷静下来，慢慢把这些资料先汇编出来，现在我们搞了一个博览会史研究的网站，慢慢在搜集资料，而且还要翻译，国外有很多研究成果得翻译出来，例如美国怎么研究的？日本怎么研究的？加拿大怎么研究的？都搞清楚了，再写书，再出成果，那就是集大成者，这样的成果才能算是学术精品。所以我们做学问不要急，要有坐冷板凳的精神。

四、从经济到文化——教会大学史与文化交流史研究

后来我又转向了另一个领域，就是教会大学史研究，从经济史研究转到了文化史研究。一开始是教会大学，后来到整体的中外文化交流，这个也是章开沅先生带着我们做的研究，所以说章先生很了不起，他有一种学术前瞻性，他看到很多很好的题目，就让我们去做。但这个题目要做出成绩，也需要你自己去发现，比如博览会研究基本上是我自己悟出来的。过去我主要是研究经济社会史的，没想到有一天我会去研究文化史，但是历史有时候提供了一种机缘。

上世纪 80 年代中期，美国普林斯顿大学有位中文名叫林蔚的学者，从美国给章先生捎来了研究宋史的刘子健先生的口信，什么口信呢？章先生曾经是金陵大学的学生，但是没有毕业，因参加进步学生运动，跑到中原解放区参加革命了。金陵大学曾经是教会大学，我们学校的前身华中大学，也是教会大学，所以刘子健先生说应该研究一下教会大学。当时新教在中国办有十三所大学，天主教在中国办有两所大学，而这十五所学校恰好是我们今天很多名校的前身，北京大学现在用的校园就曾经是燕京大学的校园。所以刘子健先生就建议我们研究教会大学，而那个时候我们对教会大学一无所知，但当时章先生做了一件非常英明的事，在他当校长的时候，他把华中大学的档案全部从省档案馆要回来了，然后保存在我们学校的档案馆里。林蔚一来，一问原来华中大学的档案就在我们这儿，那正好可以做这项研究，而且鲁斯基金会愿意提供一笔经费让我们做这项研究。章先生让我也参与，说我虽然是搞商会和辛亥革命研究的，但也要研究教育和文化。我也觉得很好，所以那个时候就转头和章先生进入了教会大学史研究领域。没想到进入这个领域后，大家都很感兴趣，很多学校都在做，成了一个研究的大热门，当时在世界各地连开了十几次学术会议。记得最初我们在川大开会时，条件很差，没有暖气，三月份还很冷，但是会议讨论得很热烈。然后我们又成了这方面的研究专家，在研究的同时，我们也在整理档案，我负责整理华中大学档案，所以后来写校史这一部分也是我写的。大家

把主要教会大学档案作了收集和整理，有的已经出版，有的只是出版了相关目录，档案还没有完全出版，然后又不断地进行深入研究，形成了一个非常好的研究领域。现在学界都知道华中师范大学有一批人在搞教会大学史研究，在研究中西文化交流史，像刘家峰，现在在耶鲁大学做访问学者，他刚给我来了一封信，说是发现了大量华中大学的档案，包括韦卓民的很多档案，也包括很多章先生想看的档案，他都找到了，现在正在整理。我们还想恢复和雅礼协会的关系，雅礼协会就是 Yale-China Association，过去他们和我们关系很密切，每年派三名学生过来教英语，我们派两名老师过去，我当初去耶鲁，就是因为得到这个项目的资助，在那儿待了一年多，但是后来华师跟雅礼关系断了，我想把它恢复起来，现在正在联系。我们之间曾存在密切的联系，其实这个联系就是因为教会大学，因为耶鲁当初到中国就是为了办教会学校，他们在长沙办了雅礼中学、雅礼大学，后来在国民大革命期间，雅礼中学被冲散了，他们就到了武汉，就找到了华中大学，结果加入了华中大学的理科，当时华中大学的理科主要是他们来办的，他们派老师来，所以我们学校和耶鲁曾关系十分密切。

所以做研究，一方面我们要固守一些领域，但另一方面也要善于去开新，开拓新的领域，一步一步让这个领域发展起来。我们的教会大学研究能成长起来，也就是这个道理。做研究要讲随缘，但是机会来了不能放弃，那个时候美国人找到我们，如果我们说不做，那不就完了吗？章先生说我们虽然是研究经济史的，研究辛亥革命的，但我们既然有这个机会，那我们就转向，研究教会大学，然后一下又做了十年，大成！

现在章先生还在研究教会大学，但我又稍微转了个弯儿，进入了一个稍微小一点的领域。由于研究教会大学，我对教会史研究有了一定的基础，1997 年我去英国牛津大学做访问学者，主要是为我的博览会史研究收集资料，在那儿到处找资料。结果有一天牛津大学的一个教授，中文名叫科大卫，说牛津有一个小的图书馆，里面有一批中文资料，他们都看不懂，想请一个中国专家去鉴定一下是什么东西。他太忙，一天到晚上课和写书，问我有没有时间去帮忙看一看，我当时就是抱着试试的想法去了。结果就找到了叫做瑞津帕格的学院（Regent's Park College），里面有一个很小的安格斯图书馆（The Angus Library），在地下室，我下去后看了半天，大吃一惊，发现它藏有英国浸礼会（英国很大的一个教会）的全部历史档案，包括他们在中国、印度传教的档案，全在那儿，很是珍贵。另外，它还藏有一批 19 世纪中叶 20 世纪初的中文书籍，是那些传教士用中文写的书，有自然科学的，有宗教的，全都是非常非常宝贵的资料。其中还有很多那个时候的教科书，化学、物理、数学等等，我们近代很多教科书都是从这里起源的，包括英文的“物理”怎么翻译，它里面都有，当时为什么要翻译成“物理”，它有讲究的，翻译成“化学”，也是有讲究的。但最最宝贵的是什么呢？是一批中文圣经译本，当时我看到后大吃一惊，为什么呢？因为它是1810年前后用中文写的，新教传教士马礼逊是1807年才到澳门的，他是第一个来华的新教传教士，他的书是在1820年以后才出版的，这里怎么会有大量的1810年左右的书呢？是哪里来的？我觉得非常奇怪，后来去查档案，发现有另一个传教士，因为他没有中文名字，我就翻译成马希曼，有时也翻译成马士曼。浸礼会传教士马希曼，在印度传教，在印度将圣经翻译成中文，因此这些版本的史料价值是相当高的。(指着ppt) 你们看看，就是这个研究，我们国内一般以为第一部中文圣经是马礼逊他们翻译的，很多著作都是这样写的。但是我看到材料后就发觉马希曼这个人一点也不亚于马礼逊，他虽然不在中国，但在印度照样将圣经译成了中文。这样就发现，他们两个同时于1810年左右开始翻译圣经，马礼逊在澳门，马希曼在加尔各答旁边的塞兰坡翻译了一部《马太福音》，就是《新约》的第一章，当时这个名字很怪，我都不知道应该怎么读，代表的就是“马太福音”的意思。而《使徒行传》则是马礼逊于1810年在澳门译成中文的。1811年马希曼和拉沙又翻译了《马可福音》，就是《新约》的第二章，就是《此嘉音由马克所著》(指着手上拿的那本书) 这本书。这本书在牛津大学图书馆和剑桥大学图书馆都有，我都看了，而且都看了原版，尤其在剑桥大学的那个原版，我也看了。这就是当年的那本书，是木刻印刷的，翻译得绝对看不懂，那个时候翻译没有任何依凭，翻得一塌糊涂，但是他们想传教，所以就这样用中文硬译。

但是最重要的在后面，1813年马希曼和拉沙翻译了《新约》中的《若翰所书之福音》，1813年的版本，这个就不得了了，为什么这么说呢？因为这本书的翻译水平猛涨，一下高了一大截，而且最厉害的是，它是活版铅印的，不是木刻的，这个不得了，为什么不得了呢？后面再讲。这个研究很有意思，而且马希曼在1822年出版了完整的中文《圣经》，马礼逊在中国是1823年出版的，马希曼比他还早，因此这样就把整个圣经的翻译史向前移了，这是一个大发现，过去我们都不知道。我做的这项研究，只是初步在《历史研究》上发了一篇文章，但还没有成书。我正在写这本书，这个里面有很重要的结论：第一，1822年马希曼等人在印度出版的全套中文圣经，包括《新约》和《旧约》，比马礼逊的《神天圣书》，1823年在马六甲出版的要早一年，说明了世界上第一部中文《圣经》是出自印度，这是过去大家根本都没想到的，这可以用来修正以往的观点，现在很多研究圣经的人多采用新的说法，特别是研究圣经史的。第二，在近代印刷技术史上，1813 年的中文圣经版本比其他所有中文铅印书还早，我查了很多资料，目前看到的最早铅印的中文书籍是 1815 年在澳门出版的马礼逊的《华英字典》，但是 1813 年的中文圣经比《华英字典》还早了两年！我把这个鉴定出来后，又查了很多资料，但到目前为止，还没有查到比它更早的，所以牛津大学就专门在我鉴定的 1813 年这个版本的这本书上面列了一条，说“这是目前世界上最早的铅字印刷的中文书籍”，并已经拿出来展览了。我们敢说目前这个结论还是成立的，当然如果谁还能找到比这个更早的，我的结论就被推翻了，但是目前为止还没有，这本书应该就是最早的铅印中文书籍。这个研究我们也还在做，梳理铅印的整个过程，不仅对中文圣经翻译史意义重大，对中国印刷史也是一个突破。第三，就是关于中国的语法书。中国的语法书，尤其是英文的中国语法书（《新教》传教士撰写的语法书），过去认为最早的也是马礼逊于 1815 年出版的《通用汉言之法》，但是马希曼于 1814 年出版的《中国言法》一书比《通用汉言之法》又早一年，它是最早运用西方语法理论比较系统研究汉语的英文著作之一，现在很多研究中国语法的人都去找这本书，包括李宇明老师指导的博士，就是去找这本书，然后来写博士论文的。因为把这个弄清楚了，才能弄明白中国现代语法的起源。

仅仅这三项结论，或者说三项学术意义，这个研究就不得了，所以目前我们还在做，准备进行系统的研究。《中国言法》很厚，我们没办法弄回来，但是研究中国语法问题非要研究这本书不可。这项研究很有意思的就是，学术研究中有许多很偶然的东西，我看到这些书是偶然的，科大卫如果不告诉我，或者我偷个懒不去看，也许就错过这个机会了。另外，这项研究还有意思的是，因我们觉得要到印度去看看，所以 2007 年我们就到印度去了一趟，到印度去主要是想找到塞兰坡这个地方在哪里。塞兰坡就在加尔各答旁边，当时印度还没有一条高速公路，到任何一个地方都要经历颠簸，去那个地方我们也是颠了近两个小时，我们去就是试着找一下，看能不能找到传教士当年翻译圣经的地方。去了之后，旅行社的人到处给我们打听，有没有这样一个学校，叫塞兰坡大学，是传教士办的。非常巧，旅行社的人将我们带到了一个学校，校长坐在那儿，我们进去了说我们来找一个叫马希曼的传教士曾经创办的学校，这个学校还在不在？他打量了我们几眼，说看我后面墙上的历代校长名牌，他说你数第二个人，就是马希曼，就是翻译《圣经》的那个人，也是他们的第二任校长，然后他说我是第二十任校长，你们还真是找对了地方。这样我们就找到了马希曼当年翻译圣经、印刷圣经的地方。不过印度那位校长的名字太难认了，我也记不清了，我还把他请到我们学校，做过讲座的，专门讲那段历史。（指着 ppt）这是马希曼他们当年住过的房子，我们都看到了。另外，当年在那里翻译圣经的一批传教士，所谓的传教三杰：威廉·凯瑞（William Carey）、乔舒亚·马希曼（Joshua Marshman）以及威廉·沃德（William Ward），他们三人在近代传教史上很厉害，开辟了基督教在印度的传教运动。这就是当年他们翻译，或者说是工作过的地方，这些地方都原封不动地被保存下来了。所以我们最幸运的就是，去那儿看到了历史的原貌，因为印度那些地方还没有发展，还是跟过去传教士去的时候看到的一模一样，很有意思。我把传教士的传记拿来看，他们记载了当年从胡格利河登岸，然后到哪儿，现在顺着他写的走一遍，你就会找到那些地方，好似穿越了时光隧道，回到了一百多年前。那个时候历史感或者说历史的愉悦感，一下子便涌现出来，这就是历史研究最令人愉快的地方，就是回到了历史的情境中间去了。这个时候你就有很多感慨，这个时候你去写文章也好，写书也好，会写出很好的东西，因为感觉不一样。这就是研究历史的乐趣，所以这就告诉我们研究中要有一种世界的眼光和全球的意识，经济与文化是相通的，不是截然分开的，不要以为自己是研究经济的，就不理文化那一套。我们要看到经济和文化的相通性，而且确确实实也是相通的，这个中间相通的是什么呢？可以说东印度公司是桥梁。东印度公司往中国运输鸦片，因此后来中英两国发生了鸦片战争，所以东印度公司跟这群传教士有着密切的联系，传教士的许多成果都是在东印度公司资助下出版的。

五、老树发新芽——辛亥革命史新见

前面我们都在不断地讲开新、开创、开辟这样或者那样的领域，但是老的领域能不能做出新研究来？去年辛亥革命一百周年时，我们也做出了非常漂亮的新成果，可谓是老树发新芽，辛亥革命研究了这么久，但是经过章开沅先生一点拨，一思考，又出了好多新成果，我们出版了丛书，发表了很多文章，看来辛亥革命的研究也没有走到尽头。所以同学们写论文，不要说这个问题很多人已研究过了，但如果角度很新，还是能做出好成果来的。章先生说，孙中山讲过一句话，“百年锐于千载”，反思辛亥革命，在连续性与博大性上下功夫，然后从更大的时间和空间跨度下进行研究，就会得出非常多的新的结论，章先生就是这样做的。什么结论呢？章先生提出了“三个一百年”的说法，就是研究辛亥革命，要看辛亥革命前的一百年和辛亥革命后的一百年，辛亥革命到现在再往后数一百年，中国的变化，要在这三个连续的一百年的时间范围内，去考虑辛亥革命的意义，章先生在探讨中得出了很多新结论。另外我也从空间上提出来，辛亥革命要从中国研究到亚洲研究，为什么呢？辛亥革命前很多革命党人在日本，孙中山他们都在日本，所以必须研究亚洲，还有辛亥革命是华侨社会支撑的，所以还要研究华侨社会，欧洲也有很多华人社会，美洲也有，而且是整个环太平洋一带都有，最近我的一篇文章谈的就是，辛亥革命期间环太平洋之间的商人互动，在国际会议上发表时引起了很高的重视，大家觉得这样去研究眼界很开阔。另外从内涵上讲，我们的研究可以从革命到民族到社会到民生，尤其是民生，现在很重视民生问题，其实辛亥革命志士也很重视民生问题，孙中山就非常重视民生问题，这个问题研究下去又不得了。包括罗福惠教授谈的纪念日研究也出了很多新意，所以不要怕老题目，老题目有时候会做出非常好的成果，包括对孙中山的新认识。最近我在《历史研究》上发表了一篇文章，讲的是孙中山的实业思想和张謇的实业思想的比较(《孙中山与张謇实业思想比较研究》，《历史研究》2012 年第 5 期)，虽然大家都说孙中山和张謇学界已谈得很多了，但是用新的眼光来考察，又会有很多新的结论，包括很多人说孙中山是个空想家，但现在我们研究发现他这个人很实在。他当年在实业计划中提出的很多设想，预见的很多情形，当年大家都说不能实现，但现在来看都已经一一实现。他说要建三大海港，北方大港、东方大港、南方大港，现在我们建的天津、上海、广州就是三个世界级大港，通往世界各地。他说要建 10 万英里铁路，当时人叫他孙大炮，说他太富理想，但现在我们的铁路总里程已经非常接近了，我们大概接近 7 万英里，虽然还没达到 10 万英里，但是我们现在还有高铁，现在上海到北京最快的四个多小时，这是过去想都不敢想的事情。百万英里公路则超标完成，我们现在的公路网超过他当时设想的 1.5 倍，这就证明了当年他设想的很多东西并不是胡思乱想，而是有根据的，他当时手绘了很多地图，做了很多调研，才提出了他的很多设想。如果我们这样来研究，他有很多东西是非常值得我们借鉴的。譬如我最近在宣讲十八大，就提到关于民生的问题，孙中山关于民生问题就提到革命后建成的社会首先就要防止贫富分化，否则富者越富，贫者越贫，讲得很好。他说如果我们不注意资本垄断的问题，很可能出现两极分化的社会，所以他就提出了一个“均富”的观念，而且提出三民主义中的民生主义，这些问题对于我们现在重不重要？我们现在的问题就是贫富悬殊太大了，虽然中国 GDP 很大，但在分享成果时，没有注意公平，造成收入差距拉得太大，导致中国的基尼系数已经到了非常危险的程度。如果把研究孙中山和现实结合起来，又会做出很多好成果，所以研究有很多“窍”在里面，或者说是“巧”，关键是你自已要善于发现，要善于去找到相应的路径。

六、总结：治史的若干基本旨趣

其实，治史有很多基本的东西，我前面说的叫“史无定法”，但是这里还要加一句，“学有所本”。虽然治史没有定法，但如果你认真思索，会发现这其中还是有很多带规律性的东西，是有规律可循的，这个可循的规律是什么呢？

第一，我觉得我们研究历史一定要从史料出发，而且要从系统的档案资料出发。我们每一项成功的研究，如商会史研究、教会史研究，再到后面的牛津文献研究，全是依赖系统的档案，没有在材料上去投机取巧。不系统收集材料，尤其是档案资料，这儿找一点，那儿找一点，从别人那挖一点，就成为一篇论文，成为一本著作？不可能，自己一定要从档案材料里认真进行系统的研究、思考，才能做出好的学术成果。

第二，研究课题的确定。很多人说最难的就是怎么确定当下研究的题目，这个课题一定要符合自己的实际，随时留心各种潜在的可能性。有些题目很好，但你不能做，因为找不到资料。做史学研究就是要根据自己能发现的资料，或者说是刚好碰到好的资料，就去做。我跟我的研究生讲，你们就是要善于去找系统的材料，你找到了就做，找不到就再去找，总会找到，但是你要有这个本事到处去查，到处去找，找到了你就钻进去。不要说我非要干什么，非不干什么，这样不行，要随机随缘，根据实情。

第三，要尽可能地放开视野。不要局限于一个特定的领域，特定的时段。就像我们讲的，可以做过去的，可以做现在的，也可以做古今相通的。比如别人说马敏是一个经济史学家，我就不做文化史，只做经济史，但是像牛津文献那么好的东西，难道不做吗？你做就能做出好的学问来，所以不要自己划地为牢，要做出好的研究，就要有一个比较宽的知识面，知识面宽才能进进出出如鱼得水。

第四，要把历史的描述和历史的阐释结合，即史论要结合，这是最基本的。不能仅是一种历史描述，要有理论解释，史论结合。章开沅先生的学术特点，包括我们的学术特点，或者说章氏学派的一个特点，就是理论与实际的结合，与史料的结合，我们不仅只谈事实，谈史料，我们还有一套理论阐释框架，而且慢慢为大家所接受，这样就形成我们自己的研究特点，不仅是单纯实证的研究。

第五，做学问要志趣高远，要以真、善、美为治史的圆融之境，圆融就是指一种最好的融汇贯通境界。实际上如果学问做到了这样一个高度，那就遍地都是学问，遍地都是题目。这就是说做学问要上升到一个高度，要有眼光，要能善于去求真、求实，史学研究的目的是求真与求实。另外就是章先生说的回归到历史的原生态，去发现真的联系、真的史料、真的问题，而且要从中得到一种乐趣，一种满足，这样才能持续下去。就像我刚才讲的，我去到印度的塞兰坡作历史的寻根之旅，我感到特别愉快，为什么呢？因为能跟古人融为一体，进入了当时的情景，穿越时空进行对话，感觉到有一种由衷的满足。做学问肯定要坐冷板凳，整天泡在资料堆里，确实很辛苦，但是一旦其中有好的发现，就会感觉很愉快。这就是我们学者的追求。

史学是有境界的，什么境界呢？王国维讲的词的境界和史学的境界是一样的，第一种境界是“昨夜西风凋碧树，独上高楼，望断天涯路”，第二种境界是“衣带渐宽终不悔，为伊消得人憔悴”，第三种境界是“众里寻他千百度，蓦然回首，那人却在灯火阑珊处”。这是王国维在《人间词话》里面讲的，我觉得这和史学境界是一样的。如果我们再发挥一下，实际上有四个境界，第一个境界是原始的境界，漫无目的，随意而为，这是比较低层次的境界。第二个境界是功利的，基于现实，争功求利，赶快发论文，升职称，是为了功利，这个也是比较低层次的。还有一种，就是艺术的境界，完全是基于兴趣，孜孜以求，有很多人是这样的，只为兴趣，尤其我接触的很多美国历史学家，包括罗威廉、林蔚、周锡瑞等。他们做研究是因为兴趣所在，是因为觉得好玩，所以他们一个题目接着一个题目做，而且一个题目一做就是十几二十年，如果没有兴趣，哪能坚持下来呢？包括罗威廉写他的著作《红雨：一个中国县域七个世纪的暴力史》，中间提到我们对他的帮助，提到付海晏老师陪他到麻城调研。他为了做这个研究做了十几年，把麻城的资料烂熟于心了，比地方史研究的专家还熟。他写麻城五百年，麻城为什么会成为革命根据地？麻城为什么会出那么多将军？他研究这个问题，很有意思，他从历史的纵向来考察，这就是艺术境界。当然还有更高的境界，圣贤的境界，悲天悯人，忘我无私，这个境界太难了，章先生算一个，我们都还没达到这个境界，到了这个境界，只要是真理的东西，他都追求，都敢大胆地讲出来，昭示世人，这就是所谓的圣贤境界。我们尽管还达不到，但是我们一定要认识到史学，包括其他任何学问，都是有境界的，要一步一步地来。什么叫一步一步地来？就是“十年磨一剑”，要有持之以恒的精神，要做到“流水不争先”，要慢慢来。正如张之洞讲的，做学问是有次序的，“由小学入经学者，其经学可信；由经学入史学者，其史学可信；由经学、史学入理学者，其理学可信；以经学、史学兼词章者，其词章有用；以经学、小学兼经济者，其经济成就远大”。这就是他在《书目答问》里面讲的，治学连文字训诂都没弄清楚，就去研究经学和史学，能通吗？肯定是不能通的，现在有很多人不顾基础，不一步步来，总想一口吃个大胖子，这怎么可能呢？我们的前辈，也是我大学时的老师，张舜徽先生说自己“始慕乾嘉诸儒之所为，潜研于文字、声韵、训诂之学者有年”，他从小就有很深的家学渊源，甚至连结婚那天还在看书，被人从楼上请下来成婚，“后乃进而治经”，才敢去治经，“于郑氏一家之义”，“深入而不欲出”，然后再“以此小学、经学为基石，推而广之，以理群书。由是博治子、史，积二十载。中年以后，各有所述”，所以他晚年出了很多书，因为他是有很大积累的。最厉害就是“文革”期间，他克服各种困难，在由澡堂改成的宿舍中写出了几部大著作。他写《说文解字约注》，写秃了五十几支毛笔，这个精神不得了，他做出了很深厚的学问，是我们学校历史文献学的学术带头人，也是中国文献学学会的首任会长，是我们最好的老师之一。所以做学问都是一步一步来的，哪能那么简单呢？我觉得要“十年磨一剑”，另外要“流水不争先”，有时候不要急，要寓动于静，顺乎自然，所谓“流水不争先”，就是像山上的流水，顺势而下，蓄势而为，然后汇入大江大海，那个气势是顺其自然的，而不是说要争什么，它不争，流到大海，但是这个气势本身就不得了。这一点我早就说过，是我在《读书》上发表的一篇文章里讲的：“唯其不争，方能保持恒常之心，绵绵用力；唯其不争，方不致因小失大，迷失自我，功亏一篑。不争之中已经包含了顽强的、不屈不挠的奋斗精神。”这个我是从哪儿悟出来的呢？我喜欢下围棋，从高川秀格平明流的棋风中悟出来的，就是顺其自然。像武宫正树是一种宇宙流的棋风，天马行空，有时一上来摆个子在中间，把你吓一跳，别人下围棋都是从边上开始的，他一下点到中间，大家就不知道怎么办了，所以叫宇宙流。那么高川秀格的平明流棋风，是一步一步，像流水那样慢慢渗透，于不经意间逐渐确立自己的优势，或者是把对手的棋子吃光了，对手还不知道是怎么回事。看似没有个性，其实最有个性。我和大家说这些的意思，就是希望我们一定不要去做所谓“精明人”，要做老实人，规规矩矩地，一步一个脚印地做学问，扎扎实实地把学习搞好，这样才能够真正成为一个“流水不争先”的智者、强者，才能在学习、生活中一步一个脚印，取得成功。我的报告到此结束，谢谢大家！

（本文系根据2012年12月26日在“华大论坛”上的演讲录音整理）

谈读书与写书评

一

今天我们主要谈谈如何读书。学生时代，我们要广泛地读书，无论是硕士生还是博士生。最近王玉德老师的硕士生王锐送我一本他的新书《中国思想史论稿》，书里面有很多文章都是他读本科时写的，共计 36 万字，很不简单，里面还有一些题目是很难做的，他研究了什么呢？有“试论韩非的时代批判意识”、“墨子思想三题”，有“荀子对墨子的批判辨析”；又有“论东汉末期社会批判思想的特点”、“苏洵政治思想述论”。到近代，有“梁启超《战国载记》试析”，然后是“章太炎的法家观再探”、“章太炎的诸子起源论探析”、“章太炎晚年史学思想述论”，此后又写了“傅斯年、钱穆、屈原研究浅论”，最后研究了战国策学派的官僚政治论。范围很广，可见这个学生很不简单，很能读书。

这个学生我还没跟他认真谈过，章开沅先生跟我说，读了他的文章，看了他的著作，感觉他涉及的面很广，他做思想史，主要研究章太炎，在章先生看来他还真算是入了门。他从小就对历史很感兴趣，喜欢读文史书籍，读本科时除了上课外，每天会抽 5 到 7 个小时去读书。他的知识面很广，看了很多我都没有看过的书，特别是一些古籍，而且看得还很深入。他认为研究历史的不要将古代和近代分得那么清楚，这个认识是正确的，因为很多近代史的研究都要追溯到古代，不要截然两分。他认为做思想史要做通，对先秦诸子就要有研究，对思想的渊源、源流都要有所研究，正所谓“辨章学术，考镜源流”，就是这个原理。像章开沅先生的研究，视野都是非常宏阔的，你们看章先生与池田大作的对话(《世纪的馈赠：章开沅与池田大作的对话》)，里面的视野是多么宽阔。这个学生明白一个道理，就是读书和研究要广泛，不局限于一个领域，很多领域的书他都看，虽然他集中研究思想史，特别是章太炎思想。章太炎的书很难懂，但能够钻进去，走出来，并且形成了著作，还能有自己独立的见解，虽然还不够深入，但已经很不错了。所以你们要广泛涉猎，另外还要学点真东西，读书要能触类旁通，要能深刻地理解。

我曾在《历史研究》上发表了一篇名为《据之于实情：建立中国史学新典范的若干启示——以李伯重的〈江南的早期工业化（1550—1850）〉为例》的文章，对李伯重的书我进行了认真研读，觉得里面谈了很多新东西，特别是关于史学新典范的建立，这是史学研究上的一个新课题，实际上就是如何去推陈出新。当初我写这篇书评的时候，在他这本书中贴的条子都是密密麻麻的，看了一遍又一遍。我是怎么写这篇书评的呢？首先是前后看了半年，认认真真地看，然后才去思考怎么写这篇文章。别以为我是天才，一拿到书就能写出书评来。我就是认认真真地去读，一个一个地去批注，把他的思想吃透。另外我和李伯重还有多年的交往，还曾在美国密西根大学和他一起待过一个多月，这样才能给他写一篇很好的书评。而且要写一篇比较有深度的书评，仅看他这一本书是不够的，为了写这篇书评，他这本书里涉及的许多著作，我都找来看了。

要写这篇文章，首先要搞清楚他和王国斌的思想关联。王国斌也是研究经济史的，加州学派的代表，他现在接替了黄宗智的位置，任加州大学伯克利分校中国研究中心的主任，他的学问也做得非常好。其实李伯重有很多见解，尤其是他对欧洲的一些比较，是和王国斌的见解相近的。所以我们就必须要涉及王国斌的著作，王国斌的《转变的中国——历史变迁及欧洲经验的局限》一书，还有一些相关的英文著作，我都看了很多遍，并且认认真真做了很多记号，目的就是要去理解别人是怎么谈论这个问题的。王国斌的这本书和李伯重的这本书密切相关，关于怎么样和欧洲进行比较的问题，他们都提出了一种双重比较的办法，即：既要站在欧洲看中国，也要站在中国看欧洲。

另外还涉及彭慕兰（Kenneth Pomeranz），彭慕兰也属于加州学派，但他跟李伯重等人的意见不是完全一致的。史学界围绕着彭慕兰的著作《大分流》曾有一场论战，像黄宗智这样的重量级学者都参与了，讨论的也是中国和欧洲的比较问题，欧洲、中国及现代世界经济的发展，他们也引用了很多李伯重的东西，而且很多时候是在和李伯重讨论，和李伯重的《江南的早期工业化（1550—1850）》在讨论。所以说，怎么去读书和写书评？怎么去做学问？都是要下功夫的，下功夫就是要把所涉及的文章都认认真真地看到、看懂，另外还要学会触类旁通，将涉及的问题联系起来。

王笛那本书的书评更难写，因为里面有大量关于文化的内容，特别是文化研究的内容，还有很多后现代主义的内容。写那篇书评（《追寻已逝的街头记忆——评王笛著〈街头文化：成都公共空间、下层民众与地方政治，1870—1930〉》）的那段时间，我专门看有关后现代的著作，在牛津访问的时候，我买了很多后现代史学的原版书，基本上都看了一遍。后现代史学强调的重点、它的渊源，都尽可能去把它搞清楚。看了这些，然后才把王笛的书看明白，他的书的重点是什么呢？他就是描述，用后现代的语言叫“厚描”，也就是所谓的碎片化，研究历史的一个片断，对之进行深入的描写，这种研究不能说没有价值，它也是一种史学认识与研究方法，也是很有价值的，从正统的历史学到后现代史学，为什么要有后现代的思考？为什么出现这种学派？王笛的书和这些有没有关系？如果他这本书还要写深，要怎么去写深？在书评里面我都做了分析，王笛看了也觉得很有道理。我跟他分析了他著作的长处和短处，深度描写是他的长处，但是中间的一些线索、规律，一些框架，他还是有问题的，他谈论得还不是那么深，当时我跟王笛说你的著作如果再加上理论框架的东西、源流的东西或者说有更加深刻的分析，那你的这本书就非常好了，他本人也认为有一定道理。

对李伯重的《江南的早期工业化（1550—1850）》，我也提了几点和李伯重讨论，他也觉得很有道理，有一个最主要的问题，什么问题呢？就是早期工业化跟近代工业化的联结在哪里？我觉得在书中他对这个问题没有交代，我认为写江南早期工业化不一定非要指出一个很完美的东西，但是必须讲清楚江南的早期工业化和我们现代工业化之间的内在联系和关系在哪儿。毕竟后来中国近代工业化发生、发展了，它的产生和江南的早期工业化有没有一种历史的联系？或者它是怎么样产生变异的呢？一定要把这个讲清楚，我们一定要找联结的点，如果找不到，那提出来的观点都是悬空的，就对后面的历史现象没有一个解释的思路。李伯重认为我提得很好，他说他是因为对近代的东西不太了解，不便随意讲。但是我说这个问题如果不讲清楚，那你怎么谈英国模式或者说整个以工业、大工业为主的工业化在中国不能实现呢？问题是中国确实又在一定程度上实现了近代意义上的工业化，如果说它完全是外来的，显然是不可能的。近代工业化确实有移入的特点，但是它的生长，是离不开中国本身的传统的，离不开中国这个社会结构的，那么这种生长和中国社会结构是一个什么关系？是依承关系，变异关系，还是融合关系？这些问题不讲清楚，即使前面谈得再深刻，它的意义也是有限的，问题是我们现在探讨的是什么呢？简单来说就是中国道路，它是一条什么样的道路呢？特别中国的现代化走的是一条什么样的道路？所以我认为，江南不一定要像西方那样，发展成资本主义萌芽什么的，也不一定非要变成资本主义。但是后面是一个什么样的结局，他在书中没谈到，这是他最大的一个问题，当然还有其他一些问题，包括人口压力的问题。人口压力，按照他的结论，江南没有那么大的人口压力，但是实际上中国确实存在人口压力，尤其在这个经济比较繁盛的地区。他一句话就把人口过密化的问题给否定了，但是别人举了那么多证据，讲江南的人口压力是怎样存在的，那又应该作何解释呢？他似乎还没有很好地把这个问题解释清楚。还有就是煤铁问题，他认为江南早期工业化，不是一种资源型的，是一种轻工业型的，变革主要体现在一些手工业上。但是这个问题如果这样说，那么是不是可以反过来说，有煤有铁的地方就会变成资本主义？比如江西有煤，但江西怎么没有产生资本主义呢？有煤铁的地方，进行了资源开采，但通过资源的开采，就能发展成工业资本主义吗？就能发展到近代工业吗？好像也不行，那这个问题的原因在哪里呢？所以说他这个解释模式是不是真的就管用呢？这些问题我琢磨了好久，写书评要慎重。这里也要提醒大家，写书评一定要谈别人没有谈到的地方，或者他的问题所在。如果仅是给别人唱唱赞歌，给别人看了，别人也没什么收获，是吧？一定要指出他存在不足的地方，还可以去深入探讨的地方，这样别人才会觉得有意义，而且做研究也是一样的。所以我一直说，做研究，要么是有新材料，尽管你分析得浅一点，但是把材料找到了，那么也可以；要么你就要有新见解，材料不必那么新，但是你的见解一定要是新的，能够讲出很多别人没讲过的道理，提出别人没有提出的观点，那也算了不起，这样的研究也有价值。像胡适、陈寅恪他们做学问，关键就是从常见的、习见的材料中看出了很多一般人看不出的问题，能够发现很多历史内在的联系或规律，这就叫做本事。如果能这样谈，别人也会觉得你的文章是有意思的。

最近我在《历史研究》发表了一篇文章，研究的是孙中山与张謇的实业思想比较，你说有什么很多新材料？《张謇全集》出版了，《孙中山全集》也早已出版了，应该是找不到什么新东西了，这么多年来学界也已进行了充分的研究了。但是如果能从中发现一点问题，比如说我将孙中山和张謇进行比较，将他们两个的实业思想进行比较，探讨共同处和不同处，然后再寻找各自的特点，他们的实业思想对现代有什么启发？把这个问题谈清楚了，它还是可以成为一篇好文章的。我在和编辑讨论的时候，她也担心这个不是新领域。我说现在谈新领域的太多，但做的都是一个很小的方面，像马希曼（或译马士曼）的研究，确实是新领域，但是太小，没人去研究。如果能在一个大的领域、一个宏观的领域，真的能谈出来几条道理来，我觉得这也算是研究成果，不是说非得要研究别人根本没有做过的题目。和我那篇文章同一期的还有孙燕京的一篇文章，她选了一个很冷僻的领域，就是“辛亥革命期间旗籍贵族的心态”，谈得很有意思，她找了很多很新的材料，谈到了辛亥革命期间这群人，他们的变化，他们的心态、感受等，还有他们的一些反应、对策，很有意思，虽然它就局限在一个很小的领域，但是我觉得它也算是一个很深入的研究。如果能在别人，比如对孙中山、张謇的大量的研究的基础上，还能谈出点新意来，别人看到后觉得还真有新见解，是很不容易的。所以我们讨论后觉得那篇文章还是可以的，现在登了后反响也还不错，一开始编辑认为这篇文章中很多材料都是能见到的，我说材料都能见到，但不是说所有可见的材料你都要拿来用，用什么，不用什么，这中间很有讲究。旧材料，常见材料，真要用好了，同样是能够出新的，当然这里我不是指写博士论文。全是旧材料写一篇论文是可以的，但博士论文不能这样写。比如说我谈论的张謇和孙中山这两个人的实业思想，实业思想的范围很宽泛，从哪个角度来写？这需要认真考虑。我从救国论的角度来写，这是他们思想最本质的特征，这两个人为什么去谈实业，论实业，干实业？他们的根本目的是救国，两个人都是为了救国而去谈实业，而不是为了办实业而谈实业，这是他们的共同点，而这也是当时历史条件下的反应，即救亡图存是第一要务。把救国作为主线，去考察孙中山的实业思想，去考察张謇的实业思想，就很清楚，因为他们的实业思想都是围绕着这条主线的，这就是为什么民国建立前，孙中山不谈实业而谈革命，而他把大总统职位让给袁世凯后变成了谈实业而不谈革命。因为他认为他是在救国，以前革命是救国，革命后实业建设也是救国，所以他的思想是围绕救国而发生变化的。

而且，他们又都提出了一个工业化的方案，孙中山是“实业计划”，张謇是“棉铁主义”，这两个方案都是中国实现近代化、工业化的方案，这两个方案有什么共同的地方呢？这两个方案都是在探讨中国应该怎么去实现工业化，应该怎样去发展中国的实业。但另一方面，两个人的基本路线又是不一样的，孙中山走的是国家路线，依靠国家的力量去搞实业，开采能源，建设铁路，而私人企业则集中在民用事业。张謇走的是民间路线，他不太相信靠国家发展实业，认为要发展私人企业、民营企业，要靠民间的力量来推动工业化，这两个区别是最明显的，可以说他们的路线是截然不同的，但他们的目的都是要达到实业救国，要达到工业化。张謇主张发展棉纺和钢铁工业，他认为不仅要以工为本，还要以农为本，认为只有这样才能实现中国的工业化。这样一比较，我们就会发现张謇和孙中山确实不太一样，孙中山不会对农业那么重视，他注重的是发展交通，发展大工业，主张要建港口、建铁路等等，他主要是从宏观层面来构建这些东西。显然两者是不一样的，所以我觉得把这两个人做一个比较，是很有意思的，一比较就清楚了。那么他们还有哪些地方不同呢？我觉得张謇的主张是救急的，他是为了救急、救亡而提出了棉铁主义，因为他看到外贸存在巨额逆差，看到中国最大宗的进口是棉纱、棉布，为了解决这个问题，所以他提出要发展棉业，而发展棉业就要发展机器工业，就要发展钢铁业，他认为把棉纺业和钢铁业发展起来，才能凭借这两样和国外打贸易战。而孙中山认为要先发展铁路，因为发展实业要有血液，铁路就像人身上的血液一样，先把铁路建设起来

然后才能有发展。我认为这两种思想刚好互补，所以我们不要认为哪个高明，他们两人的方案结合起来就是最高明的方案。

再就是对外开放，他们两个人讲对外开放也是惊人相似的。张謇的世界主义，孙中山的国际主义，对今天的改革开放就很有启发意义。再后来就是平等主义，其实就是民生和民本，他们以民生、民本为基础来谈实业，他们要解决我们现在最需要解决的问题，是什么问题呢？一方面要国强，另一方面要民富。孙中山、张謇都看到了这个问题，他们认为要让老百姓过上富裕生活，就要谈建设和民生，国家和社会要同步发展，那个时候就有这样的认识，所以很厉害。他们基于民本，都真心希望老百姓有好日子过，从而达成社会理想，他们两人都能替农民考虑，替民众考虑，而不是站在大资本家的立场上。孙中山基本上是反对大资本家的，他主张的是国家垄断，要均衡化发展；张謇是代表中小民族资产阶级的利益在说话。把这些问题看清楚，发掘出来，就会发现是很有意思的，特别是对我们目前的现代化建设很有启发意义。

这些问题说起来都很简单，材料都摆在那儿，但要用心去把这些问题想出来，要从这些材料中把问题看出来，却不是很简单的。能把这些问题想出来，从材料中看出来，然后你的研究就是新的，跟李伯重所做的研究一样，李伯重最厉害的就是视角转移。过去我们考察资本主义萌芽更多的是从生产关系来考察，但他认为生产关系是由生产力决定的，所以他将研究视角转换了一下，去考察生产力的问题，资本主义归根结底是生产力发展的结果。有没有机器工业的产生？生产力有没有革命性的飞跃？它使用的实际工具是什么？它在工具上有没有革命？李伯重考察的就是这些问题，他做了大量的工作去考察江南生产力的变迁。我们一起在美国时讨论得最多的也是生产力的问题，他认为江南生产力这个问题别人都没有去认真研究，所以他就下功夫去搜集材料，包括江南地区用了什么资源，开发什么资源，人力资源、动力资源是怎么运转的，这些都是很新的问题，也是别人不怎么探讨的问题、领域，他就把视角转移到这些领域，所以我写书评时就用了一个题目，叫“视角调整与思维更新：创新思维的开始”，我把它点出来了，其实李伯重最重要的创新就是视角的转换，他利用的是马克思主义理论、亚当·斯密理论等这些最基础的经典理论。他跟我讲过，最简单的理论就是生产力决定生产关系，这一点大家都知道，但是他把这个理论用好了，就把资本主义问题研究透了，资本主义实际上就是一个扩大再生产的问题，资本主义一定要扩大再生产，而原始的生存型生产不可能产生资本主义，只有不断扩大的再生产才能发展成为资本主义。所以，我们做学问、做研究，一方面一定要思维活跃，另一方面一定要奠定一个很广泛的知识基础。不能老盯着小问题，而要把视野打开。视野一打开，到处都是题目，好多问题我们也能谈得很深刻。

从我自己的学术经历而言，收获最大的就是在我读研究生的时候，那个时候怎么样去做学问呢？就是和桑兵、韩明等人一起去章先生家喝茶、聊天，一周一次，大概两个小时，没有具体题目，就聊最近看了什么书，有什么想法。后来我们很多文章的主题就是在那个时期聊出来的。比如说我谈我比较感兴趣的苏州商会，大家就帮我分析下，这个题目如果要做，从哪个角度去做比较好？而且别人做了什么？就提供一些材料和一些想法，最后章先生做点评，评定这个问题可不可以做，因为有些东西是做不下去的，有些做得已经差不多了没有什么前途，就不要做了。如果可以做，那这个问题哪些方面还没有研究透，从哪个角度去搜集材料，相应的材料在哪里，有时候他们经验比较丰富，就会告诉我，哪儿有这些材料，从理论上应该怎么去深化。然后根据大家的意见，我再去思考，每次的收获都挺大的，这样的学习形式真是比听几堂课还有收获。

二

我的著作《拓宽历史的视野：诠释与思考》里面有一些我个人的治学体会，这些治学体会，我想对有志于学术研究者肯定是有帮助的，特别是我对一些老师的回忆，比如刘望龄老师、林增平老师，还有黄宗智、史景迁等，我在这本书里面都有关于他们的回忆，看完了就会觉得做学问不是一件很枯燥的事情了。章开沅先生的很多学术性文章写得非常精彩，但是我们不要仅看他写的学术性文章，还应该看看他在做学问的过程中写的一些评论、回忆和体会，认真看看这些文章，我们才知道做学问是怎么回事。我为什么要用“拓宽历史的视野”这样一个标题呢？就是想谈谈怎么样去认识历史，想谈谈如何使自己的思维更加开阔，谈谈大家怎么样去学习别人的治史方法。我一直认为学问有道，这个学问之道需要我们去认真琢磨。不仅学问有道，而且做人也是有道的，我们可以从章先生对我们的要求，以及林增平先生等的做人中窥见做人之道。另外，比如史景迁，名气那么大的学者，还在家里亲自为我们做饭；还有余英时，1990 年在普林斯顿大学访学听他的课时，上完课我们就在办公室聊天，跟他聊了很多非常有意思的问题。另外，我也写了我在英伦访学时的感想，在那篇文章里我把自己做学问的经历，特别是怎么样想到这些问题的，都写得很清楚。

严格来说，书评不是很容易写的。你得去认真看书，而不是很多人认为的随便写几句赞扬的话。很多人写书评是因为朋友邀请的，当然我的一些书评是《历史研究》编辑部邀请我写的，因此我要对《历史研究》负责，所以我写书评之前都会认真去看别人的著作，并且把别人的著作吃透，最后谈问题还要让作者心服口服，即便是存在一些学术上的批评。我建议大家要多看看著作的序言和后记，比如商会史研究的著作，重点看我们是如何将这个研究做出来的。其实研究的过程就像做菜，我们做学问最终就是为了做出一盘色香味俱佳的学术好菜。要做出好菜，佐料的选取、烹饪的方法以及火候的掌握都是至关重要的。在做学问的过程中，我们是怎么想到这些题目的？是怎样从一个领域转到一个领域？这里面有哪些共性的东西？有哪些是值得去思考的东西？我希望能够教给同学们一些方法，方法学到了可以管用一辈子。我的很多学生因为掌握了方法，所以做出了很多很不错的研究，比如洪振强的《国际博览会与晚清中国“国家”之形塑》被作为当期第一篇文章在《历史研究》上发表，很不错。夏松涛的博士论文，考察建国前后的展览会，差点拿到博士论文“百优”。包括付海晏老师的成果，学界也还是很欣赏的。他们为什么能在学术上有一定的成就呢？我想主要还是学会了方法。学会了方法，然后自己再去开辟自己的领域，这样就能做出很好的成果。特别是想继续做研究的同学，那就更得下点儿功夫了，必须学到方法，这样即使以后不在学校了，还能继续做研究。在这儿读研究生，能学到什么呢？我觉得能学到的最好的就是思维方法，此外还有做人的道理。同学们都是从中学应试教育过来的，思维都比较固定，要自己去设计问题，或是找出问题，并解决问题，都觉得很困难。当然，这是每个人都要经历的阶段，遇到困惑，我们苦苦求索，总会有茅塞顿开的时候，最后我们就会发现做学问、做研究其实是很有意义的。

培养理论思维，需要一个长期的过程。你们成长过程中基本上都缺乏一种理论思维的训练，我们现在讨论并推荐阅读书目，就是要训练大家的理论思维。有了理论思维，我们才能把所研究的问题谈得更加深刻。如果没有理论思维，我们就很难把问题研究得很透彻，很难提出新见解。

理论思维的训练过程就是看书与思考的过程。首先，我们一定要看哲学的书，哲学是理论思维的基础。比如章开沅先生等人，他们能有这样宏观的理论思维，首先是由于他们有一种哲学的思维。当然他们是马克思主义史学家，马克思主义带给他们很多理性的思维。再如李伯重，他也能很熟练地利用马克思主义的理论。所以我们都要去认真学习马克思主义和西方经济学理论，结构主义、制度学派的经济学，对学经济史是很有用的。其实李伯重的研究，除了利用马克思的理论外，还利用了诺斯的经济制度学派理论，经济制度的演变对经济发展的影响是很大的，西方的这种理论思维，对我们是很有帮助的。我们的学者很少去建立一种模式、框架及大规模理论思维，这个需要很长时间才能逐渐形成，而且要有理论思维的习惯。德国人有这种理论思维的习惯，英国人、美国人有时间坐下来慢慢想，也能够想出很多东西来。而我们的年轻人经常想的是尽快把论文做出来，没办法去进行这种长时段的理论思维，而我们这些人又太忙，如果我们慢慢去琢磨，可能会琢磨出些东西，但是我们中国很少有人去想，没有人下很大的功夫，这些理论思维需要几年甚至上十年去慢慢琢磨。那么对我们而言，怎样培养自己的理论思维呢？其一要有功底，其二要多看，要更广泛地阅读，看什么书呢？要看一些理论思辨很强的理论书籍，正如我们的前辈们所走的路一样。

李伯重的研究，最精彩的就是书中理论思辨的部分，而且他又有好的方法。这本书出版后，他又写了好几篇文章，最后形成了一本论文集，论文集谈论的就是关于经济史研究的方法，里面有很多他自己的思考。另外还有吴承明先生，李伯重很多思想都是师承吴承明的，他也有很多关于资本主义发展的理论见解，关于中国近代化的问题他也有很深入的思考，所以我们做经济史研究的，要好好看看吴承明的东西。过去我跟吴老的交流较多，他给了我很多启发，他过去是研究经济学的而不是研究经济史的，所以他对经济学的各种流派都很了解，另外对现实经济他也很了解，所以他的治学路数是很宽广的，他能把经济学和历史学结合起来去研究经济史，和我们不一样。而且南开学派走的也是这条路，南开经济所的学者也是将经济学和历史学结合起来研究经济史。而我们的研究更多的是将社会学和历史学结合起来了，严格来讲我们研究的不是真正的经济学，更多的是社会史的研究。所以我们要学到经济史的精髓，就要看经济学著作，建议多看看制度经济学派的一些著作，当然也包括亚当·斯密等人的经典著作。李伯重的研究不就谈论了很多亚当·斯密的东西吗？斯密型的发展、马尔萨斯型的发展，李伯重都是在谈论这些经典的东西。西方学者都是经过长期思考、长期积累后形成了学派，比如马尔萨斯学派、亚当·斯密学派、诺斯学派，然后再到发展经济学。但我们呢？张培刚先生的《农业国的工业化》是划时代的著作，他其实才是发展经济学的创始人，诺贝尔经济学奖本应是发给他的，但最后发给了一个美国人（刘易斯）。发展经济学对解决发展中国家的发展问题是很有用的，对现代化理论的形成也是很有用的。张培刚先生也最早涉及农业国怎样实现工业化这个问题，所以我们要好好看看他的著作。

再比如我们要研究农村史、城市史、城镇史，那一定要看施坚雅的著作，他的很多理论都很经典，比如他的区域体系理论。另外要想把头脑好好训练下，还得看看滨下武志的书，关于他提出的东亚朝贡贸易理论体系，认真去看看就能领悟到很多东西。

当然还包括黄宗智，我觉得他的很多研究都是很有启发的，特别是他的过密化理论。《中国农村的过密化与现代化：规范认识危机及其出路》这本书里面全是谈方法的，这本书还是手稿时，我们在美国就讨论过，这本书也是他做学问的一个精髓。当然他的《华北的小农经济与社会变迁》和《长江三角洲小农家庭与乡村发展》两本专著，也可以给我们很多思考，虽然他的理论不一定都对，但是能给我们很多启发，比如他是怎么去打破这种规范认识危机？他是怎么进行创新型思索的？非常有意思，我也给他写过一篇书评，在《近代史研究》上发表了，结合我的书评(《中国农村社会经济发展史的新探索》,《近代史研究》1993 年第 2 期)，再看看他是怎么谈这些方法和问题的，包括他提到的手工业问题、人口压力问题，包括中国城市的发展问题以及城市发展中的一些变异性问题。好好看看他提出的二重悖论，能很好地训练我们的思维。再就是施坚雅的《中国农村市场和社会结构》、王国斌的《转变的中国：历史变迁及欧洲经验的局限》，这两本书都很值得我们去看。滨下武志在《近代中国的国际契机——朝贡贸易体系与近代亚洲经济圈》一书中谈到了一个很重要的观点，就是亚洲视角问题、白银流通问题，他和沟口雄三摆脱欧洲中心主义，转而从亚洲出发进行研究，这个观点很好。另外就是茅海建的《天朝的崩溃：鸦片战争再研究》，这本书是他的力作，写得很细，我们可以学习他的方法，全从档案出发。很多人认为鸦片战争没什么可研究的了，但他从档案中挖掘出了很细致的内容，我觉得我们这批学人中间，他是独树一帜的人。

三

另外还有孔飞力的《叫魂：1768 年中国妖术大恐慌》，这本书从方法上来说很有意思，他运用了很多文化史的方法，进行了很多心理的分析，很是精彩。施坚雅的《中华帝国晚期的城市》，也很不错。在国内，赵世瑜的《小历史与大历史：区域社会史的理念、方法与实践》很有启发意义，杨念群编的《空间・记忆・社会转型："新社会史"研究论文精选集》对我们进一步了解新社会史的理论具有重要的作用。如果要看描述性的史学著作，那就多看看史景迁的著作，比如《王氏之死》这本书写得很精彩，同时也有理论的创新。这些大家的著作，认认真真看看对我们绝对有启发，特别是读博士的同学，这些著作是一定要看的，能看原文是最好的，不能看原文就看翻译的，把原文和翻译的结合起来看，可能收获会更大。所以不要急着做博士论文，先读上百本书再说。

作为经济史的研究生，我提到的书至少得看一看。如果能多懂几门语言，韩文、日文、英文的著作都能看，那视野就很不一样了。我现在能做些成果，能有进步，就是因为在国外看了很多别人的著作，在美国就必须看英文原著，开学术讨论会要和别人讨论，没看怎么去和别人讨论呢？比如说要和黄宗智讨论，如果跟他连对话都不行，那他根本就不想见你了，要和他讨论，最起码要认真看他的著作。还有李伯重、王笛，我们在密西根大学中国中心的时候经常在一起讨论，而且那时每周都要作一个报告，是有要求的。作报告的时候，很多美国教授都来听，听过后还现场提问，作报告还要用英文，不能用中文，所以还是蛮考验人的。李伯重的观点我都很熟悉，因为那个时候我们有很多的讨论，除了私下讨论外，他作报告被提问时，我就非常认真地听。可见美国大学的训练方法是很管用的，欧洲也都是这样的，在牛津的时候，我们也经常和本野英一这样的日本学者讨论。所以跟厉害的学者多接触，多看看他们的著作，我们可以在学习他们的学术成果时，还可以同时学习他们的研究方法。

（本文系根据 2012 年 11 月 21 日在研究生读书会上的讲话录音整理）

从思想史到社会史

西方社会在步入现代化阶段前经历了一个启蒙时期，那么中国在近代化启动阶段有没有经历一个启蒙阶段呢？其实也是有的。比如辛亥革命后孙中山组织了一个铁路研究会，这个研究会经常组织人发表演讲，这些演讲老百姓都是可以随便去听的，实际上这就是一种社会启蒙。当时的社会也存在着其他层面的启蒙，比如近代社会出现了由商战到工战的思潮，商战实际上就是商业启蒙，工战实际上就是近代工业启蒙。从商战到工战再到后来的学战，学战实际上就是一种全面的启蒙运动。那时人们成立各种各样的学会，把商业和教育结合起来，正如张謇讲的“父教育而母实业”，把两者结合起来，传播的就是近代商业观念以及工业观念，这些观念就是现代化的思想。所以进一步来考察，这些观念就是中国近代思想启蒙中很重要的组成部分，它们跟所谓科学、民主思想都有一定联系，包括跟政治启蒙都有一定的关系。为什么这样说呢？西方资本主义最早影响中国的就是作为商品的鸦片，但商品背后是制度、思想和观念，概括来讲就是商业思想。如果再进行深入的考察，我们会看到我们后面的政治变革、思想变革都跟商业制度的变革是相关的，如果政治制度不变，社会制度不变，思想不变，我们拿什么去开展商战呢？郑观应就很清楚地看到了这一点，他觉得商业、政治、社会都有莫大之关系。他说“商之义大矣哉”，说的就是商业的意义很重大，所以我提出来商业启蒙是近代经济、政治、教育变革的起点。

西北大学缐文的博士论文谈到了近代社会的“重商”思想，谈到了“重工”思想，由工业思想又谈到了工业化思想，最后归结到发展经济学，归结到张培刚的发展经济学。我觉得这篇文章实际上是把中国经济史的理路理清楚了。从重商到重工到重学，到近代化思想，到发展经济学，再到我们今天所谓现代化的思想，从近代社会到现代社会的整个思想理路就出来了。他的研究有一种贯联式的思考，这种贯联式思考就是由商业及政治及社会及思想一步一步深入、贯穿的，把它们串联起来就是整个近代中国的启蒙运动。这个问题讲起来就很深刻，也就是说中国商业制度的变迁和以后的变法和革命运动都是联动的，是关联变化的，这种变化就是近代中国整个社会变迁，层层深入，层层递进。这样一考察，商业启蒙，思想启蒙，政治启蒙，社会启蒙，最后都是有连带关系的，但是起点在商业启蒙，如果没有商品进来，没有商业制度的变革，后面的变革就不会发生。

《中国社会科学》2014 年第 2 期专门登载了几篇谈中国启蒙的文章，其中我的一篇谈的就是商业启蒙问题，我查了很多资料，这个问题过去很少有人提及。所以同学们做学问一定要有发散性思维，有了发散性思维才能站在比较高的角度看问题。当然我提出这个问题也是有原因的，由中国社会科学杂志社组织的第一届中美学术高层论坛的主题是“传统”，由传统我就想到了商业伦理的变迁。今年五月份，第二届中美学术高层论坛邀请我参加，主题是“启蒙”，我想我们能从启蒙的角度谈点什么呢？我想到的就是商业启蒙，把商业启蒙谈清楚也是很有新意的。我看了些材料，然后就写了篇文章(《近代中国的商业启蒙》，《中国社会科学》2014 年第 2 期)，大家觉得很有意思，说不定慢慢围绕这个问题的论争就要热闹起来了。很多人原来只知道谈重商主义，但我把重商主义升华了，不仅重商，也重工、重学，实际上这就是思想启蒙的过程。如果从启蒙史的角度来讲，就为整个重商主义的研究开辟了一个新的局面。如果还从重商主义的角度来讲，那我们谈的还是思想史，包括西北大学缐文那篇博士论文谈的还是思想史。而我这篇文章就不一样了，谈的是社会史了。如果同学们去研究重商主义怎么传播的，重商主义在民众间的反应，重商主义在商会中的运用，这样无数的社会史研究的题目就出来了。比如我稍微引用了一下商会档案中的商业启蒙思想，如“当今风气大开”，“风气为之一变”等语，而过去我们没意识到商会档案中反复提到风气大开，反复提到商业思潮，反复提到商战的问题，其实这就是为了要在商人中传播商业启蒙思想。我在一本书中提到一个普通商人在商会开会期间向商会投书，他呼吁办商学，开设商业学堂，教育子女不仅要通文业，还要通商业。他为什么要提这些呼吁呢？这也与全球化有关系。在一次讨论商业全球化的论坛上，我把这个事例引出来，就是为了说明这是商业全球化进程的一个反应。所以做学问就要这样去思考问题，认真思考，我们的研究就是一个新的天地，比如说可以再从商会档案中去看看商业启蒙的反应。

商业启蒙之后又有一个运动，就是商业习惯调查。当时为了搞商业立法，所以商人、商会开展了商业习惯调查，当时商业习惯调查留下了很多调查成果。中国固有的商业习惯是什么呢？中国传统的商业制度是怎么回事？我们本地又有哪些商业习惯？这个问题和法律史也是相通的，制定商法所主要依据的便是各地的商业习惯。后来就进入了商法讨论，而商法讨论的前提或依据是什么呢？就是商业习惯调查。清末民初的商业习惯调查，各地分发了大量的调查表，而且有调查员到各地去调查，并且留下了大量的详细的商业习惯调查资料，开展这项研究可以说很有意义。

另外在商业启蒙的资料中，李文权这个人很有意思。他在日本留过学，有很多思想，如商业思想、博览会思想等，还有他的中日比较观、实业观等，太丰富了。另外还有个人物也很重要，就是杨荫杭，钱锺书的岳父，杨绛的父亲，他曾经写了大量跟商业史有关的社论和文章。商业启蒙史往下做，就到社会人物的研究了，具体到人后也就更有意思了，比如杨荫杭、李文权，还有陈琪，这样就丰富了。从纯粹的思想史研究走向社会生活史研究，走向人物史的研究，通过多角度、多层次的研究我们才能把学问做好。史学研究就是要提出一种更深更复杂的史学观念，一种新的史学方法，而这种新方法可以与很多具体的案例分析、比较相结合，甚至调研，都可以结合起来。比如我们要谈商业启蒙，那一个地方的商业观念到底是怎样形成的呢？地方是如何来推广一些商业展览会的呢？把这些考察清楚，活的历史就显现出来了。

商业启蒙也跟商业伦理的问题相关，近代商业伦理也有较多思想内涵。比如卢作孚，他用儒家思想来作为民生公司的指导思想，并在发展过程中贯彻儒家精神，而且民生公司还和新生活运动结合得非常紧密。他将公司建设和社区建设结合起来，把人的改造和实业、教育、社区建设结合在一起，他还把重庆的北碚地区改造成了模范区，将实业和地方社会改造结合起来，其实这就是民生公司独有的一种伦理思想，一种民生精神。民生精神实际上就是他的商业伦理，或者说他的工业伦理，而且卢作孚这个人强调的是人要有献身精神，要有崇高的理想，他对自己的要求非常严格，他认为钱是靠大家赚的，所以企业要服务社会。如果能把卢作孚的民生精神研究透，那肯定是一篇好文章。而且他的民生公司还有一套管理理念、管理哲学，所以很有研究意义。从张謇到经元善，再从穆藕初到卢作孚，当然还包括刘鸿生等人，把这些人的思想研究清楚了，整个近代中国的商业伦理变迁、商业经营思想的变迁过程就都大致考察清楚了。

（本文系根据2013年10月在研究生讨论课上的讲话录音整理）

人物研究的路径与方法

人物研究一定要结合地方文化。举个例子，如果要研究无锡近代著名工商人物、社会活动家薛明剑的话，那一定要结合无锡地方文化来进行研究。就无锡本身而言是个极具文化底蕴的地方，同时在近代史上它又是个实业很兴盛的地方。在近代，新兴的工业社会已经开始在这里萌芽，这种新兴的工业、新兴的实业肯定会对地方人物有很强的影响。但对于过渡时期的地方人物而言，他们真正安身立命的不是实业，他们安身立命的是他们文化的坚守，即中国传统儒家的价值观，跟张謇一样他们根子里面都是中国传统儒家价值观的忠实践行者。

这些人物基本上属于我们研究的言商仍向儒、亦儒亦商的那类儒商人物。这样的一些人物在明清时期是一种表现形式，晚清时期又是一种表现形式。明清时期的表现形式就是余英时他们所研究的士商，晚清时期的表现形式就是我提出的那个概念“绅商”。所谓绅商就是绅士和商人的结合，那是一个特定的阶层，我在《官商之间——社会剧变中的近代绅商》一书中已经谈得很清楚了。到了民国时期，这种绅商又演化了，它演化成了一个过渡阶层，这个阶层慢慢地过渡形成了社会中间阶层，就是地方士绅或者地方名流，因为到了民国时期头衔、功名都没什么用了。但是这些人既是实业家，又是教育家，或者还是社会活动家，跟张謇一样他们在地方的影响很大。这些人慢慢再过渡就是知识分子了，就进入了我们现在所说的知识分子阶层。但是他们又不是纯粹的知识分子，他们又在经商或者从事其他的社会活动，所以用中间阶层这个概念是比较科学的，中间阶层或者社会中层是一个比较好的归纳。

社会发展是慢慢从传统社会过渡到现代社会的，在过渡阶段产生了一些过渡人物，而这些人物在中国是最具有代表性的人物。纯粹从西方留学回来的人，他们以新知识为依托，但是很多时候都太理想化，不能深刻影响到社会下层；还有就是那些乡绅，他们纯粹在乡下待着，没有什么新知识，不符合时代发展潮流。像薛明剑这类过渡人物，他们既不是新派人物，不是洋学生；但他们深受儒家传统思想影响的同时，又上过新式学堂，接受了新思想，这种人恰好是中国最具有代表性的人物。我们研究苏州商会，实际上最感兴趣的便是这类过渡性人物，比如我们研究的王同愈、尤先甲等人。王同愈是晚清的进士，尤先甲也是进士，在中国近代社会演化和农业社会与工业社会的兴替、转换过程中，虽然他们可能更靠近传统一点，但是他们实际上也都在向近代社会靠拢，成为苏州商会的创办者和头面人物。到了民国时期，比如过渡到薛明剑这代人的时候，他们身上现代的东西就更多一点了，但是他们身上又都有很浓厚的乡土文化特色。比如薛明剑他既从事实业又是文人，还是社会活动家，所以需要多运用一点其他学科的知识，比如运用社会学的知识来分析社会阶层的演化和人物分类等。研究这类人物还要多钻研一些人物研究的著作，还要涉及乡土文化的传承演变，还要跟地方史的研究结合起来，做到内容丰富。

人物研究还有一个关键点就是要以一个人物来透视背后整个中国社会的变迁。在这方面我们可以多看看罗志田老师的文章，他是以人物研究来透视整个社会见长的。罗志田写过一本书《再造文明之梦：胡适传》（四川人民出版社 1995 年版），我为此还专门写了一篇书评(《胡适研究的深层次探索——评罗志田著〈再造文明之梦：胡适传〉》，《历史研究》1988 年第 3 期)。罗著所探讨的胡适背后的那个世界很有意思，因为他不只谈胡适，他是要谈胡适那个群体及洋学生留学回来后的心态，并透视胡适背后那个错综复杂的社会关系。我们做人物研究一定要把这套方法学到，然后我们的研究才能有深度。人物研究不是简单地就人物进行研究，而是要以此来透视整个社会的演变或变迁，我们做研究一定要这样才行。

这里以杨荫杭司法实践研究为例。杨荫杭是一个很有代表性的人物，他在日本和美国接受了系统的法律教育回来，有一套自己的宪政观、司法观，但结果在中国行不通，所以在司法实践上屡屡受到挫折，遇到各种困难，最后他对民国的司法完全失去信心了，然后就去做了报人，专门给《申报》写社评。如果要研究杨荫杭的司法实践，可以较为典型的津浦路租车购车案为中心来研究，这样文章就有了支架和切入点。以津浦路租车购车案为中心来研究杨荫杭的司法实践，可以从他的留学教育经历、回国后的司法实践经历谈起，但要以津浦路租车购车案为中心，这是因为津浦路租车购车案背后有很复杂的政争。这个研究怎么开展呢？我们可以先从杨荫杭的背景展开：一是考察他在日本早稻田大学和美国宾夕法尼亚大学学习法律时接受了什么样的法律教育，形成了什么样的法律观念；二是可以写一写杨荫杭在民国的职业经历，他当过江苏省高等审判厅厅长，做过京师高等检察厅厅长，做过报人，做过律师，人生经历曲折而丰富。其次要找到这个案件的原始卷宗、档案，找到了原始材料，你就成功了一半，仅仅依靠二手材料做研究无异于隔靴搔痒。通过卷宗和档案要了解清楚：一是津浦路租车购车案的背景，也就是这个案件是怎么发生的，要把背景讲清楚；二是津浦路租车购车案的过程，它的审理过程，每一次审理是怎么进行的；三就是要考察杨荫杭在这个过程中间是怎样参与这个案件的，他是怎么判案，最后要考察这个案件背后的政争及司法与政局的矛盾，从案件的背后去深入地剖析民国时期的法权与君权、法权与政权、南北分裂、南北政争等问题。把这些都透视清楚，然后再谈他怎么无法解决这些问题，谈现实与他的理想是如何冲突的，最后再谈他失望之余告别司法界，投身报界，做评论人，做文人。做文人反而把他塑造出来了，他取得了很大的成功，成了一个政论高手、时评高手，写出了很多有价值的文章，最后作为律师了此一生。这样写，他的人物形象就凸显出来了。

如果是要写那些地方性且不那么出名的人物的话，一定要写这个人物背后丰富的世界，他的生活、他的追求、他的爱好、他的人生、他的哲学，文笔很好的话，也会写得很精彩。如果一个人物很实在，很低调，但又值得研究，那就实实在在地写，写出一个活生生的人，这也是很好的。总之，做人物研究就是要求结合时代变迁把这个人物入木三分地刻画出来，刻画得很好，很生动，有血有肉，就很好了。

（本文系根据 2015 年 4 月 16 日指导学生的录音整理）

如何理解史学研究中的范式转换?

究竟什么是范式（paradigm，或译“规范”、“典范”）? 其实这一概念的发明者库恩也从未给出明确的定义。从他对范式在科学革命中的作用的阐释，大致可理解其为某一科学群体在一定时期内基本认同并在研究中加以遵循的学术基础和原则体系，它通常包括一门学科中被公认的某种理论、方法，共同的对事物的看法和共同的世界观。库恩认为，范式为科学共同体（科学工作者按同一规范组成的集体）所一致拥有，他们按照统一的规范从事科学研究活动，这就是科学。在从事科学研究中发现有些事实不能纳入共同体的范式内，就形成反常。反常发展到一定阶段就形成危机。在危机中逐渐产生了提出新范式的需要，于是开始了科学革命。科学的发展便是如此循环往复，以至无穷。

库恩有关范式的理论，虽然主要是对自然科学发展规律的认识和归纳，但对人文社会科学（包括历史研究在内）同样具有指导意义。人文社会科学除各种各样的理论主张外，似乎也同样存在贯穿于各种理论之中，但又超脱于各种具体理论之上的研究范式。如有的研究者认为，政治史、文化史、社会史研究在某种意义上说有几种不同的研究范式。也有的研究者提出，近现代史研究中所谓革命模式、现代化模式、国家—社会模式等分析框架，也就相当于库恩所说的范式。

尽管有的研究者主观上并不认可，但在史学研究中却总是自觉或不自觉地在使用某种范式或受到某种范式的制约，这乃是不争的事实。因为任何带有概括性质的科学研究，不可能凭空产生，总是要受某些理论的内在制约，总是要建立在前人研究的基础之上。理论思维的前提性和非空白性特征，决定了范式总是客观存在的。问题的关键是如何理解人文社会科学研究中范式的转换? 究竟存不存在范式的转换? 范式转换对史学研究究竟有何实在的意义? 应该说，这些才是史学从业者关注的重点所在。

敝友杨念群教授在评论德里克关于中国近代史研究中现代化史学取代革命史学的范式转换时，提出相反的意见，认为革命模式与现代化模式之间不是范式转换的关系，“而是复杂的重叠关系，由于各自处理的对象和范围并不一致，怎么可能要求出现像自然科学那样的范式转换奇观呢?”他还进一步认为：“历史学可能根本就不存在自然科学意义上的‘范式转换’的可能性，因为我们无法满足库恩所规定的那种彻底性要求，即在放弃一个范式之前必得先证明其无效，或者既能解释支持旧范式的论据，又能说明用旧范式无力解释的论据。”① 我想追问的是，如果真的根本就不存在范式转换的可能性，那么“范式”概念的运用对历史学究竟还有何实在的意义？库恩所强调的似乎恰恰是范式转换在科学革命中所起的作用，而不是范式本身。他认为：“一种规范（范式）经过革命向另一种规范逐步过渡，正是成熟科学的通常发展模式。”② 虽然自然科学的范式与社会科学的范式有所区别，后者较之前者可能会具有更大的主观色彩，但这似乎并不能否定社会科学的范式之间仍存在哲学意义上的否定或扬弃基础上的范式转换，而这种范式转换是否也恰是社会科学认识不断走向进步的机制？正如有的研究者所指出的，作为新史学出现的新社会史研究“绝不仅仅是历史学的一个分支学科，而是一个史学新范式，一个取代传统史学的政治史范式的新范式”③。这里明显地发生了范式的转换。同理，我们似乎也可以认同德里克的假设，认为革命史学向现代化史学的转变也就是库恩似的范式转换，是一种史学认识的突破和升华，尽管它无法在史学中构成一个唯一或主导范式，也不可能完全彻底地否定先前的革命范式。其实，即使在自然科学中，也很难有如此彻底的完全否定。爱因斯坦的相对论固然是对牛顿经典物理学的否定或扬弃，但这并不意味着牛顿的古典理论已毫无价值，在一定的层次上和一定的范围内，它仍有自身的解释意义。

我始终认为，在将库恩的理论借用于历史研究中时，最适宜于“观其大要”，而不能拘泥于细节。这就是要认真去思考这一理论对于我们深化历史思维的启迪作用。而范式转换对史学研究的启迪作用，首先就在于对某些规范性认识的质疑。

黄宗智曾将中国经济史研究中解释框架的危机归结为规范认识的危机，提出：“所谓规范认识指的是那些为各种模式和理论，包括对立的模式和理论所共同承认的，不言自明的信念。”他认为，这才是库恩“范式”一词的真正含义。在黄氏看来，规范信念和规范认识比起任何明白表述的模式和理论来，都有着更为广泛、更为潜移默化的影响力。它们的影响还不仅仅在于引导人们去想什么，更在于不想什

---

① 杨念群主编：《空间·记忆·社会转型：“新社会史”研究论文精选集》，上海人民出版社，2001年，第55页。

② T. S. 库恩著，李宝恒、纪树立译：《科学革命的结构》，上海科学技术出版社，1980年，第10页。

③ 赵世瑜：《再论社会史的概念问题》，《历史研究》1999年第2期。

么。它们往往构成不同理论、模式间发生争议时共同的前提和出发点。但不幸的是，恰恰是某些不言自明的共同前提和出发点似乎发生了危机，即规范认识的危机。危机主要来自实证研究所揭露的一系列悖论现象。而悖论现象则是指那些现有规范信念认定有此无彼的对立现象在事实上的同时出现。黄氏所列举的悖论现象包括：商品化和经济不发展同时存在、城市发展与乡村过密化的同步发展、分散的自然经济与整合的市场并存、没有公民权力发展的公众领域的扩张、没有自由主义的规范主义法制，等等①。

尽管黄氏所揭示的若干悖论现象是否真的成立，在具体历史研究中已引起诸多争议，至今未有定论，但至少有一点黄氏可能是极富洞察力的，即对规范认识的质疑构成范式转换的前提，也是学术发展的动力。在目前对史学发展的种种束缚因素之中，最隐秘的可能便是某些看似科学实则不科学的常规性思维定式的潜在影响，它们往往表现为某些似乎毋庸置疑、理所当然的规范性联想、暗示和推理，我在过去的一篇小文章中曾提到："中国近代史研究中使用得颇为频仍的'洋务派'、'改良派'、'买办阶级'等概念便带有某种规范性、暗示性的否定价值评判在内。历史人物一旦与这些概念沾上边，往往就成为灰色的乃至反面的历史人物，批判有余而肯定不足；反之，对待像太平天国、义和团运动这类来自下层的农民运动，则总是自觉或不自觉地要去寻找和论证其革命性、进步性。"② 我至今仍坚持这种看法，并进一步认识到这与史学研究中狭隘的政治史范式不无关系，也是我们必须突破这种范式而实现研究范式转换的理由所在。随之而起的现代化研究范式虽然不能完全包容革命史范式，但在从更大的时空范围考虑近代社会的演变，获得某些更具中性的历史认识上，毕竟体现了史学思维的进步。

其次，范式转换的意义又在于打开我们的历史思维空间，从更加宽广的视角去观察和解释历史。从革命史范式转换到现代化史范式，或从现代化范式转换到后现代化范式，或从单一的政治史范式转换到全面的社会史范式，因认识范围和论述侧重点的不同，很难说有一种能绝对包容和取代一切范式的终极范式，但伴随范式的转换，基本上可以看到我们的思维空间一步步被打开，观察历史的视角日趋多元化，对历史本身的认识也愈见丰富多彩，逐步更逼近历史的真实。我曾经指出，在近些年的中国近现代史研究中，我们大致可以观察到三种日趋明显的历史观，即更趋精

---

① 黄宗智：《中国农村的过密化与现代化：规范认识危机及出路》，上海社会科学出版社，1992年。

② 马敏：《规范认识的超越》，《读书》1994年第3期。

细的历史观、长程的历史观和内部取向的历史观。精细的历史观提倡多向度的历史视角，主张历史中的区分和具体化，通过对历史细节的重建，再现历史的复杂性和多面相；长程的历史观以“大历史”为口号，提倡在更大的时空范围内梳理历史发展的脉络，揭示历史表象之下更深层次的运动；内部取向的历史观主张站在中国自身立场，从中国历史继承性方面、从中国内在自身规定性方面、从中国传统文化的可变性与不变性方面，重新审视西方对中国的影响，观察中西互动的复杂情形①。这三种史观从某种意义上说，均是研究范式转换的结果，而且体现了范式转换中思维方式的变更和历史思考空间的扩大。这正是范式转换最根本的意义所在。

所以，我们可以花一些时间去探讨各种范式的区别和转换，但更值得做的，却是捕捉范式转换所带来的思维的乐趣和无限的历史想象空间。没有史实便没有历史，只有史实也不是完全的历史。如何在二者中间找到平衡，正是科学研究范式的使命。

（本文原载《北京行政学院学报》2002年第4期）

---

① 马敏：《放宽中国近代史研究的视野——评价〈近世中国之传统与蜕变〉》，《历史研究》1999年第5期。

从“万国街”到“地球村”

——经济全球化视野下的世博会

世博会的早期名称为“万国赛会”或“万国博览会”，旨在强调参与国别之多，俨然自成一“小世界”。为此，1878 年巴黎世博会曾专门兴建了一条“万国街”，把各国的建筑集中在一起展示，以突出其国际化特色。而事实上，世博会的产生正是早期全球化的产物，世博会的发展正是全球化进程的缩影与体现。

一、世博会与经济全球化存在着密不可分的内在联系

经济全球化进程是世界从分散走向整体、从彼此隔绝到联系不断增强的过程。尽管这个进程最早可追溯到 15～16 世纪的地理大发现，但其加速推进的时期，却正好是世博会所诞生的 19 世纪中叶。19 世纪以来，随着工业革命的成功和西方资本主义国家对外殖民扩张，世界各地的经济联系更加紧密，全球交往空前增加，东西方之间的距离不断缩短。应运而生的世博会，不仅是经济全球化进程的产物，而且有力推进了正在发生的经济全球化进程，遂成为早期经济全球化的标志性事件之一。当时世界各国之所以如此热衷于举办世博会，以至于“无国无会，无年无会”（阙名：《游武汉劝业奖进会之感言》，《民国经世文编》[实业]，台北文海出版社 1969 年影印本），形成一股“赛会热”，其根本原因就在于早期经济全球化进程在背后的强大推动。

经济全球化进程的特点之一便是随着经济的一体化和通讯、交通工具、技术的日新月异，世界变得越来越小，各国变得越来越近，不同国度的人们越来越像居住在同一个地球村。一如弗里德曼对全球化现象的定义：“全球化是资本、技术和信息超越国界的结合，这种结合创造了一个单一的全球市场，在某种程度上也可以说是一个全球村。”（托马斯·弗里德曼著，赵绍棣、黄其祥译：《世界是平的：“凌志汽车”和“橄榄树”的视角》，东方出版社 2006 年版，第 6 页）

从“万国街”到“全球村”，应当是一个符合逻辑的认识发展过程。置身宏大的世

博会场景之中的人们，显然最能切身感受到“盖今之天下，乃地球合一之天下”（王韬：《弢园尺牍钞》，《洋务运动》[一]，上海人民出版社 1961 年版，第 514 页）的道理。这里所谓“地球合一之天下”，实际上也就是当时中国士人对“全球化”、“地球村”早期的朦胧感知。世博会正是为文明在全球的流动提供了天然的理想场所，这里所流动、交换的，不仅仅是商品、技术与金钱，更重要的是思想、文化与观念，是整体性、全球性的人类文明交流，其规模性与直观性都是前所未有的。历届世博会参观者动辄几十万、几百万甚或上千万，其间的大规模人际交流达到惊人的程度，其产生的文化传播效应也是无法估量的。正是在这一意义上，人们往往认为“一日观会，胜于十年就学”（《南洋劝业会纪事第二》，《东方杂志》1909 年第 6 卷第 4 期）。

世博会所展现的全球化进程，除大规模的科技、文化和人际交流外，也体现为无数国际组织和跨国机构的应运而生。世博会是各种国际性会议和国际性组织层出不穷的场所。1867 年巴黎世博会陈列了各国的度量衡和货币，这一陈列导致对国际度量衡标准的关注，其结果是国际度量标准局于 1875 年在巴黎诞生。这届世博会还直接促成了“万国邮政联盟”的创立。1878 年巴黎世博会批准召开了包括国际邮政大会在内的 38 个国际大会，其中维克多·雨果主持的作家大会着重讨论了保障文学作品产权问题，直接促成了国际版权法的制定。1893 年与芝加哥世博会相关的国际会议有 55 个之多。此后，各种论坛和国际会议成为世博会必不可少的元素之一。1889 年的巴黎世博会不仅诞生了著名的埃菲尔铁塔，而且在会议期间还举行了两次讨论社会问题的国际会议，会上通过的一项决议确定每年的 5 月 1 日为国际劳动节。1928 年由法国发起，根据外交公约，设立了国际展览局（BIE）这一国际公约性组织，专门负责协调和管理世博会的举办，总部设于巴黎。BIE 的章程为《国际展览公约》，它于 1928 年 11 月 22 日由 31 个国家和政府代表在巴黎签署。目前，BIE 的成员国已达 90 余个（参见阿尔弗雷德·海勒著，吴惠族等译：《文明的进程：世博会的发展与思考》，上海科学技术文献出版社 2003 年版）。

世博会上的全球化进程，还表现在通过世博会的举办，人类不断探索和达成各种各样的全球性“人类共识”。“人类共识”是人类社会某些共同追求、共同理想和共同价值观念的体现。进入 20 世纪以来，世博会的一个显著特点是：格外关注人类发展中不断涌现出来的共同问题，并谋求解决之道。这一显著特点，使世博会成为“人类共识”的集中诞生地。其中，自 20 世纪中叶开始，重视环保越来越成为历届世博会所力图阐释的主题。1967 年加拿大蒙特利尔世博会是一个转折点，它首次以“人类与世界”为主题，建立了人是探险者、人是制造者、人与环境、人与健康等 9 个系列主题馆，首次将人类所面临的环境保护问题提上日程。1970 年日本大阪世博会以“人类的进步与和谐”为主题，注意到人与自然、人与人和谐发展的问题。1977 年美国斯波坎环境世博会，更旗帜鲜明地以“无污染的进步”为主题，与罗马俱乐部报告中提出的“有机的成长”、“持续的成长”等概念不谋而合。如此之多的博览会将关注点投射到环境与能源问题，说明人们越来越认识到：人类不可能无限制地去征服自然、改造世界，我们必须学会与自然和谐相处，追求长远、平稳的发展之道。

此外，从世博会既有统一的主题和风格，又由各国根据自己的文化传统设馆展出个性十足的区域文化的方式，最能够集中观察到全球化进程本质上是一个内在地充满矛盾的过程：整合与碎裂、一体化与分裂化、集中化与分散化、国际化和本土化同时并存，呈现出十分复杂、多元的格局，并非一个一元化、直线式的进程。地方性与本土性并未在全球化中被完全淹没和异化，而是将全球化的共性与地方化的特性加以融会贯通，使族群文化和地方性知识获得全球化的普遍意义。

二、东亚各国成为世博会主角探秘

包括中国、日本在内的近现代东亚各国对世博会的参与，正是全球化过程中多元文化交融、互动的一个典例。19 世纪中叶，相对落后、基本上还处于农业社会的东亚各国，正是通过参与世博会开始接触到现代科技文明和工业社会的组织架构，从而展开了自身的近代化行程，被纳入早期全球化发展潮流之中。从世博会近 160 年的发展历程中，大致可看到这样一条轨迹：即滥觞于欧洲（主要在英法），兴盛于北美（美国举办了届数最多的世博会），而最终在东亚达于登峰造极（日本 1970 年大阪世博会参观人次为最多，约 6400 万人次；上海 2010 年世博会则预计参观人次将突破 7000 万人次）。

从全球化进程与文化互动的视角看，东亚各国对世博会的参与，给世博会带来了异质文明的要素，使之更加具备了多元文化的格局。1873 年中国和日本同时首次遣团参加维也纳世博会，其参展的工艺品以其独特魅力和精湛的工艺令世人眼前一亮。此后，无论是中国或日本，在世博会上展出的工艺品均获得极大的成功，获奖无数。这种明显的东方文化印记，正是世博会中全球性文化与地方性文化、统一性与多元性相互包容的明显例证。

东亚各国在近 160 年中，从世博会的旁观者到参与者，从舞台的边缘走到舞台的中心，从配角到主角，从远远落后到迎头追赶，再到后来居上，其奥秘究竟在哪里呢？我们以为，必须从全球化浪潮中东亚现代化的特殊方式及东亚文化圈的共同特征中去寻求答案。

首先，东亚各国在世博会上的优异表现，与东亚强迫后发型现代化方式不无关系。正是这种在巨大民族危机压力下的被迫的现代化，使这一地区的国家释放出极大能量来摆脱西方的殖民统治并追赶西方。而后发型现代化的优势使它们能在一定程度上避免西方现代化过程中所走的弯路，直接借鉴西方的经验，大大缩短现代化完成的时间。独特的现代化方式与其他因素相结合，造成了上世纪70年代由日本和东亚“四小龙”（韩国、新加坡、中国台湾、中国香港）所创造的“东亚经济奇迹”，以及本世纪初的“中国经济奇迹”。没有现代化的迅速推进与相应的“经济奇迹”作支撑，东亚各国在世博会上便不可能有如此优异的表现，也不可能后来居上，形成对西方的赶超之势。

其次，同属儒家文化圈的东亚各国，在儒家文化的长期影响下，现代化通常走的是自上而下的道路，政府往往保持着强大的凝聚力和强势的决策能力，可以自上而下地动员各种社会力量去实现现代化或某一特定的目标。像奥运会与世博会这样的全球性、国际性的重大活动，需要政府强有力的财政投入以及全社会的广泛动员和参与，在东亚国家举办，似乎更容易赢得民众的广泛支持，加之政府强有力的领导和统筹，往往容易取得成功。同样因受儒家文化的影响，东亚普遍存在家国一体、“天下兴亡，匹夫有责”的集团主义意识，这种意识与近代民族国家意识相结合，会酿成强烈的集体和国家荣誉感，使政府与民间密切合作，不遗余力地借世博会大舞台展示国家形象，推动文明间的交流与发展。

最后，悠久的东方文化传统经过现代转型之后，会产生持久的文化影响力和文化软实力，使东亚国家在博览会中得心应手，发挥出巨大的创造性。在儒家文化圈中，最为强调的便是学习与教育的重要性，无论贫富，让子女接受最好的教育，是东亚无数家庭的最大追求。而以“眼目之教”为特征，寓教于观、寓教于乐的博览会，与东亚社会普遍重视教化的传统不谋而合，这很可能正是每届博览会有如此之多观众的内在原因之一。东方文化传统中极富艺术想象力的浪漫情怀和巧夺天工的精致细腻，可能也正是东亚工艺品每每在世博会上引起轰动和独占鳌头的重要原因。博览会中的娱乐与演艺成分，也十分容易与东方传统逸乐文化、民间习俗相结合，衍生出更加丰富多彩的博览会文化，使之更适合大众的口味，制造更多的看点与卖点。此外，儒家文化中所强调的“天人合一”、“与自然和谐相处”的思想，也正成为当今人类社会重视环境保护、追求可持续发展的宝贵思想资源，从而演绎出众多世博会的主题思想。

（本文原载《光明日报》2010年6月22日）

辛亥革命与亚洲视角

上世纪 90 年代，由于沟口雄三、滨下武志等日本学者的倡导，“亚洲视角”一度成为东亚学者突破“西方文化影响论”单一模式，从亚洲出发研究亚洲的新学术范式，并取得了若干富有启迪性的学术成果。在纪念辛亥革命百年之际，我们借鉴“亚洲视角”这一新思路，可以更为充分地认识辛亥革命的亚洲意义，从而拓宽辛亥革命史研究的空间。

辛亥革命是近代中国最为重要、影响最大的政治事件之一，但辛亥革命的发生又同亚洲各国有着密不可分的内在联系，深刻地影响着亚洲政治格局的走向，其流风余响至今未绝。从亚洲出发思考辛亥革命的意义，我们将获致许多前所未有的启示。

首先，辛亥革命之所以能取得成功，离不开亚洲各国的奥援，其中与中国同处东亚、一衣带水的日本又发挥了最重要的作用。当年，孙中山、黄兴、宋教仁等一大批革命者或求学，或亡命于东瀛，将日本作为中国革命“消息易通，便于筹画”的据点。辛亥革命中最重要的革命组织中国同盟会即于 1905 年成立于东京。当年革命派与改良派最著名的大论战也发生在创刊于东京的《民报》和《新民丛报》上。一大批日本友人如山田良政、宫崎滔天、萱野长知、梅屋庄吉等始终同情并支持中国革命，与孙中山、黄兴等革命领导人建立了终生的友谊。南洋（今东南亚地区）的华侨，则是辛亥革命最重要的支持力量和革命活动经费的主要捐赠者，据统计，仅辛亥这一年，南洋华侨的捐款即达五六百万之巨（陈宗山：《南洋华侨革命史略》，暨南大学美洲文化事业部 1930 年版，第 21～22 页）。

其次，亚洲各国的民族解放运动又都曾受到辛亥革命的影响和启迪。同属东亚的朝鲜，1905 年—1911 年的义兵运动，曾受到孙中山在中国发动的一系列革命活动的启示和影响。辛亥革命之后，朝鲜独立运动的一批领导人也曾与革命党人有着密切的交往，领导该独立运动的“大韩民国”临时政府即于 1919 年成立于上海法租界。东南亚各国如越南、菲律宾、印度尼西亚、缅甸、暹罗（今泰国）都曾受到辛亥革命的影响，兴起过本地的民族解放运动。孙中山在日本与菲律宾革命志士彭西、越南革命志士潘佩珠等过从甚密，结下了深厚的友谊。从亚洲视角看，辛亥革命是当时席卷亚洲的民族革命风暴中的重要一环。当年，列宁曾对辛亥革命在亚洲民族运动中的地位与影响有过深刻的论述。武昌首义成功后，列宁极其兴奋地宣布："极大的世界风暴的新源泉已在亚洲涌现出来了。"（《列宁选集》第 2 卷，人民出版社 1972 年版，第 439 页）他认为孙中山领导的辛亥革命，"使四亿落后的亚洲人争得了自由，觉醒了起来，参加了政治生活。地球上 1/4 的人口已经从酣睡中清醒，走向光明、运动和斗争了"（《新生的中国》，《列宁全集》第 18 卷，人民出版社 1959 年版，第 395 页）。而孙中山则是一位在亚洲涌现出来的"能够代表真诚的、战斗的、彻底的民主主义的资产阶级"和"不愧为法国十八世纪末叶的伟大宣传家和伟大活动家的同志"（《中国的民主主义和民粹主义》，《列宁选集》第 2 卷，人民出版社 1972 年版，第 425 页）。

实际上，孙中山当年也深受在日本流行的"大亚洲主义"的影响，有着一种复兴亚洲的强烈的责任感和使命感，其政治抱负并不完全局限于中国国内。早在 1897 年，孙中山在日本首次会见宫崎滔天时，便向他倾诉了自己"为支那之苍生，为亚洲之黄种，为世界之人道"而兴起革命军的宏伟抱负。愈到晚年，孙中山所抱持的"大亚洲主义"愈为自觉与清醒，认识到"亚洲除日本而外，所有的弱小民族都是被强暴的压制，受种种痛苦，他们同病相怜，将来一定联合起来去抵抗强暴的国家"（《民族主义第一讲》，《孙中山全集》第 9 卷，中华书局 1986 年版，第 193 页）。孙中山这种在亚洲、在国际上替弱小民族打抱不平的"济弱扶倾"的国际交往思想，不可能不对后继的革命者产生深刻的影响。我们从毛泽东、周恩来的外交思想中，不难发现与孙中山类似的思想与实践。就连印尼前总统苏加诺也自称年轻时曾受到过孙中山思想的影响，"作为一个青年，我受到孙逸仙博士所提出的三民主义的鼓舞"，"我的心从那个时候起，在三民主义的影响下，深深地树立了民族主义的思想"（《苏加诺演讲集》，世界知识出版社 1956 年版，第 14 页）。

再次，从亚洲视角来反思辛亥革命，我们不仅可以看到辛亥革命的意义已远远超出中国的范围而具有世界性的影响，并且对今天亚洲各国如何和平共处、共建和谐亚洲亦具有极大的启示性。孙中山及部分革命志士的亚洲观中，一个主要的思想就是亚洲是一个整体，是一个休戚与共的命运共同体，亚洲的命运必须由亚洲各国人民自主决定，"（亚洲人民）要脱离欧洲的束缚，不做欧洲的殖民地，要做亚洲的主人翁"。同时，亚洲各国又完全是平等的，任何国家都不能试图成为亚洲的霸主，针对日本当时的军国主义倾向和称霸亚洲的企图，孙中山晚年特别对日本人民呼吁，"（日本）究竟是做西方霸道的鹰犬，或是做东方王道的干城，就在于你们日本国民去详审慎择"（《对神户商业会议所等团体的演说》，《孙中山全集》第 11 卷，中华书局1986年版，第409页）。

回顾孙中山当年的呼吁及“二战”期间日本所走过的弯路，历史的经验值得记取。在当今全球经济一体化的大格局下再来反思亚洲的复兴与重建，如何走出历史的阴影，实现民族和解，建立起战略互惠关系，推动亚洲一体化进程的发展，共创亚洲和平崛起的愿景，是亚洲各国包括中日之间一个无法回避的热点问题，具有十分重要的现实意义。

由东南亚国家所组成的“东盟”，以及日本前首相鸠山由纪夫等所倡导的“东亚共同体”，某种意义上正是一种新亚洲意识的体现。当然，从新亚洲意识到亚洲共识还有很长的路要走，因受到诸多历史恩怨和领土纠纷的阻隔，亚洲各国要真正平等共处，建立起类似于欧盟一样的共同体还不是短期内可以实现的，但我们若能彼此尊重各自的文化传统与价值观，摆脱一国中心和一种价值观念独大的偏狭思维，抛却历史的成见，在多元文化的交流、共融中来探索亚洲民族和解与国家合作的新架构，或许能为亚洲争取一个更加光明的未来。

（本文原载《光明日报》2012年11月30日）

《历史研究》是淬炼学者的熔炉

作为一个中国的史学研究从业者，我与《历史研究》已打了三十多年的交道，可以说早已是老朋友了。今年是《历史研究》创刊六十周年，我躬逢其盛，不禁产生了许多感想。

我之接触《历史研究》，严格讲是从20世纪80年代初跟随业师章开沅先生攻读硕士学位时始。其时，正是章开沅先生学术生涯步入最辉煌的高峰期，不断有关于辛亥革命与资产阶级研究的大作在《历史研究》上发表，而每发一篇，必吸引学界眼球，引发诸多好评与讨论。在这样的气氛之中，《历史研究》自然成为我学业中读得最多的专业杂志，几乎每期必看，一些重头文章，还曾反复看、反复琢磨，至今记忆犹新。记得当初远在四川的学友王𬸚（如今已是蜀中学术领军人物之一）曾与我讨论如何才能学好历史，提高学业水平，我一言以告之："多读《历史研究》上的文章!"多年后王𬸚兄曾私下告诉我："此乃真经!"由此可见当年《历史研究》在我等这批后起之秀眼中的地位。

真正有幸成为《历史研究》的作者，是在1986年，当时我还是一名在职博士生，在章开沅先生指导下研究辛亥革命与资产阶级问题。1986年11月12日是中国民主革命的伟大先驱孙中山先生诞辰120周年。为了纪念孙中山先生的诞辰，中国史学会和中国孙中山研究会于11月6日～9日，在中山大学和中山市翠亨村举行孙中山研究国际学术讨论会，我所提交的论文《论孙中山伟人品质》有幸被大会选中并推荐作为大会发言，在当时，这是一种莫大的荣誉和鼓励。因系经层层推举作为青年学者代表之一作大会发言的，又有那么多蜚声中外的史学大家与会并予以肯定，我这篇论文遂被《历史研究》看中，于当年的第6期刊出。这篇论文以及同年在《中国社会科学》第5期刊出的《中国近代商人心理结构初探》一文，成为我初登史坛的代表作，也为我以后的学术生涯铺平了道路，为此，我对《历史研究》的提携之恩一直心存感激。

其实，《历史研究》作为中国史学的权威刊物，不仅一直在探索、开辟中国新史学的发展方向，而且也一直在持续不断地发现、扶持、推出史学新秀，为中国史学锻造人才。以我为例，正是在《历史研究》的扶植下，先后发表了十余篇学术论文和深度书评，从默默无闻到小有名气，从血气方刚的青年学者到已接近耳顺之年的成熟学人，一路走来，成长的脚步和人生的轨迹清晰可见。

《历史研究》是淬炼学者的熔炉。要在《历史研究》上发表一篇文章，其实是相当不易的，得过五关、斩六将。首先是选题要新，要有创意。没有新意和创见的文章，一般很难被编辑选中。许多初出茅庐的年轻学人，大多都经历过被反复退稿的痛苦，我也不例外。即使德高望重的前辈学者，若没有新的创获，稿件也会被“打回”，因为编辑取文的标准唯学术水准是论。其次是论证要实，要有大量可信的史料来证明你的创见，否则也会被驳回。《历史研究》编辑对所征引史料的准确度的要求，几近严苛，不仅条条需有出处，而且字字要求核对，不容一丝一毫的马虎。长期与《历史研究》打交道，也使自己养成几近苛求的严谨学风，每条史料都须核查原文，不放过哪怕是一个错漏之字，以致一篇稿件几易其稿，为订正一两个字词与编辑信件（后来是电子邮件）往复数遭，有时甚至连自己都觉得不好意思了。所以，《历史研究》所发表文章的高质量，完全是“磨”出来的。“磨”者，推磨也，反反复复，来来往往。“磨”者，打磨也，苦苦推敲，精雕细刻，力避瑕疵。几番风雨，几经磨炼，不仅磨出了好文章，而且磨出了好学者。我想，这就是《历史研究》办刊六十年最值得总结的经验，也是其始终受到学界推崇的根本原因之所在。

六十年来，《历史研究》最值得称道的另一点，则是从主编、副主编到一般编辑均与作者和读者保持着密切的接触和互动，有的甚至成为终生的挚友。从老一辈的章鸣九、阮芳纪、张亦工等，到新一代的徐思彦、高翔、李红岩等，以文相交，以学为缘，前前后后，都成了朋友，建立了深厚的个人友谊。正是这种个人友谊，使编者和作者之间能够无拘无碍地深入沟通，碰撞出思想的火花。一篇有创意的好论文，尽管可能一开始粗糙些，或论证尚不充分，但编辑往往以最大的耐心让你反复修改，最终修改成一篇很好的学术论文，许多初出茅庐的青年学者对此都有深切的感受。这么多年来，回忆起来，最感亲切和温暖的，还是和诸位编辑之间那种不带功利色彩的共同求道的浓浓的人情味。一本学术杂志，能将这么多志同道合的学者聚合在一起，长期不断推出高水平的学术论文，可以说本身就是一个了不起的奇迹，足堪称道。

作为一个老作者和老读者，我甚感欣慰的是，《历史研究》在耳顺之年还能继续与时俱进，不断创新，不断有新的追求。例如，这些年所采用的国外学术杂志普遍实行的匿名评审制，就是一个很不错的创举，使论文的采用更加科学、严格，也在一定程度上进一步提升了刊物的学术水准。此外，与许多科研单位共同合作举办学术讨论会，从中发现好的选题和文章，也是一个非常好的做法。当然，若能在深度

书评和学术批评上继续下些功夫，刊登更多友好、真诚的，同时又是直率、尖锐的学术争论文章，则对推动中国学术的发展功莫大焉。

最后，衷心祝愿《历史研究》能百尺竿头，更进一步，不断总结经验，不断有所创新，继续保持其在学者和读者心目中的权威地位！

（本文原载《中国社会科学报》2014 年 7 月 7 日）

史学研究贵在“开新”

——我与《史学月刊》

《史学月刊》在我国公开发行的史学类期刊中，虽然名声不像《历史研究》《近代史研究》《中国史研究》等一流名刊那么大，刊物所在地又僻处开封河南大学，但在同类刊物中却办得极富特色，在同行中享有很高的声誉，是我最喜欢读的史学刊物之一，也是我常年收藏的史学刊物之一。这就像敝校的校花——桂花一样，花瓣虽小，颜色也不若牡丹、玫瑰那般雍荣富贵，鲜艳夺目，但却暗香浮动，沁人心脾，经得长久，耐得寂寞，高贵而典雅。

对我而言，《史学月刊》还有一层特殊的意义，即我的学术论文处女作——《中国第一部商法》就是在该刊发表的。该文发表于《史学月刊》1984 年第 1 期，当时我正跟随章开沅老师攻读硕士学位，正在撰写有关苏州绅商与辛亥革命的硕士论文。其时因研究生招生制度刚恢复不久，导师格外敬业，要求甚严，学生也格外用功，一心向学。学校主要要求学好各门课程，写好学位论文，并不存在要求学生在学术刊物上发表论文的规定，反之，若心有旁骛，老是琢磨如何在刊物上发文章，反倒是要遭到老师的批评，认为你学艺不精，学问火候不到，就急于去发表文章，是耐不住寂寞的表现，不合学问之道。记得当年曾与开沅师一道指导我们的刘望龄老师就给我们讲过，发表文章要十分谨慎，文章写好后最好先放进抽屉，反复修改后才能拿去发表。而事实上他自己的有些文章自放进抽屉后就再也没走出过抽屉。所以，当我以试试看的心理向《史学月刊》投出了平生第一篇文章，并得知马上要被采用发表时，我的心态是很复杂的：一方面为自己的文章即将形诸铅字而兴奋，另一方面又担心如果让导师们知道了该如何去解释，很是忐忑不安，故印象特别深刻。我想，这种状况绝对是今天的研究生们难以想象的。

尽管如此，我还是十分感谢《史学月刊》给了我一个最初展示自己的机会，使我的研究成果能为学界所知。虽然今天看来这篇处女作的确十分浅陋，但毕竟万事开头难，有了浅陋的第一篇，才会知难而进，发奋钻研，去写好第二篇、第三篇学术文章。

我本来就算不上一个高产的学人，加上后来又阴差阳错地当上了大学领导，做学问的时间有限，故屈指算来，自1984年发表第一篇文章开始，至今30多年过去了，我在《史学月刊》上总共也就仅仅发表了四篇文章。除《我国第一部商法》外，尚有《21世纪中国近现代史研究的若干趋势》(2004年第6期)、《让城市史研究更富活力》(2008年第4期)、《寓会于乐：近代博览会与大众娱乐》(2010年第1期)。但尚可聊以自慰的是，这四篇文章虽篇幅不长，多属笔谈一类，但却体现了《史学月刊》倡导新史学的一贯主张和风格，在史学的开新上作出了一定的思考，也多少产生了一些反响。

在《21世纪中国近现代史研究的若干趋势》这篇笔谈中，我比较明确地提出了进入21世纪后中国史学可能出现的四大趋向，即更趋精细的历史观、长程的历史观、内部取向的历史观、总体的历史观。同时进一步阐明："精细的历史观提倡多向度的历史视角，主张历史中的区分和具体化，通过对历史细节的重建，再现历史的复杂面相；长程的历史观以'大历史'为口号，提倡在更大的时空范围内梳理历史发展的脉络，揭示历史表象之下更深层次的运动；内部取向的历史观主张站在中国自身立场，从中国历史继承性方面，从中国内在自身规定性方面，从中国传统文化的可变性与不变性方面，重新审视西方对中国的影响，观察中西互动的复杂情形。还有总体的历史观，主张在丰富的层次和多方面的联系中把握历史。"这些主张，从进入21世纪后中国史学的发展看，应当说多少还是有一点预见性的，新时期中国史学的成果大多体现和印证了以上四种趋势，在历史研究的广度和深度上都有新的拓展，从中国自身内部变化出发，以中国话语和中国理论为基础的中国历史学派也正在形成的过程中。

《让城市文化史研究更富活力》也是一篇笔谈，是我当时在成都参加一次城市文化史学术论坛后的感言。在这篇笔谈中，我提出为增强城市文化史研究的活力，让城市文化史研究富有新意，必须进一步拓宽我们的视野，扩充城市文化史研究的范围，改进研究的方法和叙事方法，注意城市文化史中时常不为人注意的细节之处和细微之处，除研究城市空间、大众文化这些大课题外，还可另辟蹊径，从感觉史入手，探讨城市之味、城市之声、城市之形与魂，在坚实的史料基础之上，通过闻其味、听其声、观其形、摄其魂，走入真实城市生活之中，找到历史的感觉，这样才能真正将城市文化史写活，写出新意，言人所未言。"激情是感觉的酵母，激活是写活的前提。""写活城市文化史，的确有很多通道，很多线索，很多着力点，凡可感知的，皆是可写的，且皆是可以入史的。我们因人的不同，因对城市之味、之声、之形、之魂的记忆不同、感觉不同，就可以写出不同的文化史。"不期文章发表后，竟引起各方的高度关注，《新华文摘》作为封面标题文章之一，予以全文转载，对促进国内新文化史和城市史的研究也算起到了一点推波助澜的作用。

发表于《史学月刊》2010年第1期的《寓乐于会：近代博览会与大众娱乐》是一篇比较正规的学术论文，也是我关于中国博览会史的系列研究之一。尽管文章不算太长，但从一个比较新颖且很有趣的视角，即大众娱乐与博览会的关系，探讨了博览会这种新型大众展示平台和大规模知识传播方式的本质属性和内在生命力。在过往的博览会史研究中，人们往往过多关注科技发明、文明传播、国际交往、城市发展和商品流通这类宏大主题，而对与人们平常生活关系密切的大众娱乐则注意不够，或仅轻轻一笔带过，作为点缀。殊不知，恰恰是博览会所具有的这种人人可参与的大众娱乐性，才是博览会（包括世博会）能够一届届不断办下去的内在动力，也是博览会不同于其他展会的本质属性之一。这种“寓乐于会”的大众娱乐特质，使博览会尤其世博会成为人类社会一场最大的嘉年华，使之在精英与民众之间架设了一座桥梁，从而赢得更多的观众，成就了所谓博览会经营学。可以说，这一研究角度的切入，将城市大众文化研究与近代博览会史研究进行了有机的融合，从而使我们可以从一个独特的视角来拓宽近代城市文化史研究的视野，进入向来被忽视的大众娱乐文化领域，开辟若干文化史和社会史研究的新课题。

总结自己治学30余年的经历与体会，我认为，一个学者学术成就的大小，往往在于是否能在学术传承的基础上潜心于学，不断有所创获，有所“开新”，能思人所未思，言人所未言。同样道理，衡量一份学术刊物是否优秀，关键也得看它能否在学术研究上不断与时俱进，推陈出新，唯实是举，唯新是尚。“苟日新，日日新，又日新。”（《礼记·大学》）具体而言，学术刊物的开新似应体现在以下几方面。

一是不断发掘新人。学术刊物的生命力在于其背后的作者群，而要保持其持续的活力和“开新”能力，就必须不断发现和培养新的作者群。常听许多年轻学者感言：如今因量化考核已成常态，而期刊数量有限，发表文章可以说是十分困难，尤其那些尚未崭露头角的新生代学者，要想发表自己的处女作更是难上加难。为此，我十分希望《史学月刊》能带一个好头，就像当年给我们机会一样，给今天的青年学者提供更多发表其成果的机会，采取各种可行的措施，使《史学月刊》成为青年学者茁壮成长的园地。

二是更加鼓励新见。史学研究贵在开新，好的史学期刊理应成为史学“开新”思想的源头活水。“问渠哪得清如许，为有源头活水来。”（朱熹：《观书有感》）所谓史学新见，并非是一味标新立异，食洋不化，新名词、新概念满天飞，而是要依据可靠的史料，经过仔细的辨章学术，去伪存真，归纳总结，从而提出新见解，得出新结论，写人所未写，言人所未言，令人眼睛一亮，耳目一新。在史学研究中，实证性、思想性与理论性必须高度统一，方能形成好的史学成果。唐代刘知幾所言史家之“三长”：才、学、识，可谓皆十分重要，但其中最难能可贵的，可能还是“史识”，即治史中那种“别识心裁”（章学诚语）的真知灼见和洞察力、判断力。当今学界的一大弊病，便是题目越做越小，文章越写越碎，实用主义严重，缺乏历史的理性思维。为矫治此病，甚望《史学月刊》能更加重视刊登那些真正具有独立思考之新见的好文章，更加重视对史学理论的探讨，真正做到中国史学的“理论自信”。

三是追求刊物的形式之新。所谓形式之新，一是指栏目设置要有新意和创意；二是指文字风格要倡导晓畅清新的文风，给人以简洁明快的美感。就办刊特色和风格而言，我认为，相比起《历史研究》的深沉、厚重，《史学月刊》给人印象更深刻的是灵巧、新颖和思辨，小而精，信而雅，博采众言而融为一炉。在众多栏目中，我最喜欢看的是“笔谈”“史学评论”“读史札记”以及一些随期变化的不常设栏目，如“学术史研究”“谱牒学研究”“会议消息”一类。尤其各种各样的“笔谈”，往往视角独特，短小精悍，议论风生，给人以思想的启迪和学术的“顿悟”，最能体现《史学月刊》的特色，我往往每期必看。当然，若能进一步增添“学术争鸣”“新书评介”等新栏目，更多地介绍国内外史学新著，大力提倡学术争鸣之风，效果则更佳。若如此，似就更为接近1951年创刊之初定刊名为《新史学通讯》的初衷，更加具有自己独立的办刊风格，在众多史学刊物中能独树一帜。

《史学月刊》已然走过了65年的征程，为新中国史学的发展作出了不可磨灭的贡献，但若能继续高扬新史学的大旗，唯实是举，唯新是尚，新人辈出，新见迭现，创意不断，就一定能够进一步办出水平，办出特色，真正成为千万读者心目中选出的史学“名刊”。我对此深寄厚望焉！

（本文原载《史学月刊》2016年第3期）

让我们重拾亲密的师生关系

——第 26 个教师节感言

又是一年一度的教师节，大学校园中无不洋溢着节日的气氛，随处可见捧着鲜花的同学，成群结队地前往看望他们尊敬的老师。老师们今天也感到格外的自豪，再度成为社会聚焦的中心，无数祝贺短信雪片似地飞来，媒体上在热烈地讨论教师节学生该不该给老师送礼，送礼该送什么礼……

其实，在我看来，教师节最应该讨论的，倒是如何在大学中重建那种值得回味、神往的自然而亲密的师生关系，让大学回归育人的本位和本质。

韩愈《师说》曰："师者，所以传道、授业、解惑也。"师者所传之道，显然不只是学问之道，还应包括为人之道、成长之道；解惑，也不仅仅为解学业之惑，更应为解思想之惑、人生之惑。简言之，老师之于学生，不仅要教书，更要育人，要把学生的成长放在首位；学生之视乎老师，不仅是自己的业师，同时也是人师，即人生的导师，所谓"一日为师，终身为父"，更应该从这一层意义来理解。

清华大学校长梅贻琦曾如此来概括师生关系："学校犹水也，师生犹鱼也，其行动犹游泳也。大鱼前导，小鱼尾随，是从游也。从游既久，其濡染观摩之效，自不求而至，不为而成。"梅贻琦所言这种"从游之义"的亲密师生关系，一度是我们大学的常态，而今似已不复再现，遂格外使人怀念。

师道尊严的建立，不能一味靠强制和传统的观念，而有赖于师生间在平等基础上的沟通与交流，在于师生间的相互尊重，如此，学生对老师的尊重才能是自觉自愿的，是出乎内心的自然流露。汪曾祺曾以金岳霖先生为例，生动地回忆西南联大时期的师生关系：

> 除了文学院大一学生必修逻辑，金先生还开了一门"符号逻辑"，是选修课。这门学问对我来说简直是天书。选这门课的人很少，教室里只有几个人。学生里最突出的是王浩。金先生讲着讲着，有时会停下来，问："王浩，你以为如何？"这堂课就成了他们师生二人的对话。

这种过去老大学中普遍存在的平等互动、亲密无间的师生关系，何其令人艳羡！即使在经过“十年浩劫”后的改革开放初期，师生间的亲密关系也还古风犹存，并未完全毁弃。

记得我们77级刚进华师时，系在京山分院办学，此地青山绿水，树木成荫，尤其成片的松林，微风吹过，涛声阵阵，实乃一读书的绝佳胜地。当时师生同吃同住，老师的寝室就在学生宿舍旁边，请教起来十分方便。最令人叫绝的，是夏日黄昏，师生相约到附近小溪洗澡（水太浅，不敢称游泳），袒陈相对，讨论的却是高深的学问。有时师生同到鱼塘（权作游泳池）游泳比赛，鱼儿在身边扑腾，真有一番“大鱼前导，小鱼尾随”的“从游之乐”！读研后，更有跟随刘望龄老师（当时协助章开沅先生指导我们，已仙逝）烟花三月下姑苏，遍访长三角历史名师的美好“游学”经历。读博期间，与学友们每周一次在章开沅先生家清茶一杯，相与论道的“讨论课”，至今回忆起来仍记忆犹新，不知从中受到多少治学的启发、心灵的慰藉。

时至今日，大学办学条件改善了，生活水平提高了，但师生之间曾经的那种朝夕相处、融洽无间却似乎渐行渐远了，不少老师是上课来，下课走，行色匆匆，很少与同学交流，不说老师叫不出几个学生的名字，学生有时也叫不出老师的名字，或懒得去记他叫什么名字。如此隔膜的师生关系，任其发展下去，其直接的后果便是那些我们曾引以为自豪、曾无限留恋的大学文化和大学精神也将随之荡然无存了。如此，大学还成其为大学吗？

上述现象的造成，究其原因，可谓极其复杂，社会因素与人为因素兼而有之，但最根本的，恐怕还在于那种重科研、轻教学，重量化指标考核、轻人才培养质量的功利主义办学倾向所致，不能完全怪罪于今日的师生。欲纠正此种偏向，非改变此种功利主义办学倾向，收起普遍浮躁的心态不可。大学必须回归本位，育人必须成为大学的第一要义，那种事实上以科研成果和项目资金为唯一衡量标准的量化评价体系必须加以更张。而可行之策，便是分类评价，教学与科研并重，以育人为本，将时间和空间重新还给师生，让他们能够自在、从容地去重建密切的师生关系，拾回那些已然飘逝的关于大学的美好记忆。

若如是，教师节至，师生其乐融融，情同手足，感激之心溢于外，君子之交淡如水，一则短信、一张贺卡、一束鲜花足矣，还用得着劳神费力地去寻思要不要送礼，送礼该送什么礼吗？

（本文原载《长江日报》2010年9月15日）

细节：获取成功的关键

近两年书市上，汪中求的《细节决定成败》一书卖得红红火火，“细节”一时间成为社会普遍关注的话题。

何谓细节？细节是构成完整事物的细小环节。细节可能是大量平凡、简单、不断重复的琐碎小事，也可能表现为工作中的具体实施步骤、方法和措施。古语云：“见微知著，一叶知秋。”细节虽小，有时却能反映事物的本质，所以，细节又是获取成功的关键。

世间万物，相反而相成。微与著、大与小、高与低、细与粗，都只是相对而言，没有小，无以成大；没有低，无以言高。“海不择细流，故能成其大；山不拒细壤，方能就其高。”大事往往由小事构成，注重细节，才能成就大事。古人对小中见大、由小致大的道理有深刻的了解，故有老子“治大国若烹小鲜”的说法。治国之道如同厨艺，只有把每一个细节都考虑仔细，把每一道“工序”都做到家，把每一项政策都落到实处，才能取得天下太平的治国效果。大凡杰出的政治家都能把握其中的奥妙，因而深得民心。周恩来总理一贯强调的是“关照小事，成就大事”。温家宝总理提出：“中国有13亿人口，不管多么小的问题，只要乘以13亿，那就成为很大很大的问题。”

就成败而言，大错往往由小错铸成，一个小小的失算常常导致满盘皆输的困局。所谓“差之毫厘，失之千里”，胜败有时就在一念之差、一步之遥。围棋高手之间的决战，常常就在于对细棋局面的把握，有时会细得令人心惊肉跳。最近春兰杯赛周鹤洋赢韩国李昌镐的一盘棋，胜负也就是最微小的四分之一子。战争亦如此，常常是积小胜而成大胜。毛泽东军事思想中最精妙的，便是从不打无谓的消耗仗，而是一贯主张打歼灭战，零敲牛皮糖，通过一点一点地消灭敌人的有生力量，逐步将战争导向胜局。

“运筹于帷幄之内，决胜于千里之外。”说的是决策的重要性。但很少有人意识到，决策的基础在于对细节的把握，决策的实施又取决于对每一个细节的落实。离开了细节，再好的决策也将沦为空谈，无法实现。诸葛亮能实施“草船借箭”的计谋，关键在于先前对天文地理和敌军状况等细节的反复调研、精心测算。我们都欣羡麦当劳、肯德基等“洋快餐”在中国市场所取得的骄人业绩，但却很少有人去认真研究“洋快餐”们在进入中国之前所做的那些艰苦细致的市场调研工作，拼不过“洋快餐”也自在情理之中了。

当今世界已进入精细化管理的时代，企业经营要精细化，大学管理同样也要提倡精细化。我们似乎并不缺乏创建一流大学的理念和规划，所缺乏的恰恰是对这些理念和规划切实可行的实施；我们似乎也不缺乏各种各样的规章制度，所缺乏的恰恰是对规章制度不折不扣的执行。换言之，我们所缺乏的就是重落实、抠细节，把大事做实、把小事做细的精益求精的精神。“千里之行，始于足下。”行胜于言，与其坐而论道，不如起而行之；与其反复论证各种各样的规划，不如实实在在地落实一两个规划。一切从实际出发，一切从小事做起，一切从细节落实。

能否养成关注细节的工作作风，与做人的理念与风格大有关系。这在一定意义上也反映出一个人的素质和修养层次。为什么同样一条装配线，从德国或日本进口到中国，就是装配不出同样高质量的产品？问题其实出在我们的员工实在缺乏德国或日本员工那种一丝不苟的工作态度和注重细节的工作精神。我曾亲眼看见过美国联合航空公司员工用整整四天时间，从10万张废票中找出一张撕错的机票，给一位同行的朋友所带来的巨大惊喜。这里面体现的同样是一种高度的敬业精神。显然，能把小事做细的企业给人以信心和信任；能在小事和细节上从不马虎的人，给人以高度的信赖感。同样，一位仅关注细节的领导可能不是最好的领导，但一位不注重细节的领导也绝对成不了一个好领导。我们华师的校训是：求实创新、立德树人，所谓“求实”，就是要追求诚实、踏实、朴实、务实，一步一个脚印，把工作真正做到位，不忽视每一个细节。

所以，在一定意义上，细节不仅仅决定成败，细节还可上升为一种做人的态度，一种处事的哲学，一种管理的理念，一种永恒的追求，即追求卓越。

为了在体育竞技中迅速赶超世界先进水平，中国国家运动队曾经提出过一个鼓舞人心的口号：更高、更快、更强。如果也需要一句口号来鼓舞我们的士气，要求我们的工作，那就是：更新、更实、更细。

（本文原载马敏：《教育之道与管理之道》，华中师范大学出版社2013年版）

忠诚：一种敬业的工作品质

在纪念百年校庆的时候，我们把华师精神概括为“忠诚博雅、朴实刚毅”这八个字。所谓“忠诚”，当然指作为一所师范院校，长期以来，我们始终坚持对党的教育事业的忠诚，甘当默默无闻、无私奉献的园丁，为国家培养了一批又一批栋梁之材。然而，在更深广的意义上，“忠诚”又意味着对我校师生员工一种人格的要求，一种敬业的工作品质，一种闪耀着德行光辉的不渝信念。

忠诚，是对自己的国家、对所从事的事业、对自己所担负的工作心存尊重和感激，一心一意致力于集体的长远目标，绝不动摇，绝不退缩，绝不心怀二志。忠诚是成长力量的来源，是维系团队精神的基础，如雪莱所言：“在任何生命中，忠诚都是贯穿于其中的主线——甚至在一个文明中也是如此。最重要的是，它给予一个生命或一种文化以意义和情味。”

忠诚，意味着不论把你放在哪一个岗位上，不论交给你多么困难的任务，你都会义无反顾地去完成，不讲条件，不图回报，甚至也不问一声“为什么”。“不是全心全意，就是干脆不干。或者去做，或者不做，二者必居其一；要么全身退出，要么全心加入，你只能做出一种选择。”这种几乎推向极致的敬业精神，正是阿尔伯特·哈伯德在其不朽的名著《致加西亚的信》（1899）中所倡言的罗文精神：“如果你为一个人工作，以上帝的名义：为他干！”

“把信送给加西亚。”这是1898年美西战争中当时的美国总统麦金莱对一个年轻的中尉罗文下达的一个命令。加西亚将军是古巴起义军首领，为了赢得对西班牙的战争，美国急需与他联络，但谁也不知道他藏身古巴何处，谁也不知道这封信如何才能送到他的手中。关键在于，罗文中尉接到任务后，没问任何多余的问题，没有丝毫犹豫，便马上踏上了寻找加西亚的漫漫旅途，完全依靠自己的直觉和判断，最终如愿以偿地把信送到了加西亚手中。从此，“把信送给加西亚”成为一个美国下级军官用自己的忠诚、主动和敬业所演绎的完美的“职业精神”，《致加西亚的信》则成为全球所有职场人士的“职业圣经”。

已有无数经验告诉我们，像罗文这样常怀忠诚之心的人，实际并不需要你随时耳提面命该做什么或不该做什么，他知道自己该做什么和怎样去做，你只要指出目标或下达命令则可，剩下的他都会以最大的热情和全部聪明才智去做好，出色地完成任务。显然，忠诚与主动性相连，我必须要对自己的职责负责，“不仅仅做那些别人告诉你要去做的事情，而且要主动做那些需要做的事情”。而每当一个人这样要求自己和这样做的时候，无论他的职位高低，无论他的岗位重要与否，都有可能为他从属的群体和所服务的机构作出卓越的贡献，在若干年后人们仍然会记住他的名字，念叨他的好处。

就华师而言，那些曾经忠于这个团队的名人或凡人，大至校长、名教授，小至普通的门卫、园丁，只要他们为学校竭尽了全力，奉献了一生，我们就应当为他们塑像、立碑，因为我们百年历史的长途中有他们坚实的足迹，我们厚重的文化积淀中有他们并不模糊的背影。在某种意义上，他们都是曾经“把信送给加西亚”的人。

在将华师建设成为教师教育特色鲜明的综合性、研究型大学过程中，我们实在需要更多能够“把信送给加西亚”的人，需要更多常怀忠诚之心、充满主动精神而又不斤斤计较的人。有更多这样的人，学校就永远充满活力和希望。

（本文原载马敏：《教育之道与管理之道》，华中师范大学出版社 2013 年版）

尽心：一种更高的工作境界

如果一个人能够不折不扣地完成上级交代的任务，在八小时之内兢兢业业地工作，不出差错，比起那些对待工作马马虎虎，缺乏责任心的人，已经很不错了，他至少是一个尽职尽责的人，一个值得信赖的员工。但是，这毕竟只是对一个职员最起码的要求，是敬业状态的底线，是大多数人都能达到的平常境界。

在尽职尽责工作的平常状态之上，还有一种更高的工作境界：尽心。

所谓尽心，就是以满腔的热忱、精益求精的态度、高度敬业的精神，全身心而为地投入一项工作，完成一项任务。在工作中不仅做好上级交代的事，而且用心琢磨，融入智慧，创造性地做好工作，把自己的主动性和聪明才智发挥得淋漓尽致，达到一种物我两忘的崇高至境。天下最好的工作成绩，多半是在这种非同凡响的精神状态下取得的。

有“天下第一人”之称的韩国著名围棋选手李昌镐，之所以难以被战胜，除精湛的棋艺和超常稳定的心理状态之外，关键便在于对棋的投入，棋就是他生活的全部，他的强大和可怕，就在于他能将所有棋外之事抛诸脑后，日复一日、年复一年地置身黑白世界，用全副心智去搏杀，这种职业境界无人企及，胜利也就顺理成章了。在围棋界，李昌镐可以说是一个前无古人的“尽心”的棋士。

尽心，可以使最枯燥的工作充满乐趣，可以使最平凡的事情变得不平凡，可以把最简单的劳作变成博得满堂喝彩的艺术，而心灵和德行亦随之得到充实、升华。季羡林先生曾撰文回忆和他生活了十年之久的德国女房东，她虽只是一个平常得不能再平常的家庭主妇，但因其对家务的尽心，又显得实在不平常，“地板和楼道天天打蜡，打磨得油光锃亮。楼门外的人行道，不光是扫，而且是用肥皂水洗。人坐在地上，决不会沾上半点尘土”。这种因对工作的尽心和投入给别人所带来的极大愉悦，显然已超脱了工作本身，变成美好世界的一部分，值得人长久回味。

尽心，也意味着不需人强迫的超时工作，不斤斤计较于报酬。如果人人都守定自己的八小时，不愿意在八小时之外做哪怕一点更多的工作，这样的企业或学校注定是缺乏活力和创新意识的。上个世纪，日本为什么能够在经济发展的速度上超越美国而成为世界第一，显然与大多数日本人对待工作的高度敬业精神有关，他们在公司中往往不仅恪尽职守，而且尽心尽力地帮助公司发展，自觉地融为其中一员。我曾有机会就近观察一家日本的私人公司，发现晚间下班后很久，许多办公室仍然灯火通明，许多人仍在那里加班，这种情况并非偶然，而是几乎天天如此。听说日本公司中这种司空见惯的加班行为，往往并非老板要求，而通常是自愿的。由此，我们似乎也就不难理解日本公司为什么会取得成功，在它背后支撑的正是员工们的主动精神。

我非常欣赏一位高级别领导曾讲过的话："要把工作当成研究来做。"也就是说不能满足于一般地完成任务或做好工作，而是要认真去琢磨和研究怎样才能把工作做得最好，怎样在工作中最大限度地发挥自己的创意，取得一种成功和满足感。当你这样做的时候，工作就不仅仅是为了满足生存的需要，而且是为了实现个人价值的需要，成为你生命的一部分。如此对待工作，无论做什么，你都会乐在其中，充满健旺的精力。

比较起仅做好本职工作，尽心，往往意味着奉献，你不仅要支出更多的时间，耗费更多的精力，而且还要牺牲一部分自己的利益，也就是说要抱定"吃亏"的精神。因为敷衍塞责的人，从功利上讲可能会占到他人的便宜；尽职尽责的人既不沾别人的光，别人也沾不到他的光，他所做的恰恰是他应该做的；而那些真正"尽心"的人，则要把别人的事当成自己的事，把大家的事当成小家的事，以牺牲小我而成全大我。奉献，在这里再也不是一句空洞的口号，而成为实实在在的行动。这种行动，我们在曾经感动中国的任长霞、牛玉儒、桂希恩、徐本禹等先进人物的身上可以看到，从许多不知其名的平凡"尽心"人士的身上也可以看到。

让我们一道来做一个真正"尽心"的普通人吧。

（本文原载马敏：《教育之道与管理之道》，华中师范大学出版社 2013 年版）

情商教育：问题青春的一剂良药

今年（2013年）3月份，参加全国政协会议时，我曾经提出当前我国很多学生智商很高，但情商相对低下，常因人际交往能力差、心理承受能力弱等原因难以健康成长，有的甚至走上犯罪道路。因此，我呼吁要尽快补上情商教育这块中国教育的“短板”。复旦大学黄洋同学被投毒案，再次深深地刺痛了每一位高等教育者的心，再次为我们敲响了警钟。同时也进一步说明，如何开展好大学情商教育，防止此类让人揪心的校园悲剧再度发生，委实值得我们深入思考。

我们的大学必须对自己的定位和使命有清醒的认识。《大学》开篇即言：“大学之道，在明明德，在亲民，在止于至善。”即大学的本质在于发扬光明的德性，更新民心，达到完善的境界。换言之，大学教育的目的，除传播知识外，更重要的是追求真理，塑造人格。立德树人，培养全面发展的“人”，使人的德性有本质的提升，成为中外许多著名大学所追求的根本目标。因此，我们的大学管理者，必须静下心来想一想，我们的办学宗旨和办学目标究竟是什么？应该把主要精力从一味地追求上硕士点、上博士点、上重点学科、多发表几篇科研论文转移到提高人才培养质量、培养德智体美全面发展的学生上来，转移到塑造学生的心灵上来。

我们的大学必须在情商教育上做出一些实实在在的事情。社会上有句话，叫做“智育不好出次品，体育不好出废品，德育不好出危险品”。情商教育的开发，固然需要从幼儿园到大学整个教育系统的努力，需要从家长到社会整个外在环境的配合，但大学作为青年学生世界观、人生观和价值观形成的重要时期，在情商教育上具有不可推卸的责任，应该大有可为。学校要把情商教育的理念贯穿于教学、管理、科研的全过程。要坚持课堂教育与课外活动相结合，在开齐、开足、开好《思想道德修养和法律基础》、《大学生心理健康教育》等课程的基础上，组织并引导学生参加丰富多彩、形式多样的校园文化和社会实践活动，在活动中陶冶情操，磨炼意志，促进交流，增进沟通，促进其全面发展。要重视和引导学生增强自我教育能力。“认识你自己”是一件很难的事，我们现在的一些独生子女，自我意识、自尊心、进取心很强，但对接受挫折和失败的心理承受能力不足，人格上存在一定的缺陷，学校要通过各种文体活动、社会实践实习以及各种学生社团、学生组织等让学生在自我管理、自我服务、相互配合中，学会认识自己、悦纳自己、调适自己和善待他人。情商教育也不是孤立存在的，既要与礼仪教育、安全教育、公民教育、传统文化教育相结合，也要与解决实际问题相结合，帮助大学生缓解来自经济、就业、恋爱、学习和生活等方面的压力，帮助他们培养良好的心理素质和健全的人格。

我们的大学必须在教学教法上做出一些切切实实的改变。情商的培养需要通过智商教育形式的改变来营造良好的氛围和环境。当前，我们的大学课堂很多还是满堂灌式的“以教为主”，考试考核以书本知识为标准，学生在书山文海中跋涉，在分数高低上较劲。因此，要追切改革教学教法，从“以教为主”向“以学为主”转变，多采用启发式、讨论式的研究型教学，把方法教给学生，把时间还给学生，学生学习以教师导学为主，着力培养学生的创新精神和实践能力，激发学生自主学习、自我发展的潜力和能力。同时，必须走出情商教育只是思想政治工作者的事情的误区。教书与育人，对于我们的教师来讲同样重要，正所谓“经师易求，人师难遇”。高校所有教职员工都负有教育引导大学生健康成长的责任，教师不仅自己要有高深的学问，而且要有伟大的人格和高尚的修养，要能够以课堂为平台，以个人魅力为感召，主动关心、引导、教育学生，帮助学生培育良好的情商，懂得怎样为人处事、健康成长。

每一个青春都本应如花般绽放。在学生的成长过程中，需要的绝不仅仅是文化知识的学习，更重要的是人文素养的积淀、个性思维的激发、道德品质的养成和情感心理的疏导。面对青春期的问题，情商教育无疑是一剂良药。

（本文原作于2013年5月18日）

乔布斯的启示

刚刚过去的一个寒假，在十分难得的一段闲暇时光里，我相当一部分时间都沉浸在阅读沃尔特·艾萨克森所撰写的《史蒂夫·乔布斯传》所带来的愉悦当中。真的，已好久没能读到如此引人入胜、愿意一口气读下去的大部头名人传记了。

现代信息社会中，英年早逝的乔布斯无疑是一个传奇，一个一手打造了苹果公司这样的全球顶尖科技企业的天才。因为有了他，有了苹果，我们才能使用诸如iPod、iPhone、iPad以及苹果电脑这些堪称神奇的产品，遨游于信息时代的知识海洋之中。如他的传记作者所言："在历史的万神殿里，他的位置就在爱迪生和福特的身旁。在他的时代，他超越众人，创造了极具创新性的产品，把诗歌和处理器的力量完美结合。"

但老实说，就人而论，我似乎并不太喜欢乔布斯。他太怪异，不修边幅，神秘兮兮；他太极端，非黑即白，要么是神明，要么是狗屎；他太粗鲁，骂起人来毫不留情；他对慈善不感兴趣，缺乏仁慈之心；他在中国雇用了如此之多的廉价劳动力为苹果赚大钱，却一生从未到过中国。不过，换个角度，作为一个极富创新精神的企业家和信息经济时代的弄潮儿，他的确又是一个魅力十足，创意无限，以其产品深刻改变了人类生活方式的巨匠大师，"成为了创造力、想象力以及持续创新的终极标志"。

我感兴趣的，恰是乔布斯区别于比尔·盖茨等人的经营哲学、营销理念和隐藏于其后的独特思考方式。这些，才是乔布斯留给世人的更为宝贵的遗产和启示！

激情。很难有人真正意识到，激情乃是乔布斯和苹果得以成功的背后因素，是推动苹果前进的巨大动力。苹果公司在1997年乔布斯重掌大权后，有一则"非同凡响"的广告："那些疯狂到以为自己能够改变世界的人，才能真正改变世界。"这可谓一句画龙点睛的广告词，道出了苹果企业哲学的精髓：试图改变世界的激情以及对伟大产品的不懈追求。乔布斯对此的解释是："我们的激情所在，是打造一家可以传世的公司，这家公司里的人动力十足地创造伟大的产品。其他一切都是第二位的。"乔布斯正是那种以激情为生命的人，不求生命之长久，但求人生之精彩。

创意。2005年，苹果的市值只是微软的1/20，然而到2010年9月，苹果的市值已高出微软70%，成为全球最有价值的高科技公司。这一神话般的赶超奇迹到底是如何发生的？答案便在于乔布斯及其团队所拥有的层出不穷的创意。激情可以引发灵感，创意则催生创新，惟有不断的创新才是永葆企业成功之道。乔布斯恰是一位罕见的创意大师。“他的奇思妙想都是本能的，不可预见的，有时是充满魔力的。……他像个探路者一样，可以吸收信息，嗅到风中的气味，对前路先知先觉。”从 iPod 到 iTunes，从 iPhone 到 iPad，一连串的奇思妙想和令人惊异的产品不仅使苹果起死回生，而且将之推上了成功企业的巅峰。乔布斯始终认为，苹果领先于微软的，根本在于将艺术融入科技之中，创造了极具创意的产品。创新乃苹果的制胜之道。

集成。创新并非要事事原始创新，好的集成也同样可以产生创新。集成是苹果通向成功之路的另一大法宝。乔布斯的聪明之处，恰在于不单单是挖空心思地发明创造，而且能巧妙地将别人的点子和创造合理地集成起来，为其所用，创造出能够集大成的“聪明的”产品。iPod 的妙用在于海量地扩大了无数低档随身听的储存量，将上千首美妙的歌曲装进自己的口袋，从而改变了人们消费音乐的方式。iPhone 则是把普通移动电话变成了集打电话、听/录音、拍照片和视频、上网于一体的功能强大的移动设备。甚至连苹果连锁销售店都既是独一无二的，又是高度集成的，集众多连锁店的优长而用之。集成不是简单的拿来主义，而是在博采众长基础上的扬弃与创新，既需要开放的心态，也需要别出心裁的创意。

团队。管理在人，创新也在人，一流的企业必须依托一流的团队。乔布斯始终强调，只有保持一个富有激情和创意的团队，才能创造出真正伟大的产品。“我认为确保团队的优秀始终是我的责任，如果我不去做这件事，没有人会去做。”乔布斯最好的点子，最初往往不是来自自己的灵感，而是受到团队同事的启发。他的长处之一，便是能从众多的点子中筛选出最好的，并将其变成实际的产品，推向市场，赢得大众的青睐。在当今大鱼吃小鱼、快鱼吃慢鱼的高科技时代，单打独斗已成过去，必须强调集体意识、团队意识、集团作战意识。集众人之智慧，方能有不断创新的思想源泉。成功的企业家，不能是一个孤单的提琴演奏家，而必须是一个娴熟的乐团指挥家。

稍微总结一下，激情、创意（创新）、集成、团队意识，正是我们从乔布斯领导的苹果企业所能学到的最有价值的东西，也是我们可以借鉴来建设高水平大学的一些核心理念。经营好一家卓越的公司与建设好一所高水平大学之间存在着相通的道理，我们要学习并巧妙地将这些道理运用到学校管理和建设之中，从而促进学校的科学发展。

（本文原载马敏：《教育之道与管理之道》，华中师范大学出版社 2013 年版）

努力塑造城市之魂

——也谈武汉 21 世纪城市文化建设

有一种看法，认为现在武汉也开始高楼林立，现代化高层建筑一幢接着一幢拔地而起，各种高档宾馆和高级娱乐场所充斥其间，车水马龙，热闹无比，因此，武汉已经很现代化了，已经开始成为一个国际化的大都市。对此，我不敢苟同。

在城市现代化过程中，城市建筑、市政设施、交通状况这些看得见、摸得着的"硬件"，固然很重要，它们是构成城市形象的重要组成部分，成为人们判断城市是否现代化的重要标志之一。但是，一座现代城市"形象"的内涵，却远远不止是一大堆钢筋水泥的建筑、一个个高档娱乐消费场所，或仅仅是地铁、轻轨这些现代化的交通工具，它还应有自己更深的文化意蕴和在这一切背后的真正现代化的人。如果说前者更大程度上还是城市之"形"，后者则是城市之"魂"。

城市之魂，即城市所具有的文化积淀、文化品位和文化氛围，也是一个城市所追求的精神、理念。城市如果没有内在的文化底蕴和自己的理念，就没有个性，没有风格，没有特色，简言之，也就没有了自己的灵魂。任何再漂亮的建筑，只有当赋予其文化的内涵时，才成为建筑艺术，才具有活的生命。所谓一个城市的标志性建筑，并不在于它是最高的，或最大的，而恰在于它能够体现一个城市的精神，展示了一个城市的风格，表达了一个城市的追求。埃菲尔铁塔之于巴黎，伦敦桥之于伦敦，皇居之于东京，天安门之于北京，恐怕更多的不在于建筑形式本身，而在于它们所高度浓缩的文化符号。建筑形式与文化理念达到高度一致时，便成为城市的象征。

在这一意义上，规划和考虑 21 世纪武汉的城市建设时，我们不仅要考虑武汉的城市布局、经济结构、建筑风格、绿化美化、交通设施，更应该考虑武汉的城市文化建设，考虑如何为武汉的城市特色和风格定位。应该在经济、社会、文化、环境等因素的有机结合中塑造武汉的"城市形象"，在对文化品位的追求中替武汉铸造一个现代化之魂。

武汉的城市理念应当是什么？武汉应当有什么样的精神诉求？我认为，这种理念和诉求只能从武汉独特的人文环境和丰厚的文化积淀中来寻找，来提炼，来固化。这里，我不禁想到了唐代大诗人李白在黄鹤楼畔送别故人时所吟出的千古名句："孤帆远影碧空尽，惟见长江天际流。"这两句诗所包孕的那种磅礴、大气和空灵，不正应成为武汉城市理念的象征吗？作为一个滨湖滨江城市，武汉从来是与"大"相联系，与水相联系的：长江横贯三镇，滚滚东去；一桥二桥三桥飞跨南北，江山如画。此种有着丰厚历史文化积淀的大气魄、大手笔，正是武汉内在的精神气质，也理应成为这个城市新世纪的理念。武汉精神，概括而言，就是一种大流通、大开放、大改革的精神，就是一种敢为天下先、广招天下客的博大胸怀。武汉当下所缺者，在于斯；武汉日后应树者，亦在于斯。武汉的城市布局、武汉的标志性建筑风格，武汉的城市文化建设，似均应围绕这样一种理念和精神来做文章。

城市之魂的铸造，根本在于人。我们总是在强调体制改革，强调新的管理模式，强调城市生态的建立，殊不知，这些东西的背后是人，是人的心态。城市之魂，说到底是人的灵魂，即人的思想觉悟，人的文明素质。"新城"的崛起有赖于"新人"的出现。要振兴一个城市，首先要进行人的改造和整个文化的检讨，要呼唤英才的出现、现代都市人的出现。要主动地、全面地开放城市，培育现代新人，形成人与自然、人与城市同步发展，最终达到城市的一体化、可持续发展。我曾经到过一些发达国家和地区，深深感到，就城市而言，我们与他们的差距主要不是经济和技术方面的，也不在于城市的外表，而在于市民的整体文明程度，主要是受教育的程度。徜徉在东京街头，最使我惊异的，是几乎见不到交通警。问日本友人，得到的回答是既然已设置了交通信号，人人都会自觉遵守，根本用不着交通警来指挥。也就是说，城市的秩序是建立在"自律"的基础上，依赖市民的素质和文明习惯的养成。城市文化建设，说到底要落实在培育、塑造城市人的现代公民意识上，着力于提高市民的整体文明素质。在这方面，武汉不仅同国外先进国际都市存在较大的差距，就是同国内的先进城市相比，也存在相当的差距。这是非常值得我们反省的。

值得注意的是，在塑造、培育市民的现代意识，锻铸城市之魂的过程中，政府导向起着至关重要的作用。人是可以训练、培养的，但它有赖于政府自身的"城市理念"和主动的引导。在塑造武汉文明城市新形象中，主政者应该有明确的、坚持一贯的政策导向，调动一切积极手段来达到城市文化建设的目标。比如，武汉有这么多大专院校，又有近代以来所形成的好的教育传统，政府应充分利用武汉教育大市的丰富教育资源，实现政府对市民的教育、督导、训练、塑造的功能，为新城的崛起培育新人。

总之，城市精神或城市灵魂的形成，是文化与物化的高度融合，即文化的物化，物化的文化，有形的建筑在无形的文化中升华。其中，关键在于塑造具有高度现代意识和文明程度的“城市人”。

（本文原作于2000年1月3日）

三、深度书评

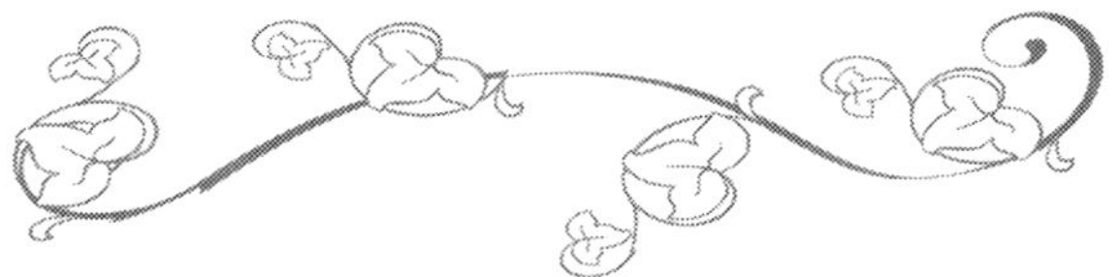

中国农村社会经济发展史的新探索

继《华北的小农经济与社会变迁》(以下简称《变迁》)① 一书之后，美国加利福尼亚大学洛杉矶分校黄宗智教授又于1990年推出另一部力作——《长江三角洲的小农家庭与农村发展》(以下简称《发展》)②。如同《变迁》一样，此书出版后即受到美国史学界的高度重视，某些研究中国问题的知名学者曾撰文评述，而黄宗智教授本人则依据书中的研究成果，在《近代中国》(*Modern China*) 杂志发表名为《中国社会经济史中的悖论现象与当前的规范认识危机》③ 的长文，对《发展》一书的主要结论作了进一步的理论阐释，触及中国社会经济史研究的若干重大理论问题。

众所周知，长江三角洲长期以来是我国农业经济最为发达的地区，也是我国人口密度最大的地区，与华北农村有着截然不同的生态及经济地理环境，那么，作者对这一地区农村经济长期变迁的考察，究竟在多大程度上能支持先前《变迁》一书中的主要论点？其分析模式究竟具有多大的普适性？或者说，长江三角洲的农村发展经验到底可以引出哪些富于启发意义的新结论？这些，无疑是国内学术界普遍关注的问题。

本文拟根据自己的理解，对黄宗智教授新著中的主要论点及学术价值作一初步的评介。

---

① Philip C. C. Huang, *The Peasant Economy and Socical Change in North China*, Stanford University Press, 1986. 中华书局中译本1986年版。

② Philip C. C. Huang, *The Peasant Family and Rural Development in the Yangzi Delta, 1350—1985*, Stanford University Press, 1990. 该书于1992年春获美东亚史研究列文森 (Levenson) 奖，其中译本即将由中华书局出版。该书所涉及的长江三角洲主要指太湖盆地北部，即现在的上海市和苏州地区所辖的地区。《长江三角洲小农家庭与乡村发展》，中华书局，1992年。

③ Philip C. C. Huang, The Paradigmatic Crisis in Chinese Studies, Paradoxs in Social and Economic History, *Modern China*, Vol. 17, No. 3, July 1991.

一、商品化进程与过密型商品化

同许多明清经济史专家的见解相一致，黄宗智教授亦确认自明清以来，长江三角洲农村经历了比华北地区更为蓬勃发展的商品化进程。根据吴承明先生的统计数字，19 世纪 30 年代，三角洲每年销往外地的布匹约为 4000 万匹，18 世纪在三角洲流通的粮食约为 1500 万担①。随着蚕丝、棉花和粮食市场化的扩大，长江三角洲出现了一大批新兴城镇，仅在清代就有 362 个新的城镇出现。苏州这一时期成为中国最大的缫丝和棉布加工中心。因此，“长江三角洲农村的高度商品化乃是无可争议的事实”。

问题在于，商品化进程本身是否必然导致小农经济的解体和资本主义萌芽的发生、发展?

黄著认为，几乎所有主要的社会科学传统理论对此均持肯定的回答。在古典经济学派看来，商品化及市场机会的出现，会使小农趋于专业化生产、竞争、革新和积累。而马克思主义者认为，商品化必然造成小农家庭式农业的解体，小农由此“‘分化’为资本主义的经营式农场主和农村无产者”②。然而，长江三角洲自 1350 年至 1950 年 600 年间的历史记载却显示了截然相反的事实：“蓬勃发展的商品化进程所带来的不是以雇佣劳动为基础的经营式农业的兴盛，而恰是它的衰亡。”③ 黄氏认为，这是令人惊讶的，因为如同他在 1985 年著作中论及的那样，华北的商品化进程确实伴随着经营农业某种程度的扩展，到 20 世纪 30 年代，雇工 3 人以上的农场（面积通常大于 100 亩）已占耕地总面积的 9%～10%，如果照此推论，商品化程度远甚于华北的长江三角洲经营式农业的程度应该更高。然而详细的考察却显示出相反的状况：明清时期，随着商品化和城市化进程，长江三角洲的经营式农业不断萎缩，到 19、20 世纪时实际上几乎已无经营式农业可言。根据满铁和费孝通等人类学家 30 年代对

① 参见许涤新、吴承明主编：《中国资本主义发展史》第一卷，人民出版社，1985 年，第 278～279 页。

② 列宁：《俄国资本主义的发展》(1907 年)，莫斯科外文出版社，1956 年。转引自黄宗智：《论长江三角洲的商品化进程与以雇佣劳动为基础的经营式农业》，《中国经济史研究》1988 年第 3 期。

③ Philip C. C. Huang, *The Peasant Family and Rural Development in the Yangzi Delta, 1350—1985*, Stanford University Press, 1990, p. 58.

长江三角洲8个村庄的选样调查，无一例可定性为经营式农场，即靠雇工（通常雇佣3个或更多人手）维持的农场。另据华东军政委员会1949年的调查，雇工在长江三角洲地区平均占总户数的3.8%，在黄氏看来，“这一数据完全可以作为长江三角洲农业中雇佣劳动规模的估计”①。与经营式农业的萎缩相对照，长江三角洲的租佃比重高得多，几达全部耕地面积的42%。

如何解释这一矛盾的历史现象呢？黄宗智教授指出，理解这一矛盾现象的关键在于长江三角洲的商品化过程不是伴随着小农家庭生产单位的衰亡，而是它的进一步完善。华北平原农村生产较低的家庭化程度，给了经营式农业得以发展的余地；而长江三角洲小农生产家庭化的充分发展，则阻断了通向经营式农业的发展道路。对比之下，长江三角洲的农村生产相对高度家庭化，在19世纪，松江府的几乎所有农户都织布，7/8的产品销往市场。在苏州府，桑蚕业的扩展同样使农村生产家庭化。根据卜凯的统计，到20世纪30年代，长江三角洲的妇女承担了16.4%的农活，儿童承担了8.4%的农活②。

农村生产的高度家庭化，使家庭生产单位获得了胜过经营式农业的竞争优势。黄氏强调，家庭式农业与经营式农业的实力差异，不是基于农场的相对规模，而是基于不同的劳动力使用方式。无论华北还是长江三角洲的农业体系中规模经济的作用均十分有限，重要差别是家庭生产单位特长发挥的程度。在农村生产高度家庭化的情况下，家庭生产单位可以通过利用家庭中妇女和老幼辅助劳动力轻松地胜过雇佣劳动为基础的经营方式，因为家庭辅助劳动力能够容忍远低于农村劳动力市场上成年男工的报酬。黄氏援引崇祯末年《沈氏农书》中的资料来具体说明这一点。根据沈氏的记载，当时在湖州靠雇佣劳力来养蚕是得不偿失的。即使最理想的收成，一筐蚕的纯收入在扣除成本后不过二钱银子，当时一石稻谷可卖一两二钱左右，其中不包括劳力成本。一家农户靠自己家人劳力饲养蚕十筐，尚可有所获。如果雇工，或蚕茧歉收，养蚕便会入不敷出。

农村生产家庭化对经营式农业的影响亦见诸工资与地租的相应关系。家庭化有助于维持长江三角洲成年男工的较高工资水准，从而抵御了经营式农场的兴起。至于地租率，由于家庭副业生产提供了辅助性收入，使长江三角洲的小农得以承受起

① Philip C. C. Huang, *The Peasant Family and Rural Development in the Yangzi Delta, 1350—1985*, Stanford University Press, 1990, p. 61.

② Philip C. C. Huang, *The Peasant Family and Rural Development in the Yangzi Delta, 1350—1985*, Stanford University Press, 1990, p. 46、47、57.

经营式农场难以接受的地租和地价。

简言之，其所以在经历了几个世纪的蓬勃的商品化过程后，小农家庭生产仍能在中国农村占据压倒性的优势，正在于“家庭式农业能比经营式农业维持更高的农业纯收益”①。这也正是小农经济的韧性与顽强生命力之所在。

通过对商品化过程本身的反思，黄氏明确指出，中国农村蓬勃的商品化与小农家庭生产长期并存的根源和答案隐藏于商品化过程自身的特性中。在1985年《变迁》一书中，黄宗智教授通过对华北地区农村演变型式的分析，已经明确提出不要把商品经济简单地等于向资本主义过渡。他列举了三种不同的农业商品化型式：第一种是由使用雇佣劳动的经营式农场主和富农推动的，这是一种半资本主义式的商品化过程；另一种型式是贫农为了生存而转向种植经济作物引起的，这种谋生而非谋利式的简单商品生产，与第一种是不同的；第三种型式则是由帝国主义入侵而推动的附属性的商品化——亦即本世纪20年代以后山东种植棉花和烟叶的型式。他认为，这三种不同的商品化过程不应不加区别地全都等同于向资本主义的过渡②。

黄氏的上述论点在其新著中又有新的突破和发挥。这集中表现在他引入“过密型商品化”（involutionary commercialization）的概念来描述长江三角洲不同于英国经验的商品化进程。在某种意义上，我们可以认为“过密型商品化”及由此派生出的“过密型增长”（involutionary growth）的概念构成了理解黄氏新著全书内容的关键，他的全部论证主要是围绕这两个核心概念而展开的。

“过密化”（involution）在黄氏1985年《变迁》一书中译为“内卷化”③，根据他自己的意见，在这本新著中译为“过密化”更能准确地体现他想表达的思想。所谓“过密化”即是指“以单位劳动日边际报酬递减为代价换取总产量的增长”④。这种复杂迷离的现象，当商品化进程本身伴随着“过密化”现象时即构成所谓“过密型商品化”。长江三角洲农业的“过密型商品化”并不是由经营式农场主的牟利活动推动的，这种判断系来自斯密和马克思所熟悉的英国经验，事实上这一地区的商品化主

---

① Philip C. C. Huang, *The Peasant Family and Rural Development in the Yangzi Delta, 1350—1985*, Stanford University Press, 1990, p. 73.

② 《华北的小农经济与社会变迁》，第十六章，中华书局，1986年，第307～308页。

③ 据黄氏的解释，这一概念系转借于克利福特·吉尔茨，他以“农业内卷化”来概括爪哇水稻生产劳动中集约化导致边际报酬收缩的现象。

④ Philip C. C. Huang, *The Peasant Family and Rural Development in the Yangzi Delta, 1350—1985*, Stanford University Press, 1990, p. 11.

要来自人口对土地的压力，“田场面积的缩减迫使农民趋于过密化”①。据统计，长江三角洲地区的人口从1393年的460万人迅速增长到1816年的1210万人。太平天国农民战争使这一地区的人口增长趋势有所缓和，但到本世纪30年代仍维持在990万人左右。人口对土地造成的压力是空前的。

值得注意的是，由于江南农村粮食作物的集约化生产在南宋和明朝初年已达很高的程度，因此长江三角洲的农业过密化主要通过扩大经济作物经营的形式展开，尤其是通过植棉和植桑。棉花经济和蚕桑养殖增加了劳动力的投入，比单一粮食作物生产增加了单位面积的产值，然而单位工作日的收益却是下降的。据卜凯本世纪30年代的统计，在“长江稻麦区”，种植棉花的劳动力需求为平均每亩21个劳动日，相比之下种植水稻仅需10.5个劳动日。棉花单位工作日的收益显然不及水稻。黄氏认为“这样的主要由人口压力推动的过密型商品化，必须区分于推动近代发展的质变性的商品化”，“这是一种应付人口压力下的维持生计的策略，而非为了追求最高利润的资本主义式的策略。它并不会带来资本积累”②。这种类型的过密型商品化同时也体现于同植棉联系在一起的手工棉纺织业以及同蚕桑业联系在一起的手工缫丝业。农村手工业同家庭式农业不可分割地联系在一起，以难以想象的低收益维持仅能糊口的农业生产。这同英国和西欧工业革命前乡村手工业较高的经济收益形成鲜明对比③。

黄氏还进一步分析了过密型商品化与市场的关系，指出即使没有其他实质性的变化，过密型商品化也可成为市场与城镇发展的基础，但是，在过密型商品经济中，农村市场产品交换的动机往往不只是为了牟利，而主要是为了维持简单生存。农村与城市的商品交换数量甚微，农民所购买的主要是其他农民所生产的生活必需品④。西方帝国主义经济对农村市场的渗透，也并未改变农村经济的过密型性质。例如在国际化了的蚕丝经济中，相对资本密集的机器织绸由美国和法国的工厂承担，它们依靠资本不那么密集的中国缫丝工业提供生丝，而中国缫丝工业又靠过密化的小农

---

① Philip C. C. Huang, The Paradigmatic Crisis in Chinese Studies, Paradoxs in Social and Economic History, *Modern China*, Vol. 17, No. 3, July 1991, p. 314.

② Philip C. C. Huang, The Paradigmatic Crisis in Chinese Studies, Paradoxs in Social and Economic History, *Modern China*, Vol. 17, No. 3, July 1991, p. 314.

③ Philip C. C. Huang, *The Peasant Family and Rural Development in the Yangzi Delta, 1350—1985*, Stanford University Press, 1990, p. 14.

④ Philip C. C. Huang, *The Peasant Family and Rural Development in the Yangzi Delta, 1350—1985*, Stanford University Press, 1990, p. 105.

家庭提供蚕茧，整个体系基于低收益的男性农民的植桑和更低收益的农民妇女的养蚕。在棉花经济中也存在着类似的情况。外国工厂承担大多数资本相对密集的织布，中国纱厂承担相对节省资本的纺纱，而中国农民承担劳动密集的低收益的植棉。帝国主义、中国工业和过密化的小农连成了一个整合的市场体系。尽管通过这一市场体系的连接，农民家庭生产的潜力得到更大程度的发挥，但并未改变单位边际劳动报酬下降的趋势。

二、增长与发展的悖论

商品化与增长是不是必然同近代意义上的经济发展联系在一起？是否存在没有发展的增长（growth without development）？这是贯穿于黄氏新著全书的中心线索。作者强调，区分增长与发展对理解中国的农村社会经济史至关重要，“这是理解中国农村长期贫困和不发达的关键”①。

根据黄氏的解释，这里的“增长”系指产品总量的增长（它可以表现为人均产量增长，每户产量的增长或经济的整体性增长），而“发展”则意味着劳动生产率或单位工作日收益的提高②。与“市场推动经济发展”的理论联系，人们通常认为在近代化过程之中，产量与劳动生产率会同步发展。在斯密和马克思所熟悉的英国早期工业化过程中情况也确实如此，因此他们均没有把产量与劳动生产率加以区分，并没有考虑没有（劳动生产率）发展的（产量）增长的可能性③。

然而征诸中国农业发展的历史实际，情况却显示出惊人的相异性。明清时期伴随着持续5个世纪的蓬勃商品化过程，农业产量有了显著的提高，基本跟上了人口的增长水平，但这一时期的产量增长一方面来自耕地面积的扩大，扩大了将近4倍；另一方面来自亩产量的增加，主要通过提高复种指数及对某些作物增加肥料和人工的投入，迄今为止尚无人能够证实单位工作日劳动生产率的提高。当时单位工作日

---

① Philip C. C. Huang, *The Peasant Family and Rural Development in the Yangzi Delta, 1350—1985*, Stanford University Press, 1990, p. 13.

② Philip C. C. Huang, A Reply to Ramon Myers, *The Journal of Asian Studies*, No. 3. August 1991, p. 50.

③ 在我个人看来，遽然断定马克思没有将产量与劳动生产率加以区分是值得进一步讨论的，因为马克思关于绝对剩余价值和相对剩余价值的著名论断乃是从区分延长工作日而生产的剩余价值和通过缩短必要劳动时间而生产剩余价值入手的。参见《马克思恩格斯全集》第23卷，人民出版社，1972年，第350页。

的收益仍是非常之低，小农生活仍处于糊口水平，中国人口的大部分仍束缚于粮食的生产。相反，发达国家的农业近代化首先即是劳动生产率和人均收入的提高。以美国为例，其高度发展的农业劳动生产率，使其4%的人口就能满足其他所有人的食品供应。显然易见，劳动生产率的发展是近代化的核心含义，也是真正意义上的经济发展。

黄氏将此种与发展相脱节的增长名为“过密型的增长”（involutionary growth），由此而形成其新著的第二个核心概念（第一个核心概念为“过密型商品化”，详见上文）。黄著以好几章的篇幅详细分析了长江三角洲1350年—1979年近500年间所经历的农业过密型增长。

黄氏首先讨论的是明清和民国时期。他援引某些中国学者的研究成果来说明明清时期在经济作物种植和家庭副业中所表现的过密型增长。如有的中国学者认为明清时期“桑争稻田”的现象反映了农业的发展①，但黄氏却认为他们所提供的数据仅仅说明了单位土地总收入的增加，而不能反映单位劳动收益的增长。如据李伯重的数据，当时植桑养蚕同种植水稻相比较，其每亩劳动投入的比率为8.1∶1，高于因改种水稻为植桑养蚕所获得总收入增长的两倍，在黄氏看来，这恰恰反映出按单位劳动日总收益计算，植桑养蚕的经济效益低于水稻种植，尽管它在总量上增加了农户的年收入并提高了土地利用率。这种以较高的劳动投入和单位劳动日收益下降为代价来换取产出的增加和年收入增长的做法，正是一种典型的过密型增长，而非发展。通过对明清农村手工业的考察，黄著认为，如同农业一样，农村手工业在社会和经济的意义上均是过密化的，“其社会意义的过密化表现在并没有新的社会生产组织的出现，仍是旧的社会生产组织的简单持续和自我完善；经济意义上的过密化则表现为通常并没有伴随劳动日收益的增长”②。

有关民国时期农业的过密型增长，黄著比较了华北农村和长江三角洲农村的情况。他选取本世纪30年代河北米厂村的典型资料来论证华北农业的过密型增长。该村1937年每亩棉花的收入为高粱收入的251%，为玉米收入的140%，即使考虑到种植棉花需消耗更多的肥料，棉花仍较其他农作物有更高的收益（排除劳动价值的因素），为高粱的203%，为玉米的128%。但若从单位劳动日收益的角度看，种植棉花并不比种植玉米划算，仍据米厂村1937年的统计数字，每亩棉花的单位劳动日纯收

---

① 参见李伯重等的研究成果。

② Philip C. C. Huang, *The Peasant Family and Rural Development in the Yangzi Delta, 1350—1985*, Stanford University Press, 1990, p. 88.

益（扣除生产成本之后）为1.04元，每亩玉米则为1.18元。长江三角洲的情况如何呢？黄著选取了30年代无锡郊外小定乡的典型，该地来自蚕桑业的总收入较水稻和小麦收入之和还高，前者为每亩15.96元，后两者之和为每亩12.75元。但若按单位劳动日纯收益计算，蚕桑业的收益又低于水稻和小麦之和，分别为0.15元和0.27元①。情况仍是如此，从农户的总收入看是增加了，但与之伴随的却是单位劳动日收益的递减，妇女和小孩成为必需的补充劳动力。此外，黄氏还对1949年—1979年的情况做了大量的分析，认为在这30年间，尽管采用了一些现代农业技术和耕作方法，但使产量大幅度提高的主要动力仍来自密集的劳动投入、扩大耕地面积和提高土地利用率。这意味着农业生产的经济效益仍然很差，农民的生活并没有得到根本性的改善。黄氏称这一现象为“集体制下的过密化”，认为这是中国农村几个世纪来过密化趋势的继续②。

同经济发展密切相关的是市场的发育程度。黄著用相当的篇幅对过密型增长下的农村市场的结构和特征作了进一步的分析。黄氏认为，中外学者最新的研究已成功地证实了明清经济中市场的整合趋势，在稻米、棉花、茶叶等商品交换中无疑存在着“民族市场”，而且，中国农村市场进一步连接世界市场。在民国期间，上述趋势加速扩展。那种认为中国经济仍处于近代化的通商口岸的自然乡村经济的对立之中的“二元经济论”，显然是站不住脚的③。

然而，在另一方面，已被纳入整合市场的棉纺织生产并不在城镇作坊中进行，而是在小农家庭中进行，与农耕相结合。不仅如此，小农生产的大部分仍直接满足家庭消费。换言之，乡村经济相当程度地仍处于“自然经济”状态，整合市场与“自然经济”长期并存④。通过对农村商品市场、土地市场、信贷市场和劳动市场的详细考察，黄氏认为，明清至民国时期中国农村市场的发育尚不成熟，基本上是一种“小商品市场”，离斯密和舒尔茨等描述的“完全自由竞争”的市场模式相去甚远。这主要表现在：要素市场（factor market）的运行尚处于种种约束之下，土地转

---

① Philip C. C. Huang, *The Peasant Family and Rural Development in the Yangzi Delta, 1350—1985*, Stanford University Press, 1990, p. 124.

② 考虑到60年代中国政府对农村动力机械投入的增加以及化肥工业的兴起。“集体制下的过密化”与以前时期的“过密化”究竟有否区别？黄著对此似缺乏过细的分析。

③ 黄氏指出侯继明、罗兹·墨菲等为“二元经济论”的学术代表。

④ Philip C. C. Huang, The Paradigmatic Crisis in Chinese Studies, Paradoxs in Social and Economic History, *Modern China*, Vol. 17, No. 3, July 1991, p. 318.

移同时受到习俗与法律的约束，在广泛使用的典卖交易方式中，卖主拥有几乎无限的赎回权；妇女被排斥在劳动市场之外，雇佣交易中讲究私人关系和中间人，从而限制了劳动力市场的空间范围；村内亲友间的贷款（无论个人货款还是合会）讲究感情和礼尚往来，而非脱离人际关系的信贷市场逻辑。因此，这种与过密型商品化和过密型增长相联系的农村市场整合，并不具有近代发展导向，并不意味着“质变性的发展”（transformative development）。

黄著指出，自1979年中国实行以家庭联产承包责任制为主要形式的农村经济改革后，中国农村面貌开始发生深刻变化，它使种植农业中长期过剩的人口有可能大规模地从土地的束缚中挣脱出来，通过减少参与分配的劳动力，带来种植业生产中劳动生产率和单位工作日收入的迅速提高。由此，终于打破了持续几个世纪的过密型增长，在中国农村的许多地区第一次创造了真正的发展和相对繁荣。黄著将此称为“没有增长的发展”（development without growth），即发展不是来自农作物产量的提高和密集化的劳动力投入，而是来自乡村工副业的推动，来自劳动生产率和经济效益的提高，他反复强调的一个观点是：中国农村经济发展的真正动力并不在于单纯的市场导向，而是乡村工业与副业（包括手工业、畜牧业、渔业、林业）的迅速发展，以及由此而造成的农业过剩劳动力的大规模转移。黄著从打破“过密型增长”的角度来论述中国农村经济改革的意义，乃是十分新颖的。

三、方法论：规范认识的危机

卒读黄氏新著全书，细心的读者不难发现，在1985年《变迁》一书的基础上，黄宗智教授通过对长江三角洲农村历史进行深入、具体的研究，提出了一系列新颖的学术观点，对我国学术界不无启迪。不过，我个人认为，具体的学术见解常常是见仁见智，很难说谁能穷尽绝对真理，完全有进一步讨论的余地。黄氏新著的学术价值，更重要的还在于他在研究中所运用的一套思想方法和分析方法。正是这种方法论上的差异，使黄氏往往能见微知著，在中国农村社会经济史研究中发前人所未发，不断提出富有挑战性的学术见解。

在前面提及的理论性长文中，黄氏开宗明义地提出：“中国社会经济史的研究正处于一场规范认识的危机之中。……所谓规范认识指的是那些为各种模式和理论，包括对立的模式和理论所共同承认的，已成为不言自明的信念。”他认为，这才是托马斯·库恩1970年《科学认识革命的结构》中的“规范认识”（paradigm）一词的真正含义。

黄氏指出，在最近40年的中国社会经济史研究中，中国学者中明显地存在“封建主义”和“资本主义萌芽”两种对立的学术见解或模式。前者认为历代王朝统治下的中国社会是基本没有变化的，以“男耕女织”、自给自足为特点的封建“自然经济”在明清时期占据优势地位，并一直持续到20世纪30年代①；后者则认为，明清时期绝非是停滞的，而是充满着资本主义预兆的种种变迁，资本主义生产关系已经开始发生和发展，与西方国家的经历类似②。无独有偶，西方学术研究的主要内容出人意料地与中国的研究相似。当然，这里不再是“封建主义”与“资本主义”的对立模式，而是哈佛学派的冲击—反应模式与源自近代化理论的“传统”中国与“近代”中国的对立模式。这两种模式的基本出发点是中国在与西方接触之前是停滞的，或仅在“传统范围”内发生变化。这一见解在60年代后期受到挑战，并在近年来形成一个新概念，即将中国受到西方影响前数百年的时期称为“近代早期”（early modern）。与中国的“资本主义萌芽论”一样，“近代早期论”的出发点是明清经济的大规模商品化，有的学者更进而把这一观点引申到社会和政治领域中③。

尽管上述对立的学术派别和模式有种种不同点，但他们相互间却有某些共同的基本信念，如双方都不言自明地把停滞与前商品化经济相联系，把近代化等同于商品化。中国的“封建主义论”学派之所以认为封建经济是停滞的，是因为他们把它等同于没有大规模商品化的自然经济，他们下意识中与“资本主义萌芽论”学派一样，也认为商品化必然会导致资本主义④。与此类似，西方“传统中国论”学派则认为明清经济基本上没有商品化，因此不会导致近代经济发展。简言之，商品化会导

① 参见黎澍：《关于中国资本主义萌芽问题的考察》，《历史研究》1956年第4期；另见徐新吾的有关实证研究，吴承明编：《旧民主主义革命时期的中国资本主义》，人民出版社，1990年。

② 参见吴承明前揭书；李文治：《明清时代的农业资本主义萌芽问题》，中国社会科学出版社，1983年。

③ 参见 William Rowe，*Hankou：Commerce and Society in a Chinese City，1796—1889*，Standford University Press，1984；Susan Naquin and Evelyns Rawski，*Chinese Society in the Eighteenth Century*，New Haven，Yale University Press，1987.

④ 黄氏对中国“资本主义萌芽学派”有关商品经济发展与资本主义萌芽关系的理解似乎存在某种偏差，因为这一学派的理论并没有强调商品化必然导致资本主义，而是认为商品经济的发展是资本主义萌芽的历史前提。“不能从商品流通中直接引申出资本主义萌芽”，只是在某些条件下，“小商品生产才能向资本主义过渡”。在这一学派看来，资本主义萌芽主要体现在手工业中所出现的资本主义雇佣劳动。

致近代化的构想是贯穿于“封建主义论”与“资本主义萌芽论”模式，“传统中国论”与“近代早期中国论”模式中间的一个规范信念或规范认识，它贯穿了大洋两岸学术界的两代人，也贯穿了斯密的理论与马克思主义理论。

黄氏强调指出，规范信念或规范认识比起任何明白表述的模式和理论来都有着更广泛、更微妙的影响，它们的影响不仅在于引导人们去想什么，更在于不想什么，因为它们往往被视为再明白不过，以至于无须再加以讨论的定论。它们往往构成不同理论、模式间发生争议时的共同前提和出发点。但不幸的是，恰恰是这些不言自明的共同前提和出发点似乎发生了危机，即规范认识的危机。黄氏反复申明，他所指的规范认识的危机并非针对某一理论或模式，亦非针对学术界的这一代或那一代，也并非单方面针对中国或西方的学术研究。把当前中国史研究中的危机仅仅解释为老一代研究的衰微，或认为它只发生在中国，并认为斯密理论战胜了马克思主义理论，是误解了这个危机的真正含义。“当前的规范认识危机要从两代人和两种表面对立的模式和理论体系的共同危机的角度来理解。”应当说，黄氏的观察和分析揭示了历史研究中相当隐秘但又相当关键的一个思维方式问题，即立论和思考的规范性前提的可靠性问题，其意义已不局限于中国社会经济史研究。

那么，规范认识危机究竟从何产生？为什么说已经存在着如此严重的规范认识危机？黄氏认为，规范认识危机主要来自实证研究所揭露的一系列悖论现象（paradoxs），这些悖论现象使人们不得不转而怀疑规范信念本身，使规范信念濒于崩溃的边缘。在这里，悖论现象指的是那些被现有的规范信念认定有此无彼的对立现象在事实上的同时出现。例如，按照规范信念，商品化应同经济发展相一致，商品化将导致近代化。然而，目前实证研究所揭示的悖论却是：商品化和经济不发展这一对相悖的现象确实存在。在更深的层次，悖论现象则对既有的因果观念提出怀疑：商品化是否必定会导致经济发展？明清时期蓬勃、持久的商品化与糊口农业长期并存的事实，反悖于“资本主义萌芽”和“近代早期中国”的模式的断言，也反悖于“自然经济”和“传统中国”模式的认定，向“商品化必然导致近代化”的不言自明的规范信念发难。黄氏新著及文章中所涉及的其他悖论现象还包括：没有发展的增长，城市工业化与乡村不发展并存，分散的“自然经济”与整合的市场并存，没有公民权力发展的公众领域扩张，没有自由主义的规范主义法制，等等。

应当怎样解释和对待实证研究所揭示的一系列悖论现象呢？黄氏认为，我们需要做的是从实际的悖论现象出发，寻求能够解释现象的概念，而不是凭借这些悖事实的逻辑来否认历史现象，继续坚持这样或那样的古典理论。例如，有的中国学者曾经设想如果西方帝国主义没有入侵中国，明清的资本主义萌芽会导致城乡的质变性的资本主义化。这样，质变性的资本主义化事实上未曾发生过似乎就无关紧要了。另外，新斯密学派的美日学者也以同样的方式明确地或含蓄地讲：如果没有战争和革命，20世纪初叶中国乡村由市场推动的发展会导致质变性的乡村近代化。照此逻辑，中国乡村并未近代化的历史真实倒无关紧要了。这种悖事实争辩的要点在于从理论上推导某种应有的历史现象，而无视历史真实。“历史真实成了理论的牺牲品。”①

黄氏主张，当悖论现象与规范信念明显相矛盾时，应当采取一种历史主义的态度，即“由史实到理论，而不是从理论出发，再把历史削足适履”。就“试图从最基本的史实中去寻找最重要的概念，然后再不断地回到史料中去验证、提炼自己的假设”②。黄氏坦率地承认，在他1985年的著作中，面对矛盾的历史现象，曾首先企图通过肯定两代学术和两个古典理论所分别具有的部分道理，来寻求一条调和的途径。而只有到写作1990年的新著时，才清楚地看到了历史的悖论现象向以往两代学术和两种理论所共享的不言自明的规范信念提出了挑战。

由此，黄氏尤其推重微观的社会研究方法，包括地方史的研究。他认为从方法论的角度来看，微观的社会研究特别有助于摆脱既有的规范信念。如果研究只是局限于宏观的分析，很难免套用既有理论和规范。然而，翔实的微观层面的信息，尤其是从人类学方法研究得来的第一手资料和感性认识，使人们有可能得出不同于既有概念的实证——颠倒过来，认识到悖论的事实。这或许是他的经验之谈，但就整个历史研究而言，我们以为恐怕还是得提倡微观和宏观的结合，提倡既见树木又见森林。

归纳起来，黄氏所倡导的方法论为：从微观的实证研究中发现历史的悖论现象进而怀疑和否定悖事实的规范认识（包括各种各样的古典理论、现代流派以及理论模式等等）；在冲破旧观念束缚的同时，从中国的历史实际出发，重新解释历史，立足于建立中国研究自己的理论体系。这种以中国历史经验本身为中心的新的理论体系，“并非是退回到旧汉学的排外和孤立状态，而是以创造性的方式把中国的经验与世界其他部分联系起来”。应当说，这种求实、开放的治学态度和方法亦是值得我们加以借鉴的。

（本文原载《近代史研究》1993年第2期）

---

① Philip C. C. Huang，The Paradigmatic Crisis in Chinese Studies，Paradoxs in Social and Economic History，*Modern China*，Vol. 17，No. 3，July 1991，p. 131.

② Philip C. C. Huang，*The Peasant Economy and Socical Change in North China*，Stanford University Press，1986. 中华书局中译本1986年版序。

另一种历史

——高阳《胡雪岩全传》读后

在高阳创作的众多历史小说中，《胡雪岩全传》可谓一座艺术的丰碑，集中体现了高阳历史小说创作“以小说造史，以史造小说”的独特艺术个性。这部共五卷七册的鸿篇巨制，以丰富、可靠的史实为依据，用纵横捭阖、挥洒自如的大手笔，围绕胡雪岩这位煊赫一时的红顶商人，发迹、走红与败落的主线，剔幽抉微，层层铺排，绘制出一幅幅反映晚清政商关系和城市社会生活的史诗般的历史画卷。其气势之雄伟壮阔，其描写之精致缜密，同辈文人中实无出其右者，令人为之叹服。读罢掩卷深思，蓦然发现高阳笔下的历史，实在比我们从教科书中了解到的历史似更真实、更完整，简言之，更像活的历史。那么，高阳运用了什么法力，能以文学的笔触，还原出一部“信而有征”的“信史”？文学之真与历史之真究竟有何区别与联系？文学究竟应怎样走进扑朔迷离、神龙见首不见尾的历史迷宫之中，去营造历史之真，发掘历史之美，实现古与今的形象对话？这是本文试图从高阳这部写商人的杰作中解读的问题。

一

遽然已逝的历史是一个谜，胡雪岩也是一个谜。

如果要从纯史学的角度研究胡雪岩，素以严谨著称的历史学家将会感到非常的困窘，由于史料的稀缺，我们几乎无法措手从事一项有关胡雪岩的专题研究。这是迄今为止尚无有关胡雪岩的史著出版的基本原因。

凭借零碎的史料，我们仅仅知道：

1. 胡雪岩（1823—1885），本名胡光墉，原籍安徽绩溪，寄籍浙江杭州。早年因家贫寒，无资就塾，仅靠自学粗通文墨。后来经亲戚推荐到杭州一家钱庄当学徒，满师后升为钱庄跑街。正是在其当钱庄跑街期间，结交了时为候补官吏的王有龄[①]。以后，王有龄官运亨通，从署浙江仁和县令，一路做到江苏布政使、浙江巡抚，成为清廷的地方大员。胡雪岩在王有龄的提携下，长袖善舞，在杭州、上海等地开设了著名的阜康雪记银号（在上海称阜康钱庄），又在各地开设钱庄、典当二三十间，并大做生丝、军火、药材生意，“其子店遍于南北，富名震乎内外，佥以为陶朱猗顿之流，官商寄顿资财动辄巨万，尤足以壮声势”[②]。

2．胡雪岩得以更上一层楼，成为晚清首屈一指的富商大贾、威风八面的红顶商人，又得益于他对中兴名臣左宗棠的攀援。咸丰十一年（1861 年），太平军忠王李秀成部再克杭州，王有龄兵败自杀，胡雪岩将先期为王有龄筹办的军粮十万石悉数献于新任浙江巡抚左宗棠，大得左宗棠赏识，不仅前嫌尽释，而且认为胡“急公慕义，勤干有为”，委以浙江粮台总办重任，“以浙江之绅，办浙江之事，情形既熟，呼应较灵”[③]。以后左宗棠历任闽浙总督、陕甘总督，办洋务，借洋债，平西域，多赖胡雪岩从中周旋，多方接济。因此胡雪岩深得左宗棠之垂青。左氏创办福州船政局，即胡雪岩所献议。左宗棠以船政局“一切工料及延洋匠、雇华工、开艺局，责成胡一手经营”[④]。左宗棠经营西北，平定新疆，在后勤、军饷方面，也唯胡雪岩是赖。正因为胡雪岩劳苦功高，帮了左宗棠的大忙，故左宗棠在平定西域后，即破例向朝廷奏请，给胡雪岩“破格优奖，赏穿黄马褂，以示优异之处”。到此，胡雪岩不仅成为有清一代为数极少的几个红顶商人之一，而且成为唯一一位被赏穿黄马褂的商人[⑤]。胡依靠官方的势力，生意越做越大，自在情理之中。据估计，鼎盛时期胡雪岩名下的资产高达银二三千万两之巨，富甲天下，无人能敌。

3．胡雪岩最为人熟知的还是他个人及其事业的凄惨结局。胡本人所操纵的 1881 年至 1882 年间的生丝投机活动，造成华洋商人的生丝大战，并最终引发了 1883 年的上海金融大风潮。1881 年，为了抵制外商抑价购丝，胡雪岩于该年至 1882 年之间，大量购进生丝囤积，“以一人之力，垄断居奇，（生丝）市值涨落国外不能操纵，农

---

① 尽管细节不确，但据刘体仁《异辞录》的记载，胡、王相交其时约在道光二十八年（1848 年）王有龄署浙江仁和县令之前。

② 上引刘体仁《异辞录》卷二，第 25 页（此为自刊本，未注明刊印年月）。

③ 《官军入浙应设粮台转运接济片》，《左宗棠全集》第一册，上海书店，1986 年影印本，第 597 页。

④ 参见秦翰才：《左文襄公在西北》，岳麓书社，1984 年，第 67 页。

⑤ 黄马褂除非因军功，向由皇帝自动赏赐，左宗棠以臣下身份请求赏赐给胡雪岩，已是破例，而皇帝竟然允赐给一个商人，更属破例，故此为胡雪岩平生最得意之事。

民咸利赖之"①。到1882年10月，胡氏手中已套购生丝14000包，致使上海市场的生丝价格直线上涨，胡则待价以沽。孰知该年适逢意大利生丝丰收，可暂缓欧洲市场所需，故洋商串通一气，坚拒付高价购买胡雪岩的囤丝。到11月份，市面萧条，丝价开始大幅回落，胡雪岩无奈中被迫将其囤积的生丝以贱价脱手，据说损失已高达100万两以上（一说几百万两）②。生丝大战的失手直接牵动到胡雪岩的金融事业，在1883年上海金融风潮中，胡手中最大的阜康钱庄倒闭，同时引发一系列钱庄、典当倒闭，胡雪岩终于宣布破产。破产后的胡雪岩处境是相当凄凉的，不仅人财两空，且清廷有查抄之谕："现在阜康商号闭歇，亏欠公项及各处存款，为数甚巨，该号商江西候补道胡光墉，着先行革职，即著左宗棠饬提该员严行追究，勒令将亏欠各处公私款项，赶紧逐一清理。倘敢延不完缴，即行从重治罪……"③

有关胡雪岩的生平行事，我们所能知道的，大抵就是以上这些；而高阳所能掌握的，想必也不会多到哪里去。相关史料当然还可以进一步发掘，但目前已经知道和能被披露的，毕竟有限。凭藉如此有限的资料，老实说，历史学家们对胡雪岩的研究是无能为力的。因为史学必须从史料入手，必须详尽地占有史料。对史料的掌握、鉴别，对历史证据的充分发掘，是治史的必不可少的基础工作，也是治史者的"基本纪律"。如余英时先生所说："史学毕竟是建立在以往的经验的基础上，经验知识无论如何离不开客观的证据。……今天的史学家可以在解释和观点层面自抒己见，但是如果他在基本纪律方面犯了严重错误，那么他的史学家的资格便会受到怀疑。"④

从治史者的"基本纪律"出发，历史学家所受到的约束是相当大的，他们可以"于缜密考订功夫中驰骋宏观思维"⑤，但却不允许野马放缰似的自由自在地畅想。历史研究者从来不能无拘无束，历史是历史学家的暴君，它自觉或不自觉地严禁史学家了解任何它没有透露的东西⑥。当史料缺乏的时候，再有才华的历史学家也只能老老实实地承认自己的无能为力，承认自身的局限。"知之为知之，不知为不知。"一

---

① 中国人民银行上海市分行编：《上海钱庄史料》，上海人民出版社，1960年，第47、48页。

② 李文治：《中国近代农业史资料》，生活·读书·新知三联书店，1957年，第536页。

③ 《光绪实录》卷一七四，第16页，转引自中国人民银行上海市分行编：《上海钱庄史料》，上海人民出版社，1960年，第48、49页。

④ 余英时：《犹记风吹水上鳞——钱穆与现代中国学术》，三民书局股份有限公司，1991年，第187页。

⑤ 桑兵：《清末新知识界的社团和活动》，"序"，生活·读书·新知三联书店，1995年。

⑥ 马克·布洛赫：《历史学家的技艺》，上海社会科学出版社，1992年，第47页。

如布洛赫所说："'我不知道，我没法知道。'这种话听起来总是不顺耳的，尚未竭尽全力进行过研究的人是不应该讲这种话的。不过，有时即便是最严谨的学者，在作过各种尝试之后也只得老实承认自己的无知。"①

以不知为不知，且待以来日。作为职业历史学家，我们已算遵守了"基本纪律"，可以无怨无悔矣。但问题还是没有解决，胡雪岩其人仍是一个谜，有关他的知识仍是零碎的、片面的、割裂的、相互矛盾的。那么，这样的一种历史的"真"，究竟有什么意义呢？我们维护了历史的尊严，却不得不长久地拒绝人们对胡雪岩一生传奇经历的了解，始终无法为人们提供这段历史的丰富多彩的画面。历史与史学果真就是如此苍白而无力吗？能否在有限的史料与人们无限的求知渴望之间寻求到一种平衡？能否借助一种有效的手段或形式，突破历史层累的坚冰，深入博大的历史文化精神之中，重塑历史之魂，再现昔日生活的画面，使人们能接触到哪怕是不全真却活泼而富有生命的历史？

为此，还是让我们回到高阳，回到高阳的历史小说，回到洋洋洒洒的《胡雪岩全传》。

二

高阳何其幸哉，他懂历史，写历史，却又不会受到治史者"基本纪律"的约束，他可以驰骋于历史想象的空间，用自己的艺术思维，把另一种历史——不全真实但却鲜活的历史呈现于广大读者的眼前。

如果要谈高阳历史小说的特色和贡献，可以说，其最大的特色和贡献，就是凭借他丰富而敏锐的史感以及超乎常人的想象力，沟通了史学与文学、历史与现实、古人与今人之间的界限。他能以文学家和史学家的双重禀赋，出入于文学与史学之间，随心所欲而不逾矩，同时得到双方的认可。所谓"以小说造史"，正是指高阳以文学的形象思维补史学资料之不足，使遥远、模糊和缺乏联贯性的历史，变成可感、可读、可品味的文学性的历史。由于形象思维和想象成分的渗入，如果说高阳的小说还原了历史，那也不是简单意义的复原，而是创造性的"复活"。如果说高阳借助于自己"信史"风格的叙述去探究历史的"真相"，那么这一"真相"离"原原本本"的历史真相可能已相去甚远，但它在另一意义上，在更高的层次上，又构筑了另一种"全景"式的、具有内在逻辑性的历史"真相"。这种"真相"的具体情节可

---

① 马克·布洛赫：《历史学家的技艺》，上海社会科学出版社，1992年，第48页。

能是虚构的，但在总体效果上，又足以令人相信它是真实的、曾经存在过的。相信读过《胡雪岩全传》的人，一定会感到高阳笔下的胡雪岩便是一个真实、可信的胡雪岩，他的性情品格、行为方式，似乎也就是胡雪岩这个人物理所应有的生存方式，至于历史上那个胡雪岩到底如何，倒可未遑深论了。至少在读者的心目中，“活”的胡雪岩已取代了“真”的胡雪岩，作为文学形象的胡雪岩与历史上的胡雪岩已浑然一体，无复可辨了。

高阳何以能做到以文学之真超越历史之真，并且为大家所认可、接受？换言之，在他的历史小说中究竟采取了哪些值得总结的叙事策略和手法呢？

其一，总体真实、枝节敷衍的布局策略。

高阳历史小说为何会给人一种真实、可信的感觉？恐怕首先在于这些历史故事和历史人物在总体框架上，在“主线情节”的发展上完全是依据历史事实而展开的，并非凭空虚构，随意编造。如高阳笔下胡雪岩的发迹、走红与败落的全过程，与史料所揭示的胡雪岩的生平行事基本上是吻合的。这证明高阳是以治史的态度在写小说，对有关胡雪岩的史料和传说大体了然于胸，不亚于一位严谨的历史学家。但高阳毕竟是在写小说而不是治史，因此，他又尽可驰骋文学的想象去弥补史料之不足，从胡雪岩生平的枝节敷衍开去，重塑丰富的历史细节，赋予胡雪岩这个历史人物以活的生命。例如，有关胡雪岩发迹的缘由，总体上可归结为他与王有龄的结交，但他最初究竟如何从底层崛起，已无可考，只有种种传说：最通常的说法是他在杭州钱庄任跑街期间，资助了穷困潦倒的王有龄，王有龄任官后知恩图报①。但有的说，王有龄发迹前并无落魄情形，受胡资助，似无可能，胡之发迹，是因曾私下资助过一个湘军营官，为钱庄老板不容，以至流落街头，营官暴富后，以10万之资，让胡自立阜康银号，并推荐给浙抚王有龄，胡遂成富商②。还有一说，胡在钱庄做事被老板于姓者器重，老板膝下无子，遂在病重时，将钱庄之资全部赠胡，胡因之以富③。显然高阳主要是取前说，在《胡雪岩全传——平步青云》的开篇中，营造了胡雪岩以几百两银子资助王有龄捐官的种种细节，并自然生发出王有龄在官场发迹后又反过来奥援胡雪岩的种种细节。这些细节可能并非确有其事，但却并不影响胡雪岩交结王有龄这一总体事实的真实性，因而也就成为可以接受的。

有时候，总体的真实反而需要枝节的蔓生使其显得更为真实、合理。譬如，史

---

① 参见史若民：《票商兴衰史》，中国经济出版社，1992年，第167页。

② 参见史若民：《票商兴衰史》，中国经济出版社，1992年，第167页。

③ 参见史若民：《票商兴衰史》，中国经济出版社，1992年，第167页。

料反映胡雪岩在1881年至1883年与洋商的生丝大战中，主要策略是囤茧囤丝以求高价，而在高阳的小说中，则以神来之笔，增添了胡雪岩与古应春密谋的收购新式缫丝厂，“自己收茧，自己做丝，自己销洋庄，‘一条鞭’到底，不必怕洋人来竞争”的“死中求活的仙着”①，更凸显出胡雪岩在商战中的韬略和精明，同时也使这场中外瞩目的生丝大战显得更加扑朔迷离、精彩纷呈，更令人为胡雪岩悲壮的失败扼腕叹息。

枝节的衍生之所以并不影响总体历史的真实，乃是因为历史的真本来就是相对的真，我们对历史真相的认识永远都不可能是全面的、原本的，如钱钟书先生所指出：“求尽则尽无止境，责实则实无定指。”② 史学认识的相对性为历史小说在总体把握下重塑历史细节、还原生活真实提供了空间和可能。

其二，“以考证入小说，以小说成考证”的信史笔法。

衡量一部历史小说是否成功，除人物形象和故事情节是否吸引人外，所描写的历史场景、社会氛围是否逼真也非常重要，因为这直接关系到历史小说的可信度和艺术感染力。高阳的历史小说之所以被誉为“信史”，就是因为他在动笔写作之前，已大量占有、消化了有关史料，做足了史实考据的功夫。据说，为了营造逼真的历史场景，将历史人物写活，高阳的创作准备方式大都是直接看史料，尝试从历史文献中找出戏剧化冲突的线索，或发现问题以供考据。高阳认为，历史小说的人物和情节或许受既定史料的限制，但依可循的原理去还原过去的生活，使许多知名人物的生命重新复活，是非常有意义的工作。同胡适一样，高阳也具有强烈的历史考据癖。他敏学深思，于不疑处有疑，常常发现新的历史疑案，并且孜孜不倦地试图“侦破”，这就使他的历史知识通常是建立在比较可靠的基础上，经得住质疑和推敲，不至于犯常识性的错误。

高阳所具备的比较严格、渊博的历史素养，使他掌握了大量比较生僻的掌故、素材，往往能言人所不能言，写出“窥秘发覆的力作”。例如，他在《胡雪岩全传》中提到的道契，史学界直到近年才展开比较系统的研究，但高阳在书中已对道契有了确切的描写，指明道契即上海租界中通行的出租土地的契约，因须由外国领事送上海道查核，查明无误，即由上海道在出租地契上加盖印信，交承租人收执，故谓道契。胡雪岩的姨太太罗四姐便保存有三张这样的道契③。再如书办在清朝基层官衙

① 高阳：《胡雪岩全传——萧瑟洋场》，中国友谊出版公司，1993年，第159～160页。

② 钱钟书：《史传通说序》，《钱钟书论学文选》第六卷，花城出版社，1990年，第247页。

③ 高阳：《胡雪岩全传——灯火楼台》，中国友谊出版公司，1992年，第179～180页。

所具有的重要作用，一般粗心的治史者往往不察，但高阳凭借其渊博的历史知识和敏锐的史感，对此辈低级官吏的重要性有明确的认识，在《胡雪岩全传》中多次提及：清朝大小衙门的基层公务，只有书办才熟悉，其中的真实情况，以及关键、诀窍，为不传之秘。离开这帮“蠹吏”，“天大的本事，也征不起的钱粮”①。

正是凭借这些在阅读大量经史典籍、方志笔记、佚文野史所积累起来的确凿可靠的知识，并加以精审的考证，高阳才形成自己“以小说写历史”的“信史”风格，无牵无碍地探索、披露历史的真相，写出一部部真实可信、栩栩如生的历史传记小说。

其三，融知识义理于故事情节的文化取向。

文化是历史联系的纽带，是渗透于历史之中的精魂。在以小说写历史的过程中，高阳格外醉心于文化的追求，力图使自己的鸿篇巨制具有比较高的文化品位，以别于坊间通俗文学读物。台湾学者杨照在评论高阳历史小说的特点时指出：“铺在故事底下的文化、社会衬垫，是历史小说叙述的整合有机部分。”② 高阳的历史小说实质上就是一种“民族历史文化小说”，是一种以文学形式所表现的“历史民族志”。

为了求得文化的意蕴，在叙述故事、刻画人物的时候，高阳往往不惜以大量的篇幅描写和介绍历史上的典章制度、饮食服饰、礼仪风俗、地理沿革、建筑样式等，力图反映中华民族的“整套的生存式样”，提供一座绚丽壮阔的中华民族的风俗画廊。这些大量的日常生活细节描写也帮助读者更贴近历史的真实，于不知不觉中丰富了民族文化的涵养。如《胡雪岩全传——烟消云散》中描写中国特有的抬轿习俗“打杆子”：

> “喔，”吴世荣在轿中吩咐：“停轿。”
>
> “停轿”是将轿子放下地，轿杠仍在轿夫肩上，不过是有根带桠杈的枣木棍，撑住了轿杠，其名叫做“打杆子”。③

又如描写乡试发榜中的“闹榜”：

---

① 高阳：《胡雪岩全传——平步青云》（上），中国友谊出版公司，1992 年，第 316～317 页。

② 杨照：《历史小说与历史民族志》，转引自张宝琴：《高阳小说研究》，台湾联合文学出版社，1993 年，第 138 页。

③ 高阳：《胡雪岩全传——烟消云散》，中国友谊出版公司，1992 年，第 75 页。

……向例写榜从第六名开始，前五名称为“五经魁”，留到最后揭晓，那时已是第二天晚上，到拆五经魁的卷子时，闱中仆役杂工，人手一支红蜡烛，光耀如白昼，称“闹榜”。①

这些细节，如没有对中国习俗和科举文化的深切把握，是根本写不出来的。如写漕帮的帮规切口，官场的“明报”、“密报”，钱庄的划汇制度，捐官的种种陋规，皆显示出高阳深湛的历史文化功力。

高阳对历史文化的追求，当不限于在故事中不断抖出文化“包袱”，而且追求揭示渗透于情节、人物中的更深层次的义理。如他自己所言：“投身于历史的领域中，如果不谈义理，只讲考据。几乎纯然属于一种科学的研究。”② 这种义理是文化的更高形式的表现，包括作者赋予其笔下人物的价值判断和气质特征，当然也包括作者本人对自己所塑造人物的“了解之同情”。如高阳笔下的胡雪岩便不是一个钻在钱眼里的奸商，而是一个充满理性的近代商人，他的眼光和计谋、韬略和手段都是第一流的。他既有急公好义、刚正不阿、仗义疏财的一面，也有骄奢淫逸、与官府狼狈为奸的一面。但高阳对这个近代早期的资本家基本持一种肯定的态度，认为他表现出了中国民族资本家所独有的气质：“胡雪岩失败后，态度光明磊落，不愧为我们的‘杭铁头’，看到近年来不断发生的经济犯罪案件，我不知道会不会有人从胡雪岩身上记取若干警惕与感化。”③

这样，高阳的人物塑造和文化追求实则有一种弘扬中华民族正气的文化导向，已不限于一般意义上的文化描写与传播。他借助于文学形式，对近代思潮和历史运动的走向有较深刻的探讨，这也是其他历史通俗小说所难以企及的。

其四，全史在胸，舒缓进行的叙事手法。

或许是为了使自己所描述的事件和人物更接近历史生活本身，或许是豪放的个性使然，高阳的创作并不着力于一景一物、一颦一笑的精细刻画，而是从全局着眼，胸怀千山万壑地铺展壮阔的历史长卷，进行历史众生相的全景描写，力图使自己的作品具有百科全书的性质，全面反映近代中国的社会生活。

高阳也并不特别追求作品的传奇色彩和戏剧冲突，反而有意无意地通过“挟泥沙”、“生枝蔓”、“跑野马”等手法，冲淡故事的戏剧化冲突，把大开大阖的历史风

---

① 高阳：《胡雪岩全传——萧瑟洋场》，中国友谊出版公司，1993 年，第 113 页。

② 高阳：《历史·小说·历史学》，《台湾文学选刊》1992 年第 8 期。

③ 高阳：《胡雪岩全传》，“后记”，中国友谊出版公司，1993 年。

云寓于日常生活本身，从容不迫，徐徐道来，给人一种大敌当前，胸中自有雄兵百万的艺术感觉。例如，胡雪岩本身便是一个传奇人物，他一生中在商场上的大起大落以及同王有龄、左宗棠等封建大官僚的交往关系，更是通俗传记文学的绝佳素材，完全可以写得奇诡紧张、精彩纷呈，但高阳却以三部曲的形式有意将胡雪岩的传奇经历淡化，而将其置于晚清社会经济生活的大背景中，徐疾有致地讲述他的故事，无惊无奇无险，但也让人尽情领略了卷帙间澎湃不息的艺术魅力，使人一卷在手，欲罢不能。又如该书的下半部写胡雪岩以一人之力与洋商大斗法，激烈的商战扣人心弦，但高阳却以全史在胸的态度，游刃有余地写下了甲申中法战争对晚清经济和金融的影响，以及左宗棠和李鸿章的政治派别斗争等。虽然削弱了这场巨大矛盾冲突和全书高潮的戏剧化效果，但却对这场商战的背景作了富有深度的发掘，大大增强了这部分的历史意义和文化厚度，同时也使胡雪岩这一艺术形象更加丰满，包容有更多的历史内涵。

当然，高阳这种舒缓道来，忠实于历史文本的写法，有得也有失。从得的一面看，闲适冲淡、飘逸典雅的追求赋予高阳的历史小说一种精致文化的书卷气、文人气，具有很高的审美情趣和艺术品位，这使高阳的作品易于在高级知识分子中获得共鸣，觅得知音。从失的一面看，削弱故事的传奇色彩、情节冲突与文笔渲染，多少降低了作品的可读性；层出不穷的掌故从说、典章制度，有时甚至是整段征引奏折、策论、函札或上谕等史料，难免破坏作品的连续性和生动性，使小说叙事显得拖沓乃至枯燥，最终削弱其对一般读者的吸引力。这种得与失的并存，在一定程度上也反映了作为小说家的高阳和热衷扮演史家的高阳并未获得水乳交融的一致，或许根本就无法达到一致，只得有所取舍，有所牺牲，难以熊掌与鱼兼得。

三

总起来说，高阳一生以罕有的才华孜孜不倦地笔耕，“以小说造史、以史造小说”，取得了世所公认的巨大成功，所谓“有村镇处有高阳”的说法，便是对高阳历史小说创作的充分肯定。高阳作品不仅在纯文学小说和通俗小说之间创造了一种新的文学样式，取得了雅俗共赏的艺术效果，而且对历史学如何走出学术的象牙塔，切入生活，贴近民众，共建民族文化，提供了有益的启迪。

历史学是一门古老的学科，本以叙事记述见长。文史不分、寓史意于文采，更是司马迁《史记》以来中国史学的传统。但 20 世纪以降，随着西方新史学的兴起，史学的科学化一直是现代西方史学的主导潮流。实证主义史学家希望把史学变成自然科学式的科学，英国历史学家艾克顿爵士就曾充满自信地宣称：“只要把全部史料给我，我就能把整个历史还原出来。”这不禁使人想起一句名言：“只要给我一根杠杆，我就能撬起地球。”但又到哪儿去寻找如此之长的杠杆呢？而以法国年鉴学派为代表的新型史学，则试图整合历史学与社会学、心理学、地理学等，以“总体史”代替“事件史”，探寻历史深层结构的变迁。他们一以贯之的理想，仍是让史学有朝一日成为真正的科学，科学主义构成了西方主导史学思潮的本质。

于西方主导史学思想之外，近年来又兴起一种非主导思潮的人文主义史学流派，它至少在两方面构成对主流史学的挑战与补充：其一，它承续了从希罗多德到修昔底德的西方古典叙事史的传统，并将之发扬光大，注重叙事的技巧和文笔，尽量把史著写得文字优美、引人入胜，使历史重新变得多姿多彩，令人读来有趣，难以忘怀。其二，它注重历史的人文价值，着意发掘史实中所包涵的文化意蕴，在研究历史中寻找人生的终极关怀，使历史再度成为“人”的历史，人重新占据历史的中心舞台。正是在这一意义上，它被称为人文取向的史学，而与科学取向的史学相对应。科学主义史学注重求真求实，“据实直书”（兰克语）；人文史学则注重史学的“化人”功能：以史为鉴，以史育人。在某种意义上，人文史学也就是“平民”史学、“大众”史学。另一方面，如果说科学主义史学重在“研究”，那么，人文史学则重在“普及”，它体现了一部分历史学家对历史知识传播、普及的关心和重视。这些历史学家旨在通过重建大众史学，使历史这门古老的学问重新焕发青春的活力，重新赢得社会的重视和普通民众的关心、喜爱。

不难看出，高阳历史小说的取向，在内涵和目标上非常接近新近崛起的人文史学，二者均旨在生动地叙述历史，再现历史的全幅式场景（historical setting），使历史普及于社会民众。但二者毕竟又不是一回事，因为人文史学毕竟属于史学的范畴，它可以有比较活泼的叙事方式，但甚至在细节上也不允许有虚构的成分，其叙事乃是建立在充分的史料基础之上，只不过更为关心历史人物的内心世界和价值取向，更强调人的因素而已。高超的历史小说，可以在很大程度上还原历史，写活历史，然而它毕竟包含着虚构成分和作者的想象，是重新组合、拼装过的历史，仍属于文学创作的范畴。

因此，高阳的历史小说在定位上虽是文学作品，但与史学著述已非常接近，放宽一点说，它已是传记文学与人文史学的中间形态，具有很大的“史”的意味。这部分取决于高阳丰厚的史学素养，部分应归因于他以考证入小说的独特写作风格。对一般读者而言，又何尝不可将高阳的历史小说当作一部形象的、活的历史来读。

从接受史学的角度看，人们历史知识的构筑应该是一个倒金字塔的开放结构。

在这个倒金字塔的狭小底部，是那些经得住验证的、确凿无疑的“历史”，它由最基本的历史事实构成；越往上行，模糊的、不可靠的成分越大，它往往由野史、传说、口碑构成，有的甚至就来源于历史演义、说部或传记等文学作品。围绕这一倒金字塔的知识体系结构，科学主义史学、人文史学和严肃的历史小说都可以找到自己的位置，其成果都可以成为人们历史知识的一部分。

因此，在一个放宽的历史视野下，以高阳为代表的严肃的历史小说有着非常广阔的发展天地，它可以弥补严格意义上的史学的不足，于枯燥的史学论著之外，为人们提供丰富多彩的、形象的、鲜活的历史精神食粮，以之陶冶性情，增加知识，弘扬文化。站在历史学家的立场，我们不敢轻言高阳一类的历史小说家已是我们的同人，但却尽可断言他们将是史学走向大众、历史普及于社会的最强大的生力军。

高阳已远行，但愿高阳的精神和事业永驻。

（本文原载《华中师范大学学报》1997 年第 1 期）

胡适研究的深层次探索

——评罗志田著《再造文明之梦——胡适传》

近现代历史人物中，众说纷纭的胡适大概是最难研究的一位。自从他在新文化运动中以提倡文学革命“暴得大名”后，围绕他及其思想的争论就一刻未停止过，可以说是“誉满天下，谤亦随之”。解读胡适的困难，首先在于他是一位涉猎广泛、百科全书式的人物。胡适一生治学范围极广，涉及哲学、文学、历史、宗教、政治、文化、教育诸多方面，他又写作勤奋，给后人留下了两千多万字的文字纪录。解读胡适的困难也在于，在近现代中西文化的激烈冲突中，胡适身上留下了鲜明的时代印痕，新与旧、中与西两套截然不同的价值标准、行为规范同时并存于一体，使胡适的思想、信仰和个性显得格外扑朔迷离，难以把握。而胡适“在不同的场合，对不同的听众，说不同的话”这样一种“高度技巧”的处世方式，又使这位平生最希望为人所理解的思想家变得最不容易被人理解。如果说一百个莎士比亚戏剧观众的眼中，会有一百个不同的哈姆雷特，那么，在十个不同的胡适研究者的著作中，可能就会有十个截然不同的胡适。所谓“新文化中旧道德的楷模，旧伦理中新思想的师表”，最能说明胡适思想中所包含的深刻矛盾。

无论如何，面对胡适这样一个文化和思想上的“庞然大物”，在众说纷纭的评价中，要想把胡适研究向前推进一步，尤其要为他作传，不能不说是一个严峻的挑战。罗志田的新著《再造文明之梦——胡适传》（四川人民出版社 1995 年版）正是这样一本知难而上、应迎挑战的力作。我们所感兴趣的，恰是作者在其新著中如何像他自己所揭橥的“言人所未言”，写出一些“胡适较少为人注意的那些层面”，简言之，如何写出一些新意来。

胡适一生以提倡方法著称，认为“科学本身只是一个方法，一个态度，一种精神”。他之所以能够在学术研究中，以“截断众流的气概”，开出新典范，正在于坚持他终生服膺的杜威的实验主义方法论。因此，循着胡适的路数治“胡学”，能否达到新进境，首先要看在方法上是否有所突破；而方法的突破又联系着所谓新的“眼光”，即罗君所说的“看问题、提出问题、思考问题的取向”。取向不同，即便同一对象、同一材料，所发现的问题、所得出的结论也不同。视角一变，过去无意义的材料也就变成了新材料。一般而言，研究胡适思想的演变，论者多是从时代条件的移易去把握其内在路向的，所谓“时势造英雄”者也。比如，余英时先生就指出，胡适以 20 多岁的青年就“暴得大名”，正是因为“中国思想界有一段空白而恰好被他填上了”，“‘五四’前夕，中国学术思想寻求新突破的酝酿已到了一触即发的境地，但是由于方向未定，所以表面上显得十分沉寂。胡适恰好在这个‘关键性时刻’打开了一个重大的思想缺口，使许多人心中激荡已久的问题和情绪都得以宣泄而出。当时所谓‘新思潮’便是这样形成的”①。研究胡适的青年学者欧阳哲生也认为：“促使胡适成为中国文化、思想、政治、教育等广泛领域的现代化工作的引路人的主要因素应该归属于他所处的时代……他一生的所作所为，所思所想，都是与他生活的这个时代紧密联系在一起。从这个意义上说，胡适是近代中国这个特定社会环境所孕育出的一位巨人，他的诞生是时代之母的产物。”②

在从时代特征入手把握胡适思想内在演变理路这一点上，罗志田似并未脱出先前诸位胡适研究者的路数。这从著者专辟整整一章介绍所谓“语境”（胡适所处时代），即可看出其良苦用心。只不过余英时先生侧重强调当时士人（或曰知识分子）在中西文化关系认同上的极端困惑，以及由对“中学为体，西学为用”文化模式不满而产生的“呼之欲出”的突破心态；欧阳哲生等强调由所谓“过渡”时代所引发的“剪不断，理还乱”的矛盾纠结，与“不是生，就是死”的文化紧张和无奈；而罗志田则进一步挑明胡适所处的时代，正是中国士人沿着“西学为用”走上“中学不能为体”的不归路，“西潮”实已成为 20 世纪中国之一部分的时代。在这样一个时代，“尊西趋新”已蔚然成风，以西方为本位已渐成士人的共识。继兵战、商战之后，关乎“谁改变谁的思想方式”根本问题的“学战”遂凸显为时代的主题（详见罗著第一章）。

罗志田在方法层面能稍超越他人的地方，在于他格外用心地强调“文本”（胡适自己）和“语境”的微妙互动关系，强调从这种互动关系中为胡适定位并求得胡适的“真意”和“真象”。对此罗君有相当深刻的阐述：“胡适自己曾叹谓许多他细心用力的文章不为世人所注意，而随意为之的作品常多得喝彩。今日若要研究胡适的时代自然要多注意那些得到喝彩的文章；如果要理解胡适本人，则不得不去揣摩那

---

① 余英时：《中国思想传统的现代诠释》，台北联经出版事业公司，1987 年，第 529 页。

② 欧阳哲生：《自由主义之累——胡适思想的现代阐释》，上海人民出版社，1993 年，第 3～4 页。

些用了心力却为人冷落的篇章。而且，这两者本是互补的。只有在理解了胡适本人及其不为世人所注意的一面，明了其为世人所不知的诸多原因，才能深入地理解胡适那个时代；同时，也只有在尽可能深入地理解了胡适所处时代之后，才能进一步领会胡适身处特定时代那‘不得不如是之苦心孤诣’（陈寅恪语），‘以期还他一个本来面目’（胡适语）。”（罗著，第3～4页。以下引文，除注明外，均引自罗著，不再另行注出）或许罗君在著述时已处处留意把握胡适“文本”与“语境”之间的互动，但恕我直言，这种对历史上个人与时代互动关系的研究，并没有方法意义上的真正突破，较诸其他研究者，也只不过是注重程度不同而已。凡从时代对个人影响立论者，多少也会自觉或不自觉地反观个人对环境的反向形塑。问题的关键在于如何去把握互动的两端，在具体的历史场景中，赋予“互动”以新意。

以笔者外行看热闹的浅见，罗著方法上真正着力处，恰在于从互动关系出发，对胡适“文本”及其“语境”两端进行了深层次的开拓，以新的“眼光”，读出了胡适“文本”及其“语境”中较少为人注意的层面，从而为胡适研究添加了新的内容。就胡适“文本”而言，所谓“较少为人所注意的层面”，即是胡适性格和思想中隐藏较深的若干二律背反的取向，它们恰是制约和形塑胡适其人的内在力量，为一般研究者所不察。换言之，罗君能有自信“言人所未言”（事实上当然做不到全部言人所未言），恐怕多半是基于这种对胡适隐秘层面的真切把握，而并非掌握了多少可以骄人的胡适秘籍，恰恰相反，他所征引的基本上都是最常见的胡适资料，其高明处恰如蒙文通所言“能在常见书中读出别人读不出来的问题”。

下列数端皆是著者从胡适“文本”中所读出的不同寻常处：

其一，“率性与作圣的徘徊”。

胡适的一生可以说充满了矛盾，他看似温文尔雅，但又具有一种天生的反叛精神。他以鼓吹全盘西化著称，但其最大的成就却在整理国故方面；他大力提倡婚姻自由，但他自己的婚姻却遵从母命；他到处鼓动大胆怀疑，但从不怀疑自己；他规劝别人不要被马列牵着鼻子走，但自己一生都被杜威牵着鼻子走。如何解释胡适表相的多歧性？罗君并没有简单地将之归结为传统文化与现代文化的矛盾，而是深入探示了胡适性格中“率性”与“作圣”两种气质的并存，以及这两种气质对胡适平生行事和思想的影响。在他看来，胡适一生正是依据父亲胡传总结出的做人道理，在“率其性”和谨勉以学为人之间游移，始终向着“作圣”的方向努力，但也不时要有所“率性”，“其间种种的看上去矛盾之处或表面的‘激进’与‘保守’，大约都与此有些关联”（第41页）。应当说，这是一种有相当见地的把握，为解读胡适找到了一条比较清晰的线索。正由于胡适性格中有与生俱来的率性和反叛的一面，因此他往往能够不落俗套，大胆怀疑，标新立异，“舍大道不由，而必旁逸斜出”，成就为开一代风气的学术宗师。“如果细察胡适一生的建树，几乎都是在不追随别人而主动开拓一面。”（第42～43页）然而胡适虽然不时率性而表现出激进的倾向，但就其主导性气质而言，却主要还是向往着“作圣”，处处表现一种自我保护的防卫心态，以及超乎寻常的细心谨慎，注重“超我”对“本我”的抑制，后天对先天的约束，所行之事，多半是谋定而后动。这种“作圣”的自觉伦理取向，又使胡适能经常性地表现出自控、稳健和保守的一面，诚如他自己的自我供证：“我可以说我经常是一位很保守的人。”

胡适内在的双重气质和性格特征直接影响到他的政治态度。作为杜威实验主义在中国的传人，胡适一般而言主张学美国式“一点一滴的改革”的渐进改良方式，而不大赞同激烈的革命。但当他偶尔率性的时候，也很有激进的一面。如罗著所举胡适于1921年10月做的一首《双十节的鬼歌》，便带有很大的“正义的火气”，诗中主张换个法子纪念双十节，办法就是：“大家合起来，赶掉这群狼，推翻这鸟政府。”（第254页）正如罗君所言，对这样激烈的胡适，“过去的注意是不够的”。而正由于对胡适隐秘的这一面注意不够，因此对胡适研究的大关节处也就有把握不当的地方，解释不能令人感到圆满。比如对胡适同“老革命党”章太炎、蔡元培诸人及“新过激党”陈独秀、李大钊诸人的周旋与过从，若从彼此心态和行为准则所暗藏的“革命气味”入手研究，所见就更为真切，可以看到“连接辛亥革命和新文化运动之间的一条重要内在思想理路”，也即以“重新估定一切价值”为口号，重在彻底否定和批判，从而不断激进化的理路。罗著在这方面有很好的分析（详见第五章）。

其二，民族主义与世界主义的兼容。

或许由于胡适早年曾长期留学美国，或许由于胡适素来主张取近代西方文化为模式以改造中国传统，在一般人的眼中，胡适自然是一个彻底的西化派，一个世界主义者，一个不认同于风行一时的民族主义的假洋鬼子。然而，一些对胡适知之甚深的人，则认为胡适在安身立命之处，仍是传统的中国人，具有强烈的民族意识。何以会出现这种深具诡论意味的现象？罗著以“世界主义中的民族主义关怀”的命题，揭橥胡适思想中世界大同主义与民族主义的兼容并存。在罗君看来，这两种看似矛盾的思想主张，具体到胡适身上其实并不矛盾。因为贯穿在胡适志业和思想里面的，“就是对祖国深挚的爱，是一种典型的民族主义的关怀”（第112页）。世界主义其实是胡适民族主义的一种表达方式，这一思想体系的出发点和归宿实际上都是民族主义，是要在理论上论证中国应有与欧美国家平等的地位，以世界主义来反强权，特别是反对种族和国家压迫。正如胡适所说：“世界主义者，爱国主义而糅之以

人道主义者也。”（第 126 页）

那么，为什么胡适在有意识的层面对民族主义又总是有所保留，而给人一种民族主义陌路人的印象呢？罗著的解释是：第一，胡适之所以不能在有意识的层面完全接受民族主义，是因为他觉得民族主义在理论上有讲不通的地方，因此便拿出“展缓判断”的看家法宝（第 142 页）。第二，胡适在安身立命之处，仍向往着传统的士那种相对的超越心态，最终还是暗存一种“道高于国”的观念，总向往一种在民族主义之上的“大同”境界。“事急则诉诸民族主义，事态稍缓，便又徘徊于各种接近‘大同’的主义之间。”（第 129 页）第三，在更广义的层面，胡适一派新式知识分子追求的是教育救国，“从根本下手，为祖国造不能亡之因”。因此，他们并不局限于救某一具体的国（如清朝），而是要从长远和根本处再造中国文明，由此超越“狭义的国家主义”而达于“世界的国家主义”。

在我看来，罗著提请人们注意胡适思想中所隐含的世界主义与民族主义这一层二律背反，固然是一贡献，但过多强调二者间并无矛盾，似又失之牵强。以西方为本位的“充分世界化”取向与强烈的民族主义立场始终是难以真正协调的。究其实，胡适的世界主义主张更多的是从学理意义讲，而民族主义关怀则更多的是一种潜藏的情绪（情绪可随胡适心态、地位和所处环境的变化而变化），两者之间本来就存在矛盾、抵触之处，难臻圆融。但恰是这种内在的冲突和紧张方显现出胡适思想的独特性，使人们可以循此去重建一个更为真实、复杂的胡适。连胡适自己都承认他身上有“中国的我”和“西洋二十世纪的我”两个新旧中西不同的“我”并存，我们又何必要还他一个完美之身呢？

其三，自由主义与社会主义的纠结。

胡适终其身是个自由主义者，自由主义是其思想的主流。在一般人看来，自由主义与社会主义是风马牛不相及的，因前者是以对人和社会之个人主义的解释为理论基础的，后者则是以集体主义的解释为基础的。罗著并不囿于这种概念化的推论，而是深入研究本世纪初中国思想史的实际，得出这样的结论：“在相当长的时间里，社会主义并非只是左倾激进分子的信仰。包括胡适在内的许多自由主义知识分子，也都曾确信社会主义是新时代的世界发展趋势。有的人不仅确信，且长期力图实现之。”（第 333 页）自由主义的胡适和有社会主义倾向的胡适，这两种意象重叠在一起，的确不那么和谐，但这又是历史的真实。罗君提供的证据表明，胡适在一段时期中，对社会主义是推崇备至的，甚至不惜到自由主义大本营英美说法，教导英国人：“我们或许可以不喜欢社会主义。但它显然是人类所发明的关于社会秩序的最高理念之一。”（第 350 页）

这样激进的胡适的确是不多见的。胡适又何以会对社会主义发生兴趣呢？罗著首先对胡适自由主义的思想渊源进行了细致的梳理，指出胡适所服膺的自由主义，乃是杜威、穆勒所代表的美英现代自由主义。杜威等人主张的一种计划性和社会福利化的资本主义制度，本与社会主义容易相通；而穆勒正是英国自由主义从经典到现代、从完全个人主义到兼容集体主义的转型人物。“由此方向走下去，到达社会主义正是自然的发展。”（第 349 页）但容易相通不必一定相通，自然发展也可以人为地不发展。罗著更进一步指出，胡适本人对社会主义的赞颂和向往，主要还是受中国当时的文化思想环境及个人的心路取向所左右。一方面，社会主义的经济平等思想，最合于中国传统的均富观念。同时，社会主义强调公领域对私领域的干预作用以期达到国家的最快发展，这种观念“也极易为贫弱中国的知识分子所接受”。另一方面，社会主义对中国知识分子的吸引力还在于其对资本主义弊病的批判，“而且中国思想界的激进化有增无减，也是社会主义能风行的土壤”（第 344 页）。罗君特别注意到本世纪初在文化转型中中国思想界的复杂情形，如连一向冲淡吃苦茶的周作人都竟然认为“阶级争斗已是千真万确的事实，并不是马克思捏造出来的”，可见当时之思想阵线划分并非像今人想象的那么泾渭分明。

以上不过举例说明而已，罗著中对胡适性格和思想中所隐含的若干二律背反取向的揭示，尚远不止这些。其所论列，如胡适在政治上一边坚持政治与学术两分，发誓“二十年不入政界，二十年不谈政治”，另一方面又始终对政治抱着“不感兴趣的兴趣”；在个人生活上一边屈从于礼教，一边又始终怀有一颗罗曼蒂克的“少年心”，似均可列入此类二律背反的矛盾性中讨论。这些对胡适隐秘层面的探隐索微，不仅丰富了胡适“文本”的内容，以易于解释胡适身上许多看似矛盾的表象，而且将胡适研究从一般思想、政治的研究，推进到更为内在的心态、性格等个体心理层次的研究，或者说在心理、思想、政治、社会的互动中重建胡适的形象，一个远比过去的认识更为复杂深邃但同时又更为自然合理的形象。这种重建不是静态的，而是动态发展的，具有历时性特征。如对胡适的民族主义情结，罗著便指出其存在一个隐与显的流转变迁过程：“早年很盛，专讲爱国；中岁‘作圣’心重，以外国传教士自居，故此情绪颇压抑；晚年老还小，民族主义复盛。”这些，在历史人物研究的方法论上不无提示意义。

除了着力于对胡适“文本”的深层次开拓外，对规制胡适其人的“语境”的分析，罗著亦有可观。罗君虽将“语境”视同“时代条件”的同义语，但在实际分析中却赋予了“语境”更丰富的内涵和更清晰的层次。从大的一面观之，在胡适所生活的时代，西潮对中国的冲击已从器物、政制的层面上升到了文化的层面，中西之间的文化竞争成为中外矛盾的关键。由于中国士人沿着“西学为用”的方向走上了“中学不能为体”的不归路，尊西趋新已成大趋势。在失去立足点后，思想界更因多层次的心态紧张而步入日趋激进化的轨道。但这些大而化之的时代潮流和时代精神究竟如何塑制了胡适其人？罗著并没有作简单化的挂靠处理，而是从思想史的社会学层面着手，在社会发展与思想演变的互动意义上，十分仔细地去重建胡适“文本”所依凭的“语境”。这首先包括伴随胡适一生而不断转换的社会学意义的“场景”：如给了胡适初步“做人的训练”，却未得风气之先的绩溪上庄；使胡适成了“新人物”，但新旧杂陈、“眼界很小的商埠”上海；被胡适视做“一生思想和志业的定型时期”的七年留美生活；在民国初年“执思想界之牛耳”的北大，等等。其次又包括与上述“场景”相联系的包围胡适的诸社会群体：如上庄的父母亲朋、上海的革命党人、留美学生群、民初新文化诸人，等等。时代的光线只有通过社会场景、社会群体、文化氛围层层“语境”的折射，才能具体入微地照到胡适身上，成就此胡适而非彼胡适。其中的曲折和意味是相当深长的。如著者指出，绩溪上庄的未得风气之先，在不少人看来或者是一个“落后”的因素，然而对于小胡适的成长甚至于其一生的成功，后来证明是极为重要的。另一个例证是如果没有留学生群体中对胡适提倡白话诗和白话文的普遍反对的刺激，可能就没有胡适因性喜反弹而义无反顾地“逼上梁山”，倡导文学革命。这些认知非要通过对具体“语境”的社会学重建方可获得。

的确，罗君新著的根本取向，即是将社会史的视角引入思想史的研究之中，对胡适的思想进行社会学的诠释，从其“文本”和“语境”两端进行大量的社会“重建”工作。这一取向，使惯常定性方法的思想史研究落到了实处、细处，可从相当复杂的人脉关系、群体互动中去真切把握思想的定位和衍变，看到思想史中若干难以触及的“黑洞”，为思想史研究开一新局面。罗著在这方面作了许多有益的探索，而对新文化运动背景的分析尤为精彩，有不少“言人所未言”之处。

1919 年林纾与蔡元培的笔战，是新文化运动中新旧之争的一次象征性事件，胡适亦曾卷入其中。过去一般均认为此事是以蔡胜林败为结局的，自然是新战胜了旧。但罗君在对此事件进行了仔细的社会“重建”之后，却大胆提出，这个看法最多只对一半。因为蔡对林的驳斥处处皆本着林的“旧”观点，集中在否认北大存在林所指责的“覆孔孟，铲伦常”和“尽废古书，行用土语为文字”两点上，并没有指出林氏的观点有何不妥，因此从思想观念看，应该说是林胜了蔡才对（第 190 页）。倒是从社会学意义看，蔡胜了林才确实代表新胜了旧。但恰恰是在社会学意义上，蔡要胜林其实根本就不必论战，因为蔡元培的“社会资格”，无论新旧，都非林纾所能够比拟。这里所要提示的是，许多思想史上的论争实际是由论争双方的社会定位所决定的，与论争的具体内容反倒无涉。林纾半新半旧的名分认同危机和属于已被逐出北大的桐城派背景，早在论争之前，就已使他失去了所谓“话语优势”。林纾的失败恰是在地位上，而不是在主张上。这一典型事例所含的另一层深意，是在社会学意义上，新文化运动中的“新”并未割断其与“旧”的多层次联系，传统的中断与延续并存，新旧杂处而互相纠缠，你中有我，我中有你，并由此而引起思想界普遍位置错综、角色倒置的现象：“从社会功能看，旧派林纾其实不旧；从社会观念看，新文化人也不全新。”①

另外，过去一般认为，新文化运动中文学革命的社会基础应是城市新兴知识分子和文化程度不高的社会下层群众，白话文的主要对象应是“引车卖浆者流”。但罗著对此提出新的看法，认为文学革命实际上是一场精英气十足的上层革命。新文化运动之后，白话小说只在上层精英知识分子和追随他们的边缘知识分子中流传，而原被认定为上层精英分子热衷的古文，却在更低层但有阅读能力的大众中风行（如张恨水用古文所写的小说）。这个极具诡论意义的社会现象说明，胡适提出的“白话是活文学而文言是死文学”的思想观念，其实是不十分站得住脚的；它也揭示了胡适等人在有意识的一面虽然想的是大众，但在无意识的一面却充满精英关怀。通过仔细考察民初的社会构成，罗著进一步指出，白话文运动的真正热心的支持者，其实是民国初年那些介于上层读书人和不识字者之间的边缘知识分子。这是一批不中不西，中学和西学的训练都不够系统，但又粗通文墨，能读报纸之辈。他们因科举的废除已不能居乡村走耕读仕进之路，在城市又缺乏“上进”，甚至谋生的本领；他们身处新兴的城市与衰落的乡村以及精英与大众之间，两头不沾边也两头都不能认同——实际上当然希望认同于城市和精英一边，但不太为其所接受（第 164 页）。胡适的白话文主张，正是因为适应了民国初年社会变动产生出的这一大批边缘知识分子群体的需要，故而能够一呼百应，不胫而走，蔚成文学革命的大观。

过去也以为，新文化运动中的文学革命是一场有实实在在对象的新旧之争，之所以能掀起那么大的声势，正在于新旧双方的斗争达于白热化。但罗著在经过审慎的历史“重建”之后，不无惊讶地发现，“五四”新文化人存在一种有意以西方为本位的过激心态，文学革命中有一种很有趣的专打“死老虎”的“找革命对象”的人为倾向，颇能说明这场革命表面热闹下的寂寞一面。在不断激进化的思想背景下，社会一方面也曾形成“新的崇拜”，社会变动的上升几乎到了唯新是尚的地步。社会

---

① 罗志田：《林纾的认同危机与民初的新旧之争》，《历史研究》1995 年第 5 期。

变化再回过来作用于思想，就形成了新即是善、旧即是恶的价值判断。为了拥护新来的西方民主与科学，对中国传统的一切差不多都要反对干净。立新必须破旧，革命要有对象，一种要自增价值的“找对象”情结随之发展。胡适曾说：“今日所谓有主义的革命，大都是向壁虚造一些革命的对象，然后高喊打倒那个自造的对象。”罗君认为，新文化运动的文学革命，在某种程度上亦是如此。其所攻击的八股、选学、桐城派，无一不是死老虎，是新文化人费尽心机才找出的“对象”(第 176 页)。文学革命的对象需要在革命中“找到”，这其间所透露的历史的“消息”，实在耐人寻味。但过去对文学革命和整个新文化运动中这种“虚”的一面（或称故意激进的一面），以及所体现的历史动向，注意是相当不够的。

不难看出，同是强调时代对个人的制约，同是强调个人与时代、环境的互动关系，罗著却能独出新意，取得突破性进展，正是由于著者通过深入地观察与仔细地重建，使互动两端按照历史的内在逻辑真正“动”了起来，从而展示了历史的真问题、真联系、真面相。而在更广泛的方法论意义上，罗著能够在众说皆立的情况下，对胡适及其思想作出更深入的探讨，在一定程度上做到“言人所未言”，乃是自觉遵守学术规范的结果。所谓学术规范，简言之，即是在学术研究中不需言说，但又不得不言说的若干基本准则和戒律。学术著作可以在解释和观点的层面言人人殊，但在学术的基本纪律即规范上却应是高度一致的，不可随意犯规。这是学术评判的最基本标准。

以学术规范观之，罗著能在胡适研究中独辟蹊径，成一家之言，可能首先在于其“有所写，而有所不写”的取向。学术研究要有新意，应是一项最基本的学术规范。要么有新的材料，要么有新的见解，总之要在前人的研究基础上有所推进。20年代史学家傅斯年创建历史语言研究所时，曾提出判断历史学、语言学这两门学问进步与否的三个标准，至今仍有借鉴意义：“（一）凡能直接研究材料，便进步。凡间接地研究前人所研究或前人所创造之系统，而不繁丰细密的参照所包含的事实，便退步……（二）凡一种学问能扩张他研究的材料便进步，不能的便退步……（三）凡一种学问能扩充他作研究时应用的工具的，则进步，不能的，则退步。”① 以此为准绳，罗君写胡适也颇有胡适“截断众流”的气魄，“有所写”，凡前人研究尚不充分或自己确有心得者，则放开写，尽量“写出一些胡适较少为人所注意的那些层面”；“有所不写”，“凡有已发表的研究，且个人能基本同意的，除极少数必不可少

---

① 傅斯年：《历史语言研究所工作之旨趣》，《傅斯年全集》第 4 册，台北联经出版事业公司，1980 年，第 256～258 页。

者（如余英时先生的研究），大量采入而注明之外，一般均不多着墨，只略述及以维持全书的连贯性”（第 4 页）。这一取舍的结果，使罗著有了个性和新意，不同于时下一般的胡适传记。

学术规范也包含严谨的治学态度和科学的治学方法。除最起码的尊重他人的劳动成果，分清哪些是自己的学术贡献，哪些是别人的学术成果，规范化引文和注释而外（罗著在这些方面均有良好体现），关键是要有一种执著的学者敬业精神，视学术为自己的第二生命。当前学风的不正，根源在于某些“学人”实在缺乏敬业精神，缺乏起码的职业道德观念，把做学问看得太易，把自己的社会责任感和学术良知看得太轻，以一种玩世不恭的态度“玩学术”。这种对本业的不敬和对学术道德的淡漠，既是当前学术浮躁现象的深层次原因，也是学术规范得不到应有尊重的根本原因。对比之下，罗君恰属那些不为时尚所动、能够坚持学者敬业精神和学术道德、以真心和诚心对待学术事业的学人，故能以严谨的态度治学，充分尊重他人学术成果，自觉遵守学术规范。

细察之下便知，罗君虽属胡适一类的留美归国学人，受过比较系统的西方史学训练，但并不滥引西方的术语和概念，也不标榜有何“体系”或“架构”，只是根据平时读书所得，以平实的心态写去，寓褒贬于史实之间，“文成而法立”，一篇文章写好，一部书稿脱稿，体系和架构就自然生成了。这种治学方法，恰是中国传统的“用功在平时，功到自然成”。中国学术传统历来讲求由浅入深，循序渐进，功到自然成，所谓“行远必自迩，登高必自卑”（《中庸》），而绝对反对急功近利，学问速成，借用晚清张之洞的话说就是“由小学入经学者，其经学可信；由经学入史学者，其史学可信；由经学、史学入理学者，其理学可信”（《书目答问》）。这里所谈的正是治学的内在规律和路径，企图超越这种内在规律以图学问的速成，不仅欲速不达，而且根本就进入不了治学的状态，用陈寅恪先生的话讲即不“预流”。当然，今天的治史者们不必一定非要从小学措手，从考据做起，但对史料的掌握、鉴别，对历史证据的重视，却是必不可少的基本功，也是治史者的“基本纪律”。在史学研究中，之所以会出现某些缺乏厚度和深度的速成之作、拼装之作，不正在于著史者对相关史料缺乏充分的占有，没有去做足史学的基本功夫，一分史料说两分话，甚至三分话、四分话么？

据笔者所知，尽管罗君平时颇注重对胡适史料的搜求，在胡适及其相关研究上有不少前期成果，但在没有通读厚达 18 册的《胡适的日记》（手稿本）之前，仍不敢贸然动笔写胡适传记。后来从胡适研究者易竹贤教授处商借复印了全部《胡适的日记》之后，方才有自信下笔。然而史料并不等于史学，光有对史料的充分占有还是不够的，好的史家还需要经长期训练和积累所形成的历史的“眼力”，即从浩如烟海的史料中发现问题和提出问题的能力。罗君是提倡蒙文通先生主张的“前后左右”读书法的，故能在平时留心“前后左右”的研究法，于胡适研究中也做到“不疑处有疑”，多问几个为什么，并不以早有定论作为躲懒的借口。这是罗君能深入胡适各种思想渊源的内在理路之中，读出胡适隐秘处的主因。罗君还特别注意到，在思想史研究中经常出现“立说者”和听众之间的所谓“传播障碍”。有时候是说者无心，听者有意；有时候听此不听彼，总之把立说者的初衷和本意完全弄反了。如胡适一生就中外关系所发表的言论，便最容易引起人的误解。这是因为他对不同的人讲不同的话的倾向，在中外关系上表现得最明显。如胡适凡主张不反对帝国主义的言论，都是对中国人说的；而他对外国人讲话时，却处处指出帝国主义对中国的侵略及其对外国利益自身的危害。这种情形一般人不知，胡适也不曾努力要让人知，对这方面的误解，只求自我心安。但这就造成了立说者与听众之间的传播障碍。因此，有“后见之明”便利的我们，就必须把胡适在大约同时对中外双方面刊发的言论结合起来考察，才能了解到他在特定时期对中外关系的真实看法（第267～268页）。这的确系“知人论世”之论。若没有对研究对象的“了解之同情”，没有对史料的“前后左右”的真切把握，这类问题是很难提出来的。附带地说，罗君在勤勉治学中所形成的功力，也体现在其文字修养之中。其为文要言不烦，辞足达意，表述有个性，往往一针见血，至少在很大程度上减少了他本人作为“立说者”与“听众”之间的障碍。尽管罗著属近年在胡适研究中一本有创意、有深度的著作，但我并不以为此书已臻完美。这可能和此书属“强国之梦”系列丛书之一种不无关系。

近些年，许多出版社纷纷出创意，编丛书，一时热闹非凡。虽然也有严谨成熟的学术性丛书问世，但由于往往出版社方面急功近利，先入为主，定有主题，立有时限，给著者画了许多框框，真正编撰得有价值，有特色，能传之久远的丛书，毕竟不多。

学术研究从根本上讲乃是一种个体行为，需要研究者以“独行侠”般的精神，穷年累月，全身心关注一个领域，投入一项课题，最大限度占有资料，反反复复加以研讨，最终才能形成研究成果。这种费时费力，带有很大个性特征的研究路子，是为许多成功的学术著作所证实的不二法门。也许只有在相关的独立研究日臻成熟，至少取得相当成就之后，有关的丛书才能有集大成的功效。否则，不论创意者如何才思敏捷，出版者如何志向高远，顾问者如何声名远播，那些急功近利的丛书只能令人扼腕。

由于出版社方面强调在规定时间内一次性推出，这本长达25万字的著作也不得不在限定的时间内加班加点地完成，以做到“完稿发稿的时间，都要服从大局”。这种多少有些“赶”的结果，难免使作者在著书立说时无暇去更细密、周全地组织自己的思想，同时，“因了丛书的体例、篇幅和时间的限制，有许多思考不到成熟的层面，此次没有写入本书，也只能俟之以未来”（引言）。我想这并非完全是著者的自谦之词，而确有某种遗憾在里面。笔者注意到，罗君对胡适自由主义思想的各种西方思想渊源作了很好的分析，但对胡适思想资源中与中国文化传统相联系的一面，分析则稍嫌薄弱。余英时先生经过对胡适学术思想的认真研究后下结论说：“胡适学术的起点和终点都是中国的考证学。”罗君也意识到，胡适受传统学术影响之深，超过人们过去的认识，胡适“不仅早年是靠‘国文’立脚，后来也确是靠‘国学’立威”（第240页）。那作为“国学家”的胡适与中国思想学术渊源究竟何在？罗著虽从宋儒和清儒乾嘉学派治学之道作了某些追踪，但对一生“多读古书”的胡适，这些稍带即过的追踪似还不能给我们一个更为系统、清晰的线索，至少感觉上不如著者分析胡适受西方各种思想流派影响之具体、深入。一部很好的学术研究著作，以多少有些匆忙的形式面世，毕竟是一种遗憾。如果再思考得成熟一些呢？如果再多打磨一下呢？哪怕是完稿后稍微再搁置一段时间，像罗君自己所说的，“或就正于同人朋友，或待作者受研究对象之无意识影响淡化，再回过头来修改定稿，以减少立说的偏颇”（引言）。这或许是我们作为读者的苛求，但也是对高质量学术著作的热望。

最后顺带说一点，罗君并没有循例将胡适传作为一本严格的人物传记来写，而是“变而后大”，以己所长，着重探索胡适思想的内在发展历程，这是罗君高明的地方，也是罗著成功的地方。但一本主要写胡适思想的书，却又不得不冠以“胡适传”之名，以致在定位和取舍上总有那么一点点勉强，这是否同样是受丛书体例之累呢？

（本文原载《历史研究》1998年第3期）

放宽中国近代史研究的视野

——评介《近世中国之传统与蜕变》

临近新的世纪之交，对中国近代百年历史的反思又有渐成显学之势。海内外学者都在思考如何在视角和方法层面有新的突破，从整体上推进对中国近代史的研究。新出的两巨册《近世中国之传统与蜕变：刘广京院士七十五岁祝寿论文集》（以下简称《文集》），以庆祝旅美著名学者刘广京先生75岁寿辰为契机，收录中外知名学者论文凡47篇，以扎实的个案研究重新检视了中国的文化传统，对明清以来的近世历史作了富有深度的探讨，可以说是体现宏观历史思考与微观历史研究相融洽的成功之作，其所言所思对21世纪中国史学的取向不无提示意义。

著名历史学家刘广京教授系台湾“中央研究院”院士，曾任教于美国哈佛、耶鲁、加州（戴维斯分校）等多所名校，在海外培养了一大批从事中国近代史研究的新锐学者，其学术成就对大陆学界来讲并不陌生。他早年致力于19世纪英美在华轮运业竞争的研究，成绩斐然，以后对19世纪以来中国近代政治、经济制度史的研究用力尤深，近年来更格外关注中国传统在现代化过程中的调适与演变，着力探讨儒家经世传统在现代化中的贡献，以及儒家正统（orthodoxy）与异端（heterodoxy）的复杂互动。刘教授治史的一个特点，便是视野开阔，学识渊博，不囿于某一狭小的领域，力主放宽中国近代史的视野，一方面要运用活泼的思维，作精致的构想，下文献的苦工，但也需要有“高瞻远瞩的气概”。不难看出，本书主编者受刘教授学术主张影响甚深，立意所收论文“甚盼能以中国近世的传统与蜕变为解释中国近代史的焦点”，以此讨论“中国近世四百年间的持续与推移，乃至极少有的断裂”（上册，“序”第1页）。这也正是所收中、英文论文均按“传统的面面观”、“渐变与暗变”、“蜕变”三个序列排列组合的深意所在。

那么，如何做到以中国近世传统的承续与演变为主线，进而拓宽中国近代史的视野呢?《文集》从以下几方面作出了努力：

在历史分期上，不是简单地以1840年作为近代史和古代史的断限，此其一。

习惯上，中国近代史的划分一般是以1840年的鸦片战争（严格讲是1839年—

1942年）作为中国近代历史的起点，这一划分标准所隐含的理论前提即是“西方冲击”（或西潮东渐）构成中国进入近代的契机。尽管以西方影响下的中国近代化历程作为中国近代史的主线这一思路本身并无大错，以鸦片战争作为中国近代史开端的象征性事件也不是完全不可取（详后），但由于长期以来这一划分标准同费正清、邓嗣禹提出的“西方冲击—中国反应”模式相联系，暗含有西方主动、中国被动，西方先进、中国落后等价值判断预设在里面，遂引发诸多的不满。其弊端之一，便是将中国历史人为割断，打成近代和古代两阙，互不沾边，甚或绝对化地认为古代即是停滞、落后，近代即是意味着发展、进步。这种非此即彼的绝对化思维不仅影响到对中国近代历史的客观研究，而且已经在某种程度上制约了中国近代史研究者的课题意识和学术素养，表征之一，就是一些治近代史的学者对1840年以前的中国历史（更不用提欧洲历史）缺乏兴趣和起码的知识积累，无法将近代的历史同明清历史打通作比较和连贯的研究，使近代史成了无根之木、无源之水。

或许是强烈地意识到上述历史分期所存在的弊端，故以刘广京教授为代表的一批学者力倡应放宽中国近代史的视野，把中国近代史的范围向前推200年，从明末清初讲起。在刘教授看来，明末清初的一百年左右的历史，即公元的17世纪，可以说是中国近世史的起点（这里近世与通常所说的近代似乎是不同的概念）。一方面在经济方面有新的气象，而在政治方面则有民乱爆发、满族入关、朝代改易的大变化。就思想的传承而言，“顾炎武、王夫之等人的著述对十九世纪初期龚自珍、魏源等人的改革思想，影响很大；黄宗羲、王夫之的著述对清末维新革命尤有直接的作用。我们如果不研究这些大儒的思想，又怎能对中国近代史有充分的了解呢?”① 按照刘教授最新的讲法，中国近代史（包括晚清史）最晚应该从嘉庆朝，或所谓乾嘉之际讲起。理由是，早在嘉庆元年（1796年）便有所谓白莲教起义，开了近代民间变乱的先河。而前此三年（1793年）人口与耕地的严重矛盾业已引起洪亮吉的注意，他为此写了《生计篇》，指出当时人口问题的严重，其理论比英国马尔萨斯提出的人口论还早几年。同年，还有著名的马戛尔尼使华及其对乾隆的觐见，表明中国与英国的接触已经开始。在他看来，这些事件都具有划时代的意义，而不应该排斥在近代之外（下册，第1329页）。显然，刘广京教授这种注重历史连续性的“大历史”意识，已经充分体现在本书的学术追求之中，其结果便是将中国近代史的研讨上溯至

① 台北“中央研究院”近代史研究所编：《近世中国经世思想研讨会论文集》，台北“中央研究院”近代史研究所，1984年，“序”第2～3页。

晚明的16世纪，细致地重建明清时期中国传统的诸面相，并进而考察这些复杂面相对晚清及后来历史的影响。换言之，即是以17、18世纪的中国为背景，来观照19、20世纪的中国历史。恰如刘教授所言："我们如果能够看清鸦片战争以前中国社会、经济、文化、思想、学术、行政、政治的根柢和趋势，对于鸦片战争以后的历史也就可以加深认识了。"（下册，第1304页）。值得一提的是，收入《文集》第一序列"传统面面观"中的余英时先生的《士商互动与儒学转向——明清社会史之一面相》、李孝悌的《明清的统治阶层与宗教：正统与异端之辨》、巫仁恕的《明清城市"民变"的集体行动模式及其影响》、王业键等的《十八世纪中国粮食作物的分布》、A. Woodside的《中华帝国晚期的经世思想家》诸篇，不仅对中国传统的某一方面进行深入的探讨，以揭示"传统"本身的复杂性和多面相，复更能进一步注意到处于渐变过程中的"传统"如何作用于近代。如余英时先生即明确指出，明清儒学的新动向在很大程度上决定了清末民初一批求新求变的儒家知识分子的选择，"这是明清以来中国的内在渐变在近代继续发挥影响力的显证"（上册，第3页）。巫仁恕也能注意到，1911年以前十年间各地城市民变蜂起，部分是明末以来传统民变的延续，但也有新的要素产生，"对辛亥革命的成功也应有相当的影响"（上册，第258页）。由此可见，在近代社会的"千古剧变"中，传统并未断裂，仍在或明或暗地发生导向的作用，研究近代历史必须像前贤一样，真正做到"通古今之变"，以"会通"的精神打通古与今、新与旧，方能不被历史的表象所惑，自觉地去追寻明清渐变与近代剧变之间的内在联系。

在研究视角上，重视中国本身历史发展的脉络和特质，此其二。

"西方冲击"对中国近代史的重要性自不待言，以往学者就西方冲击对中国社会造成的影响已作了大量研究，但这一惯常的研究取向存在着一个陷阱，即很容易忽视中国自身历史的问题，以及中国本身历史在近代发展的线索。按理说，这些问题和发展线索的探讨实不应被摒弃在史家的视野之外。即以西方冲击与中国回应而言，其实二者的关系是相当复杂的。首先，当西方冲击中国之时，中国不仅已有几千年的文化传统，而且传统本身也正在变化之中。社会关系在变（如余英时所揭示的明清士商关系的趋近），思想观念也在变，"就思想史而言，清季经学已渐有今古融合之势。同时诸子学的兴起，更暗示中国思想界渐向多元化趋近的一个转化突破的临界点"①。其次，

---

① 罗志田：《胡适与社会主义的合离》，《学人》第四辑，江苏文艺出版社，1993年，第19页。

在西方文明浪潮冲击下，中国接收西方什么，不接收什么，在多大程度上接收或取舍选择的标准等等，均受到中国既成文化观念和价值准则的制约。复次，西方对中国传统的影响，是多层次、多线条、互动式的，既有使之发生变化的部分，也有顺应共存的部分，还有根本就影响不到的部分。那么，在西方影响范围之外，中国传统的主流究竟是以何种形貌在持续和演变？传统与现代化的关系究竟如何？这都是需要具体探讨的，没有简单的答案。显然，若转换一个视角看，中国近代史本身及提出的课题恐怕将会有很大的不同。

难能可贵的是，早在柯文提出所谓“中国中心观”之前，刘广京教授就已经觉察到于整个中国近代史简单用“对西方的反应”来解释，并不恰当。尽管不能不承认西方冲击是影响近代中国剧变的一项重要的因素，但中国近代史又毕竟是中国传统的延续，因此，“我们必须了解中国历史的遗产，才能更进一步了解中国近代史，和中国受到西潮冲击以后历史发展的趋势”。在 80 年代初为《近世中国经世思想研讨会论文集》所作的序文中，他更明确指出：“一般讲中国近代史，多半自鸦片战争讲起。一部中国近代史也就等于中国与欧美、日本等国家接触频繁之后的历史，而所讨论的问题也大多以中国和这些国家接触频繁之后的问题为中心。美国有些学者多年来认为中国近代史的主题就是‘中国对西方的反应’，这种看法，虽中国自己的学者也不能避免。但就史学方法言是有偏差的。因为鸦片战争以后的历史，毕竟是鸦片战争以前历史的延续。”他复以“抽刀断水水更流”的古诗来作形象的比喻：“古诗说：‘抽刀断水水更流。’尽管帝国主义是锋利无比的刀，难道中国的水就不流了吗？中国人毕竟是中国人，中国社会毕竟是中国社会，中国的经济、文化、思想、学术、行政、政治自有历史悠久、性格独特的基础。”①

《文集》中所收论文大多能循刘教授的思路，着力探讨近代时期中国内部历史发展的脉络和特质，注意考察那些中国历史本身所提出的问题，当然这并不意味这些问题中就没有一点西方的影子，而关键在于研究者把握问题的角度。何汉威的论文从《李星沅日记》探讨道光朝后期的朝野风气、社会经济和政治情况，所论列者，皆是中国社会的老问题：若吏治、若财赋、若盐政、若漕运等等。这些方面所发生的问题，不仅在鸦片战争前就存在，鸦片战争后更有恶化的趋势。据《李星沅日记》所见，当时吏治的腐败已到了无以复加的地步。漕、盐、河为清代三大政，关系国

---

① 台北“中央研究院”近代史研究所编：《近世中国经世思想研讨会论文集》，台北“中央研究院”近代史研究所，1984 年。

计至巨，积弊亦最深，“漕事自征收、起运，以至抵坝、过桥、交仓，夙称弊海，不可胜诘”（上册，第342页）。中国在回应西潮时的无力表现，与中国社会自身这些既成问题的加深、恶化不无关系。传统之阻碍现代化事业的进展，也表现在由积习所造就的顽固守旧势力盘根错节，影响依然十分广泛深远。许多人囿于习惯，墨守成规，对于新事物充满抵触和敌视的情绪，尤其当这些西方器物是伴随着西方的大炮兵舰来到中国，更使他们“闻铁路而心惊，睹电杆而泪下”，“民族情感为坚守祖宗成法的盲目排外态度披上一层美丽的外衣”（上册，第369页）。

当然，传统还存在推动现代化的一面，并非纯然是现代化的阻碍因素。不少论文都注意到，由儒家传统所发展出来的经世致用的思想，就可以转化为促进现代化发展的思想资源和动力。陈绛先生的论文即提示：倡导和主持早期现代化事业的洋务派官僚，不论中央重臣如奕䜣、文祥，还是地方大吏如曾国藩、左宗棠、李鸿章，都是深受儒家传统熏陶的当权派，他们在治事上注重修政事、肃官常、求贤才、省繁刑等历代相承的内治措施，但是在儒家经世致用精神的影响下，同时又能够“正视外力入侵后中国面临巨变的严酷现实，破除成见，跨出传统治平之道的藩篱，肯定西方科学技术的器用价值对于维护封建皇朝的重要意义，从而利用手中的权力，将采西学、制洋器的主张付诸实践”（上册，第368页）。但更多的情形则是传统的正面因素与负面因素交织在一起，形成非常复杂的局面，制约形塑近代人物的风貌。张之洞就是这样一个矛盾、复杂的人物。其“中体西用”主张的内在矛盾性恐怕还得从其一脉相承的儒家正统思想中求答案。如王尔敏先生所论，他的思想不仅是要经世致用，而且在经世致用中，他又特重通经致用。强烈的道统观使他死守儒家纲常伦理的底线，毫不动摇；而通经致用的追求，又使他能够参革利弊，适时引入西学中有效用的部分。取舍去留之间，在在皆体现出一个士大夫强烈的捍国卫道思想，西学的影响则极其有限（上册，第492页）。另一个实例，是洪秀全对基督教的错误诠释，恐怕并非如有人揣测的那样是故意为之，而更大的可能倒是他曾长期浸淫的儒家典籍的制导，也算是受传统之“害”。站在西人的立场，洪秀全所信仰的或许是一个“捏造”的、“虚妄”的上帝，但站在一个失意士子和农民领袖的立场，洪秀全的“荒谬”中可能又有历史合理性的成分在。那种圣父、圣子、圣灵“三位一体”的纯西方基督教理论，对洪秀全恐怕才真是“殊不可解”，因为那实在不合于中国人的思维传统和一般知识积累（下册，第950～951页）。显然，对这些复杂历史人物的诠释，单纯从西方影响一面来看，是无法自圆其说的，必须调换视角追溯到中国固有思想在近代条件下的持续及其影响力，方能予以清晰地说明。

在研究方法上，注重对长期历史的解释，此其三。

“大历史观”有两种切入历史的取径：一种系以宏观历史之思，从历史的纵横整体联系上把握微观的历史研究对象，将研究的“人物”和“事件”放到其直接的语境中，进行史实的细致重建。简言之，“把握”是宏观的，研究仍是微观的。这是许多实证派研究的通常做法，意欲赋实证研究以深沉的历史“眼光”，颇受推崇。而另一种取径，则是在年鉴学派的影响之下，强调从较长的时段来观察历史，注重历史的结构性变动和长期发展趋势。借用黄仁宇的话说，就是要长时间、远距离、宽视野地观察历史，“历史的长远意义即为‘大历史’的真谛”。

两种切入历史的取径很难说孰优孰劣，只能说各有千秋。但站在刘广京教授的立场，因其“一向对哲学比较有兴趣”，故明显地倾向于后一取径，“注重长期历史的解释问题”。这些持续时间很长的“大问题”包括：“为什么古代中国会变成近代中国？中国历史这么悠久，宋元以后的历史在思想和制度上这么稳定，为什么到了近代会有急剧的变化呢？在这变化之中又保留了多少传统的成分呢？就近三十年的中国情势而言，大陆和台湾的变迁和发展为什么如此不同呢？”（下册，第1313页）如此等等。

尽管《文集》中大多数论文还是取宏观思考、微观研究的路子，小中见大，以研究稍小的具体人物和具体事件为主，但也不乏直接回应刘教授的号召，放宽历史视野，从数百年的长过程中评说“大历史”者。值得注意的是，这类以发现“规律”为使命的研究，也确有过人之处和精警之论，所触及的某些历史“共相”，非短时段的个案研究所能及。如郝延平先生的论文考察了自宋代以来约九百年间的经济社会发展，提出在这期间中国共发生了三次前后相连的“商业革命”：第一次商业革命发生在11世纪至13世纪之际，推动中国由古典时代进入“近代前期”时代；第二次商业革命发生于清代的17世纪80年代至19世纪80年代，推动了中国的早期工业化启动；第三次商业革命则发生于本世纪50年代（以台湾实施一系列振兴商业政策为标志），在70年代由于中国的经济改革而加速发展，至今仍在持续之中。三次商业革命的具体过程虽然不同，但却有一些共相：（1）经济重心的持续南移；（2）私有化、市场化、企业化取向，以及复杂的交换机制；（3）外来经济因素的影响；（4）传统经济经世思想的影响。这些共相中体现了历史的承续性和前后相连。对当下中国经济变革的理解，必须置于这一历史的长过程中来考察。可以说改革呈现出这样的特点：“变动越大，向传统的回归越大。”因此，对历史资源的发掘就在所难免了（下册，第1150～1154页）。由于郝教授的研究建立在先前扎实的实证研究基础之上，因此，虽然发的皆是“大议论”，但却能做到言人所未言，从历史事实性经验中提炼出某些带有共同规律的问题，绝无凿空议论之嫌。此外，司马富（Richard J. Smith）通过对从清初至今几百年间思想史的考察，从中国儒家礼仪传统的近代转变过程中，追溯当今大陆精神文明建设和“五讲四美”活动的历史渊源（下册，第1173～1214页），孔飞力（Philip A. Kuhn）从文化传统、商业传统以及风俗习惯方面对中国移民社会和华侨群体特征所作的长时段分析（下册，第1261～1284页），也很有启发性。

应该说，本《文集》以中国传统的渐变与蜕变为基线来解释中国近代史的取向，是富有学术建设性意义的，确能起到拓宽中国近代史研究视野的作用，促使人们注意到过去研究所忽略的许多历史面相。尤其是在对中国历史发展的连续性、内缘性因素的探讨上，更具有纠偏和导向的作用，与柯文等倡导的“在中国发现历史”有异曲同工之妙，但似乎也还有可商榷之处。

一是矫枉过正的问题。虽然这一注重内部变迁的学术取向可起到纠正“西方冲击—中国反应”模式负面影响的作用，但过于强调传统的持续和渐变，甚至以此为研究中国近代史的焦点，是否相对忽略了历史的非连续性发展和突变的一面？是否存在冲淡乃至忽略中国近代尊西尚新、不断近代化的趋势与特点？窃以为后者可能才是中国近代历史发展的真正主线。尽管邓嗣禹和费正清等人所提出的“冲击—反应”模式本身有这样那样的问题，并招致许多批评，但无论如何，中国进入近代的一个主要契机就是西潮的冲击，西潮冲击始终是近代中国社会大变动、大转型的逻辑起点。不然我们就无法理解李鸿章为什么要把中国近代以来的社会变动概括为“数千年未有之变局”，显然这一重大社会变化绝非过去历朝的渐变可以包容，它是突发性、根本性的变化，是源于“外发的压力”。而且，这一变动的趋势是向西走的，具有尊西尚新的根本特征。近代以来，可以说“新”的至高无上的地位已经从精神到物质，稳稳地扎根在中国了。恰如余英时先生的判定，“西方理论代表普遍真理的观念”在1905—1911年间已“深深地植根于中国知识分子的心中”了[①]。到“五四”时期，甚至出现了故意以西方为本位的取向。我们可以批评时人取向的偏激性，但却不可忽略这的的确确已构成一条近代历史展开的主线。向西方寻求真理来解决中国面临的种种难题，是中国近代以来几代激进知识分子的共同诉求。离开这

① 余英时：《中国知识分子的边缘化》，《二十一世纪》（香港）1991年第6期，第23页。

条主线来谈传统之种种，是否就能把中国近代历史真正解释得清楚，颇值得怀疑①。罗伯特·马克思（Robert Marks）曾批评“中国中心”这一概念“软绵绵地像海绵一般”，它“可以意味着用儒家概念解释中国历史，也可意味着用中国农民的价值观或任何其他理论来解释它”②。强调中国自身历史传统，强调儒家思想的可现代化性固然不错，但均应警惕陷入这种“软绵绵”的理论中的无力状态。

其次，强调在明清史的背景下来研究中国近代史，强调“通古今之变”的史学思维方式也是不错的，但是否一定要将近代史的起点推前到乾嘉之际，还值得商榷。时下，西方学者多趋向于不以传统上的1840年左右的鸦片战争作为中国近代史的起点，以为这样的历史划线一是过高估计了鸦片战争的影响，二是忽略了中国内部历史的发展，主张一定要向前延伸。具体延伸到何时，则意见不一。我认为这实际上也还是对“冲击—反应”模式的一种过度反应，牵涉到如何判断影响中国近代历史的根本性启动因素。如果我们承认西潮冲击是中国进入近代的最重要的契机，中国的近代社会变迁有着广阔的国际背景，是世界现代化进程的一个环节，那么，以鸦片战争及其不平等条约的签订作为中国近代史的开端，似乎并无不妥。尽管我们不能把鸦片战争后五口通商给中国社会带来的影响估计得太大太快，也不能忽视鸦片战争以前中国社会已有的渐变，而且在讨论近代社会变迁时应注意区分政治、经济的变迁与思想、文化、学术变迁可能存在的不同时和不同义的情况，但作为中西冲突加剧的一个突出历史事件，在象征意义上，鸦片战争仍可作为中国近代史开端的标志。恰如一位治鸦片战争史的研究者所说：“如果我们把视野放大，从今天的角度去探讨150多年前这次战争的意义。我们首先看到，这场战争把中国拖入世界。从此开始，中国遭受了列强的百般蹂躏；从此开始，中国人经受了寻找新出路的百般苦难。鸦片战争的真意义，就是用火与剑的形式，告诉中国人的使命：中国必须现代化，顺合世界之潮流。这是今天历史学界都会同意的观点。”③ 在近代分期问题上，中国学者完全有理由坚持自己的看法，不必跟在西人后面亦步亦趋。虽然尚有可商榷的地方，而且作为文集观点也可能不尽一致（包括不同作者对中国近代分期问题

---

① 这里并不是说刘广京教授等已完全忽略了西潮的冲击，他仍能看到中国与西方的关系是非常重要的。只是提醒过分注重内源和本土因素，强调内政比外交更重要，有可能使人偏离中国近代的实质性发展方向。说到底，还是一个矫枉过正的问题。

② 参见柯文著，林同奇译：《在中国发现历史》，中华书局，1989年，“译者代序”第6页。

③ 茅海建：《天朝的崩溃：鸦片战争再研究》，生活·读书·新知三联书店，1995年，第24～25页。

有不同看法等等)，但此巨轶毕竟由海内外多位名家集体撰写，一般而言展示了深湛的功力和独特的研究视角，对我们思考21世纪中国史学的发展取向不无启示意义。归结而言，《文集》所体现的史观和对未来历史研究所指明的路径，略有下列数端：

更趋精细的历史观。同那种将传统与现代、新与旧、进步与保守等截然二分的史观不同，《文集》取一种更为精细的观察视角，通过对史实的细致重建，再现历史的复杂性和多面相。用刘广京教授的话来讲，就是“如何更精细地，而且更明彻地就中国历史遗产来讨论中国现代化的问题”。历史现象是非常复杂的，许多只能从最隐微处去察知，思想史研究犹然。王凡森就注意到，在中国主张自然人性论的思想家的作品中，便“常能见到极为深刻的道德严格主义。这种现象以明末清初的思想家为特别突出”，所以不能轻言“解放的思想家”(上册，第70～71页)。章开沅先生在其论文中通过对晚清革命党人“排满”口号的细致剖析，指出了民族主义的“两面刃”特性：“民族主义仿佛是一把两面刃，既可以伤害对手，也未尝没有可能伤害自己。”故此，“真正的马克思主义者在肯定民族主义历史进步性的同时总是要指出其局限性……其道理正在于此”(上册，第660页)。潘光哲的论文通过对《小方壶斋舆地丛钞》作者王锡祺生平行事的研究，提出史家除注意那些如康有为、梁启超、严复等近代“巨型知识分子”的研究外，还应将那些名不见经传，但多少在历史上留下痕迹的“小人物”的研究纳入研究视野，追溯其独特的生存状态和回应近代挑战的独特方式，使历史图像的构成呈现出丰富多彩、复杂多样的本态(上册，第423页)。张玉法先生有关山东新政的个案研究，将山东新政分为四种类型：第一类为外力入侵所作的应变措施，如开口通商、路矿权维护；第二类为加强国防而办的“船坚炮利”事业，如机器局、架电线、建新式炮台等；第三类为庚子以后的一般政治改革，如办巡警、新式教育等；第四类为预备立宪时期各省逐年筹备之事(上册，第518页)。这种根据地区不同情况所作的类型区分，使新政的研究更加具体化，也更接近历史的真实。

总之，这种趋于更为仔细的观察和更为精致的描绘的史观，关注于在丰富史实基础上对历史细节的重建，以最终达到历史真相之再现，与柯文等“中国中心观”论者强调区分和特殊性，何伟亚等后现代主义者强调对“多种参差多相的力量之间的关系网络”的关注，殊途同归，十分接近，预示着下一世纪历史研究的走向，实不容忽视。

长程的历史观。前已述及，从“大历史”观出发，注重长期历史的解释系本《文集》的根本主张，也是刘广京教授所惯来提倡的思想。值得注意的是，这种主张时下已不再只是一种观念，而且已外化为具体的史学实践。其成果不仅体现在法国年鉴学派的一系列重要成果之中，而且也体现在西方学者最新的成果之中。黄仁宇先生在“大历史”观指导下所写的一系列描绘“大历史”的著作，已是尽人皆知，备受青睐。而新近如黄宗智先生的近作《长江三角洲的小农家庭与农村发展》，跨越清代史和近现代史的鸿沟，对长江三角洲600余年间的历史进行纵向的考察，提出了许多富有新意的见解，也引起了史学界的普遍关注，亦为运用长程历史观解读历史的成功范例之一①。

长程历史观的一个长处，便是能够在较大的时空范围内梳理历史发展的脉络，揭示历史表象之下更深层次的运动，从而进入所谓“总体史”研究的新范式、新境界。比如，对社会结构史的研究就是如此。社会结构是社会各要素之间相对稳定的关系架构，是庞大复杂的社会的存在方式，它的演变是一个相当长的过程，是社会的整体性、根本性的变迁。其相对稳定性和整体性，要求由过去偏重短时段的研究，演进为重视长时段的研究②。在世纪交替、中国社会现代转型正加速推进的今天，如何做到“通古今之变”，重视对长期历史演变和社会结构转型规律性的研究，重视历史与现实之间的连续性，就显得尤为重要了。同时对吸收先进的史学思想，构筑跨世纪的新型史观亦极具提示意义。一如布罗代尔所说：“对历史学家来说，接收长时段意味着改变作风、立场和思想方法，用新的观点去认识社会。”③

内部取向的历史观。尽管笔者提请注意在对“冲击—反应”模式纠偏时，不能矫枉过正，忽略中国近代史中受西方影响的一面，但不容否认的是，在重视西方影响的前提下，调整视角，从中国自身历史进程的角度观察中西互动，一定可以看到过去所忽视的一些历史面相，发现更多的来自中国社会内部的问题。这也已经成为一种颇值得注意的史学研究新潮流。林同奇业已正确地指出，柯文等所倡导的“中国中心观”的一个核心涵义，即为“内部取向”，“主要指在研究中国近代史时把注意力集中在中国社会内部因素，而不是放在外来因素上”④。在日本，时下又有沟口雄三、滨下武志等倡导“亚洲视角”，主张站在亚洲自身历史演变的立场，“从亚洲出发进行思考”，

---

① 对该书的具体评论，参见马敏：《中国农村社会经济发展史的新探索》，《近代史研究》1993年第2期。又见马敏：《规范认识的超越》，《读书》1994年第3期。

② 有关深化社会结构史研究，参见王玉波：《深化社会结构史研究》，《历史研究》1995年第6期。

③ 布罗代尔：《历史和社会科学：长时段》，蔡少卿主编：《再现过去：社会史的理论视野》，浙江人民出版社，1988年，第57页。

④ 柯文著，林同奇译：《在中国发现历史》，中华书局，1989年，“译者代序”第10页。

“从亚洲来看欧洲”，重新诠释西方对亚洲的冲击和影响，并据此提出所谓“亚洲经济圈”的理论构想，在国际学术界引起了广泛的注目，颇具启发意义①。循此思路，也可以有所谓“中国视角”，即站在中国自身立场上，从中国的历史继承性方面，从中国内在自身规定性方面，从中国文化传统的可变性与不变性方面，重新审视西方对中国的影响，所得到的结论必有所不同。譬如，20世纪初中国各地所出现的商会，自然是西方影响中国的典型事物。一般也是据此而判定商会的现代社团特征。但深入的研究却告诉我们，中国近代商会乃是建立在明清以来的会馆、公所等行会组织基础上，深受传统行会精神的影响，不能用西方的标准来硬套。银行的引入也是如此。早在开埠通商之前，中国就存在一个由传统的票号、钱庄所组成的金融网络。它们与各种各样的商号、行栈、集镇一起又构成更加复杂的商业网络。新式银行必须首先适应这一业已存在的传统金融和商业网络，才谈得上进一步与之竞争的问题。而对这个庞大网络的把握，主要得从中国自身历史传统入手。

进而言之，若从中国视角观察，过去较少触及的近代吏治问题、经世思想问题、中国法治传统问题、中国民间经济活动问题、农村生活方式问题、近代生态环境问题、下层民众的社会心态问题等都将提上研究日程，从而大大拓宽了中国近代历史研究的视野，丰富了近代史研究的内容。

在学术规范方面，《文集》也给我们树立了足可效法的范例。如何在继承中国优秀史学传统的基础上，合理吸取西方史学的思想方法，以确立新时期中国史学规范，是近期中国史学界所关注的一个大问题。《文集》所收论文，尽管角度不一、风格不一、篇幅不一，文字也不一（中英两种文字），但在治学态度和遵守学术规范上，却有着一致的标准：(1) 所论列的问题，皆是在长期治学基础上提出的新问题或真问题（有助于理解历史之真相而尚存争议的问题）；(2) 论述（无论宏观或微观研究）皆是在充分占有史料的基础上展开，以可资凭据的材料支持其观点，无凿空议论之嫌；(3) 虽借鉴一些相邻社会学科如社会学、人类文化学的研究方法，但却能直接置于中国的语境之中，作贴切的分析，无割裂、滥用之嫌；(4) 成果引用、概念提出、注释引文出处，皆遵循严格的规范，体现严谨的学风。对这些基本标准的恪守，正是学术规范化的起码要求，也是判断学术著作水平高低的基本准则，中西皆然。《文集》所收论文在这些方面均有良好的体现，故堪效法。

---

① 有关“亚洲视角”，参见滨下武志：《近代中国的国际契机：朝贡贸易体系与近代亚洲经济圈》，中国社会科学出版社，1999年。并参见朱荫贵的评论文章《朝贡贸易体系与亚洲经济圈——评滨下武志教授的〈近代中国的国际契机〉》，《历史研究》1999年第2期。

最后需要指出的是，由于《文集》的作者来自世界各地，且多属名家，对当前国际学术界中国近代史的研究现状具有相当的代表性，尤其作者从不同的理论背景来讨论中国近代史，有中国文化本位论者，有近代化论者，有属韦伯学派者，也有持马克思主义史观者，故体现了“百家争鸣”的多元史学倾向，而这也可以说正是21世纪中国新史学的必然走向。

（本文原载《历史研究》1999年第5期）

对第二次直奉战争的新诠释

——林蔚著《从战争到民族主义：中国的转折点，1924—1925》评介

在以往北洋军阀史研究中，1924 年的直奉战争并不在十分重要的地位，多视之为无数次军阀混战中的一次而已；另一方面，论及 20 年代的剧烈政治变动，人们注目的又往往是五卅运动、北伐战争、民族主义、国民革命等宏大政治叙事。而在战争硝烟与民族主义浪潮之间、在制度性崩解与国民革命的兴起之间，究竟存不存在某种历史的内在联系？在各种推动历史前进的动力之中，战争究竟扮演着什么样的历史角色？从既有的关于民国历史、关于中国大革命史的规范性历史言说中，是否还能有另一种诠释？另一路不蹈常习故的思考？这些，便是林蔚新著《从战争到民族主义：中国的转折点，1924—1925》试图回答的问题与论述中心①。

该书共十一章外加序论与结语，分别为第一章“北洋体系下的中国”、第二章“战争如何开始”、第三章“装备与战术”、第四章“南方之战”、第五章“北方之战”、第六章“战争与经济”、第七章“战争与社会”、第八章“战争与列强”、第九章“转折点”、第十章“北洋的崩解”、第十一章“1925 年：新关键中的政治”。

首章探讨战争的制度性背景与社会环境框架，乃全书叙述的铺垫。同习惯认为北洋时期系军阀混战黑暗时期、政治基本无建树可言的通常认知相反，作者认为，由北洋军阀及其背后国外支持者所构建的“北洋体系”（the Northern System），虽是民初袁世凯军事寡头统治的延续，具有派系林立的特点，但相对而言，仍是某种有着内在凝聚力和共同价值规范的政治权力结构，至少在表面上，有相对统一的中央政府，维持一定的权力均衡。恰在这一被认为政治上乱象纷呈的“黑暗”年代，中国经济有实质性的增长，舆论表达相对宽松，文化上也有较多的建树。倘若 1921 年

① 林蔚，英文名 Arthur Waldron，曾任教于美国普林斯顿大学、美国海军战争学院，现为美国宾夕法尼亚大学国际关系教授，从事中国军事史、国际关系史研究。主要著作有《中国长城：从历史到迷思》（*The Great Wall of China: From History to Myth*）等。

华盛顿会议列强间所确立的“公约”能够真正得到实施，中央政府得以强化，北洋体系下的中国仍不失“向上”发展的机会。

然而，日益升级的内斗和战争却破坏了“北洋体系”下的力量均势，使中国再度陷入内乱的旋涡。第二章和第三章中，作者剖析了第二次直奉战争爆发的原因和交战双方的装备、兵力、战术与战争的规模，突出军事史的主题。简言之，这次战争起因于1922年第一次直奉战争后，吴佩孚直系企图乘势扩张，进而武力统一中国，与张作霖奉系图谋东山再起、染指关内的野心发生冲突，也是英美列强围绕在华建立所谓“华盛顿体系”与日本斗法的结果。竞争的中心是控制作为中国金融、经济中心的上海。从交战双方的装备、兵力和战术来看，在中国历史上均是空前的。这时的军阀已拥有现代化的飞机、坦克和大炮，就其装备和训练而言，与一次世界大战中的西方军队相比也毫不逊色，正是这一切，使一触即发的大战具有现代化正规战争的性质。

第四章和第五章以细腻的笔法和娴熟的军事知识正面描写惨烈的战争过程。作为第二次直奉战争导火线的江浙战争（亦称齐卢之战），发生在中国最富庶的江浙地区，主战场就靠近上海，双方动员了大量陆军，而且还出动了空军和海军，使之成为一场名副其实的现代立体战争。战斗虽仅持续40余天，但却异常激烈。黄渡一战，双方均伤亡惨重，每天有三四列火车专门运送伤员，昆山、苏州等地的医院均人满为患。北方战事爆发后，更成为中国近代军事史上规模空前的大战，直奉双方动员参战的总兵力近30万人，其中直军13万多人，奉军16万人，在最具关键的长城“九门口”一战，奉军死亡四五千人，伤者更是不计其数。与过去北洋军阀之间司空见惯的“宣言战”、“电报战”不同，第二次直奉战争可以称得上是直奉两系军阀间一场真正的生死决战。

第六、七两章则扩大视野，从更宏大的历史场域中，观察这场规模空前的大战对当时中国经济、社会所造成的巨大破坏和负面影响。第八章分析战争与列强的关系。正因为这次战争很大一部分发生在最富庶的江浙一带，因此对这些地区经济、社会的破坏作用也是灾难性的。战争前夕大量强迫招夫、征车、征畜，使长江下游城镇昔日的繁华景象荡然无存；由于市面流通的钱币大量涌入上海的外国银行，上海曾数度发生金融恐慌风潮，北京的股市交易也一度中断；被击溃的逃兵们在城市和乡村见物就抢，为所欲为。这一切严重削弱了社会秩序的基础，使北洋政府失去了控驭能力，统一中国的目标已属可望而不可即。直系力量的削弱，也在一定程度上加深了英美和日本之间的矛盾，列强在中国的竞争日趋激烈。

第九、十两章中，作者剖析了吴佩孚直系在第二次直奉战争中最终落败的原因以及战争的结果。在直奉两军的决战中，直系一方经历了初占优势、继而僵持、最终落败的戏剧性三部曲。而导致直系失败的转折点，便是素有“倒戈将军”之称的冯玉祥所发动的“北京事变”。正是“北京事变”这一突发事件，完全打乱了吴佩孚的军事部署，使命运的天平偏向奉系军阀一方。关于冯玉祥的倒戈，过去的评价往往孤立地就事论事，要么将冯捧为拥护孙中山的理想主义者和革命者，要么将他的行为仅仅看作受日本提供的巨额金钱所驱使。其实，冯本人的动机可能要远为复杂，围绕这一事件还有许多迷思（myth）的成分。“北京事变”基本上是一个思想比较斑驳复杂的旧军阀在困境中所作出的一种主动性自保、自救行为。但无论如何，冯的倒戈使直系失去了战场上的军事主动，并进而丧失了政治上的中心地位。然而，极具诡论意味的是，从最终结果来看，这场决斗中表面上的赢家无论是张作霖还是冯玉祥，都还不是最后的胜利者。直系的崩溃最终将引发整个北洋体系的崩溃，造成某种权力真空，从而为新的观念、新的社会群体以及新的政治权威提供了演出舞台。

直到最后一章，作者才把他最想说的大关节处和盘托出，这就是战争与民族主义的关系、战争与政治之间的关系。其中心思虑所及，便是1925年五卅运动之真实含义及其历史影响。中国现代史上，“五卅”无疑是一个分水岭，是一个界标性的大事件，它宣告了新型民族主义运动和新兴政治力量的崛起。五卅运动在许多方面都不同于以往的单纯抗议型民族主义运动。此一时期的民族主义不仅以压倒优势获得各阶层广泛而深刻的同情与支持，而且，它比以往任何时候都具有更为清楚的政治目的与政治眼光，军阀和帝国主义一道被视作中国的敌人，从而使南方国民党和共产党所主张的国民革命有了明确的内涵和目标，这就是以“打倒列强除军阀”为口号的统一中国、建构现代民族国家的运动。

然而，“五卅”如何成为可能？“五卅”何以能在短时间内迅速燎原成全国性的“反帝爱国”运动并同南方的国民革命运动相融合？以往的研究似乎太过于注重这一事件的结果和影响，而恰恰忽视了其原因和过程。如果把“五卅”时期的民族主义还原到它本身的背景和语境中去，“五卅”和第二次直奉战争这两个似乎不相干的历史单元便有了内在的联系。我们所真正看到的，是战争所造成的一系列制度性崩解以及由此而引起的连锁反应。如果没有1924年江浙战争和直奉战争所带来的混乱和不安，显然不可能引发1925年广泛的民众抗议运动。而且，倘若北洋军队不是因历次战争而被逐渐削弱，那么，北洋政府就有可能较为容易地平息所发生的反抗运动。换言之，“五卅”的意义远不止于一个来自下层的爱国主义运动，而首先是既存权力结构分崩离析的象征。蒋介石所操纵的国民党正是利用北洋体系因内斗而崩裂的机会，对民族主义加以政治性运用，迅速崛起，填补了权力真空，成为当时全国统一诉求的代言人和执行者。只有考虑到政治的极端复杂性，我们才能较为准确地理解这一段波谲云诡的历史，而不至于把一切都简单地贴上“民族主义”的标签，用民族主义（很大程度上是西方意义的）来诠释全部历史。

在这部视角独特、观点新颖的史学著作中，林蔚除依据翔实资料从社会史的角度重现战争风云，着力探讨20年代民族主义思潮兴起与战争及其相应社会变迁的关系外，在历史哲学和方法论层面，显然还想告诉我们更多的东西。首先，在历史发展的动力学上，他通过卷首引述赫拉克利特斯的名言“战争乃万事之父”（War is the father of all things），大胆断言：战争也是历史发展的动力。正如第一次世界大战造成了20世纪20年代国际政治的新格局一样，近代中国的政治格局也“主要由战争所造成”。这本书的主题如果浓缩成一句话，那就是“战争如何改变中国”。林蔚指出：“战争乃经常扮演一种强有力同时又反复无常的历史角色，使那些企图驯服它的历史学家们茫然失措。战争不接受派定的依附角色，轻易随那些经常被首先考虑的经济、社会或思想发展而上下律动，反之，它往往穿越因果关系的界线，以难以逆料、不可思议的方式颠覆或改变人类社会进程。”（第8～9页）这些论断提示我们，或可超脱于人们已耳熟能详的经济决定论或思想决定论的视域，从另一个更直截了当但也更加隐秘的角度来审视历史发展的动力及其走向，这就是战争所提供的新视域。

诚然，战争之推动历史也不是绝对孤立的，它必与经济、政治、社会乃至文化的诸多因素相配合，形成一条环环相扣的“型变之链”（the chain of transformation）。循着这条型变之链，我们可以观察历史事件之间的相互关联与相互影响，使之成为“可解读的”。正是在此意义上，林蔚试图对20世纪20年代中国历史的动荡画面作一整体性的解释。在他看来，20年代中国历史的因果链上，战争是关键一环。不仅“五卅”时期民族主义的崛起要追溯到第二次直奉战争的结局，而且，国民革命和北伐战争的成功也间接受赐于直奉战争的广泛社会影响。他坚持认为，如果北伐军面对的是一个尚未受到战争削弱的北洋军事集团，如果没有由战争破坏所造成的社会和民众心态基础，北伐就不可能取得势如破竹的胜利。

由于重视战争在历史发展中所起的重要作用，林蔚一反年鉴学派强调历史长时段、必然性的史学传统，转而强调偶然因素对历史进程的影响。历史之所以成为我们今天所见到的形貌，并不是必然如此，其中充满了各种可变因素和不可预测性，因为战争的胜负其实是很难逆料的。设想一下，倘若没有冯玉祥的突然倒戈，倘若第二次直奉战争的结果是吴佩孚直系获胜（这并非没有可能），那么，整部中国现代史恐怕得重新改写。

正是上述十分广泛的思考，使林蔚的新著超脱于一般的军事史著述而具有更深刻的思想内涵和启迪性。我们可以不同意林蔚对历史的全部解释，但却不得不承认，他的新著毕竟是充满探索勇气和创造意识的，为我们重新理解那场多少已经被人们淡忘了的战争，为重新思考中国近现代历史进程增添了许多新的内容。

（本文原载《历史研究》2002年第1期，收录本书时标题及正文均略有改动。Arthur Waldron，*From War to Nationalism：China's Turning Point，1924—1925*，Cambridge University Press，1995）

据之于实情：建立中国史学新典范的若干启示

——以李伯重《江南的早期工业化（1550—1850）》为例

在近些年的中国史研究中，越来越多的学者对西方中心主义的历史观提出质疑，而提倡如保尔·柯文所说的“在中国发现历史”的“中国中心观”。然而，多数学者的看法是，在倡言“中国中心”的同时，并非要抛弃西方（主要指西欧）的经验，而是要在新的基础上，实现中西社会历史发展的双向比较与对视，“不仅从欧洲的立场出发去看中国，而且也从中国的立场看欧洲”，既反对西方中心主义，又不拒绝西方的经验；既重视从西方经验中总结出来的一般规律的指导作用，又不将之神秘化或神圣化，而是更加重视中国自身经验的独特价值和特殊性，即据之于中国的“实情”。在这一确立中国史学新典范的主流倾向中，李伯重著《江南的早期工业化（1550—1850）》似可视为代表作之一。

李著共分十一章，约46万字，为“中国经济史研究丛书”之一，2000年12月由社会科学文献出版社出版。第一章为导论，对本书的几个核心概念作出明确的定义，尤其着重区分了“原始工业化”、“早期工业化”、“近代工业化”等几个容易混淆的概念。第二、三、四、五、六章分别对明清江南的纺织业、食品工业、其他轻工业（服装制作业、日用百货制造业、烟草加工业、造纸业及印刷业）以及重工业（工具制造业与建材业、造船业）的发展状况进行讨论。第七、八、九三章讨论江南早期工业化的物质环境问题，包括过去较少研究的早期工业化中的能源与材料问题、原料输入与产品输出问题，以及人力资源问题。第十章则对明清江南工业发展的主要特点进行归纳，提出能源—材料节省型的发展是江南工业发展最重要的特点。第十一章对明清江南工业发展的前景问题进行分析，对中国经济史研究中的“英国模式”、“江南道路”、“资本主义萌芽”、“过密化”等重大理论问题提出了自己的见解①。尽管

---

① 有关中国与欧洲近代历史发展、江南道路与英国模式等的比较研究，近来围绕彭慕兰的新著：《大分岔：欧洲，中国及现代世界经济的发展》（K. Pomeranz，*The Great Divergence*：*Europe*，*China*，*and the Making of the Modern World Economy*，Princeton University

李著对江南早期工业化的研究尚有未臻完善之处，但其在经济史研究中建立新典范的努力却是显而易见的，并且取得了相当的成功。本文拟结合评介李伯重的新著，在更宏观的意义上思考如何实现中国史学典范的转移①，从而真正确立中国自己的史学流派，而不是跟在西方史学后面亦步亦趋。

两种经验、两种模式：如何看待西方经典?

研究中国经济史（包括研究整个人类历史）绕不过去的一个问题，是如何看待西方经典理论（包括马克思主义与其他西方理论）。因为在我国可以称得上“科学”的史学研究，实际上是在近代受西方理论影响而逐步发展起来的。任何重大的理论问题，不管我们主观上意识到或没有意识到，实际上都可溯源自西方的经典。黄宗智在谈到中国经济史研究时指出，中国学术的主要模式系源自马克思的古典理论。曾主导中国历史研究的“封建主义”与“资本主义”范畴均出自马克思对西欧，尤其是对英国的分析。而后传入的西方学术的主导模式又主要得自两个理论：先是马

Press，2000)，在美国学者中引起了热烈的讨论，而李伯重著作中的观点则成为讨论双方经常引用的观点之一。这也在一定程度上说明了李著在学术研究史上的贡献。具体讨论情况，可参见黄宗智：《发展还是内卷？十八世纪英国与中国——评彭慕兰〈大分岔：欧洲，中国及现代世界经济的发展〉》，《历史研究》2002年第4期。

① 在这里“典范”(paradigm，或译范式、规范）一词的含义即这一概念的发明者托马斯·库恩所提出的，大致可理解为某一科学群体在一定时期内基本认同并在研究中加以遵循的学术基础和原则体系，它通常包括一门学科中被公认的某种理论、方法，对事物的共同看法和共同的世界观。因此，“典范转移”往往涉及一门学科中某些根本问题或公认看法的改变，而不是某些具体问题、看法的改变或修正。“典范转移”往往又带有某种“示范”性作用，它不仅开启了新的领域和途径，而且会随之带来许多待解决的新问题。在此意义上，典范转移似又还不同于一般意义上的分析框架或模式（如现代化模式等）的确立，而毋宁更在于由新的分析框架或模式所导致的一系列带有根本意义的认识改变，它往往构成创立新的学术流派的先声。余英时曾指出，“新典范”的一个特征，便是“触及了许多久已积压在一般人心中而不知‘怎样说才好’的问题”。他举例说，胡适在中国思想史上的地位，正在于“即使在思想上和他完全不同，甚至相反的人（如梁漱溟与李大钊）也仍然不能不以他所提出的问题为出发点，所以从思想史的观点看，胡适的贡献在于建立了孔恩（即库恩）所说的新‘典范’”。余英时的论述显然有助于我们正确地把握“典范”一词的真正内涵。

尔萨斯，后是亚当·斯密①。

所以，“西方中心”论的一个根源，实际来自种种西方经典理论（或现代流行理论）先入为主或反客为主的制导。这就决定了即使是研究江南工业化这类地区性的实证经验，首先遇到的却是对西方经典理论的辨析问题。虽然李伯重对英国模式的叙述次序在后，但思考却在前，换言之，英国模式在明清江南的适用性问题构成李著全书的逻辑出发点。这似乎是一个颠倒了的出发点，但却反映了目前中国学术的尴尬与真实。

那么，为什么恰恰是“英国模式”而不是其他？这是因为在李伯重看来，以往以资本主义萌芽为中心论说的江南经济史研究，究其实，乃是以近代早期西欧经济发展模式具有普遍意义为默认前提的。而这种西欧模式，实际上又主要以英国经验为基础。因此，所谓英国模式，实即以英国经验为基础的近代工业化模式，“这种模式表现了早期工业化向近代工业化的成功转变，而这个转化也就是工业革命”。换言之，英国模式也就是体现工业革命成功的典型模式，而且具有明显的“自立性”色彩（第516～517页）。其对研究江南早期工业化的过程及前景，无疑具有极其重要的理论意义。

然而，同过去一般认为西欧经验或英国模式具有放之四海而皆准的普遍意义不同，李著在承认英国模式的重要性基础上，又更进一步，提出应区分英国模式的普遍性意义及其特殊性两个方面，并由此而观察其与江南早期工业化的关联。

英国模式究竟在何种意义上具有普遍性？根据李伯重的研究，英国模式的普遍性意义，主要在于它所体现的马克思所揭示的再生产理论的普遍规律。根据这一规律，社会生产力的发展是社会再生产的扩大。虽然再生产存在于一切社会之中，但是在近代工业化以前，社会再生产主要是简单再生产，只有到了近代工业化时代，扩大再生产才成了社会再生产的主要特征。由早期工业化向近代工业化的转变，实际上就是以简单再生产为主的社会再生产向以扩大再生产为主的社会再生产的转变。这是其一。

其二，马克思再生产理论又具体体现为两大部类生产比例的变化。社会生产分为生产资料生产（主要为重工业）和生活资料生产（主要为农业和轻工业）两大部类。两大部类之间存在着一定的比例关系。在简单再生产中，这种比例基本保持稳定；而在扩大再生产中，这种比例关系发生了很大的变化，生产资料生产所占的比

---

① 黄宗智：《中国农村的过密化与现代化：规范认识危机及出路》，上海社会科学院出版社，1992年，第137页。

重较前有明显提高。英国模式的近代工业化最为具体、全面地体现了再生产理论的规律。同过去的通常认知相反，英国工业革命最明显的标志，并非纺织业的发展，而是重工业的迅猛发展，即所谓“煤铁革命”（第518页）。

由英国经验所体现的社会再生产扩大的普遍规律，适用于对于任何国家或地区的近代工业化的研究，自然也适用于对江南近代工业化的研究，而且对观察江南早期工业化的特征和发展前景亦具有参照意义。以上便是英国工业化模式的普遍意义所在。但是，这一模式所展示出的普遍性也就仅此而已了。

如果缩小范围，将英国模式作为一个具体的历史现象来考虑，英国模式又具有其特殊性，并不具有普遍意义。因为英国模式乃是奠基于英国历史经验之上的。人类社会史上，只有英国才是由“自发地”早期工业化向近代工业化顺利转化的惟一事例。如同最近欧洲经济史研究所证实的，英国近代工业化实际上是从一个“发达的有机经济”向“以矿物能源为基础的经济”的转变。对此，雷格莱曾指出：“要成功地摆脱有机经济所受的制约，一个国家不仅需要那种一般意义上的资本主义化，以达到近代化；而且也需要下述意义上的资本主义化，即越来越多地从矿藏中，而非从农业产品中获取原料，尤其是能够开发大批能源储备，而非依赖各种过去提供生产所需热能与动力的可再生能源。英国经济正是在上述两种意义上资本主义化了的。”① 欧洲国家中只有英国才具备上述条件，甚至连荷兰、法国这样的早期的西欧先进国家也不具备与英国相同的条件，所以也难以自行出现工业革命。换言之，作为一个实际历史过程和实际历史演化模式，即使在欧洲英国模式也并不具有普遍意义，更不用提在世界其他地方了。

显然，存在两重涵义的英国模式：一为工业化过程中作为经济成长理论的英国模式，它体现了工业经济发展的普遍规律；另一重则为具体历史演进过程的英国模式，它是对英国特殊经验的抽象，是英国独特历史环境的产物，并不具备普遍意义。对英国模式本身的双重意义，李伯重作了很好的归纳：“（英国模式）如果从所体现出来的再生产普遍规律而言，它具有普遍意义；但作为一种具体的发展模式来说，它又没有普遍意义。”（第522页）

应该说，李伯重对英国模式内在涵义的这种区分，对理解明清江南工业的发展是很有指导意义的，也是他分析明清江南工业化过程的一个基本理论出发点。一方

---

① E. A. Wrigley, *Continuity*, *Chance and Change*: *The Charactor of the Industrial Revolution in England*, Cambridge University Press, 1988, p. 115.

面，由于英国模式包涵和体现了工业化过程中的一些基本经济规律，因此，可以根据这些基本规律来观照同为“自发性”的江南工业化过程，解释其内在的发展动力和与西欧工业化的异同。使江南工业化研究具有了一定的理论框架，而不是简单的资料堆积和事实说明。但另一方面，又正因为作为一种具体历史发展模式，英国工业化模式并不具有普遍意义。因此，不能将英国的工业发展道路照搬到中国的江南，也不能将英国工业化的结果预设为江南早期工业化的必然前景。这里，李伯重特别提到，在以往的“资本主义萌芽”研究中，学者们无意间常犯的一个错误或习惯性思维，便是预设如果没有外国资本主义的入侵，江南就可以像英国一样朝着资本主义近代工业化的道路前进。似乎历史演进只有一条“一以贯之”的发展道路，这就是英国工业革命的必由之路。显而易见，这种思考问题的方式，无意间把英国近代社会发展模式当成了人类社会发展的普遍模式，也就是说潜意识中老有一个无所不包、无所不在的英国模式的影子在作祟。

一项有价值的史学研究，固然要一定的理论框架作支撑，参与主流史学的国际学术对话，从而进入共同的话语系统，但史学研究归根结底还是一种实证性研究，必须以实证性经验作为研究的基础。而任何实证性经验都是有一定时间和空间范围的，换言之，必须落实到一定的时空区域才会发生意义，这正是时下区域性研究大行其道的根本原因。李著之所以能作出开拓性的研究工作，除其强烈的理论意识外，最主要的便是将其研究建立在坚实的地区发展经验之上，这便是他所提出的所谓“江南经验”。李伯重认为：“地区性问题，也是中国经济史研究中需要予以特别重视的问题。从以往的研究来看，明清工业的发展具有明显的地区性。”“早期工业化是一个地区性的历史现象，必须以一个地区的整体经济发展为基础。”（第 22 页）

江南早期工业化的发展模式实际上是以“江南经验”为依据的。江南经验既不同于英国经验，也不完全等同于中国其他地区的经验，而基本上是一种区域性的独特历史发展经验。正是基于这种独特历史经验而形成江南早期工业化的特殊模式，并最终导致与英国不同的工业化道路。

江南模式或江南道路究竟有些什么特征呢？李伯重认为，它最明显地表现为江南早期工业结构中的“超轻结构”（重工业畸轻而轻工业畸重）特征。过去对明清江南工业的结构甚少研究，由于将重点放在生产关系上，很少有人注意工业自身内部结构问题。然而，从近代早期英国工业的发展过程来看，结构变化是工业发展的最重要的标志之一。正如诺斯（Douglas North）所说：“工业革命并非与我们有时所认为的那种与过去根本决裂；恰恰相反，它是以往一系列渐进性变化的积累。”① 英国中世纪后期以来工业的迅速发展，实质上就是重工业兴起并在工业中的地位变得越来越重要的历史过程。然而，与英国早期工业的结构变化趋向相反，明清江南工业却呈现出明显的轻型结构。到1850年以前，以纺织业为主的轻工业已成为江南最大的产业部门，其重要性即使不是大于农业，至少也与农业相当。在重工业所属各部门中，除造船业外其他工业部门发展甚慢，其中煤铁工业的规模更是微不足道。若将轻工业与重工业两大部门作比较则可发现：明清江南轻工业规模扩大的幅度，远远超过重工业规模扩大的幅度。如果把重工业所占比重较小的工业结构称为“轻型结构”的话，那么明清江南的工业结构就是这样一种典型结构。如果说近代以前英国的工业结构由于重工业比重较小尚且属于“轻型结构”的话，那么明清江南的工业结构就应当被称为一种“超轻结构”。“超轻结构”系同英国早期工业结构比较而言。“忽视这个（结构上的）巨大差别，在潜意识中把明清江南工业等同于英国工业，从而用英国经验来套江南的实际，当然是非常错误的。”（第470页）

工业结构的形成同使用的动力和能源、材料密切相关。从能源、材料的角度来看，如果重工业不发达，那么工业结构必然是一种轻型结构。换言之，明清江南工业的“超轻结构”，实质上是一种节省能源与材料的工业结构。明清江南之所以走上一条“节能省材型”工业的发展道路，是由江南工业的内外资源条件所决定的。正是资源条件使得江南难以发展重工业，但轻工业却拥有广阔的发展空间。近代早期的重工业主要就是煤铁工业，而煤铁工业又基本上是一种资源开发型工业。江南之所以无法建立自己的煤铁工业，原因便在于缺乏煤铁资源。不仅如此，重工业发展所必需的其他主要自然资源如水力、其他金属矿藏等，江南也同样缺乏。就此而言，资源缺乏是为江南工业“超轻结构”形成的主因。与此相对照，近代早期的英国却拥有重工业发展所需的各种主要资源。可以说，资源的差异，对两地工业结构的形成具有关键的作用，也是促使两地工业化走上不同历史发展道路的重要原因之一（第478～479页）。

其次，与英国相比，明清江南工业之所以形成“超轻结构”，又与江南的劳动力资源优势和市场结构特征不无关系。江南地区众多的人口，为江南工业提供了比英国更为充足的人力资源，而明清江南劳动者所拥有的较高的劳动技能，又使江南的轻工业能够朝着追求较高的附加值的方向发展。另一方面，明清江南市场的发展，使江南轻工业的原料供应比英国更为充分，亦为江南轻工业的发展提供了更大的发

① 转引自李著，第4页。

展空间。李伯重的结论是：明清江南与同时期英国相比较，“两地在轻、重工业的发展上各自具有特殊有利条件，无怪乎二者在工业发展方面‘各行其是’，各走最适合于自身发展的道路了”（第490页）。

于是，由英国模式在江南的适用性引发的，是倒放电影似的倒回去看为什么江南早期工业化不可能自然导向近代工业化，江南早期工业化究竟有哪些自己的特征？即必须探讨江南经验与江南模式这一类带有地域特点的独特历史发展道路的问题。用李伯重的话讲，是一种“回溯似”的研究方法。

值得注意的是，当我们“回溯”江南早期工业化的发展过程时，越往前看，英国模式的适用性就越有限了。这时，便相当需要一种更恰当的参照系来进行中西比较。为此，李伯重对整个工业化的历史过程作了比较严格的阶段划分，即将工业化过程分为“早期工业化”和“近代工业化”两个大的阶段。一般所说的工业化主要是指以“工业革命”为标志的近代工业化。根据迪安（Philis Dean）的定义，“工业革命一词，一般用来指复杂的经济变革。这些变革蕴含在由生产力低下、经济增长速度停滞不前的、传统的工业化前经济向人均产量和生活水平相对提高、经济保持持续的现代工业经济发展的转变过程之中”①。工业革命始于18世纪的英国，到19世纪中叶，欧洲大多数国家都基本上完成了工业革命。因此，近代工业化的时限在欧洲一般应为18、19世纪，在世界其他地方则可延续到20世纪。“早期工业化”则系工业革命以前的工业化，是近代工业化之前的一个历史阶段。早期工业化为近代工业化创造了必要的历史前提，但二者之间又有本质的区别。早期工业化本身并不能必然导致近代工业化（第13页）。

在李伯重对工业化历史阶段的区分中，他基本不采用研究前工业化史经常使用的“原始工业化”（proto-industrialization）概念，认为这一概念有许多缺陷，基本局限于欧洲农村的工业化过程。然而，与李伯重的看法相左，王国斌在将中国早期工业化与西欧作比较时，却比较强调“原始工业化”概念的分析力度，认为它可能同样也适用于分析中国早期的工业化过程，“讨论17、18世纪中国和欧洲的工业时，将会再度发现二者存在着令人惊异的相似性”，“现在有新的证据表明：从欧洲原始工业化前景的角度来看，中国与欧洲有许多相近之处”②。许多中国经济史学者似乎

---

① 引自李著，第3～4页。

② 王国斌著，李伯重、连玲玲译：《转变的中国——历史变迁与欧洲经验的局限》，江苏人民出版社，1998年，第32、43页。

都赞成王国斌的观点，在其著作中不同程度地运用了“原始工业化”的分析框架①。不能说李伯重选择“早期工业化”取代“原始工业化”的做法不对，但这一抉择的结果，使他在实际研究中更多的是用英国的早期工业化来同江南的早期工业化作比较，而多少忽略了整个欧洲的经验，尤其忽略了那些早期工业化历史发展过程与中国更接近的荷兰、法国等地区的经验，或者说对农村工业的转型和小农经济自身的变异注意不够（关于这一点下面还会进一步申论）。就此而言，李伯重固然对英国模式作了很有意义的区分与论说，但似乎仍不自觉地过分沉湎于英国经验，在一定程度上影响了李著视野的宏阔性。

回到经验（事实）、模式、经典三者的关系上，经验（事实）构成历史研究的根本出发点，是三者中最基础、最本质的要素，也是我们之所以强调要“据之于实情”的基本理由；由对某些经验的正确解释而形成的经典理论，只能起到一种理论上、原则上的指导作用，而不能成为历史研究的出发点。任何一种具体的历史发展模式必须从具体历史经验中抽象出来，即“从事实基础上建立概念，逐步形成模式”，而不能从经典中推导出来，这是基本的历史思维逻辑。对待经典的正确态度，是既要借重经典，但又不能迷信经典。要活用经典，将经典与事实相结合，肯定其与事实相符的部分，纠正与事实不相合的部分。完全撇开西方经典理论，我们的研究往往缺乏深度，缺乏理论的延续性，陷入经验主义的泥沼；但如果执迷于各式各样的西方经典，不作辨析与区分，不与中国的实情相结合，我们的历史研究便无以谈突破，无法去创新，同样要走入歧途。

理应如此与事实不如此：对“萌芽论”的检视

毋庸置疑，近年来的中国经济史研究在若干实证研究层面的确取得了公认的进展，但在理论上如何取得具有典范转移意义的突破，仍是大家所普遍关心的问题。如果没有典范意义的突破，许多实证研究便不可能进入所谓“公共学术对话”的更高层次，也难以使我们的史学认识发生带根本性质的变化。在这方面，李伯重著作中对“资本主义萌芽论”进行重新认识，极富启迪性。

作为一个带有中国特色和时代痕迹的史学理论模式，“资本主义萌芽论”在一定

---

① 例如严立贤的著作《中国和日本的早期工业化与国内市场》（北京大学出版社 1999 年版）第一章的标题即为“原初工业化：历史与理论”，以下各章则分析了日本和中国的原初工业化问题。

的认识阶段起过一定的进步作用，多少加深了我们对明清江南历史实际的认识，这是没有问题的。“萌芽论”的一个基本贡献，便是以大量的事实性证据证实了明清时期中国经济绝非是停滞的，而是有着活跃的商品经济的发展，充满着带有资本主义预兆的种种变迁，这在江南表现得尤为典型。

但是，诚如李伯重等所试图揭示的，作为一种带有普遍认识意义的史学理论模式，“资本主义萌芽论”又存在着致命的缺陷，或者说已成为阻碍我们更深入认识中国历史实际的一种传统典范。“萌芽论”的立论基础是以英国模式为代表的西欧道路具有无可置疑的普遍性为默认前提的。“从方法论上来说，这是一种预设结论的先验性研究方法，其实质是想要证明西欧道路在中国土地上的重现，而不是发现中国经济发展的真正特点。”说到底，这仍是究竟是据之于事实——从事实出发来研究中国历史，还是从某种视之为理所当然的模式出发（在这里是以英国经验为代表的西欧模式）来研究中国历史这样一个根本性的问题。如李伯重所言：“换言之，在资本主义萌芽理论的框架中研究明清江南工业的发展，实际上是从英国模式出发来研究明清江南工业的发展，以证明明清江南工业发展必然像英国那样走向资本主义近代工业化。由于这种理论实际上把江南工业发展的前景视为英国经验在江南土地上的重复，当然不可避免地会忽视明清江南工业发展的真正特点。然而要是不去发现江南自身的特点，那么我们的研究也就失去了意义。”（第527～528页）

显然，全部问题的症结在于，如果以英国模式和西欧道路为惟一模式套之于中国的实际，必然出现的一个永远无法解开的历史死结是，理论上中国必然要发展到资本主义，但事实上中国又始终没有发展到资本主义。理论预设与事实经验不一致。那么，一个无法回避的问题是：当出现了这种理应如此而事实不如此的情形时，我们究竟是尊重假设还是尊重事实，这是一个基本的思想方法问题，事实上常常也构成我们实现思想突破和典范转移的出发点。

在此，黄宗智先生关于“规范认识危机”的论说对于启发我们的思维是很有意义的。黄氏亦质疑“资本主义萌芽”论，认为“在西欧历史上，由于十九世纪出现了工业资本主义的蓬勃发展，把这之前的三四个世纪称作资本主义萌芽或向资本主义的过渡是有道理的。然而中国的十九世纪并无资本主义发展，有什么道理把这之前的时期称作资本主义萌芽呢?”针对一般将资本主义萌芽没有得到发展的原因归结为西方入侵打断了中国资本主义发展的进程，黄氏进一步质疑道：“把十九世纪中国经济的落后归罪于帝国主义，而不是自身的停滞趋势。这一说法虽很符合反帝情绪，却难以令人信服。西方的经济影响直到十九世纪末仍是很有限的，而中国经济自数百年前的所谓‘萌芽’以来却未显示出自己发展资本主义的动向。”①

如果说黄宗智的质疑不过反映了西方学者多数人的看法，但他接下来的讨论却把问题真正引向了深入。他认为隐藏在“萌芽论”背后的，实际上是一种不易察觉的规范性思维：即商品经济的发展必然导致资本主义近代化发展。这一规范性构想实际上贯穿了“封建主义论”与“资本主义萌芽论”模式、“传统中国论”与“近代早期中国论”模式，“贯穿了大海两岸学术界的两代人，也贯穿了斯密理论与马克思主义理论”。黄氏认为这些不同论点争论的双方，都没有去怀疑是否存在“没有发展的商品化”，根据他的研究，中国经济的事实是“商品化和经济不发展这一对相悖的现象确实并存”，这就从根本上摧毁了所有模式的共同认识基础，使之发生了“规范认识的危机”，并由此形成他的江南经济发展的“过密化”理论。

我们且暂不去讨论黄氏的“过密化”理论是否正确，但他的“规范认识危机”却有相当的分析力度，因为在认识上我们最容易忽略的恰恰是这些并没有真正检验过的认为“再明白不过了，乃至无须再加以讨论”的“共同的认识”。这些为不同的或对立的模式和理论所共同承认的、不言自明的信念，“比起任何明白表达的模式和理论来，有着更广泛、更微妙的影响。它们的影响不仅在于引导我们去想什么，更在于不想什么”②。

尽管李伯重的著作对黄氏“过密化”理论提出了批评，他们对江南经济发展的解释也完全不一样，但在我看来，就认识论和出发点而言，他们倒是惊人地相似，即从“萌芽论”理想与中国事实不相符的悖论性现象出发，共同质疑英国经验与英国模式的普遍意义，试图揭示江南经验中真正符合中国历史实际的方面。区别在于：李伯重基本是循着“斯密型”成长的思路，从江南早期工业的经济结构和资源环境独特性方面来寻求中国自身的发展道路；黄宗智则根本怀疑斯密型模式与马克思模式的共同前提，从没有实质性经济发展的“过密化”增长来揭示江南经济发展的奥秘（也有论者将黄氏理论归结为马尔萨斯型发展）。

如果暂且撇开黄、李的具体争论，而把他们在认识论方面的共同认识加在一起，那么，我们便可看到，对历史探索者而言，突破旧说，创建新典范的第一步，就是要从历史的事实出发，或如黄宗智所说从实证研究积累的基础上所证明的悖论现象

---

① 黄宗智：《中国农村的过密化与现代化：规范认识危机及其出路》，上海社会科学院出版社，1992 年，第 136～137 页。

② 上引黄著，第 140～141 页。

（指那些被现有规范信念认定有此无彼的对立现象在事实上的同时出现）出发，大胆地怀疑既有成说，尤其要怀疑那些似乎不需再加讨论的规范信念，从而发现历史新认识的突破口。黄宗智和李伯重在质疑“资本主义萌芽”上所迈出的第一步构成了他们创建其新学说的出发点。当然，迈出这关键的一步却并不容易，需要理论的胆识和远见①。

无论是李伯重还是黄宗智，基本上都看到了“萌芽论”在理论思维上的误区，一是预设结论，一是主观推理，二者的共同特征则是坚持由某种理论推出应有的历史现象，无视历史真实。“历史真实成了理论的牺牲品。”李伯重指出，在以往关于中国资本主义萌芽问题的研究中，大多数学者坚信明清中国经济发展走的是一条与近代早期西欧相似的发展道路，并且最终将要发展为资本主义近代工业化，于是，从这一未经验证的预设出发，拼命去寻找资本主义萌芽的证据。黄宗智则进一步指出，在资本主义萌芽问题的研究上，悖事实的争辩往往伴随另外两种推理：一是封建制或旧传统必然会让位于市场推动的资本主义发展或近代化，即使事实上并未发生这样的情形，它也应该会发生，或者迟早必定会发生；另一种常见的推理是某种因素（如商品化）出现，其他相关因素（资本主义发展和近代化）也必然跟着出现，如若不然，它迟早必定会出现。而它事实上没有出现反而变得并不重要了。黄氏认为：“很明显，这样的论点不仅是违背事实的，而且是结论先行和简缩化的。一个坚持历史发展是沿着必然的、直线的道路，另一个则把复杂的现象简缩为只含有单一成分的部分。我们需要做的是从实际的悖论现象出发，寻求能够解释这些现象的概念，而不是凭借悖事实逻辑来否认历史现象。”其实，这是一个最简单的学术公理：即学术探讨应由史实到理论，而不是从理论出发，再把历史削足适履②。

与黄宗智相比，李伯重在讨论“萌芽论”的产生原因时，比较深入地探讨了中国一代学者在特定历史条件下所形成的特殊心态，从心态史角度检视了“萌芽论”形成的深层次原因。他将这种特殊心态归结为“资本主义萌芽情结”，即对某一事物的执著信念和一种我们没有自觉意识到的内心强烈愿望，而不一定是事实。“例如我

---

① 李伯重对普遍接受的明清“人口压力”说的质疑便是怀疑既有成说和“默认前提”的一个实例。尽管其结论还有待进一步证实，但他通过怀疑“定论”而寻求新解释的态度，则构成其著作中提出一系列“新论”的基础。我们尽管不赞成怀疑一切，但“不疑处有疑”，对既有成说持一种批评的态度和审视的眼光，却是学术进步的必由之路。

② 以上参见黄宗智上揭书，第146～147页。

们坚信中国历史上确实有过资本主义萌芽，可能只是我们强烈地希望如此，而不一定真是如此。在此意义上而言，我们对萌芽的信念，也就只能是一种情结。”情结是一种主观的产物。决定情结的因素，既有感情方面的，又有认识方面的①。

李伯重认为，从感情基础来说，“资本主义萌芽情结”的形成与中国迫切需要实现近代化的普遍社会心态密切相关。这种心态表现在史学研究中，就是“别人有，我们也有”的“争一口气”心态：西方能够自发产生资本主义，难道中国就不能吗？其次，从认识基础来说，“资本主义萌芽情结”又是一种“单元—直线进化观”史观的产物。按照这种史观，世界各民族都必然遵循一条共同道路。资本主义是这条道路上不可回避的一个阶段，所以中国也必然要经历它。既然要经历它，当然就要有萌芽。很明显，坚信“西方有，我们也有”的民族心态和坚信“资本主义是中国历史发展必经阶段”的信念，二者是有共同基础的，即认为中国应该而且必定能够按照欧洲近代发展的模式去发展，至于中国近代历史的发展事实上并不如此反倒无关紧要了。如果我们从事实出发，尊重历史真实，不把资本主义视为中国历史发展的一个必经阶段，我们自然也就不必到历史中去苦苦地寻找中国资本主义的起源了。然而，我们之所以会这样去做，主要原因是我们思想方法上的教条主义，盲从于以欧洲经验为基础的统一历史发展模式，也就是由斯大林所确立的“五种生产方式”的循序渐进演化模式。

因此，李伯重进一步指出，斯大林的“五种生产方式”模式，将人类社会共同发展规律绝对化了，认定所有的国家和民族都必定走一条从欧洲经验总结出来的发展道路，忽视甚至否认不同国家和民族的历史发展会具有各自的特点。而把从欧洲经验得出的社会发展规律绝对化，从根本上说，也是西方中心主义的表现形式。现代中国史学是从西方和苏联引进的，因此这些西方中心主义的观点也随之传入。而我们思想方法上的教条主义，却使得我们坚信这种观点是无可置疑的真理。显然，要摆脱“资本主义萌芽情结”的影响，首先得破除新老西方中心主义的史观的束缚，真正做到以中国自身历史发展为中心，如柯文所言，“在中国发现历史”。

在史学认识论上，李伯重吸收王国斌的看法，认为“萌芽论”除西方中心主义史观外，与西方史坛上的“科学化”倾向也不无关系。这种倾向以发现“规律”为职事，往往不自觉地将复杂的历史过程简单化，将“理应如此”或“应当发生”的事，同“事实如此”或真正发生了的事混在一起，由理想代替了事实。这种追求必

---

① 参见李伯重：《“资本主义萌芽情结”》，《读书》1999 年第 8 期。

然性的认识，掩盖了在特定历史时刻存在着历史发展的多种可能性，极易误导我们走上预设论与目的论的歧途①。

毫无疑问，无论是李伯重还是黄宗智对“萌芽论”认识根源的探讨，对那些看似寻常的思维症结剖析，对我们在史学研究中破除旧典范，确立新典范，获致真正符合历史实际的史学认识，均具有极大的启发意义。

视角调整与思维更新：创新思维的开始

历史研究固然要提倡方法的更新，但更重要的恐怕还在于拓展我们的历史思维空间，从不同的视角去观察和解释历史。很多时候，在“山重水复疑无路”之时，稍微调整一下视角，就会“柳暗花明又一村”，顺着一个切入点，展现出一片广阔的历史认知新天地。其实，李伯重在其新著中也并没使用多少离奇的新方法，无非是依据古典学派（包括马克思主义）的一些基本原理，从新的观察视角，对大家习以为常的历史事实作出新的判断、新的说明，或注意到那些被通常认为不重要而忽略了的极具意义的历史现象和历史细节。视角调整激发了新的思维，往往成为获致史学新认识的起始点。

李伯重著作对“资本主义萌芽论”中涉及的生产力与生产关系的反思就是明显一例。李著指出，虽然“萌芽论”也承认马克思关于生产力和生产关系的理论，在研究萌芽时也都谈到生产力的发展，但它研究的主要着眼点是生产关系，生产力只不过是作为生产关系变化的一个条件而已。这样做的结果便导致一个与马克思关于生产力与生产关系理论相矛盾的结论：尽管明清时期中国生产力未出现显著提高，但是资本主义萌芽却仍能一枝独秀地产生和发展，而且将必定会发展为资本主义近代工业化。在这种研究中，实际上是颠倒了生产力与生产关系的位置，生产力已变得没有多大地位，生产关系则被视作推动社会生产发展的决定因素。似乎只要生产关系的变化不断发展，雇佣劳动一类资本主义因素越来越多，“萌芽状态的资本主义”就可以发展成为“成熟的资本主义”。李伯重将此归结为“唯生产关系”论，认为这种看法无论在逻辑上还是在事实上都是有问题的（第528页）。显然，李伯重的看法的确找出了“萌芽论”理论上的关键失误之所在。

事实上，在经济史研究中，李伯重的主要切入角度就是生产力的变化以及相应的

---

① 参见王国斌著，李伯重、连玲玲译：《转变的中国——历史变迁与欧洲经验的局限》，江苏人民出版社，1998年，第259～262页；李著，第530～531页。

经济发展。长期以来，他在这一实际过去被长期忽略的领域进行了非常深入、细致的实证研究，对明清时期江南地区生产技术发展、资源利用、劳动力供求、劳动生产率等涉及生产力的方方面面均作了过细的个案考察，以致成为中国生产力学派的代表人物之一。说到底，正是在生产力与生产关系问题上的视角调整，使李伯重能够在江南经济史研究中发现诸多新的领域和尚未解决的重要问题，逐步导向对江南工业化道路的全面重新思考。比如，通过对农村劳动生产率的研究，李伯重指出，在明清江南，由于农作技术和经营方式的改进，尽管农民家庭农场规模缩小，但是农场的总产值却并没有下降，而劳动者的人均产值则有相当提高。这样，农村劳动力从农业流向工业并非由于农业中劳动生产率的递减，也非由于农业与农村工业的“过密化”（或“内卷化”），而是由于农业与农村工业劳动生产率的提高（第433～434页）。这种大胆的结论与过去通常的认识是完全相反的，自然会引发一系列新的思考。

在注重对生产力研究的同时，李伯重也并没有忽视对生产关系的研究，而是着重去研究在过去的学术视野中所不大看得见的一些面向。其实，这也是一种视角调整。比如，过去资本主义萌芽研究在生产关系变化中，强调的是商品化、雇佣劳动和作坊经营方式，却相对忽略了对经济发展极具意义的分工与专业化发展。李伯重认为，恰恰是分工和专业化推动了明清江南工业的蓬勃发展。这与斯密所揭示的英国工业的早期发展其实是一致的。许多经济史学家都认为，工业革命前西欧经济的成长方式，是所谓“斯密型成长”，其特点是经济总产量、劳动生产率都有提高，但技术变化不大。由于没有技术突破，所以这种成长取决于市场规模及其扩大的情况，市场的容量也就是这种成长的极限。“斯密型成长”的主要动力是分工与专业化，即在技术条件未有重大突破的条件下，主要依靠分工和专业化推动经济成长。因分工和专业化对经济的推动作用受到斯密的高度重视，因此，通常也被称为“斯密型动力”。

李伯重认为，明清江南工业的发展即属于比较典型的“斯密型成长”。从众多的现象可以看出，正是劳动分工和专业化推动了江南工业的发展，而这种推动作用的大小和持续时间的长短又主要取决于市场的变化。这里所说的劳动分工和专业化，就其主要方面而言，一是工业与农业之间的分工与专业化，二是地区之间的分工与专业化。这两方面在明清时期的江南都表现得十分明显。前者如从明代的“夫妇并作”到清代的“男耕女织”，便表现出江南农村中工农业生产的分离和男女的劳动分工与专业化。后者则表现在江南与中国其他地区之间已经形成了一种地区产业分工与专业化。通过这种分工与专业化，江南从外地大量输入各种工业所需的原材料，同时输出工业产品。这种分工和专业化发生在一个正在形成中的国内市场内，而江南恰好处于这个市场的中心。

由于明清时期国内贸易和东亚地区国际贸易的发展，导致一个以中国为中心的东亚贸易圈的形成，而且东亚地区此时正处于一个经济加速成长时期，因此到清代中期，由地区劳动分工与专业化推动的江南早期工业化，还有很大的发展空间，远未达到其发展的极限。根据这一判断，李伯重断言，如果没有西方的入侵，江南的工业将继续沿着既定的方向发展下去。这个既定的方向，一般而言，不会发展成为近代工业化，其原因便在于斯密型动力的成长无法导致工业革命的发生。“由于缺乏煤铁资源，江南不可能出现能源革命以及材料革命，因此当然也不可能发展到近代工业化。”（第539页）

同过去在寻求资本主义萌芽时将重点放在商人支配生产和手工工场不同，由于强调分工和专业化发展，李伯重将视角转向了一向为人忽略的个体小生产中的变化上，提出：“倘若忽视个体小生产中的分工与专业化的加强，那么也就忽视了当时工业成长的主要推动力。因此，我们对分工和专业化的研究重点，应当放在被‘资本主义萌芽’研究所轻视的个体小生产中的有关变化上。”（第58页）由此，引发了对小手工作坊性质及其作用的重新思考。

在经济史研究中，过去占主流地位的认识是，集中的手工工场是前近代工业生产的最佳组织形式，必然要取代小作坊生产、家庭副业生产、放料制生产等“落后状态”的企业组织形式，向近代工厂制演化，一如英国经验所揭示的历史进程。但李伯重却挑战这类成说，提出手工小作坊才是江南工业发展的最佳企业形式：“明清江南工业‘节能省材’型的发展，也深刻地体现在工业的基本生产单位的组织形式方面。与这种发展相适应的工业企业形式——独立经营的手工小作坊，因而也得到充分发展，成为江南工业的主导形式。”（第490页）

手工作坊之成为江南企业的主要形式，首先还是同江南工业的超轻结构特点有关。由于明清江南工业中轻工业占绝对优势，而相对于重工业而言，轻工业生产的分散性较强，适应这一特点的小手工作坊成为江南工业企业的主要形式，便是完全可以理解的。除能源和材料方面的诸多限制外，明清江南工业企业规模偏小，也有人力资源方面的原因。因为明清江南人力资源的一个主要特点是劳动力素质较高，因此，当一个企业无法使用非人力推动的机械和机器为生产的主导设备，建造大型劳动场所费用又太高的时候，采用小作坊生产便具有经济上的合理性。正如李伯重所指出的：“如果工人具有较强的独立经营能力，那么把他们集中到一起进行集体生产，倒不如让他们自己独立进行生产更有利于他们生产能力的发挥，就像1979年中国农村经济体制改革所显示出来的情况那样。”（第513页）

视角调整所引起的思维更新，也同样体现在李著对“近代优越论”的反思上。

人们往往容易陷入一种不易觉察的思维定式：历史是不断向前进步的，因此近代一定优于古代，而现代又优于近代。由这一思维定式出发，常常轻看了传统经济组织形式的活力与传统生产方式的复杂性及其相对合理性。其实，历史并不一定是今胜于昔，转换一个视角看，今不如昔的情况可谓比比皆是。

李伯重敏锐地注意到，以往明清经济史的研究就不自觉地受一种"近代优越论"的支配，对"男耕女织"一类生产方式的合理性和专业性缺乏足够的认识。从"近代优越论"的角度，高高在上地俯视明清江南的工业，往往会觉得这只是一种简单落后的生产。在许多学者的心目中，棉纺织是一种无需专门技能培训的工作，农家男女老幼均可为之，所以"男耕女织"也理所当然地应当成为中国封建社会的典型生产方式。然而，如果我们放下今人才有的历史傲慢态度，以同一历史时期人的眼光来看，"男耕女织"本身又是不断丰富、发展的。在明代江南，农家内部男女劳动分工尚不够充分，实行的是"夫妇并作"的方式，因此纺织劳动的专业化水平很低，只是一种农闲时的副业生产活动。自明代后期起，随着农夫逐渐退出棉纺织，农妇也逐渐退出大田农作，专力于棉纺织，从而大大提高了纺织劳动的专业化水平。同时，因为商业化所导致的市场竞争也迫使劳动者不断提高劳动技能，这样，"男耕女织"就不再是一种人们想象中的简单劳动了。李伯重甚至认为，在19世纪之前，江南农家的手织棉布在品质方面还优于英国新式工厂机器所织的棉布。江南农家棉纺织业劳动者的劳动技能和工作效率之高，颇令人吃惊①。

类似视角调整所带来的新眼光、新视野和新结论，在李著对明清教育大众的评价中也有相应的表述。以过去的眼光看，近代以前中国的教育只是一种以科举考试为目的的应试教育。这种教育不仅内容与生产活动毫不相关，而且仅限于少数人中，因此对于工业发展和技术进步起不了积极作用。但这种判断是只见其一，不见其二，只注意到了精英教育，没有注意到当时在民间广泛存在的大众教育。如果将视域扩展到民间大众教育，那么，中国传统教育在社会适应性方面并不像以往想象的那么糟，完全可以给大众提供从事工商活动所需的起码读、写、算能力。尤其在计算方面，到万历二十年（1592年），随着程大位的《算法统综》的问世，珠算成为民间主要的计算工具，"对于当时工商业活动中所遇到的绝大多数计算问题来说，运用珠算来解决可以说是游刃有余"。而且，如果把识字作为大众教育的主要内容的话，那么

---

① 参见李伯重：《从"夫妇并作"到"男耕女织"—— 明清江南农家妇女劳动问题探讨之一》，《中国经济史研究》1996年第3期。又见李著，第436～438页。

明清江南大众教育普及化程度之高，就可能大大出乎一般的想象。由于明清江南的教育（特别是大众教育）可以使受教育者获得最基本的读、写、算的能力，并且还包含了若干实用性知识，因此，这种教育的普及，对于江南工业的发展和技术传播具有很重大的意义①。这种因视角调整而带来的对传统教育的新评价是过去很少有的，充分体现了新视角对史学认识的重要意义。

一部成功的史学著作，关键是要有新意，要么发掘了新的史料，要么据旧史料作出了新说明。那么，作为一本具体探讨江南早期工业化的专著，李著究竟是以发掘新资料取胜，还是以调整视角对事实作出新的解释取胜？我以为两者都有，但尤以后者见长，即“眼界”的开阔与论说的新颖乃氏著的一大特点。似乎其他学者也有类似看法。如在对明清江南棉布字号和丝织账房“放料制生产”的评价上，台湾学者邱澎生已注意到，徐新吾和李伯重其实是依据同样的史实，但却作出截然不同的评价，其中关键，基本上不是对材料的掌握程度，而是“经济史观”的不同。即包括徐新吾在内的许多史家往往从正宗英国模式出发，过多关注传统经济组织的单线式“进步演化”，而李伯重则质疑那种以英国模式为代表的普遍经济演化模式，而追求江南经验的独特性，认为近代英国与明清江南的工业经济的演化模式基本上是“各行其是”，差异远大于相同。虽如此，但李著所论通常都是建筑在扎实的史料基础上，而少有凿空之论，这也是该著的一个明显特点。

不妨更放宽眼界：若干遗留问题与思考空间

尽管李著在突破旧典范、建立新典范上取得了公认的成就，而且以新的视角和眼光对江南早期工业化作了开拓性研究，但许多新的认识只能说是沿着可能是正确的方向迈出了关键性的一步，很难说已成定论。有相当一部分学者已多少注意到李伯重的新说还存在不甚周延之处，尚需作进一步的论证和补充说明。

例如，李伯重在论述江南经验时，有两个很重要的理论支撑点：一是明清江南并不存在通常认为的人口压力，因此必须打破马尔萨斯型发展的神话，寻求新的经济发展解释；二是江南的资源结构与近代英国截然不同，很难引发类似于英国近代的“煤铁革命”，完成从早期工业化向近代工业化的转变过程。关于前者，李伯重近

① 参见李著，第439～443页。即使对传统的精英教育，李伯重也有不同于过去的评价，认为其对于技术传播的作用并不完全是消极的。

期对江南人口问题的新探索尽管极富启示性，并与一批学者（如美国的李中清等）相呼应而形成新的学派①，但说到底也仅为一家之言，远未取得共识。如同是研究人口史的年轻一代学者曹树基便认为，尽管清代人口增长的速度不快，但人口积累的数量已够庞大。“从这个意义上说，用‘人口爆炸’来形容清代前期的人口增长，又有其合理的成分。”他并且认为：“即使这一增长的年平均速度并不快，但在长时期中，仍然可以积累起一个足够大的量，并形成对于区域人口生存的压力和人口的危机。”② 林刚在分析长江三角洲近代大工业与小农经济的关系时，也认为导致中国走上与西欧不同历史道路的基本原因之一，是人口与土地资源的比例失调，“土地与人口相比十分紧张”，“在中国封建社会中后期的明、清两代，特别是清康熙以后，人口过度繁密造成的人、地比例失衡状况尤为严重”③。可见，如何认识明清江南乃至中国的人口压力问题，尚需作进一步的讨论。清理从何炳棣开始到柏金斯、伊懋可、黄宗智等一脉相承的关于清代中国人口危机的成说，对此做出截然相反的解释并非一件易事，需要更多的深入研究和相应的理论说明④。

此外，对着重从能源结构的异同或是否存在“煤铁革命”来解释英国和江南工业化的不同前途，一些学者也认为可能过于简单而不敢苟同。如侯建新便认为在有

---

① 李伯重的主要观点为，明清江南并不存在过去通常认为的人口快速增长，反之，明清江南的人口增长率低于全国人口增长的平均数，约为3%。在明清江南不仅未见到农业中劳动力过剩的现象，相反却有迹象表明农业中劳动力供给不足。即使在被赵冈形容为“劳动力的边际生产能力降至最低维生费以下”的农业中，也出现了劳动力价格和实际收入上涨的趋势。江南作为中国人口最为密集的地区，也是中国生活水平最高的地区。因此以往建立在“存在严重人口压力”这一假设之上的“江南劳动力过剩”的说法，是不符合明清江南的实际情况的。

② 葛剑雄主编，曹树基著：《中国人口史》第五卷（清时期），复旦大学出版社，2001年，第835～836页。

③ 林刚：《长江三角洲近代大工业与小农经济》，安徽教育出版社，2000年，第21页。

④ 如最近曹树基、陈意新与王丰、李中清关于清代人口的论战，便是一例（参见《历史研究》2001年第1期双方的论战文章）。此外，最近夏明方也撰文讨论了一些学者就近代华北农村社会研究对黄宗智“过密化”理论提出的各种批评，尖锐地反驳：“所谓近代华北农户收入的大幅度提高和农民生活的显著改善，或者说农村发展，与其说是历史的真实，还不如说是国内一些学者有意无意的数字化的产物，不仅在逻辑上无法自圆其说，也与其所引以为据的大量原始调查及调查者据以得出结论相悖。”见夏明方：《发展的幻象——近代华北农村农户收入状况与农民生活水平辨析》，《近代史研究》2002年第2期。

关工业革命的研究中，“将一种能源的重要性提高到如此决定地位的观点难以让我们接受”，他质疑道：“中国不缺煤矿，而且有长期采矿的历史，为什么这些煤矿没有使中国发生工业革命，或者说没有使中国免于走上劳力密集的道路?”他倾向于从更为复杂的社会内部因素来探讨中西近代社会发展的异同。我想，侯建新的疑问可能也正是很多人心中的疑问①。如果作一个大胆的揣测，工业革命（或称产业革命）之所以发生于英国，恐怕还不是一个简单的技术问题或能源结构问题，而是一系列复杂社会变动的结果。最起码一点，它与所谓“资本主义”的兴起（作为一种历史过程而不是政治术语来看）便密不可分。虽然“资本主义”是个20世纪初才开始正式使用的字眼，但它指西欧自16、17世纪以来所发展出来的一套经营和生产方式，却是无可置疑的。提倡“大历史观”的黄仁宇先生认为，作为一种生产方式，资本主义承认个人的财产私有权，人才活用，技术共同使用，因此能通过工业机械化和不断扩大生产规模促成产业革命。韦伯则从特定的文化史角度对“资本主义”进行多维度的把握，认为所谓“资本主义”是指“现代工业资本主义”，这种工业资本主义以欧洲理性主义为其精神基础，以理性的资本核算（rational capital accounting）为集中表现，是一套独特的行为方式、思维方式和价值观念构成的文化体系。尽管人们对资本主义有种种不同的解释，但有一点是共同的，即现代资本主义的兴起，是欧洲历史运动的独特产物，它需要若干历史条件的配合。以黄仁宇转述李约瑟的话来说，即欧洲的文艺复兴、宗教改革、资本主义的形成和现代科技的发展，是一种“一揽子”（package）的变化，一有都有，四种事情前后发生，彼此关联。

工业革命的发生亦如此。虽然它最早产生于英国，但也是“一揽子”变化的结果，单独抽出某种因素便难以成立。明清江南之所以无法产生工业革命，恐怕主要便是缺乏西欧社会上述的“一揽子”变化，而不单在能源结构方面。换言之，尽管

① 在最近与彭慕兰商榷的文章中，黄宗智对彭慕兰关于长江三角洲因缺乏煤炭供给而无法导致近代工业化的论点也提出了批评，认为事实上中国是世界上煤炭储藏最为丰富的国家之一，而且在工业需求到来之时，中国的煤炭工业发展相当迅速，并举晚清萍乡煤矿的煤经由湘江和长江供应张之洞设在武汉的汉阳铁厂的事例，说明完全有煤源可以供应长江三角洲。因此而认定：“中国（或长江三角洲）工业化的滞后不能以彭慕兰所强调的煤炭资源匮乏来解释；相反，是工业需求的缺乏才能解释中国煤炭工业的滞后。”参见黄宗智：《发展还是内卷？十八世纪英国与中国——评彭慕兰〈大分岔：欧洲，中国及现代世界经济的发展〉》，《历史研究》2002年第4期。因李伯重在能源问题上与彭慕兰基本持同一立场，因此黄氏的批评对我们从更全面或从批评的立场来看待李伯重的观点无疑具有提醒作用。

煤炭资源对工业化可以起到很重要的作用（如有的经济史家所强调的煤炭资源在英国工业革命中的关键性作用），但如果其他历史条件阙如，即使明清江南有了煤铁资源，也不一定能够发生工业革命。在这一点上，以诺斯等为代表的经济史研究中的制度学派，亦格外强调制度因素在经济变迁中的关键性作用，认为工业革命的发生应主要不是技术进步和新能源利用的结果，而是一系列制度方面的变化给工业革命这一根本性的变革铺平了道路。总之，工业革命作为人类历史上第二次经济革命，是一系列因素长期发展、变化所带来的渐进性结果，因为历史是延绵不断的，而制度的变迁才是历史演进的源泉。至于制度变迁本身的动力，诺斯则主要归因于产权结构方面的变革，提出“有效的经济组织是经济增长的关键”这一著名的论点①。显然，就制度学派的观点来看，产权结构的变革似乎远比能源结构的变革更为重要。

李著的另一个略嫌不足是，在江南早期工业化与近代工业化的衔接上太过突兀，或者说太为简单。尽管李著讨论的是江南明清时代的早期工业化，但对近代资本主义入侵后江南近代工业化的发生过程和历史特征一笔带过，不作稍深入的交代毕竟是一种遗憾，令人有一曲美妙的音乐突然戛然而止的感觉。我们无意以近代史家的任务来要求像李伯重这样的古代经济史专家，但历史的联系毕竟又是难以割断的，尤其明清与近代的联系更为密切。尽管李伯重以“前瞻性”方法对明清早期江南工业化在资本主义不入侵的前提下的走向作出了预测：即“到了清代中期，由地区劳动分工与专业化推动的江南早期工业化，还具有很大的发展空间，远未达到其发展的极限。所以我们可以有把握地说，如果没有西方的入侵，江南工业将继续沿着既定的方向发展下去。至于何时会达到发展的极限，则无法预测”（第539页）。但是，问题是近代江南在西方资本主义入侵后又的的确确发生了近代工业化运动，并成为“洋务运动”的重镇之一（以江南机器制造局等一批大型企业为代表）。按“据之于实情”的原则，我们就必须分析江南早期工业化与近代工业化之间的区别与联系。李伯重也认为二者间有历史的“承继的关系”，指出：“早期工业化虽然没有导致自发的近代工业化，但它毕竟为后来的近代工业化提供了一个相当良好的基础，使得19世纪后期以来江南在近代工业化方面比中国其他任何地区进展远为顺利。”（第542页）在我看来，如果能弄清江南近代工业化如何以早期工业化为基础，二者有哪些适应与不适应的方面，再回过头来比较中英双方的工业化全过程，所得的结论恐怕会更为客观和全面。

正因为缺少了对江南早期工业化与近代工业化两个过程如何衔接的论述，因此，

---

① 参见诺思：《经济史中的结构与变迁》，上海三联书店，1994年。

在李伯重的整个研究中就总觉得缺了一点时间进程方面的交代，缺少对工业化历程的动态把握，而更多的是早期工业化在空间上的展开和在各工业部门中的平移，历史的纵深感和内在发展逻辑则稍嫌欠缺（这也多少体现在全书的章节结构之中），用李伯重自己的话说，就是“没有从宏观的角度对明清江南工业的发展进行分析”。显然，李伯重自己已经意识到了这一缺陷，指出：“从本来的意义上来说，早期工业化是一个工业在经济中逐渐取得主要地位的过程。本书虽然对工业的主要部门的发展作了研究，但却未对上述过程进行讨论，尽管这个过程是存在的。”（第 33 页）鄙意认为，所谓“宏观的角度”，除注意早期工业化的过程性方面而外，也应将江南早期工业化与江南近代工业化的比较和衔接纳入其中。在逻辑上，英国的“近代工业”应更多地与江南的“近代工业”相比较才比较合理，否则，像“扩大再生产”一类经济现象，在近代英国当然容易看到，而在明清的江南则自然阙如。如果说就工业化进程而言，明清的江南与近代早期的英国截然不同，那么，近代江南与近代英国也依然不具有可比性吗？①

在比较史意义上，李伯重主要是将江南经验与英国模式两相比较之后，洞察到了江南历史发展的客观实际与过去公认的某些经典模式存在巨大差异，江南道路与英国模式可以说是“各行其是”，差异性远大于相似性。但正如李伯重所说，英国工业化模式相对其他大多数欧洲国家也只是一个特例。如果我们将明清江南工业的比较范围扩大到欧洲其他地区，情况又如何呢？恰如王国斌所言，你会惊奇地发现：“二者存在着令人惊异的相似性。”王国斌曾经提醒，“欧洲与中国农村工业的相似性，一直为人们所注意，但未被人们切实理解。从某种意义上而言，这是因为我们中的许多人，一直在寻求另外的某种东西。明白地说，我们一直在寻找中国的资本主义发展。……我们还应当承认，放弃对于明清中国资本主义发展的搜寻，并不会使我们忽视那些更有用的比较。”② 换言之，在将中国与欧洲社会历史作比较时，除

① 比如，李伯重已经注意到，英国工业革命过程中，从外部（主要是瑞典和俄国）输入煤铁以补充本国生产之不足，在近代早期英国的经济发展中曾起过重要作用，直接影响到其近代工业化的发生。同时，就中国近代江南的工业化而言，所用的煤主要即是来自华北与东北的重要煤矿（如开滦煤矿、本溪煤矿等），换言之，也存在以外煤输入解决能源不足的问题。似乎英国工业的近代化与中国江南工业的近代化在解决能源问题上并无太大的差异，二者存在历史的可比性。

② 王国斌著，李伯重、连玲玲译：《转变中的中国——历史变迁与欧洲经验的局限》，江苏人民出版社，1998 年，第 45 页。

了英国模式，我们似还可更放宽眼界，与其他欧洲国家的历史相比较。比如说与明清江南情况更为相似的荷兰相比较。这样，我们似乎可以得到更接近历史真实的结论，反过来看中国的情况，也更为清楚①。黄宗智曾指出，“欧洲的史学家们已开始注意英国与多数欧洲大陆国家的区别”，“中国的例子则以放大了的形式清晰地显示了西欧迟发展地区的某些倾向”。为此，仅仅与由英国古典经验抽象而来的模式相比较是不适当的，“实际上，中国的历史提醒我们去注意那部分因后来的资本主义发展而使人们忽略了的西方经验。它提请我们去注意对资本主义组织形式发展抵制因素，而不是这类组织形式的必然性”②。对此，王国斌也曾指出：“与欧洲原始工业化有关的那些特殊条件（如季节性手工业的发展、农场规模缩小、良好的市场体系等等），在中国可能比在欧洲还更普遍。但是许多欧洲史学者所假定的从原始工业化到工业化的历史顺序，在中国却并未清楚地出现。”“分析欧洲的情况，这将使我们能以一种新观点，来看待中国为何未发展起资本主义的老问题。”③ 可见，比较史学，一是有时间范围的问题，即要在大致相当的时间范围中来比较（如古代、中世纪、近代早期、近代等历史时段的划分）；二是有一个比较对象的问题，即既要同不同的对象比较，以追问其何以不同；也要同类似的对象比较，以求其同中之异与异中之同。这样所得才能较为全面④。

虽有一些尚不圆满之处，但李著留给我们的思考空间却是很大的。一个呼之欲

---

① 其实，在商业化和手工业的充分发展方面，近代荷兰与明清江南是十分相近的，有趣的是二者在近代工业化进展上又迟迟迈不开步子，与英国近代化的情形适成鲜明对照。因此，将明清江南工业化与荷兰工业化进程相比较是很有意思的课题。有关荷兰近代化与英国近代化的不同，陈勇在其《商品经济与荷兰近代化》（武汉大学出版社 1990 年版）一书中作了颇具启发性的深入研究。

② 黄宗智：《长江三角洲小农家庭与乡村发展》，中华书局，2000 年，第 305～306 页。

③ 王国斌著，李伯重、连玲玲译：《转变中的中国——历史变迁与欧洲经验的局限》，江苏人民出版社，1998 年，第 49、40 页。

④ 最近，因彭慕兰（Kenneth Pomerranz）近著《大分岔：欧洲，中国及现代世界经济的发展》（*The Great Divergence*：*China*，*Europe*，*and the Making of the Modern World Economy*）在美国所引起的有关中西历史比较研究的争论，说明大视角的中西历史比较再度受到重视，但如何去进行比较以及比较所得的结论则远未达到共识。关于这场新的争论，可参见 2001 年 10 月在美国加州大学洛杉矶分校（UCLA）召开的有关彭慕兰近著专题研讨会的论文。

出的问题，就是如何去认识和把握中国的独特历史道路①。

中国的独特历史道路是由中国特殊的国情决定的，而中国的国情很大程度上又是几千年历史积淀的结果，换言之，国情与传统不可分。传统有多方面的界定，就经济社会发展特征而言，中国最大的传统就是充分发展了的小农经济，“小农经济是中国传统经济的基石”。因此，中国的现代化或工业化（指近代工业化）问题，说到底，就是一个人口众多的传统农业大国如何实现现代化或工业化的问题，也就是农业国的工业化问题②。随之而来的命题是：中国的工业化必须处理好传统农业经济与现代工业经济的关系，走一条传统与现代相结合的道路。这一点已经逐渐成为许多学者的共识。其中观点最为鲜明的，要数吴承明先生所提出的应该充分利用和发挥我国传统小农经济的积极因素，使小农经济和大工业相互补充，相互促进，通过双方的优势互补，走一条土洋结合、工农业协调发展的中国式工业近代化之路。他指出：“高度发展的传统经济意味着它内部含有精华，尽管是与糟粕并存……能为工业化，甚至为社会主义工业化所利用。这就决定了一条协调发展道路的可能性。”③

小农经济能与工业经济相互补充，关键就在于以小农经济为基石的农村经济中，实际包括如李伯重著作所揭示的几个世纪以来江南商品经济和手工业的蓬勃发展，以及农业、商业和手工业的高度结合。正是在这种高度结合与同步发展中，隐藏着中国工业近代化道路的秘密及其特征（尽管李著中并没有来得及详细展开讨论这一重大主题）。比如，西方的近代工业化系现代大机器工业排挤手工业的过程，但在中

① 李伯重在其最新的著作中，已将“脱离常轨”视作江南农业经济变化的一贯特点，显然他认为江南的经济发展走的是一条独特的历史道路（参见其刚出版的新著《理论、方法、发展趋势：中国经济史研究新探》，清华大学出版社，2002 年）。此外，近年来古史研究和明清史研究的其他一些成果，也日益指向从理论和实际两个方面总结中国独特的历史发展道路和明显不同于西方的独特近代化道路。王和撰文指出，如果把先秦时期三代历史研究的成果和近十几年来明清史研究取得的成果，以及其他各个断代史研究的成果联系起来看，则不难发现：它们实际上日益明显地展现的是一条越来越明晰的、有中国特色的历史发展道路。“这使我们有可能摆脱那种‘西方中心论’的框架，从中国社会本身去认识中国历史的发展进程问题。”参见王和：《古史研究期待理论突破》，《光明日报》2001 年 8 月 7 日第 3 版。

② 关于“农业国工业化问题”，张培刚先生在 20 世纪 40 年代曾有过系统的论述，参见张培刚：《农业与工业化（上卷）：农业国工业化问题初探》，华中工学院出版社，1984 年。

③ 吴承明：《近代中国工业化的道路》，转引自林刚：《长江三角洲近代大工业与小农经济》，安徽教育出版社，2000 年，第 32 页。

国由于农村手工业有着雄厚的基础，因此，二者往往可以并存、互补[①]。又比如，西方的工业化系城市征服、吞并农村的过程，但在中国由于有一个过于庞大的农村人口，因此，大中城市的发展不一定带动农村的发展，而最有可能的是处于城乡接合部的乡镇工业带动整个农村的发展，小城镇起着举足轻重的作用。诚如吴承明先生所归纳的："我国地区辽阔，人口众多，有高度发展的传统农业和手工业。这就决定了机器不能轻易地取代手工。传统是个巨大的力量，中国的工业化必须走与传统产业协调发展的道路，而不能一举而代之。"[②] 中国今天以劳动密集型产业和高新技术产业同步发展而获得高速经济增长的事实，似乎正在证明这一判断的正确性。而据之以事实，从中国历史实际出发，摆脱陈旧理论模式的束缚，逐步形成新的理论分析框架，去探索、描述这条独特的历史道路，又成为今天历史学者义不容辞的职责。应该说，李著对我们最大的启示，莫过于斯。

（本文原载《历史研究》2003 年第 1 期）

---

① 如近代张謇在南通推行的通过机纱、织布、植棉三个环节，将近代大工业、传统小农家庭手工业与农业密切结合，相互依托，相互补充，相互促进，以实现地区近代化的模式便极具典型意义，"不失为中国式近代化的途径之一"。参见吴承明：《早期中国近代化过程中的外部和内部因素——兼论张謇的实业路线》（提交 1986 年南京"张謇国际学术研讨会"论文）。又见林刚：《试论大生纱厂的市场基础》，《历史研究》1985 年第 4 期。

② 吴承明：《近代中国工业化的道路》，转引自林刚：《长江三角洲近代大工业与小农经济》，安徽教育出版社，2000 年，第 32 页。

追寻已逝的街头记忆

——评王笛著《街头文化：成都公共空间、下层民众与地方政治，1870—1930》

王笛新著《街头文化：成都公共空间、下层民众与地方政治，1870—1930》（以下均简称《街头文化》）的英文版由斯坦福大学出版社出版于2003年，问世仅及一年，欧美学术界便有众多书评，包括《美国历史评论》、《亚洲研究评论》、《中国政治学刊》、《跨学科历史杂志》、《加拿大历史学刊》、《中国季刊》、《社会史》等较权威的杂志均有书评给予积极的评价。而且，由于该书对城市史研究所作出的原创性、开拓性的贡献，于2005年荣获两年一度的“美国城市史研究学会最佳著作奖”。该书于2006年年初被翻译成中文出版后（中国人民大学出版社2006年版），国内学术界和读书界也有诸多书评，更一度成为畅销类学术书籍。

一本由旅美中国学者所写的关于中国内地城市文化史的严肃的学术著作，既无新奇的“主义”，亦无霸气的“解构”，缘何会引起各方面的关注，并给予如此之高的评价？王笛新著在视角、方法、材料运用上究竟有何独特之处？它在何种意义上超越了同类著作或突破了作者自身的惯常路数？或者说，该书的面世和引起好评究竟反映了一种什么样的学术现实和潮流，对学术界究竟有何种启迪？这正是我在写这篇书评时所关注的中心问题。

叙事史的复苏：从问题到场景

王笛自己曾开宗明义地揭示，他的新著不同于以往研究成果（如其代表作《跨出封闭的世界——长江上游区域社会研究，1644—1911》，中华书局1993年版）之处，便是从现代化理论分析方法回归到“叙事”（narrative）的方法，试图通过叙述和描写把读者引导进入“事件”内部，让他们“身临其境”来对“事件”进行观察，“力图把复杂的问题分析得简单易懂，力图以比较明了、直接、清楚的方式来阐述自己的观点，尽量避免使用过多理论和术语，其目的是使不仅本领域的专家，而且其他领域的学者，甚至大众读者都能读懂，而且喜欢看下去”①。这种取向，在一定程度上也的确达到了著者希望达到的目的：“在我进行关于中国大众文化和城市日常生活的研究时，我力图使这些研究能吸引更多的读者。虽然是学术著作，我竭力使其具有可读性，使读者从书中所讲述的故事，去体会我试图表达的东西。”②

或许王笛当初在着手撰写这部著作时，并没有完全意识到，这种“讲故事”的“叙事”取向，竟无意中暗合了当今西方史学思潮的一个重要转向，即从“分析”的、科学的历史哲学向“叙事主义”的历史哲学的转向（narrative turn）。自上世纪70年代末以来，在史学领域，一度沉寂的历史叙事重新回到学术的中心舞台，在后现代思潮的推波助澜下，大行其道，不仅开始逐渐收复学术“失地”，而且受到一般读者的青睐，俨然上升为最近20年间西方学术最具生气的学派，而一度走红的社会史和经济史学派则在慨叹“衰落”了③。真是三十年河东，三十年河西，形势比人强。王笛以“叙事”为取向所讲述的老成都街头的故事，是否正好因缘际会了这股史学思潮而赢得人气呢？当然这样讲并不否定王笛自身执著的学术努力以及这本新著当之无愧的学术价值（详后），而是必须将这本新著放到如此一个学术转向的大背景之中，方能真正觅得其价值和意义。

所谓叙事史的“转向”或“复兴”，当然包括对古典史学以编年、纪事和叙述为特长的优秀传统的回归，但它又不是对传统史学的简单承续，而有其特定的背景和内涵。简言之，这种“转向”从根本上讲，是被20世纪70～80年代兴起的后现代主义思潮所逼迫、所推动、所牵引的，是对二战以后形成的分析历史哲学、结构主义史学和科学史学的一种反拨。正因为如此，叙事的转向，又被称为修辞的转向或语言学的转向，不复单纯回到传统历史叙事本身。

在研究方法上，如果说分析历史哲学和科学史学是以“问题”为导向的史学（problem-oriented history），那么，正在“复兴”的叙事史学则是要重新回到历史演变的“场景”（historical setting）之中。

---

① 王笛：《街头文化：成都公共空间、下层民众与地方政治，1870—1930》，中国人民大学出版社，2006年，中文版“自序”第4页。

② 王笛：《近代中国大众文化研究叙事方法的思考》，《史学月刊》2006年第5期。

③ 如周锡瑞（Joseph Esherick）在《把社会、经济、政治放回二十世纪中国史》一文中即不无伤感地指出：“我明白社会史现在已经从其原来的进步地位上挪开，但我还是执著地回忆其过去的角色，希望我现在对于那些时髦的文化研究的回应姿态，能被理解为对于一个进步过去的留恋，而不是一个正在经历人生中年危机的、渐入老境的社会历史学家的唠叨。”见刘东主编：《中国学术》第一辑，商务印书馆，2000年，第201页。

“问题导向”可以说是一切现代化史学流派即“新史学”的共同特征。年鉴学派创始人之一费弗尔曾指出：“提出一个问题，确切地说来是所有史学研究的开端和终结。没有问题，便没有史学。”[①]法国年鉴学派晚期重要代表人物之一孚雷也认为，20世纪以来所发生的史学革命，实际所走的就是“从叙事史学到问题导向的史学”。这些历史学家认为历史的现象和历史的事件是无法穷尽的，因此，只能走一种化约的道路，要从纷纭的历史中寻找出“有意义”的“问题”，围绕“问题”来建构历史，以解决“问题”为历史研究的根本任务。以“提问—回答”为中心来组织历史研究，既是历史研究也是其他任何科学研究都应遵循的基本程序，围绕这一程序，建立一整套历史研究所专有的概念体系，从而对历史事实进行分析、论证，便构成科学历史研究的基本方法。这也正是分析的历史学与历史描述和叙事史所根本不同之处。叙事史由于没有提问、假设、分析的程序，必然使人们对历史现象的认识停留在表面化的阶段[②]。

在孚雷看来，“问题导向”的史学有四方面的特征，同时也是其不足：(1) 这些历史学家所挑选出来“检视”的“问题”，仅仅是某一历史时段特定的“问题”，而不是完整的“过去”。一个精心构筑的问题固然显得重要，但相较于需要以更多的技巧和耐心来了解的未知和边缘化的“事实”本身，它仍然不是大家所共同关心的。(2) 当历史学家远离叙事时，他也开始远离传统的历史资料之源：独一无二的事件。当以追求对问题的解释来代替描述一种独特的、无可比拟的经验时，他就需要更清晰的历史事实作支撑，然而，人们记忆中的历史却往往是模糊的。(3)“问题导向”必限定其研究对象，必依据某些“概念化的假设”进行研究，如此，当原始资料不足时，容易导致有意识地“发明”史料，或按自己的需要取舍、解释史料。(4)“问题导向”使研究结论无可避免地与分析过程和程序联系在一起，这难免将研究者的主观意志导入其中[③]。

作为年鉴学派后期代表人物之一，孚雷上述反思实则反映了年鉴学派内部乃至整个新史学阵营对“新史学”本身发展的反思。“新史学”在将历史研究带入一个更

---

① 费弗尔：《为历史而斗争》，巴黎，1953年，第22页。转引自鲍绍霖等：《西方史学的东方回响》，社会科学文献出版社，2001年，第191页。

② 关于“问题史学”，参见鲍绍霖等：《西方史学的东方回响》第五章“法国年鉴学派与中国史学”(陈启能撰写)，社会科学文献出版社，2001年，第191页。

③ François Furet, From Narrative History to Problem-Oriented History, cited from Geoffrey Roberts (ed.), *The History and Narrative Reader*, Routledge, 2001, pp. 271-272.

理性化、更深刻化的时代的同时，也逐渐暴露出自身的一些缺陷。这些缺陷概括而言，即是“新史学”在批判传统叙事史学的局限时，逐渐走向极端化和绝对化，结果在“新史学”不断追求历史的“整体性”和“宏大历史叙事”时，多少忽略了“小历史”中所包含的独特性、过程性和“具体历史叙事”；在强调长时段、结构、功能、规律的同时，多少排斥了构成史学作品本质特征的编年、叙事、事件、人物；在强调经济史、社会史、环境史、生态史的同时，政治史、文化史、心态史、人物传记等则相对被削弱了。总之，“随着对静态的结构的研究的加强，动态的运动的分析被忽视了。栩栩如生的人物、有声有色的事件被经济增长、人口曲线、社会结构变化、生态环境变迁、价格图表等所取代了。即使有人出现，也不是具体的人，而是抽象的群体”①。

正是“新史学”自身暴露出的局限及对此进行的反思，引发了自上世纪70年代以来历史哲学和史学思潮的新变化，直接促成了西方史学中“叙事史的复兴”（我更愿称之为“复苏”）。有的历史学家，如美国的劳伦斯·斯通甚至尖锐地提出“新史学”的时代已经结束，主张用“新叙事史”的史学范型来取代“新史学”范型。

尽管“新叙事史”所指尚不十分清晰，称之为一种新范型也可能为时过早，但它再清楚不过地反映出一种普遍的史学诉求和愿望，即回到历史主体——“场景”（historical setting）本身，回到活生生的人本身。“场景”是一个综合的、活动的概念，它不光是背景和舞台，还是人与舞台的结合，正是人在历史大舞台上的演出构成了历史的“场景”。借用劳伦斯·斯通的话来说，就是“从包围着人的环境回归到环境中的人”②。

但如何回到“场景”，如何返回“人”本身？历史学家的见解并不一致。一派历史学家仍坚守历史是客观存在的底线，坚持历史是可以被理解和认识的，只是认识的途径需要调整，认识的手段需要丰富、绝对科学化的立场需要软化。如一批后期年鉴史派历史学家即试图在原有研究风格上做出调整，而不是彻底反叛。一些过去擅长以统计、计量来撰述历史著作的史学家，开始了以讲故事为特点的叙事史的尝试。如勒华拉杜里（Emmanuel Le Roy Ladurie）写出了名著《蒙塔尤：一个奥克族的村庄，1294—1324》（1975）、杜比（Georges Duby）写出《布维纳的传说，1214年7月

---

① 鲍绍霖等：《西方史学的东方回响》，社会科学文献出版社，2001年，第209页。

② Lawrence Stone，The Revival of Narrative，cited from Geoffrey Roberts（ed.），*The History and Narrative Reader*，Routledge，2001，p. 296.

24 日》[1]（1973），汤普森（Edward P. Thompson）写出《辉格党与狩猎者》（1977）等。尤其《蒙塔尤》一书，以细腻的笔法和叙事的方式，对 14 世纪初法国一个小山村的社会生活和宗教生活作了极其生动的展示。

另一派史学家则走得更远。他们在反对历史过分科学化的同时，试图以一种相对主义、主观主义和非理性主义的方式返回到历史的“场景”，编织已经破碎的、遭到深刻质疑的历史。这正是历史领域后现代主义思潮的起因。在后现代主义看来，历史已经虚无化和空壳化了，“除了文本（text）以外并不存在任何东西”，历史研究的任务无非是一系列的话语分析（discourse）活动和类似于文学、诗歌创作的过程。尽管后现代思潮中也存在合理的批判性思想因素，在一定意义上也值得借鉴（详后）。但总体而言，它与历史科学本身是背道而驰的。后现代史学所要解构的，说到底正是新史学所张扬的历史的科学性与客观性。

在进行了以上思想的清理之后，让我们再回到王笛及其近著。王笛虽然在这本著作中一变以往的研究路数，试图从问题回到场景，从分析回到叙事，从深刻回到生动，但他显然没有采用后现代的方法，而是自觉地与这种时髦的方法划清界限。他认为“话语分析”的方法“是把一些看似简单的问题进行复杂的分析，从而显示出作者深厚的理论功底和卓越的分析能力，他们能把读者引入一种意想不到的境界，发现如此简单问题的后面竟然埋藏着这么复杂的玄机”。用这种方法写出来的“后现代”的作品一般是写给在“象牙塔”中的专家看的，“其所用的许多复杂理论和术语经常使普通读者如堕五里雾中，以至迷失了方向”。王笛所倾向的方法，是简单易懂的“叙事”的方法。“如果说‘话语分析’是把读者置于所分析的‘事件’之外，观看作者怎样熟练地把一个整体原子化，从而各个击破，使观者看到了从事物外面所看不到的‘精妙’的内部，那么‘叙事’方法则是力图把读者引导进入‘事件’内部，让他们‘身临其境’来对‘事件’进行观察。”[2] 在他看来，史景迁（Jonathan Spence）可以说是把这种方法用到了极致的一位历史学家。

其实，作为一种方法，“叙事”真的是否如此简单还值得商榷。这里既有编年史

---

① 该书中译本为《1294—1324 年奥克西坦尼的一个山村》，许明龙、马胜利译，商务印书馆，1997 年。

② 王笛：《街头文化：成都公共空间、下层民众与地方政治，1870—1930》，中国人民大学出版社，2006 年，中文版“自序”第 4 页。

似的叙事，也有史诗般的叙事、文学风格的叙事，还有现代派的叙事与后现代的叙事，等等。至少，在海登·怀特的“元史学”中，就对叙事作了十分细致的区分。其叙事话语结构包括编年、故事、情节化模式、论证模式、意识形态蕴涵模式五个层次。由此，形成了他自己一套非常复杂的叙事史理论，其中仅情节化模式就可区分为浪漫式的、悲剧式的、喜剧式的、讽刺式的四种①。

显然，王笛的叙事方法既不同于后现代史学的叙事，也不同于他所推崇的史景迁似的文学式历史叙事，而是更接近于后期年鉴派史家从结构史学转向叙事史学取向时的转型期风格。在其“清明上河图”式徐徐展开的有关老成都的历史画卷中，我们仍依稀可以辨认到他早期在撰写《跨出封闭的世界——长江上游区域社会研究，1644—1911》一书时所依据的年鉴学派理论和现代化理论的痕迹。在研究方法上，他虽另辟蹊径，从长时段的结构分析转向了捕捉历史场景的叙事，但结构的影子仍在。由此可见，王笛此书似乎还不仅仅像他所说的受到在霍普金斯大学攻读博士学位时的学术训练的影响，而且也多少受到他早期学术研究思路惯性的制约与影响。

只有联系到晚近从分析科学历史哲学向叙事历史方法的回归与转向，只有联系到王笛自身的全部学术训练与思想方法路径，我们才有可能在一个比较深入的学术层次来讨论王笛新著的学术贡献与局限，否则再多的评述也只能是隔靴搔痒。

公共空间与普通民众：视角的转移

晚近历史研究中谈论较多的一个话题，是范式或典范转移问题。范式或典范的转移往往与学术的进步相联系，“典范转移”的“示范”性作用，不仅开启了新的领域和途径，而且会随之带来许多待解决的新问题。但王笛新著之“新”，似乎还不在于典范转移中的全局之新、范式之新，而是一系列“视角转移”所造成的感觉之新、

① 参见海登·怀特著，陈新译：《元史学：十九世纪欧洲的历史想像》，译林出版社，2004年，“导论：历史的诗学”第1～55页。在怀特的叙事结构中，历史领域中的要素（包括历史素材、资料等，或统称为文本）通过按事件发生的时间顺序排列，便被组织成了编年史；随后编年史被组织成了故事，其方式是诸事件进一步编排到事情的“场景”或过程的各个组成部分之中，使事件本身有了开头、中间和结局。在编织故事的叙事中，必须产生和回答各式各样的“问题”，作出种种“解释”，而对问题的不同回答和解释方式，则形成“情节化解释”、“论证式解释”和“意识形态化解释”等不同模式。不同模式又可作更细的区分。

领域之新、方法之新。

首当其冲的一个视角转移，即是从引起广泛争议的哈贝马斯的“市民社会”和“公共领域”理论，转向大家向来忽视的“公共空间”和“公共生活”问题。王笛自己认为：“本书重点研究的是‘公共空间’（public space）和‘公共生活’（public life），而没有讨论‘公共领域’（public sphere），因为这并不是本书的出发点，但或许本课题的研究可以为这个问题的深入讨论提供一个个案思考。”美国印第安纳大学教授张信在其书评中亦指出：“《街头文化》是在这场关于‘公共领域’的讨论中成书的。作者在构思过程中一再考虑了有关方面的问题，最终选择从另一个角度去看中国的城市社会，即从公共空间的形成、运作和发展的角度，于是找出了城市文化变更之关键：城市文化是由各阶层特别是市民百姓所创造和促成的，而街头文化正是城市文化之最重要的一部分，从这一点上来说，《街头文化》是对‘公共领域’的一种修正，而这一修正将人们的着眼点移到市民阶层上来了。笔者认为，这是该书最大的贡献。”①

张氏的上述评论在某种意义上抓住了问题的要害。即王笛采取的“公共空间”和“公共生活”的视角，与哈贝马斯所揭示的“公共领域”既有区别，又有联系。公共领域是大众参与的领域，当然需要一定的公共场所作为活动的空间，这是二者之间的关联；但公共空间本身是“物质的”、“中性的”，无所谓封建地主阶级或资产阶级的区分，谁都可以加以利用，它是比“公共领域”更原始、更泛化的一种历史存在，有更大的可塑性。在区别上，如果说哈贝马斯的公共领域主要讨论的是一种社会和政治空间，这里的“公共空间”则主要讨论的是一种“物质空间”，“要解决‘物质’的空间怎样演变成为社会和政治空间的”。换言之，作者虽然没有直接使用哈贝马斯的“公共领域”的概念，但要解决的问题仍是哈贝马斯型的问题，是哈贝马斯理论的转移、延伸和扩大，在一定程度上丰富了“公共领域”与“市民社会”范式的论域。

“公共空间”是一个很大的概念，任何有公众聚集的场所均可视为公共的空间。但王笛考察的公共空间是有所指的、特定的，这就是变动不居、川流不息的老成都“街头”，“研究在这样一个空间（街头）中，人们特别是下层民众是怎样从事他们的

---

① 张信：《王笛著〈成都街头文化：城市公共空间、下层民众与地方政治，1870—1930〉》，《历史研究》2004年第2期。

日常生活，以及这种日常生活是怎样与地方政治联系在一起的”。王笛试图回答的问题包括：“公共空间在日常城市生活中有何功能？城市民众与城市公共空间有何关系？谁是城市公共空间的主要占据者？普通民众是怎样使用公共空间的？国家和地方精英在多大程度上控制街头和社区？改革和革命是怎样改变人们的日常生活的？在这个社会转型时期，大众文化和公共空间是怎样发生变化的？在公共空间中，下层民众、地方精英与国家权力关系是什么性质？以及大众文化与地方政治是怎样交互影响的？”① 至少，这种研究的视角是全新的。

街头或街道对于城市有特殊的意义。有人如此描写：“街道，正是城市的寄生物，它寄寓在城市的腹中，但也养育和激活了城市。没有街道，就没有城市。巨大的城市机器，正是因为街道而变成了一个有机体，一个具有活力和生命的有机体。……城市借助于街道，既展开了它的理性逻辑，也展开了它的神秘想像。同时，城市在街道上既表达它清晰的世俗生活，也表达它暧昧的时尚生活。……街道，是一个没有寂静黑夜的城市剧场，永不落幕。”② 街道也有自己的文化品位和灵性：“人人都可以随时踏上街头，但人人都怀揣着隐秘的目的。街道就是这样一个宽容的器皿，是一个可以不需要门票地将任何人盛装起来的慷慨而巨大的容器。这是街道的平等精神，而平等正是人群得以在街道上聚集的前提。无论是谁，都可以在街道上自由地迈着自己的步伐。”③

从“公共空间”与“公共生活”的角度，王笛亦赋予“街头”非常丰富的内涵。“街头”在空间上包括城市环境：城墙和街道；商业空间：店铺与地摊；日常空间：家与邻之间；社会空间：茶馆与文化；庆典空间：节日与仪式；社区自治：共同体意识。街头是街民的天下，在人与物相结合的意义上，“街头”又可区分为街头市场：小商小贩的谋生之地；街头作坊：工匠苦力的劳作之所；街头舞台：民间艺人献艺之所；街头谋生：江湖游民麇集之所；街头祭坛：善男信女祭祀之地；街头娱乐：大众妇女抛头露面之处；街头茶馆：忙人闲人汇聚之所。

“街头”本身所具有的丰富内涵，使城市文化史可供讨论的内容和课题极大地得到了拓展。从上述“街头”的任何一个界定延伸出去，都可以有无限的场景可供描

---

① 王笛：《近代中国大众文化研究叙事方法的思考》，《史学月刊》2006年第5期。

② 汪民安：《街道的面孔》，孙逊主编：《都市文化研究》第一辑，上海三联书店，2005年，第80～81页。

③ 汪民安：《街道的面孔》，孙逊主编：《都市文化研究》第一辑，上海三联书店，2005年，第85～86页。

述、无限的话题可供探讨。如清末民初成都人的居住模式就很特别，与近代欧洲形成鲜明的对比。在早期近代欧洲，像热那亚、巴黎、爱丁堡等城市，都是“朝着垂直方向扩张”，即在这些城市里，房屋总是尽量往高处伸展，多达“五层、六层乃至十层”，而成都的房屋与大多数中国城市一样，多平行发展，一般一层或两层，人们的住家与街面经常只有一个门槛之隔，因此街头的商业活动很容易与市民的日常生活联系在一起。这种居住方式已明显地影响到老成都居民的人际交往与日常生活。因居住方式和文化传统不同，成都市民与同时期欧洲市民在城市公共空间中的聚合方式也不同。欧洲市民除集市而外，主要是通过以市政厅为标志性建筑的市政广场、教堂、剧场、咖啡馆、酒吧、沙龙（以法国最为典型）来进行公共聚集，但如同王笛所揭示，中国内地城市的市民主要喜欢聚集在市场、空坝、街角、桥头、酒馆、茶馆以及庙前庙后，“这些地方对一般百姓，无论是居民还是外来者都没有什么限制”①。显然，对相对缺乏大型公共建筑空间的中国城市居民而言，“街头”就是一个最好的去处，是一个完全敞开的“公共空间”，也是城市“自由生活”由此展开的地方。典型者有如王笛书中描写的成都新南门附近的“扯谎坝”：“那里成为江湖艺人、杂耍、卖打药、诈骗术士等的聚集地，也成为下层民众的娱乐中心。”②

以“街头”为中心的公共空间，主要是下层民众所占据的空间。这就促使王笛的研究视角发生了第二个最重要的转移，即从城市精英转向普通民众，从士大夫文化和商人文化转向大众文化③。

一度流行的现代化理论模式曾对我们理解现代社会结构的形成和发展起过关键作用，尤其对后发达国家如何实现现代化提供了广泛而明确的路径，然而，人们越来越意识到，现代化模式在给历史研究带来一系列新的问题意识、概念话语和分析视角与方法的同时，也存在自身的局限性。其局限性之一，即是过度关注上层精英

---

① 王笛：《街头文化：成都公共空间、下层民众与地方政治，1870—1930》，中国人民大学出版社，2006年，第53页。

② 王笛：《街头文化：成都公共空间、下层民众与地方政治，1870—1930》，中国人民大学出版社，2006年，第54页。

③ 关于大众文化究竟如何定义，意见并不一致。《欧洲近代早期的大众文化》的作者彼得·伯克主张将之定义为“非正式的文化，即非精英的文化，也就是葛兰西所说的‘从属阶级’的文化。非精英指的是整整一大批或多或少可以确定的社会群体，其中数量最多的是工匠与农民。因此为了方便起见，我把‘工匠与农民’（或者‘普通人’）用作整个非精英的简称，它包括妇女、儿童、牧人、水手、乞丐以及其他的人等”。参见彼得·伯克著，杨豫、王海良等译：《欧洲近代早期的大众文化》，上海人民出版社，2005年，“序”第1页。

的社会角色和社会作用，相对忽略了城市下层民众的角色和作用。诸如对城市绅士阶层、绅商阶层的研究，对新式知识分子的研究和对政治人物的研究，均是把兴奋点放在城市上流社会，而对城市下层社会则要么作为陪衬，要么一笔带过，语焉不详。另一方面，我们对城市现代化过程的解读、我们所有关于近代城市变迁的话语系统，基本上是从精英的角度来观察的，是以精英的话语为话语的，至于普通老百姓对我们称之为现代化的过程究竟如何感受、如何评价，他们的生活态度和生存方式在这一过程中究竟受到了什么样的影响，发生了什么样的变化，很少有人去做过认真的研究，这方面的知识真的是十分贫乏。我们的确需要“力图把人们注目焦点从精英转向民众，从沿海转向内地。……换一个角度，即从民众的角度来观察现代化和城市变革”①。相信这样的观察结论与仅仅从精英的角度来观察将是大不相同的。

对现代化理论起过重要补充作用的“公共领域”和“市民社会”理论模式也同样存在漠视城市普通民众的问题。哈贝马斯强调的是城市资产阶级如何逐步占领了介于私人社会与国家之间的公共领域，从而形成以资产阶级市民为主体的“市民社会”（或称公民社会），中国的应用者们所关心的也是如何从中国城市中找到与“资产阶级”相匹配的社会力量。而真正构成“市民”主体的绝大多数普通民众同样是被排斥在这一模式之外的。从已有的论著来看，纳入“公共领域”和“市民社会”讨论的无非是清末民初存在的善堂、行会、会馆、公所、商会、救火会、自治公所等组织、机构及其场所，以及活跃于其中的绅商人物（系城市精英的组成部分），至于更广袤的“公共领域”，即真正“面向公众”或“公众分享”的公共空间，如街头、路旁、公园以及“半公共”的店铺、剧场、理发店、茶馆等则没有包括在其中。由此导致的缺失是，在讨论国家与社会这一核心论题时，变成了讨论国家权力与社会精英的双边关系，而忽略了更接近历史真实的国家权力（官员）、城市精英与民众的多边关系。

当把视角从精英转向普通民众，转向城市的日常生活，一系列与公共空间相联系的新视点、新问题便浮出水面，大大加深和丰富了我们对城市文化的认识，同时也使我们对城市现代化的具体进程和诸多面相有了更为全面的把握。

首先，我们对城市文化史的研究开始从对少数人（精英）的研究过渡到对多数

① 王笛：《街头文化：成都公共空间、下层民众与地方政治，1870—1930》，中国人民大学出版社，2006 年，第 3 页。

人（民众）的研究，从精英文化的研究过渡到对大众文化的研究，使过去“失声”的大多数终于发出了自己的声音，展示了自己的存在①。王笛在书中界定，这类多数人即为“城市民众”，主要指那些“普通市民”。他们可以是罗威廉（William T. Rowe）所描述的“街市人”，即“那些坐在门口同邻居攀谈和傍晚乘凉的居民”，也可以是叶文心所研究的“小市民”或林培瑞（Perry Link）所描述的那些“离富裕水平还相差很远”的城市人，而更多的则是在街头寻求生机和娱乐的社会下层人，“虽然他们的名字在历史上早已被忘却，但他们的确曾经是街头的主要占据者，并创造了丰富多彩的街头文化”②。试想我们的城市文化史研究如果忘却了这一大批人，漏掉了由他们所创造的形形色色、原汁原味的底层街头文化，那还是一部完整的历史吗？

其次，与过去人们通常认为的普通民众是一群散乱的乌合之众不同，王笛的描述证明：内地城市居民的联系远比我们想象的要紧密，他们日常生活的丰富多彩也远超过人们的想象。在老成都，“街”与“邻”和“社”的关系是十分密切的，街坊、邻居之间的关系也是非常融洽的。“住在街道两旁的人们在他们的门口和街边从事各种活动。如果他们有事找邻居，只要跨出门槛便可。不管是日常事务，还是紧急情况，他们都可以很快请到邻居帮忙。邻居之间一般的日常用品也可以借进借出。如果哪位居民感到无聊，他只要走出门就可以与邻居们闲聊。……哪家哪户有任何事情发生，无论好坏喜忧，瞬间便可传遍整个街区。”如此密切的邻里关系使居民们的日常交往变得经常而容易，“人们只需走几步就能到街头摊点、茶馆、小店和理发店，这些地方不仅提供日常用品，满足居民的日常需要，而且也是社会交往中心，人们在那里互通信息。晚清成都有六百多家理发铺，这样的地方更是人们社交和

---

① 其实，文化史研究中的这种走向下层民众的趋向，与一度流行的“新社会史”的研究趋向是完全一致的。尽管仍然关注经济与社会发展问题，但“新社会史”已经强调通过对历史资料的发掘，着力于从底层来探讨中国的发展问题，以此反对以往那种只关注政治、外交和思想领域的从上往下的历史研究方法。“这种从下往上重写中国历史的想法，是在这个时期出现的‘新社会史’的主要内容，它同时包括把以前排除在历史之外的那些人——农民、工人以及在日后显得越来越重要的妇女——吸纳进历史中。”参见德里克：《后现代主义与中国历史》，刘东主编：《中国学术》第五辑，商务印书馆，2001年。在当今中国历史研究语境中，文化史研究中对大众文化的重视，某种意义上可看作“新社会史”研究主题的延伸，二者之间有着密切的联系。这对于我们分析王笛等新文化史研究者的学术渊源及取向颇有提示意义。

② 王笛：《街头文化：成都公共空间、下层民众与地方政治，1870—1930》，中国人民大学出版社，2006年，第18页。

‘传播小道消息的好去处’”①。由此可以想到，对一个古风犹存的内地城市而言，任何牵涉到城市生活的变革，离开了紧密的邻里和社区组织（如慈善会、土地会、保甲等），不考虑这些普通城市居民的感受和态度，都是难以行得通的，或者至少是要大打折扣和变形的。看来，大众文化和大众心态似乎还不仅仅是一种历史的“现象”，可能还是一种我们尚未认识得十分清楚的历史发展的“动力”，尽管这种“动力”往往被层层包裹在司空见惯的“习惯”和“常态”之中，稀释在老百姓衣食住行的“日常生活”之中。

最后，诚如王笛业已指出的那样，如果加上普通民众和大众文化的维度，中国城市中国家与社会的关系将变得远为生动和复杂，同我们过去对中国城市的“常识性理解”相去甚远。在这幅复杂的关系图画中，民众、精英和国家纠缠在一起，既有摩擦、冲突的一面，也有和平共处、相互协调的一面，变化是主要的趋势，但变化的速率和内容又远较我们想象的要慢许多、曲折许多。变化中还存在着某种文化的持续性（continuity）。首先，在传统城市社会中民众似乎享有相当程度的“自由”，而非原来所认为的受到专制权力的严格“管束”和“限制”，缺乏“成熟的城市共同体”（如马克斯·韦伯的判断）。至少在20世纪初以前，由于缺乏系统的市政管理，国家权力几乎很少影响到市民的日常生活，以地方精英为首的非官方团体在组织市民的公共生活中发挥着重要作用。精英与民众的关系是相互依靠的，“精英需要民众的支持来确立他们的领导地位，民众需要精英的权威来组织社区生活”。“这种关系成为城市自治的基础”。但进入20世纪以后，随着频繁的社会变动，民众、精英与国家的关系开始发生剧烈的变化。先是在20世纪初“新政”时期，精英们利用国家赋予的权力试图实施主要针对下层民众的城市改革，这些改革往往是在“文明”、“文明化”的旗帜下推行的。然而，一旦发现可供使用的“公共空间”日益受到限制时，民众便自发开始了非暴力、不合作的消极抵抗，即一种“弱者的反抗”的典型形式。然后是辛亥革命时期，当国家权力运作危及精英和民众的共同利益时，地方精英又与民众结盟以对抗国家权力，进行地方的自我保卫。“革命运动造成了街头使用的重大变化，下层民众第一次超越街头传统的谋生和娱乐的功能，而进行有组织的政治示威。”但在民国初期，社会和政治形势发生了巨大改变，精英对民众的影响力有所下降，军事力量和国家政权开始直接深入基层社会，民众及其“公共空间”日益处于国家权力的控制之下。与此同时，地方精英与国家政权之间的关系也开始

① 王笛：《街头文化：成都公共空间、下层民众与地方政治，1870—1930》，中国人民大学出版社，2006年，第53页。

趋于紧张，“地方精英不再总是国家各项改良措施——特别是那些激进政策——的热情支持者”①。

尽管王笛所归纳的近代成都民众、精英与国家关系的演变模式是否准确还可以进一步商榷，但这项以民众为重心的研究的确揭示出了以往城市史和现代化史研究所忽略的一些问题，给了我们新的启发，这是不争的事实。特别值得一提的有两点：一是就城市冲突而言，过去的研究强调了精英和民众、国家和民众之间的矛盾，但却很少论及民众之间的冲突。在王笛看来，民众冲突也是城市冲突的重要内容。尽管民众在社区生活中有着密切的联系，但是他们也在为公共空间、谋生机会以及其他经济利益而斗争。在民众在街头进行的斗争中，首先是不同社会利益集团之间的相互排斥，此外，大多数争端又可以在街头或邻里间通过调停来解决。这是成都社会自治的重要功能之一，反映了这个城市自我控制和自我调节的能力。二是就城市现代化进程的利弊而言，过去对城市现代化的意义多属正面肯定，认定居民的幸福指数与城市现代化程度一定成正比，但是，换个角度，从现代化对民众生活方式的影响和民众自我感觉来看，城市现代化给普通老百姓未必带来了那么多实实在在的利益，很多时候是痛苦多于幸福。如王笛指出的那样：虽然“现代化”也给城市带来了较宽阔平整的街道、新的设施、相对文明的城市面貌以及跟随时代的娱乐形式，但这一切是以民众逐渐失去代代相传的相对稳定的传统和生活方式为代价的。社会转型极大地扩展了政治空间，但下层民众日常生活的公共空间却相对缩小了。经常打着为民众利益的旗号而争夺政治权力的斗争和运动，造成了社会动乱并使人民处于动荡不安甚至水深火热之中。“对大多数下层民众来讲，我们或许可以这样认为：他们失去了一个旧世界，但并没有得到一个新世界。”② 一个明显的例子是当时成都报刊上对辛亥革命前后社会秩序的比较：“从前专制时代，讲文明者斥为野蛮，那时百姓所过的日子白天走得，晚间睡得。辛亥推翻专制，袁政府虽然假共和，面子上却是文明了，但是人民就睡不着了。袁氏推翻即真正共和，要算真文明了。……不但活人不安，死人亦不安了。可见得文明与幸福实在是反比。”③ 这些都是一般民众

---

① 参见王笛：《街头文化：成都公共空间、下层民众与地方政治，1870—1930》，中国人民大学出版社，2006 年，第 352～356 页。

② 王笛：《街头文化：成都公共空间、下层民众与地方政治，1870—1930》，中国人民大学出版社，2006 年，第 359 页。

③ 王笛：《街头文化：成都公共空间、下层民众与地方政治，1870—1930》，中国人民大学出版社，2006 年，第 358 页。

最直接和真实的感受，但又是通常不见于正史记载的。

传统并非意味着落后，现代的也并非就是先进的或令人满意的。政治变革固然经常体现社会的进步，但进步并非就意味着给民众带来好处，甚至结果可能恰好相反。显然，从普通民众的眼光来看，现代化进程的双刃剑作用是十分明显的。这是一部与精英笔下描述的极其不同的社会和心态演化史。

可触摸的历史：历史的描写

不难看到，因视角的转移，王笛在其新著中的确有一系列新见解和新探讨，但是，这种探讨在总体方法和写作取向上是叙事的而非分析的，是实证的而非说理的，是描述的而非话语分析的。如何描写历史？如何将老成都的历史记忆准确、生动地钩沉出来，用讲故事的方式，娓娓道给广大普通读者（当然也包括专家），成为王笛此书在写作技巧上的根本追求。

无论史学如何演变，"故事"始终是历史的中心线索，而"描述"或"描写"，即讲述故事的能力则是历史学家最基本的技艺和看家本领。作为一门古老的学科，史学向来以记述和叙事见长。文史不分家、寓史意于文采，更是自司马迁《史记》以来中国史学的优良传统。章学诚曾谓："夫史所载事者也，事必藉文而传；故良史莫不工文。"① 历史的本质固然在于求真，但形式上的美也十分重要，若不工于文，则无法引领人们去寻真，结果"真"亦无可得。"历史的殿堂，除了内涵充实外，尚须外形美观。"如果每篇历史文章都写得像科学报告，毫无文采，历史也就变得索然无味了。"史学之真与美苟能璧合，其效用应不止于史家孤芳自赏，或供读史者遥想古人古事，历史知识必有其用。"②

历史叙事与描写在西方史学中也有着源远流长的传统。从古希腊的希罗多德、修昔底德到古罗马的塔西佗，再到18世纪英国的吉本，忠实的历史记录与飞扬的文采交相辉映，可谓一脉相承。尤其是吉本的巨著《罗马帝国衰亡史》以规模宏大的结构和大气磅礴的文字，叙述了自公元100年安东尼时代到1453年土耳其人夺取君士坦丁堡为止的大约13个世纪的史事，其"叙事史笔之引人入胜，刻画人物与事件之栩栩如生，不仅使专家倾倒，而且令一般读者忘卷，甚至达到痴迷的地步"③。西

① 章学诚著，叶瑛校注：《文史通义校注》（上），中华书局，1985年，第220页。

② 汪荣祖：《史学九章》，生活·读书·新知三联书店，2006年，第185页。

③ 汪荣祖：《史学九章》，生活·读书·新知三联书店，2006年，第3页。

方史学的这种叙事传统，即便在科学主义史学一度占据主流地位之时也并未消失，而是顽强地据守着叙事史最后的阵地，从两个方面构成对科学史学的挑战与补充：一是更加注重叙事的技巧和文笔，尽可能把历史著作写得文字优美、引人入胜，使历史重新变得多姿多彩，令人读来有趣，难以忘怀。二是更加注重历史的人文价值，着意发掘史实中所包涵的文化意蕴，在研究历史中寻找人生的终极关怀，使历史再度成为“人”的历史，人重新占据历史的中心舞台。正是在这一意义上，它被称为人文取向的史学，而与科学取向的史学相对应。如果说科学主义史学注重求真求实，“据实直书”，重建历史，那么，人文史学则更注重史学的“化人”功能：以史为鉴，以史育人，使史学成为“平民的史学”、“大众的史学”。

显然，王笛新著在风格上的追求，已十分接近人文史学的追求，旨在生动地叙述历史，再现历史的全幅式场景，使历史变成可触摸的、可接近的，能够普及于民众的。但如果细分一下，在叙事风格上，王笛又明显不同于史景迁式的以扣人心弦的人物命运和跌宕起伏的历史情节为中心线索的叙事，而毋宁说更接近黄仁宇式的徐徐展开、风俗画般的历史长卷。黄氏这方面的代表作《万历十五年》，即是用一个年份作为切片，以若干历史人物为线索，通过冷峻、沉郁的细节描写，“勾勒出人物事件的前因后果，揭示了在意识形态至上的‘礼治’下，国家政治不可避免地会滋生何种致命的弊端，解剖了晚明帝国的衰落之由”①。

如何使历史变成可触摸的、可以为大众所接受的历史？循着黄仁宇等开辟的历史叙事之路，王笛也作了若干新的叙事风格方面的尝试。

氛围营造。历史毕竟不是小说，不能靠情节的离奇和曲折来吸引读者，历史叙事要能引人入胜，就必须以生动的笔触来设境造势，营造一种逼真的历史氛围，使读者有身临其境的感觉。整个《万历十五年》，若没有黄仁宇在开篇设下的“误传午朝”的神来之笔及其全书无处不在、栩栩如生的情景描写，恐怕就很难一下子抓住读者，于不经意间改变我们阅读历史的方式。王笛新著的成功，也在于调动各种形象手段，浓墨重彩地营造了老成都的历史氛围，使人们如同回到了历史的“原生态”。如译者之一的李德英所评论：“（作者）用文学的语言，生动地描述了街头的日常生活，使人仿佛身临其境，回到了一百多年前的老成都。那街头小贩的吆喝，卖艺人的清唱，说书人留下的悬念，茶馆里茶客的闲聊，青羊宫善男信女的默祷，望

① 张燕波：《黄仁宇与中国历史研究》，《浙江师范大学学报》（社会科学版）2003 年第 1 期。

江楼外放生会的热闹，商业场里妓女的招摇和众人争相观看的盛况……无不反映出成都独特的大众文化特质和魅力，展现出一幅鲜活生动的历史画面。”① 对此，林培瑞教授亦有好评：“王笛把社会科学研究的敏锐眼光与对丰富多彩的大众文化拉伯雷式的故事描写结合在一起，勾画了晚清和民国初年街头生活的广阔画卷。”②

细节描写。同文学作品一样，氛围的烘托离不开细节的描写，以优美文笔展开的细节，正是构成一幅幅生动历史画面的底色和基本元素。王笛用工甚勤之处，还在于综合运用历史学、人类学、文化学和社会学的方法，对丰富的街头生活进行细致的考证和复原，带领读者进入历史的细微世界。如作为成都“街市”一景的“花市”：

> 当春天来临时，花会会址青羊宫游人如织，正如一首竹枝词所称：“青羊宫里仲春时，赶会人多密似蚁。”沿着锦江河，行人、马车、轿子络绎不绝，数百花店设摊卖各种奇花异草。……花会特别吸引着妇女，这样的日子对他们来说犹如节日，一首竹枝词中的妇女便“一夜闺中嘱夫婿，明朝多买并头莲”。③

又如“街民”之一的“小贩”：

> 小贩的叫卖声成为成都“城市之音”的重要组成部分。……小贩们带着货箱，大声吆喝，吸引买主来看他们的玉器、针头线脑、熏蚊香和其他日用品，女顾客则为此讨价还价。即使是类似的商品，小贩们仍可以用不同的鼓声来加以区别。卖菜油的小贩敲一面半月形的木制锣，卖芝麻油的小贩打一个瓷碟大小的薄黄铜盘，而卖其他食油的小贩摇晃拨浪鼓。卖豆腐的小贩敲个尺多长的空竹筒，卖甜食、玩具和其他玩意儿的小贩，最受孩子们欢迎，他们敲击一面直径大约20厘米的黄铜锣宣布他们的到来。那

---

① 王笛：《街头文化：成都公共空间、下层民众与地方政治，1870—1930》，中国人民大学出版社，2006年，第395页。

② 见《街头文化：成都公共空间、下层民众与地方政治，1870—1930》英文版封底。

③ 王笛：《街头文化：成都公共空间、下层民众与地方政治，1870—1930》，中国人民大学出版社，2006年，第43页。

> 些经营刺绣和价格稍贵的陶瓷的小贩，使用的是直径比黄铜锣稍小一点的鼓，其敲鼓的方式独特而有味道："使劲地敲打一下之后，敲击的速度越来越快，直到鼓声在风中持续不断地回响。这样即使在几百码以外的买主也能听到。"①

正是诸如此类的大量细节描写，使我们能够穿越百年时空隧道的阻隔，感受到扑面而来的生活气息以及具体入微的城市文化。

有我之境。王国维《人间词话》曾揭出"有我"与"无我"两重境界，谓："有我之境，以我观物，故物皆著我之色彩。无我之境，以物观物，故不知何者为我，何者为物。"② 历史描写中带有描写者自我感情的"有我之境"亦随处可见，西方史学中将此归结于"移情法"。所谓"移情"（empathy），即柯文所说的历史学家通过"进入历史演员们丰富多彩的直接经验之中"去理解历史。"移情是为了理解对方，设身处地体会对方的思想、感情和处境。"颇类于陈寅恪所讲的"神游冥想，与立说之古人处于同一境界"。这种"移情"或"以我观物"的方法在《街头文化》一书中运用得十分充分，也很巧妙。如对成都茶馆中"挖耳师傅"的描写："茶馆中最有趣的职业是挖耳师傅，他们用十余种不同的工具掏、挖、刮、搔等，尽一切可能使顾客进入一种难以言喻的舒服境界。通常他们的顾客并不一定想要清洁耳朵，只是寻求掏耳过程中的这种感觉。"③ 显然，这种神仙般的"舒服境界"，非有亲身历验者不能发。又如对成都城墙被毁的感慨："旧城墙被挖得千疮百孔，几乎没有人理睬它在那里垂死地呻吟。……成都城墙的坎坷经历，折射出这座城市所经历的政治、经济和社会的变迁，也反映了传统的生活方式、社会习俗和街头文化的必然命运。那里的人们不论是精英还是民众，都眼睁睁地看着自己的传统渐渐消失。"④ 这既是历史的叹息，也是著者发出的叹息，或今人与古人的共鸣。可能有人认为历史的描写应该更超脱和淡出，取一种更中性的立场，但反过来看，若没能达于这种"有我之

---

① 王笛：《街头文化：成都公共空间、下层民众与地方政治，1870—1930》，中国人民大学出版社，2006年，第103～104页。

② 王国维：《人间词话》（重订），上海古籍出版社，1998年，第1页。

③ 王笛：《街头文化：成都公共空间、下层民众与地方政治，1870—1930》，中国人民大学出版社，2006年，第139页。

④ 王笛：《街头文化：成都公共空间、下层民众与地方政治，1870—1930》，中国人民大学出版社，2006年，第186～187页。

境”，没有与古人的强烈共鸣，没有史家的感情投入和流露，又何来读者与历史学家的共鸣呢？可触摸的历史，应是有血有肉，精、气、神三者皆备的历史。一个好的历史学家既应有客观、冷峻的一面，也应同时具有一颗赤子之心和浪漫情怀。无论如何，历史叙事绝非等同于冷冰冰的编年和大事记。

扩充史料。追寻已逝的城市文化，尤其要描写城市下层平民和大众文化，使之发出自己的声音，资料难度非常之大，时常要感叹“巧妇难为无米之炊”①。为此，《街头文化》一书为了准确、形象地描述“街头文化”，传达其中所蕴含的神韵，对史料作了极大的扩充，甚至纳入那些过去只被认为是文学史范畴的史料。在王笛看来，“明清以来的地方谚语、民间文学、地方戏曲以及诗词等，都可以作为史料来使用。”只是在使用这类史料时必须方法得当，不能与原始档案资料的价值等量齐观。“在运用这些资料时，我并不宣称这便是真正的、准确的、大众的日常生活的记录，而是反复强调这是这些精英所看到和理解的大众、大众文化和日常生活，从中探索精英对下层民众和大众文化的态度以及演变。”②

为加强历史叙事的生动性，王笛书中运用的两类资料起到了很好的效果：一是成都传统文人所写的大量“竹枝词”；一是大量的视觉资料。竹枝词是雅与俗的结合，常常用通俗、流畅的韵句来记录文人们眼中的城市社会生活，既生动形象，又朗朗上口。如对春节期间大众生活的描写：“锦江春色大文章，节物先储为口忙。男客如梳女如篦，拜年华服算增光”；“儿童行乐及新正，击鼓敲锣喜气盈。风日不寒天向午，满城都是太平声”③。文人“竹枝词”中的这些描写，与当时城市生活状况应该说是一致的，完全可供我们了解当时的城市文化生活。在视觉资料方面，王笛尽可能地收入了不少照片、漫画以及民俗风情画。这些形象资料，可发挥画龙点睛的作用，起到“让资料自己说话”的效果，真正建立起“可触摸”的历史。该书英

---

① 如彼得·伯克在研究欧洲近代早期的大众文化时，亦发现“大众文化”是难以捉摸的。“有关大众文化的态度和价值观以及有关他们的希望于恐惧的证据是支离破碎的。那个时期的大众文化有许多属于口述文化，‘没有文字的迹象可寻’。……难怪有些历史学家认为，要揭示这一时期的大众文化究竟是什么样子是根本不可能做到的事情。”参见彼得·伯克著，杨豫、王海良等译：《欧洲近代早期的大众文化》，上海人民出版社，2005 年，第 65 页。

② 王笛：《街头文化：成都公共空间、下层民众与地方政治，1870—1930》，中国人民大学出版社，2006 年，中文版“自序”第 7 页。

③ 王笛：《街头文化：成都公共空间、下层民众与地方政治，1870—1930》，中国人民大学出版社，2006 年，第 68 页。

文本共收入 59 幅插图，中文本又增加了 54 幅，总共有 113 幅插图，其中还包括几幅难得的从晚清到民国时期成都的老地图①。已逝的历史本来就是有形的，是五光十色的人类生活史的总汇，尤其对大众文化的研究，图文资料更是有助于弥补文字资料的缺乏而导致的历史画面的缺失。

长期以来，史学成果如何能够走出书斋，赢得社会的重视和民众的关心、喜爱，即如何实现史学的大众化、普及化，一直是困扰史学界的一大难题。如果史学成果仅仅停留在文人学者之间的孤芳自赏，不能对急剧变迁的社会生活产生丝毫影响，如果历史学家不能为人们提供丰富多彩的、形象的、鲜活的历史精神食粮，借以弘扬民族精神和民族文化，史学到底还有多大的存在价值呢？

沿着史学大众化或大众化史学的方向，许多人都在持续不断地作出努力。台湾作家高阳的历史小说风靡一时，蔚成“有村镇处有高阳”的壮观。大陆亦涌现出了姚雪垠的《李自成》、唐浩明的《曾国藩》、熊召政的《张居正》等鸿篇巨制的历史小说。另一方面，近期借助于电视媒体的帮助，易中天的《品三国》、于丹的《〈论语〉心得》等作品热炒热卖，吸引了成千上万的普通读者。这些，对正统的历史研究均提出了严峻的挑战，同时又极具启示意义②。的确，作为历史学家，我们不得不严肃地思考如何去改进我们的历史叙述方式，如何将历史描写得更加准确、生动，如何使我们的史学论文和著作更加富有文采，更具备可读性，更切入生活、贴近民众。

正是在上述意义上，王笛在《街头文化》一书中就改进历史叙述方式和表现手段所作出的种种努力，十分值得我们加以借鉴。

理想的叙事：小历史与大历史

后现代主义对科学和结构史学的诘难之一，便是后者以单数的大写的历史（History）代替了复数的小写的历史（history），以“宏大叙事”代替了“小叙事”

---

① 须顺带一提的是，王笛在本书“自序”中对按照西方学术规范征引和使用这些照片和图片必须取得版权许可的情况作了较详尽的介绍，十分值得借鉴和重视。其所讲述的“寻找大卫·格拉汉姆”的故事，也表现了西方学术规范的严格和学者治学所应持的严谨态度，颇有启发意义。

② 池桢在近期发表的《历史学的文学之翼：“现代叙史”》（《史学月刊》2006 年第 11 期）一文中，即提出要“给历史插上文学的翅膀”，“有勇气的历史学者应该从文学的自由、性灵和美丽中汲取灵感，通过对叙述的历史学的坚持和实践，还原历史学的生动、活泼和多彩斑斓”。相信这也是当下许多历史学家的共识。

(little narrative)，因此力主要恢复“小历史”、重新回到“小叙事”。换言之，理想的叙事实为“小历史”、“小叙事”①。

王笛虽非后现代主义者，但显然同样认为“小历史”在叙事上是优于“大历史”的，并强调其新著的特点即是取“小历史”或曰“微观历史”的视角。他指出：“从大历史的角度来观察近代中国政治和社会的演变固然十分重要，但这样的角度往往会使研究者忽视演变的具体条件、过程以及不同历史阶段和不同地区的特点。对于成都街头的研究，使我们把视线集中在一个特定城市的特定领域，犹如在显微镜下把观察对象放大，集中精力剖析社会、文化和政治的某一方面，从而得到宏观史学难以企及的对社会的细微理解和精确把握。”② 根据王笛的看法，这种由大历史向小历史的转变，大致包括下列转变：从全国性叙事到地方社会叙事；从自上而下到自下而上；从社会经济结构演变到文化现象演变；从宏大政治事件到民众日常生活。

应当说，王笛的这些取向都是试图在传统史学的范式下有所变革和创新，变而后大，探索一种新的叙事方式，而且，如其所愿，的确在一定程度上给人耳目一新的感觉，在追寻老成都已逝过去的同时，开辟了若干探讨城市公共空间与大众文化的新路径，作出了巨大的学术贡献。这些，我们在上面均作了充分的肯定。然而，王笛的探索在成功中仍存在某些不足，还有若干需要进一步讨论和改进之处。这里不揣浅陋，仅作为不成熟的一家之言提出来供讨论。

一是描写精彩，叙述生动，但稍欠深度。读此书，犹如行走在一幅韵味十足的历史长卷之中，满目皆画，触目是景，景随步移，目不暇接；又如置身于蓉城闹市，各色人等，热闹非凡，乡音乡俗，皆入耳来，感官获得极大满足，对老成都的依恋之情油然而生，已然不知今日几何，神游何方。但若要问从中受何启发，有何心得，历史究竟作何运动，大众文化背后的潜规则是什么，公共空间究竟是谁的空间等等稍微虚幻一点的问题，则答案还真不是那么清晰、顺畅，历历在目。总而言之，感觉还是缺少了一点历史的纵深感和理论高度，与著者过去学术著作的风格迥然不同。

---

① 关于“大历史”以及如何超越“大历史”的详尽论述，可参见 Robert F. Berkhofer, JR., *Beyond the Great Story: History as Text and Discourse*, Harvard University Press, 1995。最近，赵世瑜从区域社会史的角度，结合具体研究成果，对“小历史”与“大历史”也作出了较详尽的阐释。参见赵世瑜：《小历史与大历史：区域社会史的理念、方法与实践》，生活·读书·新知三联书店，2006 年。

② 王笛：《街头文化：成都公共空间、下层民众与地方政治，1870—1930》，中国人民大学出版社，2006 年，第 357 页。

诚如一位网上评论者所言，王著“是一本容易‘看’进去，但很难‘说’出来的书，盖因此书完全是《清明上河图》的文字版和成都版，是精微入细的工笔画风格。充满每一页的，都是市井风情的写实记叙，除了细节、细节、细节，还是细节”①。说王著每一页全是细节显然说过了头，其实，书中也有夹叙夹议，也有系列的设问，也有相当的理论分析，但大量的叙事多少屏蔽了要讲的“道理”，使人有某种“进得去，出不来”，于不知不觉中被“浸泡”于细节描写之中的感觉。对一般读者而言，能观赏到生动的历史画面也就满足了，但对少数专业人士而言，却总要问一下事实背后的“为什么”与现象底下的深层次历史搏动，总要去寻觅一些历史中更为本质的东西，而不会仅仅满足于分门别类的洋洋大观。

著者以非凡的功力，对老成都街头文化的方方面面进行了全面、生动的叙述，对活跃于街头的各种群体也进行了归类描写，如小商小贩、民间艺人、工匠苦力、妓女乞丐等等，但这些群体之间的内在联系如何，演变趋势如何，与官府、精英间错综复杂的关系到底如何，尚不是十分清晰。尽管王笛也从上层精英与下层民众、维新与拒变、社会变动的多面性、文化的同一性和分离性等方面作了一定的理论化区分，但展开和细化还不够，或至少事实与理论尚没能达到水乳交融的地步。如虽然将以街头为中心的公共空间作了商业空间、日常生活空间、庆典空间等类型的划分，并分别讨论了各类空间中的人群活动，但这些空间的实质内涵是什么？其在整个城市公共空间中的结构与功能究竟如何？各空间有无交叉与重叠？这些问题似乎还缺乏更为系统和透彻的讨论。

二是对一些关键概念如“精英”、“地方精英”、“改良者”、“城市改良者”也尚缺乏明确、系统的定义与阐释。如关于“精英”，王笛认为在本书中主要是作为“民众的对应力量”，是“十分松散”地在使用这一概念，“按照周锡瑞（Joseph Esherick）和冉玫烁（Mary Rankin）的定义，他们可以是‘任何在地方社会起主导地位的个人或家庭’，他们不一定是富人，不一定是有权者，也不一定是受现代化或西化影响者，但他们试图在经济、社会、文化或思想上对一般民众施加影响”。那“他们”到底是什么？到底指哪些社会群体？似乎没有给出明确的答案。关于“社会改良者”，王笛认为在本书中就是指“与下层民众相对应的精英阶层，特别是指那些受现代化

① 青石板博客：《换一种眼光看街头》，http://glockwq. spaces. live. com/blog/cns!d165b8383690fb41!354. entry，2006 年 5 月 3 日。原博客已无法访问，可见 Yilin 的博客：《换一种眼光看街头》，http://yilin2. blog. 163. com/blog/static/1743841532006431243980/，2006 年 5 月 3 日。

和西化影响，并有意识地试图重建公共空间和重塑城市形象的那一部分人”。除包括司昆仑（Kristin Stapleton）所描述的“警察改良者”和周锡瑞所提到的“城市改良精英”外，王笛还指出了两类“城市改良者”：一类是手握政治权利的改良者（如周善培）；一类由地方文人和精英组成，他们虽没有在官方任职，但在地方教育、商业和文化出版等方面均很有影响（如集学者、出版者、作家和记者于一身的傅崇矩）。但所有这些定义都显得有几分模糊，缺乏一致性和严密性[①]。

据本人一孔之见，以上问题主要产生于王笛试图以叙事取代分析，但又不得不分析；试图去框架，但又不得不有框架的理论上的两难境地。王笛在这部著作中希望把街头文化主要用叙事的方式展现出来，而避免过多的分析，但他随即发现，历史分析与历史叙事原本是不可分割地结合在一起的，没有分析的叙事是琐碎的，缺乏叙事的分析是空洞的。于是他开宗明义地便揭示出自己的理论分析框架：（1）在传统成都，街头是民众活动的主要空间，他们有着相当的自由在公共场所从事谋生和娱乐活动，在那里形成了民间传统和人们交际的社会网络，并建构了一种人们紧密联系和社会稳定的城市公共生活的模式。（2）社会改良者认为传统文化代表着旧的秩序，因而是“落后的”。他们竭力推行各种变革，特别是改造街道以塑造新的城市形象。在西方化的“文明”和“启蒙”的旗帜下，他们借助新政这个千载难逢的机会，扩展他们自己的文化霸权。但同时，下层民众仍然基本处于传统的街头文化和日常生活方式当中。20世纪初成为成都城市生活和文化变迁的一个重要时期，交织着新与旧、精英与大众等各方面的因素。（3）改良对民众公共空间的使用强加了许多限制，这直接影响了他们的谋生和闲暇的方式，于是引起了民众的怨恨和反抗。在改革时期的成都，民众以日常的消极反抗作为“弱者的武器去反对既成的秩序”。在革命到来时，民众在街头扮演了活跃的政治角色，以致改良精英对大众的斗争逐渐失控。而到民国初年由军阀混战引起的政治割据和社会动荡，促使民众再次寻求精英对地方社会的领导权，同时，精英也迫切需要民众的支持，以阻止军阀和国家权力对地方社会和经济的进一步渗透[②]。

---

① 本书中译者之一李德英博士在附于书末的“译后记”中，对此也表示了相同的看法，认为书中“地方精英”的概念不甚明确。具体参见《街头文化：成都公共空间、下层民众与地方政治，1870—1930》中译本，第396页。

② 参见王笛：《街头文化：成都公共空间、下层民众与地方政治，1870—1930》，第一章“导论”，中国人民大学出版社，2006年，第2～4页。

尽管王笛的上述解释框架在一定程度上有助于我们对其叙事的理解，也在一定程度上揭示了清末民初成都街头文化演变的脉络①，但以一个较高的标准看，这一解释框架似乎还是有些单薄，尚不能完全令人满意地解释千姿万态的城市文化变迁及其背后的动力②。例如，传统的城市公共空间是否真正就是民众的自由乐土？官府在街头完全处于一种“缺位”状态吗？改良难道没给民众带来一些正面的好处？他们非要从事“日常的消极反抗”不可吗？清末民初成都街头的日常生活方式，短短几十年间到底有多大的变化？是否有些习俗一直延续到今天？民国初年民众与精英是否真的有重新“合作”的趋势？这种“合作”在多大程度上能够阻止国家权力对地方社会的渗透？是否还存在军绅、军商融合的一面？清末民初绅权是否仍是国家权力的基础之一？总之，在叙事的大格局下，王笛新著尽管开辟了城市文化史研究的大片“处女地”，令人耳目一新；但与此同时似乎又少了些能真正引人深思的“问题意识”和思想导航。简言之，王著已属生动的历史叙事，但离“理想的”历史叙事多少还有那么一点距离。

那么，到底什么是“理想的”历史叙事？王笛没能给出接近理想的答案，我们很可能也同样难以找到理想的答案，或许压根儿就没有理想的答案。我们所能做的只能在王著实验的基础上进行若干尝试性的思考。

就“小历史”与“大历史”的关系来看，真正理想的历史叙事绝对离不开历史现象背后的“大逻辑”（即大历史）。历史现象不可能孤立存在，其背后一定有一张更深层次的结构、体系、规律等构成的“逻辑的大网”，散在的历史现象只有纳入这张大网之中，方能呈现其意义，方能成为“可解读的”。离开了历史的内在逻辑或一定的理论框架去叙事，叙事本身就很可能流于“碎化”或无限的细节铺砌，使历史

---

① 如有的评论者即认为王著在写出鲜活历史的同时，也“揭示了演变的模式，并证明中国社会在1870—1930年间的重要转型是怎样发生在社会的最基层的。作者很有说服力地指出日常生活的街头成了重大事件的发源地”。见《加拿大历史学刊》，转引自王笛：《街头文化：成都公共空间、下层民众与地方政治，1870—1930》，中国人民大学出版社，2006年，第400页。

② 当然，什么样的历史解释框架更为合理、更为理想，也是一个见仁见智的问题，无法强求统一，可能会有非常不一致甚或完全相反的看法。也有评论者认为“书中呈现的成都城市生活的丰富多彩十分令人着迷。虽然这是本书最动人之处，然而作者还提供了一个独特的分析框架。……尽管作者指出了社会所经历的变迁，但本书对街头文化持续性的研究令我们耳目一新”。见《亚洲研究国际杂志》，转引自王笛：《街头文化：成都公共空间、下层民众与地方政治，1870—1930》，中国人民大学出版社，2006年，第402页。

叙事失却了深刻性或感悟性。而人们阅读历史，很大程度上正是想透过无数的历史细节去品味历史、感悟历史，从中获得历史的启迪。

历史叙事如何与历史分析或大历史相结合，后期法国年鉴学派对“新史学”的反思和总结值得我们借鉴。面对来自后现代主义和新文化史的挑战，勒高夫等后期年鉴学派学者提出，对曾经在布罗代尔时期大放异彩的结构主义史学必须深刻反思，必须提倡新的“历史综合”，即“总体史”下的历史综合：主要不应再是政治、经济、社会、文化、心态等各领域在“横向上”的综合，而应该是点与面、专与广的结合。其方向是力图使结构史和事件史靠拢，使史学的科学性和艺术性更好地结合。其方法主要是通过对“人”（“社会人”）的总体研究来实现，使“人”成为总体史的新的结合点。反过来，深化历史叙事的意义，提升叙事史意境的出路又何尝不可以被认为是向结构史靠拢，向科学性提升呢？又何尝不应该提倡点与面、细与广的结合呢？寓“总体”于事件之中，寓分析、思辨于叙事之中，不复简单地回到叙事史、事件史去，在反对历史的空洞化和去人化的同时，也要坚决反对历史的“碎化”和“漫话”。似乎这才是新叙事史所应遵循的正确方向。

就此而言，在王笛对老成都街头文化和下层民众的研究中，固然是以叙事史为主，固然是以“城市公共空间”中“大众文化”的自然状态和自然演进来构筑新的解释框架，但似乎没有必要去刻意回避更详尽的历史分析，回避包容在“大历史”中的类似现代化理论、结构主义史学、公共领域理论等已被证明有效的史学范式和分析方法。或许这些理论和分析方法与叙事相结合，落实到微观区域史的研究之中，会起到意想不到的效果，或可加深历史叙事的多面性和深刻性，给叙事以透视的眼光，构筑一幅更为深沉和更为复杂的社会历史变动图景。这里，结构、功能、层次、机制、长时段等已不再是去人化的、机械性的运作，而是与活生生的人（在这里是城市下层民众）相结合，融合到文化、心态、意识、信仰、习俗、日常生活等领域中去，被仔细地描述出来，形成全景似的历史，纷纭历史现象背后的推动力也能得到恰当的解释。譬如，现代化范式中所蕴含的发展和社会进步的内涵，可能多少有助于淡化近代城市面貌和生活方式变迁给普通民众带来的失落感（这种失落感在一定程度上也是研究者自身情绪的体现），并由此而引申出所谓社会进步的“代价意识”问题。又如，国家与社会的双重视角，或可纠正前述“官方缺位”的问题，在官方、精英与民众的三重博弈中重现街头文化和街头政治的复杂性及多面相。再如，在社会学意义上更为精细的社会群体分析，或可弥补“精英”概念的笼统性和模糊性，发现社会精英影响于下层民众的更为丰富多样的中介机制。社会组织相互作用的协同理论也有助于重建城市精英社团与民众社团之间更加复杂的网络结构。而所有这些理论化的思考，均或有助于将有关街头文化和下层民众的叙事引向一个更加开阔的视野，更趋精确、深刻的解释，庶几更接近“理想的叙事”。

从微观出发的“小历史”之不可能完全超脱“大历史”已可概见，但以叙事见长的“小历史”毕竟还有超越“大历史”而自成一格的一面，因此，如何以合理的方法将“小历史”做到极致，遂成为追求“理想叙事”的另一途径。在这方面，我们虽从整体上并不赞同后现代主义否定历史客观性，趋于虚无的历史观，但其某些思维和研究方法似仍值得借鉴。就历史叙事而言，后现代主义史观对我们至少有以下三点提示：其一，它在否定存在客观历史事实的同时，主张对历史作多层次、多视角的理解，尤其主张要“自下而上”地观察历史，不能忽略历史的“交接处”和“边缘地带”，诸如文化、妇女、医疗、信仰、崇拜、性、三教九流等均应纳入历史的视野，从而极大地扩大历史研究的领域，使历史叙事的话题变得更加宽广和丰富。其二，它在强调文本的建构主义特征、解构既有历史的同时，强调历史知识中所包含的主观认识，强调历史发展的非连贯性（历史的断裂层），从而使历史认识过程更加复杂化，使历史叙事也变得更加曲折、更富戏剧色彩。其三，它在将历史等同于“文学制品”或“诗歌创作”的同时，强调对历史文本有不同的解读方法，文本本身也是个性化的，不存在统一的文本或权威的版本，从而揭示了历史叙事的多样性和多元化，为发挥研究者的历史想象力预留了空间。后现代主义对传统历史学的挑战以及它在史学方法上可能具有的启迪作用，由理查德·伊文思（Richard Evans）作了如下的归纳：

> 后现代主义以其更加建设性的方式促使历史学家更为仔细地研究文件记录，更为认真地对待其表面的色泽，以一种新的方式来思考文本和叙事。它已经帮助开辟了许多新的领域，建立了新的课题，同时把一些以前似乎已经穷尽的题目重新放回到了日程表上。它迫使历史学家质疑他们的方法和研究过程。而这在以前是从来没有的，在这个过程中使他们更具有自我批判意识，而这是最好不过的事了。①

显然，如果更彻底地借鉴后现代主义的某些思维和研究方法，王笛新著对“街头文化”还可作更多的深度发掘，其叙事的范围还可更加广泛，结构也许可以更加

---

① 伊文思：《为历史辩护》，转引自德里克：《后现代主义与中国历史》，刘东主编：《中国学术》第五辑，商务印书馆，2001年，第46页。

复杂，对同一历史文本还可作更多的解读，给人以层层剥笋、愈加深入的感觉。如柯文（Paul A. Cohen）以“历史三调”来重新解读“义和团”，就极具启发性。受后现代主义的影响，柯文既没有平铺直叙地叙述义和团，也没有简单地从观念形态上研究义和团，而是将义和团运动划分为三部分来研究，即作为事件、经历和神话的义和团。第一部分是历史学家笔下的义和团的史实，以叙事为主；第二部分是当事人对义和团运动的经历和感受；第三部分则评述关于 20 世纪中国产生的关于义和团运动的种种神话。从这三个不同的层次和视角来看，义和团运动呈现出完全不同的面相：作为事件的义和团代表的是历史学家对过去的一种特殊的解读；作为经历者的义和团是当事人对正在发生的事情的自己的解读，这与事后重塑历史学家的看法往往大不相同；作为神话的义和团代表的则是以过去为载体而对现在进行的一种特殊的解读，往往与当下的政治观点相联系①。柯文这种熔叙事与解读于一炉的方法，使历史叙事呈现出更清晰的脉络和层层递进的关系，并最终揭示出历史是对过去的解释，而事实则是错综复杂的，所有的历史著作（即使是其中最出色的那些）都是对过去的高度简化和浓缩。历史学家的任务就是在诸多的动机中找出一些有意义的范式，把特别复杂和混乱的事件清楚而完整地描述出来，且能言之成理②。柯文的尝试，至少为更理想的历史叙事探索了一条新的道路，倘若王笛能在街头文化与下层民众的研究中作类似的方法论上的探索，将叙事与分析、“小历史”与“大历史”的关系拿捏得更好，想必对这段历史的描述和解释还会有更多的新意，达到更高的研究（叙事也是一种研究）境界。

历史研究的更高境界到底是什么？最近章开沅先生对此进行了新的思索后指出，历史研究的根本目的，是探索历史的“原生态”。一是要充分运用原生态的史料，注意史料的原始性和完整性；另一方面也要重视解释，追求研究对象的原生态，“历史

---

① 参见柯文著，杜继东译：《历史三调：作为事件、经历和神话的义和团》，江苏人民出版社，2000 年。

② 其实，孔飞力（Philip A. Kuhn）的名著《叫魂 1768 年中国妖术大恐慌》（陈兼、刘昶译，上海三联书店 1999 年版）也有着这种熔叙事与分析、“小历史”与“大历史”于一炉的学术追求，诚如其中译者所说：“（本书）在论述过程中，又在娓娓道出一段段曲折稀奇的故事的同时，将它们同自己对于种种社会科学理论的理解与一种深刻的人文关怀糅合在一起，以极为生动精巧的英文写成了这本书。”孔飞力自己也指出，他在叙述、描写叫魂案的种种细节时，心中所关注的恰恰是这些离奇事件背后更深层次的一些历史问题，包括：专制权力如何凌驾于法律之上而不是受到法律的限制；官僚机制如何试图通过操纵通讯体系来控制最高统治者；最高统治者如何摆脱这种控制，等等。参见该书中译本序言。

研究的本身首先是求真求实，历史的真实就是历史对象的原生态。……历史事件、历史人物的原生态，就是其本来面貌，就是它们的真实面相”[①]。由此出发，我们可以认定，所谓“理想的叙事”，就是能够真正接近乃至恢复历史原生态的叙事，是有助于构建历史原生态场景的叙事。无论是小历史还是大历史，首先要看是否能够反映历史原貌的真历史；无论是叙述还是分析，首先要看是否有助于直探历史的真相和历史的内在联系；无论是“清明上河图”式的白描还是疾风骤雨式的历史大写意，关键要看其是否透出了历史的原色。

因此，无论是对王笛著作的评判还是对其他历史著作的评判，方法、风格本身并不重要，也不是惟一的，最终还是得看其对回归历史原生态的贡献，看其在趋近历史原生态的过程中究竟走了多远。王笛在其新著中已循此方向迈出了一大步，相信在以后的学术研究中他还会走得更远，实现更多的自我超越。

（本文原载《历史研究》2007 年第 5 期）

---

① 章开沅：《商会档案的原生态与商会史研究的发展》，《学术月刊》2006 年第 6 期。

四、各类序言

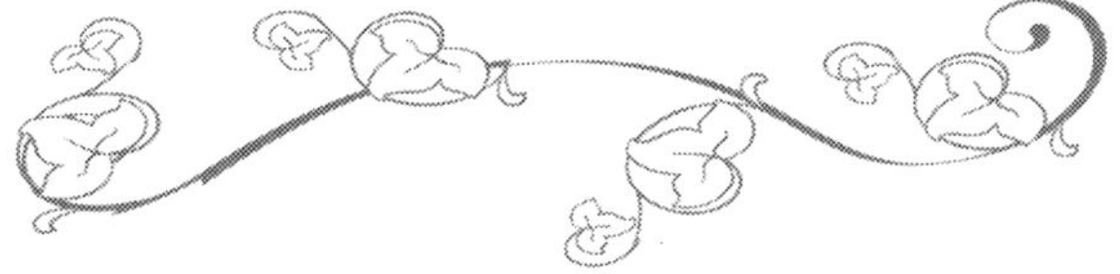

《传统与近代的二重变奏：晚清苏州商会个案研究》自序

1982年初春，刚刚考取华中师范学院历史系硕士研究生的我们，在刘望龄教授的带领下，于融融春光中来到江南的姑苏古城，同苏州市档案馆的叶万忠、林植霖、屠雪华和姚开顺诸同志合作整理和编辑卷帙浩繁的苏州商会档案。这项巨大而有价值的学术工程是由我们的导师，著名辛亥革命史和中国近代史专家章开沅教授极力发起和主持的，并得到苏州市档案局、档案馆领导的热情支持。

一到苏州，我们顾不得舟车劳顿，也来不及观光慕名已久的古城绮丽风光与园林名胜，即投入了紧张的整理和编辑工作，夜以继日，剔抉爬梳于汗牛充栋的档案文献中。此间极其丰富的历史文献收藏，使我们两个刚刚踏入学术殿堂的年轻学人眼界大开，简直有些乐而忘返了！经过几度寒暑的辛勤劳动，在编辑小组的通力配合下，我们终于编选出了长达120余万字的《苏州商会档案丛编》（第一辑），圆满完成了任务。

本书正是基于上述极其丰富且弥足珍贵的档案文献并参阅其他报刊、方志、口碑资料撰写而成，旨在为学界和后人提供一个可资认识近代商会组织和城市社会经济生活的“活的社会组织细胞”。我们的业师章开沅教授向来强调社团或集团研究，认为阶级、阶层绝不是个人简单的相加，而集团正好是个体与整体之间的纽带。资本主义经济领域里的一系列规定和关系，在一定集团中则往往可以更为丰满也更为明显地得到表现。作为其弟子，我们亦有同感。时下，复兴和加强社会史研究的呼声在史学界日益高涨，并已先后在天津、南京和成都召开过三次全国性的中国社会史学术讨论会。社会史研究的对象，主要是社会生活，即历史上人们的群体生活和生活方式。其具体内容包括各个历史发展阶段不同阶级和阶层的衣食住行、婚丧嫁娶、宗族聚落、风俗礼仪、观念规范、社团会党、宗教迷信、节令时尚等。尽管目前学术界对社会史研究内容的看法尚有分歧，但对社团是社会史研究的重要内容之一则均无疑义。特别是近代以降，社会的组织程度大大提高，人们的各种社会活动大都是通过社团的维系进行的。因而研究中国近代社会史，应该将社团置于重要地位。商人在晚清社会生活中已成为一支极为活跃的社会力量，新式商人社团则是商人们从事各种社会活动的依托，故而从社会史角度研究社团，应首先注重包括商会在内的新式商人社团。此外，在研究方法上，廓清社会史研究的对象、内容与方法，从宏观上揭示社会结构的变迁、社会生活的运转，固然是必不可少的，但密切结合中国社会历史实际，利用丰富、可靠的第一手资料，深入进行各个社会领域及侧面的个案研究，实乃当务之急。只有在大量个案和实证研究的基础上，我们才能对中国社会的全貌获得比较切实的认识。就社会史学科的特征而言，也是以实证研究、个案分析为优长的。当然，这种个案研究应避免孤立地就事论事，罗列史实，而应小中见大，在剖析各类社团时，对其所处的社会环境作出比较切实的考察，努力从理论高度揭示制约各种社团的运行轨迹与特点的社会动因，揭示中国社会结构变迁的内在规律。近代商会只是一个重要的社会细胞，近代中国社会的整体结构特征和诸要素的结构特点，在其内部都有不同程度的反映。解剖这一细胞的组织构造，并上升到理论的高度加以分析，无疑会对近代社会结构获致更为深切的了解。质言之，力图将对苏州商会的剖析同对近代社会结构变迁的分析相结合，透过商会来观察社会，展现当时城市社会组织的构造与经济、政治生活的实际运行，正是我们在书中所努力追求的目标。

近年来，国际学术界对中国近代公民社会（civil society）的发育程度极为关注，这成为许多学者研究、讨论的热点。在我们看来，弄清楚近代商会组织的实际运行情况，尤其是商会与行会组织和其他新式社团之间的关系，可能是解决这一问题的关键。从我们对晚清苏州商会的研究可以看到，晚清商会组织已经把自己的影响力渗透到城市社会生活的各个领域。以商会为核心，众多民间社团组织纵横交错，从而形成一个官府以外的在野城市权力网络，控制了相当一部分市政建设权、司法审理权、民政管理权、公益事业管理权、社会治安权以及工商、文教、卫生等多方面的管理权，在很大程度上左右着城市经济和社会生活。如果不拘泥于字面意义的话，我们完全可以将此在野城市权力网络称为“公民社会”（或许称为“民间社会”更恰当）的雏形，其背后的推动者，则正是新兴的近代资产阶级。当然，这仅是我们的一孔之见，不知国内外同行专家学者以为如何？

本书得以写成，我们首先要感谢业师章开沅教授，正是他的倡导，使我们能有机会涉足商会史研究，书中观点，受他启发处尤多。刘望龄教授系《苏州商会档案从编》的主编之一，曾参与本书大纲的讨论，为写作本书提供了许多指导性意见。唐文权教授亦曾参加苏州商会档案选编工作，本书也采用了他的一些颇有创意的学术见解。在本书交付出版之际，特向他们及其他许多曾鼓励、帮助过我们的师友表示衷心的感谢。

著者谨识

壬申年八月于武昌南湖之滨

（本文原载马敏、朱英：《传统与近代的二重变奏：晚清苏州商会个案研究》，巴蜀书社 1993 年版）

《过渡形态：中国早期资产阶级构成之谜》前言

如果说，中国古代文明历几千年沧桑而始终保持其稳定性和连续性之谜，曾吸引了无数中外学者的注意，使他们为之绞尽脑汁而最终不得不发出这样的感慨："中国的历史告诉我们，世界该是多么辽阔而变化无穷，无论是我们的前人，还是我们自己都没有彻底了解它。"① 那么，可以作出预言，解析这个古老文明在近代人类历史上的沉浮际遇和流转变迁，无疑将使更多的历史学家为之喟然兴叹。然而无论如何，这一课题本身所蕴涵的巨大理论魅力，已经对那些富有远见的历史学家们构成持久的挑战和永恒的吸引。

中国近代社会性质就是一个十分令人困惑的问题。我们固然可以用半殖民地半封建的范畴界说它，但随之产生的问题是，我们既不能把这种范畴继续安置在原有封建生产方式的旧框架里，而另一方面，它和人们通常所理解的资本主义生产方式又相去甚远。再者，如果将中国半殖民地半封建社会运动规律概括为由封建主义到资本主义的向上发展过程和由独立国到殖民地的向下沉沦过程，那么，历史的事实是，这两个过程往往是相互交织、难以剥离的。同社会性质密切相关的资本主义和资产阶级问题，也呈现出同样的复杂性。在许多人看来，买办资本同民族资本是形同冰炭、彼此对立的，然而，一位素有研究的专家却指出："在中国资本主义的发生时期，大量存在着买办向民族资本转化。"② 尽管中国资产阶级一开始就被区分成官僚买办资产阶级和民族资产阶级两个对立部分的学术见解仍为许多学者所坚持，但是怀疑开始发生了。有的论者强调："初步形成阶段"的官僚买办资产阶级和民族资产阶级"是处在难解难分、你中有我、我中有你的微妙境地"。有些资产阶级代表人物"究竟是代表早期民族资产阶级，还是代表早期官僚买办资产阶级，往往是难于

---

① 米凯莱·戴·蒙泰湟（1533—1592）语。转引自金观涛、刘青峰：《兴盛与危机》，湖南人民出版社，1984 年，第 1 页。

② 汪敬虞：《试论中国资产阶级的产生》，《中国社会科学》1981 年第 5 期。

捉摸的”①。

种种迹象表明，随着开放、改革的时代潮流澎湃向前，古老的史学领域也正静悄悄地经历着某种前所未有的观念革新。其标志之一，是人们日益注意到历史发展的过程性、阶级性和复杂性，主张用一种更能反映事物普遍联系和动态转化的历史理论框架，替代旧有的过于清晰明了但不无简单化之嫌的认识框架。以资产阶级研究为例，早在粉碎“四人帮”之初，有的学者便高瞻远瞩地提出：“在中国，资产阶级是从一部分商人、地主和官僚转化过来的，不可能一开始转化就形成为一个阶级，它有一段逐渐脱离它前身，达到具有独立的经济地位和政治地位的过程。”② 其标志之二，是人们越来越不满足于以抓主要线索为主的线性思维和表层研究，而逐步转向以丰富多彩的社会生活本身为对象的多线索、多角度、多层次的立体化研究。尤其是那种处于长时段、深层次的整个社会结构运动日益受到人们的高度重视。有的学者提出，近代史研究应突破政治化史学的狭促格局，从革命转向社会，便集中体现了当前研究方向变化的新趋势。其标志之三，是于传统的考辨和实证方法而外，大量引进社会学、心理学、人类学、语言学乃至自然科学的某些研究方法，极大丰富了人们探索复杂历史现象的手段，给史学园地注入一派盎然生机。

因此，如果说本文尝试在中国近代资产阶级研究中提出一种远未成熟的新思路，显然不是关在斗室里冥思苦想的结果，而是从上述史学变革浪潮中不断汲取丰富养分和新鲜启迪的结果。这种新思路概括而言即是，把阶级结构剖析同社会结构演化结合起来，在历史的纵横比较中，用“过渡形态”的总体构想解释中国早期资产阶级的发生、发展及一系列特点，说明这个阶级为什么不能真正承担起中国近代化主干载体的历史使命。

所谓过渡形态，在哲学涵义上，是“非此即彼”的二值逻辑判断的悖论，是指对立双方之间“亦此亦彼”的中介环节。该中介环节的存在填平了两极对立的不可逾越的鸿沟，同时又使对立双方的彼此联结和渗透由可能变为现实。正如恩格斯所说：“一切差异在中间阶段融合，一切对立都经过中间环节而互相过渡。”③ 从动态上看，过渡形态表现为矛盾运动由旧质向新质、由肯定方面向否定方面转化的中间阶段。在此阶段旧的因素不断消亡，新的因素不断成长，然而此消彼长的过程又尚未达到根本质变的程度。总之，过渡性突破了事物类属的固定不移的界限，使事物呈

① 姜铎：《略论旧中国两个资产阶级》，《学术月刊》1983 年第 11 期。

② 章开沅、林增平主编：《辛亥革命史》上册，人民出版社，1980 年，第 57 页。

③ 《马克思恩格斯选集》第 3 卷，人民出版社，1972 年，第 535 页。

现出模糊性或不确定性特征。例如在生物进化过程中，文昌鱼这类脊索动物的存在，模糊了脊椎动物和无脊椎动物的界限；始祖鸟的存在，使爬行类动物和鸟类的区分变得十分困难；而兼有自养和异养特点的裸藻、盘藻和团藻这类生物的发现，又使植物与动物的绝对区别不复成立。此外如语言、信息等等，均兼有物质和观念的二重特性。大量事实证实了过渡形态的客观存在。

以过渡形态来规范中国半殖民地半封建社会和由此产生的早期资产阶级，我们看到的并不是边界清晰的新的社会经济和阶级形态，而是正从旧的社会经济和阶级形态中分化出来、尚未最后定型的结构。这些结构的显著特征，即是正处于初生期的不断构造过程中。由此，中国半殖民地半封建社会和早期资产阶级本身的形象模糊和不伦不类就并非不可思议了。也正由于此，中国资产阶级的软弱和妥协性格，似乎并非纯然是经济力量薄弱所致，而自有其社会和阶级结构方面的原因。因此，如果说，过去我们为了从具体到抽象、简约明确地把握中国近代社会性质和资产阶级的大体轮廓，曾不得不以历史的丰富性为代价大量省略了中介环节，那么，今天需要反省的则是：在对中国近代社会和早期资产阶级这类明显的过渡形态的考察中，中介的大量省略，是否会影响对其本质的正确把握？逻辑证明，为了完成从抽象到具体的过程，有血有肉地进行历史研究，我们必须适当地恢复某些被省略的中介环节，使连续转化过渡的历史行程呈现本来面目，换言之，即以历史的态度来研究中国近代社会和资产阶级的历史。

经验告诉我们，提出一个课题或构想可能是相对容易的，然而，要把这个课题或构想变成具体研究成果，却不得不付出百倍的勤奋和心血。这里，重温一下马克思的格言或许不无益处：

“在科学的入口处，正像在地狱的入口处一样，必须提出这样的要求：

‘这里必须根绝一切犹豫；

这里任何怯懦都无济于事。’”①

（本文原载马敏：《过渡形态：中国早期资产阶级构成之谜》，
中国社会科学出版社 1994 年版）

---

① 《马克思恩格斯选集》第 2 卷，人民出版社，1972 年，第 85 页。

《官商之间：社会剧变中的近代绅商》自序

对近代绅商产生研究的兴趣，已是十年前的事了。那时，因导师章开沅先生的倡议，我有机会去苏州市档案馆参与苏州商会档案的整理。在整理档案过程中，我逐渐悟出对晚清亦官亦商的绅商群体的研究或许是理解晚清商会的构造与功能的关键点。推而广之，绅商研究也将十分有助于探讨中国近代社会关系的转型。就是这偶然的一悟，使我在绅商与商会问题的研究上艰苦跋涉了整整十度春秋，由“而立”步入“不惑”之年。

我的绅商研究的最初成果，系在章开沅教授、陈辉教授和刘望龄教授指导下完成的硕士论文《辛亥革命时期的苏州绅商》（刊于《辛亥革命史丛刊》第八辑，1991年）。这是一种较为细致和具体的个案研究，同时也为我以后的进一步研究打下了基础。本来，如果我在博士生阶段顺理成章地继续这一课题的研究，或许这本书能早几年面世。但当时深感自身理论功力甚差，资料搜集亦嫌不足，在征得导师章开沅先生的同意后，我毅然从绅商问题转入范围更广、理论难度更大的中国早期资产阶级构成问题的研究，力求在探索近代社会阶级关系转型方面形成一套比较系统的理论见解，其结果便是博士论文《过渡形态：中国早期资产阶级构成之谜》（中国社会科学出版社 1994 年 4 月出版）的酝酿、写作与出版，前后历时约七年。在这期间，我一度远涉重洋，生活于异国他乡，虽旁骛较多，但并未停止对绅商课题资料的搜集与思考。

直到 1992 年初自美国返回后，方才有时间坐下来清理资料，整理思路，正式开始本书的写作。然而，接踵而至的 1993 年对我而言却是艰苦备尝的一年。我一向崇敬的岳母于这年不幸患上癌症并过早辞世（年仅 53 岁），给我们全家带来沉重的打击。而几乎同时，姗姗来迟的儿子的降世，又给我们近乎麻木的状态中注入了一丝新的喜悦和希望。就是在这种频频造访医院、身心疲惫的忙碌状态中，我不敢稍懈，夜以继日地工作，终于完成了此书约 30 万字的初稿。现在，书稿将很快付梓印刷了，面对心血化成的厚厚的一摞手稿，我能说些什么呢？惟愿将自己辛勤劳作的成果，奉献给我至爱的妻儿，以作为我们那一段艰苦岁月的见证。

最后，我还想借此机会，再次感谢我的业师章开沅教授多年来所给予我的教诲和鼓励。同时，我也要感谢责任编辑陈益民先生。由于此书系首次请人用电脑排版和出清样，加之我写作过程中的特殊处境，如果没有陈先生的严格把关，书中很可能会留下太多的“硬伤”，而令我汗颜。当然，即使如此，书中也可能还会有这样或那样的不足和错误，尚祈各位读者不吝指正。

1994 年 7 月 7 日于武昌南湖之滨

（本文原载马敏：《官商之间：社会剧变中的近代绅商》，
天津人民出版社 1995 年版）

《教育之道与管理之道》自序

不知不觉间，我十分偶然地从学者走上行政岗位，先后担任副校长、校长、党委书记已经整整 13 年了，其中任校长一职则长达 8 年之久。明年恰逢华中师范大学建校 110 周年，同事们建议将我在任职期间发表的一些与办学相关的言论汇集成册，以反映华中师大这些年的办学历程，总结其中的经验，为后继者留下一些可资借鉴的东西。一开始我并不十分情愿，因为我毕竟是搞历史出身的，史学才是我所擅长和熟悉的领域，于教育却始终是个门外汉，尤其如何从理论上去系统总结和提炼担任学校领导期间的实践经验及其教育理念，更是一项长期、艰巨的任务，并非短期内可以达成。但转念一想，如果能将担任公职期间的各种零星言论和感悟以原始状态汇集起来，供广大师生和后人参考，何尝不是对华师 110 周年校庆的一份微薄的纪念，也是对自己这些年行政工作的一个客观记录，于是便有了这本我个人的教育言论汇编。其中，不成体系和不甚正确之处，还请大家不吝指正。

何谓教育之道？尤其何谓大学教育之道？这是我担任校长期间始终在思考的问题。

道者，乃事物内在的本质与规律，往往是不以人的意志为转移的。作为一校之长，必须明确什么是大学的本质，什么是大学教育的内在规律，否则，就会在纷繁的行政事务中迷失方向，不能做到纲举而目张。

关于大学的本质，古往今来有各种各样的解释，但我认为讲得最精彩和最到位的，还是我们的老祖宗在《大学》中的归纳："大学之道，在明明德，在亲民，在止于至善。"即"大学"的本质在于发扬光明的德性，更新民心，达到完善的境界。换言之，大学教育的目的，除传播知识外，更重要的是追求真理，弘扬学术，塑造人格。培养全面发展的"人"，使人的德性有本质的提升，成为中外许多著名大学所追求的根本目标。如哈佛大学的校训为"以柏拉图为友，以亚里士多德为友，更要以真理为友"；耶鲁大学的校训为"真理和光明"；清华大学的校训为"自强不息，厚德载物"。

从大学的本质出发，大学教育的第一要义，便是要以学为尊，崇尚学术，把对真理、对学问的追求放在第一位。大学之大，首先在学问之大。如蔡元培所讲："大

学者，研究高深学问者也。”又如梅贻琦所言：“所谓大学者，非有大楼之谓也，有大师之谓也。”研究学术，造就人才，正是大学的根本任务。只有把握住这一根本任务，有着内在的价值追求，大学才能出淤泥而不染，成为传承文化的圣地、呵护人类道德良心的灯塔，源源不断地为社会输送优秀的人才。

正因为探求学术、培养人才始终是大学的根本任务，因此，办大学的基本理念就是要“以生为本，以师为先”，将学生和老师始终作为大学的主体，给予最充分的尊重，让这两大群体充分发挥其主动性、积极性，真正成为大学的主人。“以生为本”，并不是一味地迁就、讨好学生，而是要真正以实际行动去服务学生，为学生的发展竭尽全力，以“一切为了学生，为了学生的一切”作为学校工作的出发点和根本动力。要看到学生的发展乃是学校发展之本，学生培养的质量乃是学校生命之源，缺乏了“本”与“源”，学校的生命也就因之而枯萎了。“以师为先”，则在于从根本上讲，好的学生必须由好的老师才能教育出来，好的师资是一所学校最宝贵的资源，好的校长都明白自己最重要的工作就是要去寻找最好的教授。梅贻琦就曾说过，“师资为大学之第一要素，吾人知之甚切，故亦图之至急。”让最好的教授在大学中发挥其主体作用，这正是“教授治校”的本意。

大学以学问为大的本质特征，也从根本上决定了大学领导者尤其是作为大学灵魂的校长必须始终保持对学术的敬畏，懂学术，惜人才。大学领导者如果不懂学术，不能与学者们做到心有灵犀一点通，就无法带领学校实现自己的历史使命而走向卓越。大学领导之懂学术，首要的含义是要做学者型的大学领导者，在一定的研究领域内要有独到的学术建树，不能以外行领导内行；其次是要精通学术的管理，关心学术，热爱学术，站在学术发展的前沿，熟悉学术发展规律，并能根据学校实际提出并实施卓有成效的学术兴校战略。

教育之道、学问之道与管理之道其实是内在相通的。一个优秀的大学管理者应该在教育之道、学问之道的基础上去悟出管理之道，使自己的大学管理无悖于教育之道与学问之道。时下大学的“去行政化”已成为炒得火热的话题之一，其实，“去行政化”的本质，并非是要摒弃大学的行政管理，而是要去掉官本位化的行政管理，还大学管理的本貌。这就是符合教育之道与学问之道的大学管理，是以学术、学者和学生为本的管理，与纯粹的行政管理和官衙做派有着本质的不同。

大学管理也有层次之分。我认为，今天更应该探讨的是在传统科学管理、人文管理之上的大学经营之道。

大学经营或经营大学，并非简单意义上的产业化，而是指对大学所拥有的有形和无形资源进行优化配置、整合，使之发挥最大的效益，取得最佳的办学成果。与通常意义上的企业经营不同，大学经营不以营利为目的，其核心理念是开源节流，盘活资产，用好品牌，实现学校资产的保值和增值，提高学校的声誉度，改善办学条件和环境，更好地服务于教学科研，服务于人才培养。大学经营既要重视对人、财、物等有形资源的经营，也要重视对学校文化传统、学校精神、学校品牌等无形资源的经营；既要重视学校自身资源的经营，也要充分重视学校外部资源的经营；既要善于使用传统手段进行学校经营，也要积极使用现代化、信息化手段进行学校经营。

大学经营与一般意义上的大学管理既有联系也有区别。大学经营包括管理的成分，但管理本身却并不是经营。大学管理更多体现为依据相关法规和章程对学校进行治理，使之趋于规范化和有效率的运转；大学经营则是在规范管理的基础上进一步策划、营运，优化配置资源，集成要素，发掘潜能，提高办学效益，增强学校的综合实力和影响力。因此，大学经营是一种更为先进的办学理念，正日益被大学领导者所重视，成为一些大学走向成功的重要经验。我们在领导华中师大的办学实践中，借鉴并运用了大学经营的理念，起到了出奇制胜的效果，促进了学校的快速发展，积累了一些经验；但同时也有许多不足，需要在今后的办学实践中进一步运用和总结。

任何理念毕竟是靠人来运用和实践的，在追求教育之道和管理之道的过程中，大学领导者自身的素质和修养至关重要。如何才能成为一个好的大学校长？这个问题可能有千百种答案，但我认为，除了有好的办学理念之外，关键在于是否有创新的胆识、识人的慧眼、用人的雅量、行动的魄力。校长是一个学校的灵魂，必须要有所担当，勇于决断，有较高的素质和超人的耐受力。在纪念百年校庆时，我们将华中师大的精神概括为“忠诚博雅、朴实刚毅”，我想，以此作为对一个称职的大学校长的个人品质要求，也再为恰当不过。一个好的大学校长，必须对他（她）所服务的学校有一种发自内心的爱，一种全身心的奉献和忠诚。心底无私天地宽，如果真能做到摒弃一切私心杂念为学校师生员工着想，为学校发展殚精竭虑，这就具备了做一个好校长的最大前提，终究会得到广大师生的认可。一个好的校长，还必须是朴实无华、身先士卒、表里如一的。行胜于言，说一千，道一万，不如扎扎实实干几件利国、利民、利校的事。在这一意义上，一个好的校长又必须是刚毅的，应具有百折不回、愈挫愈奋的坚毅气质和敢作敢为的担当精神。积多年的经验，有两条我认为对一个校长来讲至关重要：一是“大处着眼，小处着手”。眼界要高，胸怀要大，要有自己的办学理念；但行事要细，要落在实处，要掌握学校的实情，要解决师生的实际问题，不能做“抄手掌柜”、“形象大使”，只唱不练，只说不干。二是要“多谋事，少谋人”。尊重集体领导制度，始终维护班子的团结、和谐，疑人不用，用人不疑，充分发挥副手的主观能动性，放手让其开展工作，一心一意干事业、谋发展，做到风清气正、胸怀坦荡、勤奋努力。这两条看似简单、容易，其实真要做到也很难。

“道可道，非常道。”无论是教育之道还是管理之道，认真探索起来，都是十分复杂、深奥的，常常是“众里寻他千百度，蓦然回首，那人却在灯火阑珊处”，惟有结合工作实际，不断体会、总结，方能时有所悟，日有所获，远非一本集子或十余载的功课可以穷尽。

是为序。

马　敏

2012年8月于南湖淡泊斋

（本文原载马敏：《教育之道与管理之道》，

华中师范大学出版社2013年版）

《〈万国公报〉与晚清中西文化交流》序

文化交流不仅是人类社会常见的现象，而且也是文明不断推陈出新、发展进步的酵母。中国近百年来所取得的巨大进步，实得益于中外文化（主要是中西文化）的大规模碰撞、交流，这几乎已成定论。

如所周知，明清以来的中西文化交流即所谓“西学东渐”，大致可分成两个大的阶段：第一个阶段始自明末耶稣会传教士利玛窦浮槎东来，止于18世纪因“礼仪之争”而引发的对天主教的“禁教”，前后200余年；第二个阶段则始于晚清基督教传教士马礼逊来华，于19世纪末20世纪初达于极盛，其流风余响，至今未绝，首尾200余年。

两大阶段的“西学东渐”，可以说各有其特色，各有其成就，但就规模和影响而言，前一阶段又远不及后一阶段。明清之际的200年间，耶稣会传教士在中国译著西书凡437种，其中纯宗教类书籍251种，占总数的57%。而从1811年马礼逊在中国出版第一本中文西书，到1911年清朝统治结束，100年间，中国共翻译、出版西学书籍2291种。尤其从1900年到1911年，中国共翻译各种西书至少有1599种，占晚清100年译书总数的69.8%，超过此前90年间中国译书总数的两倍①。可见，鸦片战争以后的近代“西学东渐”规模之大、势头之猛均前所未有，以至时人名之为“千古未有之奇变”，举凡西方的政、教、技、艺都于此时系统地传入中国，对中国传统文化既构成巨大的挑战，又带来空前的转化机遇。

为何近代西方文化传播有如此势头和规模？除因这一时期的文化交流是伴随西方资本主义挟工业革命的成果而世界性扩张等经济、政治性因素而外，文化传播方式和手段本身的改变，不能不成为我们考量的重要原因之一。

较之明清时期，近代新教传教士更侧重于“藉文字来宣传基督教”，除直接宣教外，更多地采用了译书、兴学、办报等间接传教的手段。尽管这类活动的目的仍在于为宣传基督福音铺平道路，但正是通过这些世俗性的活动，西方文化经传教士之手大量传入中国，对近代中西文化交流起到了推波助澜的作用。在传教士从事的世

---

① 参见熊月之：《西学东渐与晚清社会》，上海人民出版社，1994年，第14页。

俗性活动中，他们又尤其看重创办报刊。仅从19世纪40年代到90年代，外人先后在华创办了近170种中外文报刊，其中大部分是以教会或传教士个人的名义创办。

在传教士所办的各种报纸杂志中，传播西学内容最多、发行最广、影响最大的当首推《万国公报》。《万国公报》的前身是《中国教会新报》（简称《教会新报》），于1868年9月在上海创刊，发行人为美国传教士林乐知。《万国公报》从1868年最初创刊起，到1907年12月停刊止，40年间（中间休刊5年多时间）从周刊到月刊，总共发行977期，数量是惊人的，其传播的信息量也同样是惊人的。

就中国近代报刊史而言，有许多个“第一”与《万国公报》脱不开干系。虽然《万国公报》并不是第一份近代意义上的中文报刊，但却是教会所办的第一份最正规的中文大型综合刊物，如赖光临所指出：“及至《万国公报》创刊，传教士将其所知悉之西方报业思想、知识与报刊体例，透过是报传播于中土，中国报业之现代化，于兹肇始。”① 1889年《万国公报》再度复刊后，直接隶属于经济实力雄厚的广学会，发行量逐年递增，到1906年，“每年售出数盈四五万”，“几于四海风行”，创下了早期中文报刊发行的最高纪录。中国近代名人许多都曾在《万国公报》上发表过文章。特别值得一提的是，孙中山先生的第一篇重要政见文章，长达七千字的《上李傅相书》，便是发表在1894年10月和11月出版的《万国公报》第69、70期上。最早的“马克思”译名，也是出现在1899年的《万国公报》上。

因此，如果说文化传播离不开相应的传媒，那么，像《万国公报》这样有巨大影响力的刊物，便是近代中西文化交流最重要的载体之一，十分值得研究。可能正是有见于此，杨代春博士遂以“《万国公报》与中西文化交流”作为自己的博士论文选题，对这一问题作了迄今最系统、全面的研究，并修改成本书出版，这是一件很有意义的工作，也值得向广大读者推荐。

诚如杨代春博士的研究所揭示，作为一种文化交流的载体，《万国公报》有两点是格外突出的：

第一，对时人而言，《万国公报》曾经是重要的思想源。

自创刊以来，《万国公报》便不遗余力地传播西学、新学，包括自然科学和社会科学两方面的内容。许多中国人都是通过《万国公报》上译载和撰写的文章，了解到声、光、化、电等西方最新的自然科学和西方先进的经济、政治、教育方面的学说，从而产生思想的裂变。典型有如康有为、梁启超等维新派人士，曾经都是《万国公报》等传教士所出版的中文书刊的忠实读者，从中吸取了不少思想养分。史载，

---

① 赖光临：《中国新闻传播史》，三民书局，1983年再版，第38页。

1883年，康有为“读东华录、大清会典则例、七朝圣训及国朝掌故书，购《万国公报》，大攻西学书，声、光、化、电、重学及各国史志，诸人游记皆涉焉。……是时绝意试事，专请问学，新知深思，妙悟精理，俯读仰思，日新大进”①。梁启超在《读西学书法》中向时人推荐西书，也提到《万国公报》，“癸未、甲申间，西人教会始创《万国公报》，后因事中止。至乙丑后复开至今，亦每月一本，中译西报颇多，欲觇时事者必读焉”②。至于谭嗣同的思想受到传教士所译西书的影响，是许多研究者都曾注意到的，如王立新即指出：“从谭嗣同的著述中可以看出，《万国公报》上的文章对谭嗣同影响很大。”③《万国公报》在政治趋向上显然支持中国的维新运动，与维新人士相通款曲处甚多。从1889年到1898年戊戌政变时止，英美传教士在《万国公报》上发表鼓吹变法的文章多达数百篇，使之成为“影响中国领导人物思想的最成功的媒介”④。此外，《万国公报》上的文章也介绍过西方有影响的经济学派和空想社会主义等学说，对孙中山等革命派的思想产生过直接影响。有的研究者认为，孙中山很可能是从《万国公报》登载的有关译文中最早接触到亨利·乔治的土地单一税经济思想⑤。

第二，对今人而言，《万国公报》又是弥足珍贵的史料库。

初期《教会新报》仍以宣教为主，仅附有少量科学知识介绍和新闻、告白等，其宗旨是“传播福音”、“联络信徒”。1874年改版为《万国公报》后，编辑方针和刊载内容有重大变化，即“由‘教’而‘政’、由侧重传教的刊物转变为侧重时事政治的综合性刊物”。内容之丰富、涉及面之广泛，均为当时其他报刊所无法比拟，“报内登列各国新奇要紧之事，再天文地理、国政教事、格致技艺诸学，且中国十八省信息居多”⑥。对当时的时政、吏治、民情、风俗、文化、教育、科学、实业、交通、邮电、中外关系等均有所报道，有所反映，有所评论，俨然为近代中国社会的一部百科书、万花筒，其史料价值不言而喻。

《万国公报》除广泛介绍西方新学外，也格外注重反映、追踪中外时局变化，介

---

① 《戊戌变法》(四)，上海人民出版社，2000年，第116页。

② 《戊戌变法》(一)，上海人民出版社，2000年，第456页。

③ 王立新：《传教士与维新派》，章开沅主编：《文化传播与教会大学》，湖北教育出版社，1996年。

④ 参见王立新上揭文。

⑤ 夏良才：《论孙中山与亨利·乔治》，《近代史研究》1986年第6期。

⑥ 《万国公报》合订本第二册，第1316页。

绍世界大势。1894 年中日甲午战争爆发后，《万国公报》立即对战况进行系统报道和剖析，刊载各国发布的新闻。并从第 76 卷起，连载林乐知的《追忆中东失和之先往来公牍》，从第 77 卷起开始连载林乐知的《中东失和古今本末考》的长文，一时洛阳纸贵。正是这些记载和评述，为后人研究甲午战争留下了大量第一手资料①。戊戌变法前后，传教士在《万国公报》上发表的大量鼓吹变法的文字，不仅深刻影响了维新派人士的思想，而且也是研究维新运动和戊戌变法的不可多得的史料。当时的维新派报纸不仅从形式上效仿《万国公报》，内容上也常常直接摘自《万国公报》。

显然，研究近代中国一些大的政治运动及中外关系变迁，十分需要从《万国公报》这类报刊资料中进行深入、系统的发掘，而一些新的结论和新的研究课题必将随之而产生。

除上述两个明显的特点外，杨著还将传播学和社会统计的研究方法引入对《万国公报》的研究，在这方面进行了富有新意的探索。例如对《万国公报》作者群和读者群的分析，十分有助于我们在定量分析的意义上重新思考《万国公报》的办报倾向、报刊性质和社会影响等一系列问题。过去通常认为，《教会新报》改版为《万国公报》后，宗教色彩已不明显，但通过对《万国公报》上千人的庞大作者群的具体研究，杨著认为，在这一群体中，既有寓华传教士，也有在华的外国商人、外交官、税务官、领事馆职员等，还有中国的士大夫、政府官员、学堂和书院的学生，而数量更多的则是中国的教徒。因此，从其作者群的主体构成和其刊载文章的内容来看，复刊后的《万国公报》并非放弃了宗教说教，而是改变了宣教方式，同早期《万国公报》一样，复刊后的《万国公报》“在精神上、目标上及影响上仍是一份传教期刊”。这不失为一家之言，正确与否可以讨论。

同时，著者也注意到文化的传播与交流实际上是一个双向的互动过程。《万国公报》虽主旨在全面、系统地向中国介绍西学，但与此同时，还是用较大的篇幅对中国传统文化进行了介绍和评析，这些介绍和评析多少加深了西方世界对中国社会的认识，因此，“《万国公报》不仅是西方文化的重要载体，而且也是‘中学西传’的重要渠道”。前此的研究对《万国公报》的后一种功能重视还是不够的，在中西文化真正交流的意义上，似应加强这方面的研究。

虽然杨著系研究《万国公报》的一部力作，在资料收集、内容展开、观点提炼等方面下了很大的功夫，但正因为力求系统、全面，或许在某些章节的深入上略显

---

① 有关《万国公报》对甲午战争的报道，可参见郑师渠：《〈万国公报〉与中日甲午战争》，《近代史研究》2001 年第 4 期。

不足；所列附表以“一览表”居多，若能再对资料和数据作一些更具深度的比较、对比，或许提供的信息量会更大。这些意见不一定准确，无非供著者参考。

2001年8月26日于华中师范大学

（本文原载杨代春：《〈万国公报〉与晚清中西文化交流》，
湖南人民出版社2002年版）

《苏州商会档案丛编》序

《苏州商会档案丛编》第一辑（1905—1911）于1991年出版时，开沅师在所作序言中曾以一句“好事多磨”作为开篇语。想不到出版《苏州商会档案丛编》的第二辑，竟是在整整13年之后！我们不得不由衷地再感叹一声：真是“好事多磨”！

13年于人生是一段不短的时光。想当年我们在开沅师的倡言下，与刘望龄、唐文权二位老师烟花三月下姑苏，同当地的叶万忠、林植霖、屠雪华、姚开顺诸同仁一道整理卷帙浩繁的苏州商会档案，还不过是刚二十出头的研究生，于人生、于事业都还处于懵懵懂懂、雾里看花的阶段，一切似乎都才刚刚开始，一切似乎都还是未知。但晃眼十几年时间过去了，唐、刘二师先后英年早逝，我们作为所谓“跨世纪”的一代，不得不挑起学术的大梁，继续耕耘商会史这一新兴的学术领域。丛编第二辑在大家的共同努力下终获出版，似可视作对刘望龄、唐文权二位早期编辑者的一个纪念吧！

《苏州商会档案丛编》第一辑（1905—1911）和《天津商会档案汇编》（1903—1950）自20世纪90年代初陆续出版，标志着中国商会史学术研究的良好开端。近十余年来，依据一批批先后发现的系统商会档案，大量有关中国商会研究的学术论文和论著相继问世，中国商会史研究越来越为中外学者所瞩目，逐渐成为中国近代史研究的热点之一，在很大程度上促进了近代城市史、经济史、社会史、现代化史和政治史诸研究领域的进展。

之所以认为苏州和天津两地商会档案的发掘整理和公开出版，是大陆商会史研究真正发端的标志，乃是因为历史研究从根本上讲是一种实证性研究，像一切富有真正科学意义的研究一样，它必须以大量翔实、可信的历史资料作为依据。对历史研究者而言，没有资料也就等于“无米之炊”，再高明的厨师也烹调不出可口的饭菜，即不可能取得真正有价值的学术成果。商会档案无疑为商会史研究提供了第一手原始资料，使我们可以据此一窥近代中国商会的原貌。但商会档案的学术价值，又还不仅仅限于对商会本身的研究，而且为研究近代中国社会的经济、政治、文化、教育、外交提供了大量原始资料。档案中有关工商业兴衰存废的记载，对研究近代民族工商业的发展具有重要参考价值；档案中有关商会在历次重大政治事件中的活动情况的记载，是研究中国商人政治态度及其与政府关系的重要史料；因商会主要设于城镇，档案中的相关资料对研究中国近代城市生活变迁和社会转型亦具有很高的史料价值。总之，依据丰富的商会档案资料，我们可以开辟出众多的研究领域，从而在总体上提升中国近代史研究水平。近十余年来的研究实践及其成果已十分清楚地证明了这一点。

在我看来，下一步的商会史研究，除进一步加强理论探讨，拓宽研究视野外，最重要的基础工作，还是在于商会资料的进一步发掘，尤其是浩若烟海的商会档案的进一步整理与出版。在地域上，相对于全国为数众多的商会而言，目前业已得到系统整理的苏州、天津、上海商会档案，只是商会档案的一小部分，还应当进一步发掘散布在全国各地包括港、澳、台三地的商会档案资源。可喜的是，近年在沈阳等地都有比较系统的商会档案资料被发现。此外，散布在海外的华侨商会（当时一般称中华总商会）档案，也是研究华侨史和中外关系史的重要史料，近年已有学者利用这些档案资料开展了富有成效的研究工作。

值得重视的是，对业已发掘出来的商会档案一定要加快整理、出版工作的进度，尽快提供给研究者使用，使其发挥应有的效益。天津在这方面带了一个好头，在天津市社会科学院和天津市档案馆的密切合作下，经过近 16 年的艰苦工作，《天津商会档案汇编》5 辑 10 卷的出版工作已全部完成，总共 1000 万字，在同类资料中实属罕见。苏州商会档案的编辑、出版工作，在 1991 年出版逾 100 余万字的第一辑（即晚清卷）之后，由于诸多原因，整理、出版工作一度陷于停顿，以致以后各卷竟迟迟不能问世，引起各方关注。近两年来，这项工作重新引起合作双方——华中师范大学中国近代史研究所和苏州市档案馆领导的重视，决心加强合作，加快这一工作的进度。双方约定，仍按原订计划，将苏州商会 1905 年—1956 年间的全部档案资料陆续整理出版，共分 6 辑，600 余万字。目前出版的《苏州商会档案丛编》第二辑，主要辑录的是 1912 年至 1919 年间的苏州商会档案资料，反映了辛亥革命之后至五四运动前商会的组织与活动情况，同时涉及当时复杂多变的社会生活的方方面面。可以预料，正如《苏州商会档案丛编》第一辑出版后，有力推动了对晚清苏州商会和社会的研究，本辑的出版也将极大推动对民初苏州商会作更深入、细致的研究，同时有助于了解民初苏州城市社会的真实情况及历史演进的轨迹。

明年是苏州商会成立 100 周年，对中国商会而言这无疑是一个值得纪念的年头。虽然商会史研究在大陆已有近 20 年的历史，但作为一个新兴的学术领域，相信商会史研究正方兴未艾，高潮才刚刚开始。如本辑档案资料的出版有助于人们加深对中国近代商会的认识，从而为今天新时期商会的恢复与重建提供若干历史的借鉴，我想作为编者也就真的心满意足了。是为序。

2004年9月25日于武昌桂子山

（本文原载马敏、肖芃主编：《苏州商会档案丛编》，华中师范大学出版社2009年版）

《社会转型的历史轨迹》序

华山的论文集《社会转型的历史轨迹》就要付梓出版了，这是值得庆贺的一件事。作者出于客气，一定要我为之作序。恭敬不如从命，就信马由缰地谈谈读后感吧。

文集的中心大旨，显然是要从中国近现代的史事人物与制度变迁之间，来寻求中国近现代社会转型的历史轨迹。但究竟何谓"社会转型"，华山似乎采取的是迂回曲折、缠绕接近的战术，并未直接点破，这就使我这位名分上的"导师"，要急着替学生把未尽之意表达出来，让读者诸君能更准确地体会著者的深文高义。所以，"序"还得从"社会转型"的内涵说起。

在我看来，所谓"社会转型"（social transformation），实际上是指一种整体性的社会结构变迁。其基本涵义有二：首先它是一种社会质变过程，通常需要持续较长的时间，其间可以用革命的手段来实现，但更多的是通过不断的调整和改革来完成；其次，作为一种特殊的结构性变动，它不仅意味着经济结构的转换，也意味着其他社会结构层面的转换，是一种全面的结构性过渡。

具体到本论文集所涉及的近代中国社会转型，其实就是一个从持续两千多年的传统农业宗法社会向现代化工业社会过渡的过程。它包含两个相互交错的结构替代过程：一方面是传统农业社会旧结构的松动、萎缩、解体；另一方面则是工业文明新社会结构的潜滋暗长，逐步排挤、取代传统农业社会结构。旧的社会系统的解构与新的社会系统的建构构成近代社会转型的二重基本运动。近代社会的许多基本矛盾和冲突均是围绕这两重基本结构运动而形成、展开的，衍生出一部多彩多姿、复杂曲折的中国现代化史。因此，研究中国近代社会转型，关键就在于如何解读解构与建构相统一的历史运动过程的特殊性及其具体展开形式。

如果我没有看错的话，华山这部论文集就是从不同的视角和不同历史层面描述、刻画和探究中国近代社会转型的展开形式和具体表现。除却一些短篇的书评和杂感外，作者大体是围绕近代人物与经济思想和制度变迁来探索"转型"的历史轨迹。前者有《肃顺新论》、《道光帝在鸦片战争期间的心态探析》诸篇；后者有《中国近代早期的企业经营管理思想研究》、《厘金与晚清早期现代化——湖北个案研究》

诸篇。

正由于作者有“社会转型”的历史理论思考在先（或在于心），对近代历史运动的过渡性、复杂性、多面性了然于胸，故在进行具体的历史探讨或臧否历史人物时，往往能看到历史的更深处，常有出人意表的新鲜之论。譬如历来对1861年辛酉政变的主角肃顺评价不高，多归入“颟顸”一类。但华山在仔细爬梳史料，还原历史真相之后，对肃顺严刑峻法、整肃吏治的改革之举作了正面的肯定，不以成败论英雄，认为“历来对肃顺评价不高，主要是由于‘官方的记载很不利于肃顺’”。其实，“他重用汉族人才的政策不仅是成功的，更为其政敌所袭用”。“如果说洋务运动是清末的重大改革运动的话，那么肃顺的改革可以说是必不可少的中间环节，其承上启下的过渡衔接作用盖在于此。而肃顺在《瑷珲条约》交涉中的出色表现同样应该引起人们的重视和对其历史地位的肯定。”就我自己的判断而言，华山的论断似乎是更接近历史的真实。此外，对道光皇帝和袁世凯的评价，也有不少可圈可点之处。在经济制度研究中，华山也充分注意到了近代历史的转型、过渡特点，对“厘金”、“官利”等晚清特定时代的产物，均有比较中肯的持平之论，而没有轻易否定或肯定。一切依时间地点条件的不同而转移，这乃是历史的铁律，也是历史辩证法的精华。对此，华山可以说是心领神会的。

华山的论文集虽立了很大的一个题目，处处亦体现出清醒的理论自觉，但所论又往往趋于“小”和“实”，某种意义上，这也是得了章派（以章开沅先生为代表的学术流派）史学的真传。自上世纪80年代以来，章开沅先生及其弟子们对中国资产阶级问题、现代化史问题以及中国近代文化诸问题作了许多宏观理论层面的思考，显示出一定程度的大气，但这种“大”却又并未流于“空”和“虚”，而是结合诸多具体历史问题，在大量占有第一手资料的前提下，对历史作实证性的研究，其成绩是有目共睹的。华山虽非章先生的亲炙弟子，但在这样的学术氛围和团队精神中耳濡目染，自然也受益良多。这种一脉相承的学术传统和学术风格，在这本论文集中有充分的体现，细心的读者一定可以体会得到。

华山论文集的另一个特点，则是通篇所体现的一种平实、流畅、天然去雕饰的朴实文风。俗话说“文史不分家”，好的史家一定要有好的文学修养，好的史学论文一定要有好的表现形式，这也是对一个历史学者的专门职业要求。时下的一些史学论文文字之晦涩难懂，表述之七拐八弯，已经到了令人不能容忍、无法读懂的地步，使一般人视史学为畏途，完全提不起阅读的兴趣。为此，我们要大声疾呼来一次史界的文字革命，让我们重新回到司马迁，回到翦伯赞，回到朴实、清新、直抒胸臆的良史文风。“文以载道”，岂可小视哉！我非常欣赏华山在其论文集中所作的种种文字表述上的努力，也愿他继续发扬这种朴实的文风，作一个表率。

我和华山作为师生已交往多年了，多年来他以沉稳的个性、明敏的才思、扎实的工作，默默耕耘在近代史学的沃土中，在一个山区师专一待就是十余载，教书育人，勤勤恳恳，为振兴家乡的高教事业作出了自己应有的贡献。他所践行的，可以说是“小地方，大事业”，真正体现了母校“忠诚博雅、朴实刚毅”的精神。现在，目睹华山在史学中的丰收，我怎么能不为之欢欣鼓舞呢？惟愿他能沿着这条并不奢华轰动却淡泊而充实的人生道路继续往前走。成功永远属于那些心有定力，报定志向，决不旁骛的“老实人”。

是为序。

2004 年 7 月于桂子山淡泊斋

（本文原载杨华山：《社会转型的历史轨迹》，中央编译出版社 2004 年版）

《傅兰雅档案》序

因研究教会大学史的缘故，过去我对傅兰雅（John Fryer）的大名基本还是知道的。但也仅限于知道而已，了解并不太多，印象最深的是他曾在清末设立的江南制造局翻译馆中翻译了不少西方自然科学方面的书籍。直到1998年春夏之交的一个下午，我有幸随同《傅兰雅大事记》的编者丹吉莱士（Ferdinand Dagenais）先生前往祭扫傅兰雅的墓地，才真正激发了深入了解傅兰雅生平与行事的浓厚兴趣。

记得那天下午天气晴好，位于奥克兰的傅兰雅墓静静地躺卧在一片普通的公墓（Mountain View Cemetery）之中，周围是青青的草、淡淡的花、轻轻的风，衬托着湾区特有的湛蓝的天空，是那般的静穆，那样的朴素，没有任何迹象表明这里安葬着一位曾经参与构筑了东西方文化早期交流之桥的巨匠，一位曾"传科技之火于华夏的普罗米修斯"。然而，在我们历史记忆的深处，却始终抹不去"傅兰雅"三个字以及与这个名字相联系的近代中西文化的猛烈碰撞、交融、再生，一段复杂而曲折的历史，一如傅兰雅墓前长年不断的鲜花，不同肤色的祭扫人群。人们前来此处，既是对一个伟大灵魂的拜祭，也是对一段文化苦旅的寻踪……

时光倒流回去150年，正值鸦片战争之后中国国门洞开之际，西方列强强迫清政府签订了一系列不平等条约，在中国攫取了许多特权，其中便包括在中国传教和设教堂、建学校的特权。于是，大批西方传教士联翩东来，足迹遍及大半个中国。传教士们涌入中国的目的，当然是传播基督福音，扩展教会势力，在地球的另一半为上帝寻找更多的信徒；但作为传教的辅助手段，几乎所有的教会又都同时从事一些带有世俗性的社会事业，如刊译西书、创办教会学校、开设教会医院、举办慈善事业，等等。不过，对多数传教士而言，后者仅仅是一种副业，传播福音则是其主业。如林乐知、李提摩太、丁韪良、花之安、伟烈亚力等，尽管他们对中国文化有浓厚的兴趣，在不同程度上参与了中国的政治、文化、社会等多方面的变革，长期以"中国通"自居，但其基本身份认同却始终仍是"传教士"，无论他们从事了何种世俗事务，传教仍然是他们来到中国的主要目的，其他一切工作都是为其在中国传播基督教服务的，是围绕传教这一中心展开的。

相比较而言，傅兰雅的确是较为特殊的，是传教运动中的一个异数，是一种十分值得研究的历史现象。傅兰雅于1861年由英国圣公会派遣来华传教，但其究竟是否传教士却引起种种争论；在中国长达35年的时间内他并不讲经布道，而是穷其精力致力于西学传播；他来自英伦，但晚年却定居美国，成为美国著名的汉学家。总之，他的一生似乎总是特立独行，充满了变数。

身处变局之中的傅兰雅，平生最大的贡献，就是在洋务运动时期将大量的西方科技知识输入中国，成为近代传播西学的第一人。如他自己所申明："半生心血……惟望中国多兴西法，推广格致，自强自富，浸昌浸炽，以成百世之盛。"诚哉斯言，其心可鉴。

翻译西书是傅兰雅传播西学的主要手段。1867年，江南制造总局附设翻译馆，傅兰雅认为，该馆的设立"极有希望帮助这个古老的民族走向强盛，使之跨入西方人引以为豪的向文明进军的轨道"。遂于次年接受清政府的邀请，入翻译馆专事译书。在翻译馆任职约28年间，傅兰雅口译的译著达116种之多，其中93种已刊，23种未刊，占该馆全部译著一半以上。在已刊93中译著中，包括数学9种、物理4种、化学与化工12种、矿冶10种、机械工程9种、医学4种、农学3种、地图测绘5种、军事兵工15种。这些大量的译著，有的是对有关学科的首次系统介绍，有的则为已经翻译介绍过的学科提供了新的和更好的译本，一般都具有较高的学术价值。除自然科学、技术、西学书籍外，傅氏译著还包括经济学、国际法、历史等社会科学方面的内容，直接促进了当时维新变法思想的产生。如1885年译刊的《佐治刍言》，对康有为的重要著述《大同书》产生过一定的影响。1896年译刊的《治心免病法》对谭嗣同"仁学"的形成产生过重要作用。

在早期翻译工作中，如何确立正确的译名是翻译的一大难题。傅兰雅把汉语译名的确定和新名的创造作为译书的首要任务，强调"译西书第一要事为名目"，并身体力行，为统一译名作了坚持不懈的努力。他先后编写了《金石中西名目表》(1883)、《西药大成药品中西名目表》(1883)、《化学材料中西名目表》(1885)、《汽机中西名目表》(1889)等四种中西名词对照表，以便读者及后译者核查。他与徐寿合译的《化学鉴原》基本确立了化学元素翻译的命名原则，当时所定的名称大部分沿用至今。从最早参与制订译书计划、确立译书原则、确定翻译名称等各方面看，称傅兰雅为近代翻译西书的鼻祖，似不为过。

编写教科书也是傅兰雅传播西学的重要手段之一。1877年在华新教传教士在上海召开第一次大会，决定成立益智书会，为教会学校编写教科书。傅兰雅被聘请为该书会的董事兼初级教材主编，林乐知则被聘请为高级教材主编。1879年，傅兰雅又被推举为益智书会总编辑，具体主持教科书编写事宜。在傅兰雅的主持下，至

1894年，该书会共编译了50余种科学教科书和数十种教学挂图，其中他本人编译了《格致图说》丛书10种。他自编的《格致须知》27种科学入门书，也被该会推荐给教会学校使用。傅兰雅等人编写的新式教科书对晚清教育界产生了广泛影响，1902年清政府颁行新学制后，各地学校采用的新式教科书中有相当一部分便是直接采用了傅兰雅和益智书会的出版物。

傅兰雅传播西学的一大特色就是尤重科学知识的普及，在近代中国有意识地、系统地从事科普工作，傅兰雅亦堪称第一人。在这方面他主要做了三件开创性的工作：一是创办了近代中国第一份专门性的科普期刊《格致汇编》；二是参与创办了近代中国第一所科普学校格致书院；三是创办了近代中国第一家科技书店格致书室。

《格致汇编》创刊于1876年2月9日，其宗旨就是在中国普及科学知识，以对西方科学一无所知或知之甚少的普通民众为主要对象。名义上《格致汇编》是"接续"丁韪良等人在北京出版的《中西见闻录》，但实际上与《中西见闻录》并没有传承关系，无论其编辑方针还是其内容，都与《中西见闻录》有很大的差别。与《中西见闻录》属新闻、科普、文学兼备的综合性杂志不同，《格致汇编》完全侧重于科普知识的介绍，是一份专事科学普及的通俗杂志。

从1876年创刊至1892年停刊，《格致汇编》前后共出版60期，凡西方科学技艺新知，荦荦大端，无所不包。其栏目风格比较固定，每期都有一篇或数篇介绍西方近代科技知识的译文，其次是数篇短文，然后是"算学奇题"、"互相问答"、"格物杂说"三个专栏。其中编者为读者答疑而设的"互相问答"又是最受读者欢迎的栏目，也是《格致汇编》的一大特色。据统计，《格致汇编》各期上刊载的读者通信共达322件，所提问题，有的是读者来信提出的，有的是读者来杂志社当面咨询的，有的是杂志社自问自答的，其范围包括应用科学、自然常识、基础科学等多方面。从这些问题中，我们可以看出当时科学知识在中国传播的大致情况，同时也反映了当时中国人最希望了解的西方科学是什么。李三宝曾对《格致汇编》"互相问答"栏目的提问部分作过分析，他将读者来函分为两大类：第一类是"求实际效用者"，问题涉及医药、日用轻工、铁路、开矿、富强之策等；第二类是"出于好奇心或进而探求事物之理者"，此类问题则大多与一般科技知识相关。他的结论为："十九世纪晚期约在光绪初年之际，中国士商已不乏真正对科学本身发生兴趣或已有心得者(约占读者来函的38.2%)。但读者中为功利之目的而对科学技术发生兴趣者仍占多数（61.2%）。"这种估计可能是当时的实情，但也折射出随着新式教育的发展和西方科技类书籍的大量译介，中国知识分子对科学知识的追求和兴趣日增，而《格致汇编》一类科普杂志极大地刺激和促进了这一新兴的思想潮流，使19世纪末20世纪初年成为中国近代科学思想的萌发时期。

于1876年正式设立的格致书院采取中西合作的办学体制，主要着眼于普及和宣传西方各种自然科学及应用科学。傅兰雅对该校的筹建和发展曾起过举足轻重的作用。王尔敏先生认为："格致书院之经营，先后有三位灵魂人物，即傅兰雅、徐寿、王韬三人，其中尤以傅兰雅为最重要，始终从事其间，致力最勤，用心最专，贡献最大。"① 格致书院设立之初，仅限于陈列书籍、报刊和科学仪器以供观览，类似于一个科技阅览室。傅兰雅率先提出修改章程，扩大规模，招收学生，使之正式成为一所传授西方科学的新式学校。傅兰雅还倡议并协助王韬举行了"命题课士"的"课艺"活动，通过命题考试来发现和奖励科技人才。傅兰雅为书院制订了详细的西学课程，并亲自讲授。为增强教学效果，他还采用幻灯片演映有关采矿、人体解剖和珍禽异兽等方面的内容，作为教辅手段，效果明显。在傅兰雅等人的努力之下，格致书院开创了一代教育新风，对中国近代新式学校的产生起到了某种示范作用，功不可没。

格致书室于1885年创办于上海，实际上是傅兰雅一手筹办的一个科技书店，服务于其传播西方科技的需要。该书店经销的图书以科技书籍为主，兼及其他，如地图、各种科学仪器等。除上海总店外，傅兰雅还在天津、汉口、汕头、北京、福州、香港等地设立了分销处，或通过传教士、外国商人等各种渠道代销图书。格致书室还较早地开设了邮购业务，并言明不收邮资。这样，格致书室的销售网络可以说是四通八达，遍布中国各地，实际成为中国科技类图书的荟萃之地，也是传播西学的"圣地"。

中西文化交流实质上是一个文化对流的过程。在近代"西学东渐"的主导性潮流中，也存在"中学西行"的潜流。部分传教士向欧美介绍中国传统文化的热情甚至超过了"传教"本身，以致出现了"角色倒置"的情形。其中最典型的一位，便是曾长期在香港居住并主持英华书院，晚年返回英国担任牛津大学第一任汉学教授的理雅各（James Legge，1815—1897）。理雅各既是一位传教士，又是一位杰出的汉学家，他曾穷毕生的精力，将中国古代典籍中的精华——《论语》、《大学》、《中庸》、《孟子》、《尚书》、《诗经》、《春秋》、《左传》全部译成英语，介绍给西方，不仅传播了中国文化，而且长期影响着西方学者的汉学研究，牛津大学的中文典籍收藏和汉学研究传统即是始自理雅各的任教。

与理雅各不同，傅兰雅的角色转换完成于他晚年移居美国西海岸的伯克莱，其

---

① 王尔敏：《上海格致书院要略》，香港中文大学，1980年，第90页。

大半生都是在向中国传播西学，直到晚年才热衷于传播中学，但对中国和中国文化的终身痴迷却与理雅各又极其相似。1896 年，傅兰雅经过长期心灵挣扎和犹豫不决之后，终于离开生活了 35 年之久的中国，定居美国，担任加州大学伯克莱分校首任东方语言文学讲座教授，1902 年出任东方语言文学系主任，讲授有关中国的课程，1913 年退休，任该系名誉教授。傅兰雅在伯克莱的 30 多年时间中，开设了大量有关中国文化的课程，撰写了大量讲义和备课笔记。其讲授课程内容包括中国概况、语言文字、历史、地理、宗教、政治、文学、艺术、建筑、商业、金融、人物、风俗习惯等各方面，可以说是无所不包、琳琅满目，令人难以置信。他重点介绍的中国哲学家是老子、孔子、孟子、墨子等先秦思想家，重点介绍的三大诗人是李白、杜甫、苏东坡，重点介绍的三大改革家是王安石、朱元璋、康有为。显然，此一时期之傅兰雅向西方说法，努力传播中国文化的热情，丝毫也不逊于他当年在中国大译西书，大办杂志，倾其智慧和精力传播西方科技文化。

傅兰雅的独特性正在于，无论是在西学东渐史还是在中学西进史上，他都是一位大师巨子，是一位文化的传播者、沟通者，具有重要的历史地位，十分值得花大力气进行深入研究。

中外学者对傅兰雅的研究一直在持续不断地进行，其中尤以美国学者贝奈特（Adrian A. Bennett）的研究最为系统和深入。贝氏的著作《傅兰雅：传西方科技于19 世纪的中国》（*John Fryer，The Introduction of Western Science and Technology into Nineteenth-century China*）依据部分傅兰雅档案和相关文献资料，重点介绍了傅兰雅在中国翻译西书和传播科技的工作，但对其在中国多方面的活动和思想转变历程则研究仍有不足，中文资料疏漏较多。史景迁（Jonathan Spence）的《改变中国：西方顾问在中国》也辟专章对傅兰雅在中国的活动作了生动的介绍，但以叙述为主，文献支撑也有欠缺。大陆学者专门研究傅兰雅的专著虽不多见（如王扬宗《傅兰雅与近代中国的科学启蒙》，科学出版社 2000 年版），但在许多著作中都以专章对傅兰雅进行了介绍和研究。如熊月之著《西学东渐与晚清社会》（上海人民出版社 1994 年版）一书即用整一章的篇幅对傅兰雅的生平及传播西学的工作作了概述。顾长声所著《从马礼逊到司徒雷登》（上海人民出版社 1985 年版）关于傅兰雅的传记较为详尽，但所用资料大多采自贝内特的书。刘正伟的《督抚与绅士》（河北教育出版社 2001 年版）是一本讲江苏教育近代化的书，书中在将南菁书院与格致书院作比较时，论述到有关傅兰雅的事迹。另外也有一些单篇的论文涉及傅兰雅的译书活动以及创办《格致汇编》、格致书院等活动，不一一赘述。

傅兰雅研究之所以多半限于生平介绍而难以深入，主要便在于系统资料难以觅见，一般中国学者很难接触到保存在伯克莱的“傅兰雅私人档案”（简称“傅档”），而国外学者又很难使用相关的中文资料。如今，由丹吉莱斯先生作主编、周欣平先生和赵亚静女士作副主编的《傅兰雅档案》（*The John Fryer Papers, Papers Related to His Career in China and in America*）终于由广西师范大学出版社正式出版了，这无疑是傅兰雅研究史上的一件大事，是推动更加系统和深入开展傅兰雅研究的一个重要的契机。

这部按三大册编排的《傅兰雅档案》，详尽收录了有关傅兰雅的英文档案，可以说凝聚了主编丹吉莱斯多年来收集傅兰雅资料的心血。据我所知，丹吉莱斯先生并非历史学家，而仅仅是一个对傅兰雅生平行事有浓厚兴趣的普通美国公民，自退休后，他将自己的全副精力用于收集傅兰雅的资料，在没有任何正式资助的情况下，几乎仅凭一己之力，数易其稿，终于编成厚厚一大本《傅兰雅大事记》（*John Fryer's Calendar, Correspondence, Publications, and Miscellaneous Papers*, 1999）。这本难得的英文资料集虽未正式出版，但其存在已为许多对研究傅兰雅有兴趣的学者所知，有的还部分引用了其中的一些资料。现在，丹吉莱斯先生与周欣平博士、赵亚静女士共同合作，以多年积累的资料为基础，同时增补了傅兰雅晚年执教伯克莱时所留下的大量档案及文献，终成此巨轶，不能不说是他们对早期中西文化交流史所作出的一个巨大贡献。

关于伯克莱的傅兰雅档案，这里稍微多说几句。傅兰雅逝世后，他的后人将其手稿、信件和图书资料悉数捐赠给加州大学伯克莱分校。2000余册中文图书保存在东亚图书馆；手稿、信件及札记等则存放于伯克莱专门保管校史资料和档案的班克洛夫特图书馆（Bancroft Library），名之为“傅档”。1998年我在伯克莱大学从事短期研究期间，曾有机会前往查阅该档，发现该档的确十分丰富和珍贵，系研究傅兰雅后半生的最直接、最重要的资料。

该档案共有6大纸箱（Cartons）和单独的一盒（Box 1）。Box 1主要是傅兰雅1861年至1915年的各种私人信件，尤其是同其胞弟George W. Fryer和其他亲戚之间的来往信函。Carton 1-2主要是傅兰雅在美国期间所撰写的著作、论文的手稿，以及他在伯克莱所开设的各种有关中国学的各种课程的讲义、备课笔记手稿等，可谓琳琅满目。Carton 3除部分讲义和备课笔记外，主要保存有他在中国时所写的一些旅行日记、游记的手稿，其中像《长城纪游》、《雪庄纪游》诸篇，颇能表达他对中国雄奇山水的热爱，亦能看出其优美的文笔。尤可注意者，在这部分的若干散件中，不乏颇有价值的珍贵资料。如1871年、1874年他与江南制造局订立的《翻书合约》副本，合约中写明了聘用期限、工薪数额、工作内容等事项。另有清政府颁发给他的各种褒奖状的原件，如南洋大臣刘坤一奏请颁给他三等第一宝星的附片原件等。这证明傅氏对这些来自清政府的褒奖极为重视。又如他为帮助中国留学生来美求学而用中文撰写的《美国加邦大书院图说》，介绍伯克莱分校情况甚为翔实，对当时有志留美的中国学生大有助益。这些资料大多数都被编进了档案集的第一和第三分册中，给检索者提供了极大的方便。

最后，在编排体例上，本档案集按《早期生活》、《在上海江南制造局》、《伯克莱岁月》三册编排，既完整描述了傅兰雅跌宕起伏的一生，又突出了其人生经历的重点，可谓非常合理，独具匠心。每一分册中的章节安排也体现了编者的良苦用心。尤其在资料选用上，基本保持英文资料的原貌，仅以中文加以提要，使研究者能更多地接触到历史资料的原生态，从而保证能更加全面和原汁原味地对傅兰雅本人和这段历史进行研究，更成为本档案集的一大特色。这样做显然有利于学者们尽快地利用这批英文原始资料，但对那些不谙英语的研究者和普通读者而言，毕竟存在使用的困难或根本就无法利用，这不能不说是一个小小的遗憾。今后若能组织人员将这批资料译成中文，提供一个完善的中文版本，对那些有兴趣了解傅兰雅其人其事的更多的学者和普通读者则不啻是一个福音。

是为序。

马敏 2007 年岁首于武昌桂子山

（本文原载戴吉礼主编：《傅兰雅档案》，广西师范大学出版社 2010 年版）

《大过渡——时代变局中的中国商人》序

培德兄在他所编著的这本大著的“导言”中，不无诙谐地引用毛泽东“文革”时期的名言“天下大乱，形势大好”来形容历代中国商人的处世之道，认为“中国商人自古以来都善于把握形势，在混乱的环境中找寻自我保护的方法”。由此，我倒想起了我在一本书中曾提到，马克思在其《资本论》中也曾不无诙谐地将古代商业民族比作专门在夹缝中求生存的“伊壁鸠鲁的神”。综观中国几千年的古代史，从春秋战国时期到唐宋时期，再到明清时期，虽然随历史时代之转折而沉浮上下，历尽劫波，但商人阶层总能长袖善舞，死而复生，扮演不可或缺的社会角色，促进世界文明的新陈代谢。的确，商人既是时代的产物，又是时代的推手，商人的命运与其生存的时代密不可分。

本书所讨论的历史时代，尽管可追溯到明代，但主要是晚清以来的近现代时期，即从19世纪末至20世纪中叶。这是一个血雨腥风、充满危机的时代，又是一个中华民族奋发图强、自我救赎的时代，巨大的民族危机带来空前的挑战。对此，李鸿章曾用“数千年来未有之变局”来形容其所处时代的特征，梁启超则以“大过渡”来形容自己所处的时代：“今日之中国，过渡时代之中国也。……中国自数千年来，皆停顿时代也，而今则过渡时代也。……故过渡时代者，实千古英雄豪杰之大舞台也，多少民族由生而死，由剥而复，由奴而主，由瘠而肥所必由之路也。美哉过渡时代乎!”（梁启超《过渡时代论》）那么，在这“千古大变局”或“大过渡”中，中国商人的历史命运到底如何呢？我以为，如果结合时代变迁来看，近代中国商人可以说经历了一系列的重要历史转折，其中最重要的有三个时期：清末民初时期、新中国成立初期以及还在展开过程中的改革开放时期。

清末民初是近代中国商人崛起的时代，也可以说是他们的“黄金岁月”。随着中外通商的规模化、制度化，以及“重商思潮”的兴起，传统的重农抑商、崇士贱商的社会风气开始逆转，经商营工成为时髦的行业，商人的社会地位扶摇直上，俨然成为时代的宠儿，有人甚至认为：“振兴中国，首在商民。”（何启、胡礼垣：《新政真诠》三编，《新政始基》）“今之世界，商之世界也。”（《成都商报》，第二册，杂俎三）但可惜商人的这一段“黄金岁月”毕竟为时不长，随着一系列的政治演变，尤其是国民党蒋介石政权实行党政合一的集权统治之后，商人的活动空间开始被逐渐压缩，无论在经济上还是政治上都难以真正有所作为。本书有好几篇论文都涉及这一重要历史转折时期，并有极为精彩的或宏观或微观的描述与分析。

如果说，国民党统治时期商人在经济上、政治上尽管逐渐呈萎缩的态势，但毕竟在夹缝中仍有自己的社会地盘和一定的影响力，1949 年以后则完全是另一番景象。新中国建立后，新政府对资本主义工商业采取利用、限制和改造的基本政策，工商业资本家成为政治上的统战对象，直至 1956 年工商业社会主义改造基本完成之后，作为实体的工商业资产阶级也基本不复存在了。所以，1949 年至 1956 年实际上是中国近代商人阶层的消亡期，也是一个过去研究不多的重要转折时期之一。本书有三篇论文分别从不同的视角比较细致地讨论这一时期国家与商人的关系以及私营企业的发展，对我们完整理解中国近代商人的历史命运，具有开创性的意义。

我注意到，培德兄主编的《中国商业史研究丛书》第一本《商会与近代中国政治变迁》，主要是从制度变迁的视角，审视中国商人的社会组织和政治角色，对前些年商会史研究的最新成果作了集中展示，而本书则不限于商会、商团、行会等商人社会组织，其涉及的面和研究的视角要广阔得多，既有从宏观上研究历史上中国商人的演变和角色，探讨商业结构、政治地位和社会阶层的关系，资产阶级、公共领域、市民社会等理论框架的适用性问题，也有从个案上探讨绅商阶层的近代演化、家族企业的经营与制度变迁、政商合作、金融网络、国家对商人政策等问题；研究时段上既追溯到了明清，又延伸到了当代；研究地域上既有内地，又有台湾、香港地区乃至日本；加之所邀请的专家不乏章开沅先生、滨下武志先生、科大卫先生、叶汉明女士、林满红女士等史学名家，故本书的研究在一定意义上对中国商业及商人史研究具有拓展和昭示意义。

就个人而言，我觉得如果中国商业和商人史研究若要进一步走向深入，一定得拓宽研究的领域，举凡商业制度、信用制度、经营形式、商品流通、商业网络、金融组织、商人团体、商业教育、商人观念、商人心理、商业伦理、政商关系、工商关系、商业法律等都应纳入研究的视野，作分类、分层、分区的宏观与微观相结合的细致研究。在研究理论与方法上，则应提倡百花齐放，百家争鸣，而不能定于一尊，以一种理论范式或某些现成框架去套用鲜活的历史。在研究时段上，当代改革开放时期的商业和商人史则应引起我们充分的重视。这不仅仅因为这是中国近现代商人发展史整体链条上不可或缺的一环，而且，当代中国正在经历着巨大的转折和激烈的变迁，随着市场经济的重生和发展，商人群体和民间商会等商人社团也得以重生和发展，传统与现实之间、历史与未来之间有太多的问题需要去研究、去说明，以便为仍处于“千古变局”中的社会大转型提供历史的借鉴及理论的指导。

比如，就时下所关注的“近代商业启蒙与商业道德建设”这一主题而言，中国近代商业启蒙的不彻底性和“未完成时”特征，即已为现当代中国经济制度和经济观念的建设带来极大的困惑和阻挠。我们今天在经济高速发展的同时所面临的一系列的商业道德滑坡、诚信缺失、权钱交易等社会痼疾，在一定意义上都可以追溯到近代商业启蒙的不彻底性和肤浅性，以及商业法治制度建设的不完备性。商业道德文化是国民整体道德文化的重要组成部分，也是一种重要的文化软实力，为了实现伟大民族复兴的“中国梦”，打造强大的“中国制造”和“中国精神”，我们必须大声疾呼中国商业道德文化和商业精神的再启蒙、再建设，这是中国经济建设实现可持续和健康发展的必不可少的前提，也是近代和当代商业、商人史研究的重要课题之一。

培德兄客气索序，面对我的老师、前辈和同辈学人的皇皇大著，实在不敢置喙，只能谈点上述不成系统、也很可能是极浅显的个人心得体会。不当之处，尚祈各位方家指正。

（本文原载李培德编著：《大过渡——时代变局中的中国商人》，
商务印书馆［香港］有限公司 2013 年版）

《变动社会中的法律秩序——1929—1949年鄂东民事诉讼案例研究》序

在中国，独具一格的法律社会史研究是由著名法律史专家瞿同祖先生开其先河的。他在《中国法律与中国社会》这部奠基性著作中，首度将法律与社会结合起来进行研究，既研究法律条文，也研究法律在社会中的实施情况及其对民众真实生活的影响；既利用历代成文法研究法律的文本规定，也大量利用个案及判例来进行实证性研究，法律史与社会史十分自然地交融在一起，使传统法律史研究呈现出新的气象和新的格局。

这一结合社会史研究中国法治史的传统，在日本学者仁井田升、滋贺秀三、寺田浩明、岸本美绪等数代学者的共同努力下得以发扬光大，取得了一系列丰硕的研究成果。如仁井田升的《中国农村的家族》、《中国法治史研究》，滋贺秀三的《中国家族法原理》以及寺田浩明对清代乡村听讼制度和财产权秩序的研究，岸本美绪对明清江南地域社会法律秩序变化的研究，均有较为广泛的学术影响。

20世纪90年代以来，以黄宗智、白凯夫妇为代表的加州学派在推进中国法律社会史的研究中作出了重要贡献，产生了巨大学术影响。循瞿同祖先生等开创的法律与社会史相结合的传统，曾长期从事经济史研究的黄宗智明确提出，应从经济史、社会史和文化史多方面来研究中国法律制度的历史，其目的“是要从新的角度来理解法制，同时从新的角度研究经济史、社会史和文化史”。相比较而言，黄宗智等更注重诉讼档案尤其是县级民事档案的运用，认为法律史研究必须兼顾实践与表达两方面，注意到法律案件总是“戏中有戏”，从而更深入地去探讨案件、卷宗背后的“人生戏剧”。

海晏的博士学位论文《变动社会中的法律秩序——1929—1949年鄂东民事诉讼案例研究》，正是循以上诸位先进的路数，依据对1929—1949年间鄂东地区400余件司法诉讼档案的分析，以区域史的眼光，集中考察民国时期鄂东地区法律秩序的实际情形，试图回答：国民党执政时期的民法在大变动时代下究竟是如何实践的？究竟在多大程度上对近代中国产生了影响？本书大致从三方面展开其论述：

第一，变动社会中法律秩序的概况研究。书中认为，在1929—1949年间，鄂东司法体制具有明显的过渡性特征，既有现代意义上的法院，也有过渡中的县政府兼理司法或县司法处。抗战期间，还十分独特地出现了国民党与日伪势力在鄂东同时存在，司法机构也同时同地执行司法职务的怪状。战争的影响导致变动时代下鄂东民事终结案件数量变化趋势呈现一个不规则的“M”形曲线。

第二，社会变动对法律秩序的影响。1929年—1949年，乃是近代中国最重要的变动年代之一，其中最大的社会变动因素即是抗日战争。为此，书中集中研究了战时调解及巡回审判制度，同时也重点研究了战时民事法律秩序恢复与重建中的重要现象——“秋后算账”与“情事变更”。

第三，国民党执政时期民事法律秩序的实践研究。书中从整体上研究了变动时代民事法律秩序的实践，即婚姻关系、财产权以及当事人控诉司法官吏的行动。不仅研究了国民党民事法律的文本，同时还研究了其具体的司法实践。

与前贤相比，海晏的上述研究还是有某些自身的特点。例如，更重视某一特定区域（鄂东）独特社会生态对法律秩序变动的制约作用，循着“新文化史”的路径从文本与实践相结合的角度，对诉讼状本及当事人的庭审话语进行了“厚描写”(thick description)，进而研究涉讼者的心态及行动策略。又如，更重视法律秩序变动中的动态情形，认为民国时期司法制度变革呈现出明显的“过渡性”特征：既有现代性的法院，也有向现代法院过渡中的县司法处，有些案件甚至是由乡公所而非由法院处理的。在过渡性的司法制度中，应看到行政机构甚至军事等部门对司法审判的干预，致使司法机关有“显得脆弱”的一面。然而，在“司法独立”的理念下，司法机关常会处理官吏被控诉案，一定程度上也体现了对行政部门的依法约束。这些见解和探索相信对于黄宗智等人对民国司法制度与实践的研究，多少可以起到补充和拓展的作用。当然，尽管海晏利用翔实的诉讼档案资料对民国鄂东地区的民事司法制度及其实际运行进行了比较深入的探讨，但在法律史与社会史有机结合研究方面，却还有可改进之处，尤其在如何运用丰富的诉讼档案资料来重建当时鄂东地区的社会生活实态（如田土、债务、婚姻、继承、物权、汉奸惩处等）上，似还有用力不足之虞。换言之，即黄宗智所提出的如何通过法律史的视角来加强经济史、社会史和文化史的研究，在本书中体现得还不是十分突出。这也为作者今后的法律史研究指出了努力的方向。

最后想稍微说明一下的是，海晏素来较为重视自身的修为，以严格的学人标准要求自己，尊重他人的学术研究成果，始终把别人的学术贡献和自己的学术贡献区分得很清楚，简单讲就是不掠人之美。如对学术前史的细心整理与描述，对林济等对鄂东宗法制度与社会研究的充分肯定，对我本人和林济等当年辛苦搜集鄂东司法诉讼档案的事实的说明，在在均体现出一种严谨治学的态度。对此，我甚感欣慰，同时又喟叹目前真能如此坚守学术底线的年轻学者似乎越来越少了。我们期待更多的具有优良学风的年轻学人能脱颖而出！

2010年3月10日

（本文原载付海晏：《变动社会中的法律秩序——1929—1949年鄂东民事诉讼案例研究》，华中师范大学出版社2010年版）

《纵浪大化中——二十一世纪章开沅在华师》序

《纵浪大化中——二十一世纪章开沅在华师》是我校资深摄影师陈建平先生编著的一本图文并茂的开沅先生晚年参与学校各种学术、校务活动的照片集。在这本内容丰富的照片集中，陈建平先生以其精湛的摄影技术，生动记录了开沅先生虽年届耄耋，但仍不辞辛劳，以极大的热情参与学校各种活动的忙碌的身影，以及先生那种独有的大气、睿智、诙谐和极富人情味的典型瞬间形象，令人感慨，催人奋进，值得每个华师人一读。

“所谓大学者，非有大楼之谓也，有大师之谓也。”在林木葱茏的桂子山上，章开沅先生就是我们身边的大师。从上世纪五六十年代的“章开沅道路”，到八九十年代成就为辛亥革命史研究的权威、治校有方的大学校长，章开沅的名字始终与华中师大相连，百年华师厚重的文化底蕴造就了他，而他则成为华师精神的象征、桂子山上一张最亮丽的名片。华师因拥有章开沅、邢福义这样的真正的大师而更加名扬天下。

当二十一世纪的脚步来临时，开沅先生已届 74 岁高龄，早已功成名就，享誉海内外，按理说，年事已高，早已从领导岗位上退下的他，完全可以享享清福，做做自己感兴趣的学问，让年轻人去忙碌了，但刚从海外长期访学和讲学归来的他，并没有停下匆匆的脚步，而是像年轻人那样，以战斗的姿态投入了新的世纪。于是，便有了陈建平先生镜头下所展现的老骥伏枥、志在千里的二十一世纪的开沅先生。

在新的世纪中，开沅先生的生活是充实而忙碌的。尤其在 2011 年纪念辛亥百年活动期间，各种学术和采访活动有时甚至到了应接不暇的地步，以致先生笑称自己已经被“过度消费了”。据陈建平的记载，华师摄影组从 2001 年到 2011 年间，拍摄开沅先生在自己的科研工作之外参加各类社会活动竟多达 100 多次，平均每年超过 10 次！这还是摄影镜头所记录下来的活动，其他没有记录下来的各类活动，真不知还有多少。足见晚年的开沅先生为了学校事业的发展倾注了多大的热情和精力，作出了怎样不可磨灭的贡献，实在值得我们钦佩和学习！

照片集将章开沅先生这十年的活动影像按“学科建设与学术活动”、“文化产业建设”、“把世界引向华师”、“博雅育人”、“各界关爱”、“辛亥百年系列活动”六大板块来分类整理和介绍，应该说是独具匠心、大体合理的，基本上反映了开沅先生近十年来在华师生活与工作的总体风貌，同时又不乏各种生动的瞬间细节，使开沅先生的精神境界和内在人格均得到了准确的呈现。这是我们要感谢陈建平先生这位既“有心”又“用心”的专业摄影师的，也再次说明任何人只要有高度的职业精神并全身心地投入，就完全可以在平凡的岗位上作出不平凡的贡献。

开沅先生对华师的贡献是多方面、全方位的。作为他的学生，在我个人看来，就学校发展而言，开沅先生晚年最大的贡献之一，就是让华师走向世界，将世界引进华师。开沅先生曾认为自己在学术上最大的理想和贡献之一，就是努力把中国的辛亥革命研究引向世界，同时又把世界的辛亥革命研究引进中国。无论在治学上还是在办学上，开沅先生都是具有世界视野和国际眼光的人，绝不局限于就中国看中国，而是始终将中国置于世界大格局中来思考，在中国与世界的关联中把握未来的走向，始终做到心胸开阔，目光如炬。在办学思想上，开沅先生作为老校长于上世纪 80 年代初就提出学校国际化的发展目标，并为此作了大量开拓性的工作。进入二十一世纪后，他不顾年事已高，仍孜孜不倦、四处奔波，为学校的国际化发展而不懈努力。鉴于我校出于历史原因过去与美、英高校和相关教育机构交流较多，来往密切，但与东亚近邻国家的高校和机构反而缺乏实质性交流的现状，在二十一世纪，开沅先生利用他的巨大学术声誉和良好的人脉关系，着重帮助学校推动了与日本、韩国的交流，取得了突破性进展，扩大了学校的国际影响。

最近十年中，我曾有幸与开沅先生一道出访日本、韩国的许多高校与机构，亲眼看见了他以望八高龄，神采奕奕地参与各种外事交流活动的动人场景，通过广交朋友，广结良缘，为学校赢得了大量来之不易的国际合作机遇。正是在他的大力推动下，我校与韩国的基督教长老会大学、新罗大学、岭南大学、汉阳大学、首尔世宗大学、青云大学、又松大学等多所高校建立了密切的校际交流关系。同时，也是通过他的人脉关系，我校与日本的关西大学、创价大学、东京大学、京都大学等名校均有密切的学术交流和校际联系，签订了一系列合作协议。同时，也正是通过他创建的中西方文化交流中心、韩国研究中心、池田大作研究中心、涩泽荣一研究中心等，一大批国外学术大师、名家纷纷前来华师讲学和进行学术交流，使华师学子大开眼界，了解和接触到最前沿的国际学术思想。

刚刚过去的 2011 年，时值辛亥革命 100 周年，应该是开沅先生晚年浓墨重彩的一次绽放，也是其学术生命的又一次高峰，最为值得纪念。这一年，早已为此养精蓄锐多时的开沅先生以饱满的热情投入纪念辛亥百年的各种系列活动之中，除撰写了大量纪念和研究辛亥革命的文章外，他还不断地被邀请出席国内外各种重要的学术会议、报告会和纪念活动，不断地接待各色各样应接不暇的来访者，不断地应邀对各种纪念活动进行指导，不断地接受中外各大媒体的采访……以至于人们暗地里不得不感慨，如此频繁的活动，连年轻人都吃不消，一位耄耋之年的老人到底是如何坚持下来的？是一种多么强大的精神力量和坚忍不拔的毅力在支撑这位年逾古稀的老人呵！

好在上述一切都多多少少地被陈建平先生的镜头忠实地记录下来了，可供我们去细细地品味、鉴赏、学习。

人生自古谁不老？但对于老，不同的人有不同的态度，有的人未老先衰，身心俱疲；有的人老而弥坚，活力无限。叶帅“八十述怀”诗曰：“老夫喜作黄昏颂，满目青山夕照明。”季羡林先生在“八十述怀”的散文中这样写道：“我从来没有想到，我能活到八十岁；如今竟然活到了八十岁，然而又一点也没有八十岁的感觉。岂非咄咄怪事！”终以陶渊明的一首诗相期许：“纵浪大化中，不喜亦不惧。应尽便须尽，无复独多虑。”章开沅先生对于老也有自己独立的思考：“人们已习惯于称呼我为‘章老’，我在生理上也确实是感到老态渐增。但是我认为，真正的学术与真正的学者，其生命应该是永葆青春并且必将融入文化长河的永恒。”显然，这种对于年龄、对于人生抱持的豁达、乐观的态度，正是他们能在晚年继续发光、发热，作出巨大贡献的内在精神源泉。

“纵浪大化中，不喜亦不惧。”让我们祝开沅先生永葆青春、越活越年轻！

马　敏
壬辰十月于华大家园淡泊斋

（本文原载陈建平编：《纵浪大化中——二十一世纪章开沅在华师》，
华中师范大学出版社 2013 年版）

《1914　涩泽荣一中国行》序

1914年5月至6月涩泽荣一率团访华是当时中日关系史上的一件大事。此为有日本“实业之父”之称的涩泽荣一平生第三次中国之行。这次访问尽管只有短短的30余天，但于中日实业界之间的交流却有着极为重要的意义，同时，其背后则牵扯到更为错综复杂的中日政界关系及其暗中博弈，因此，不失为研究民国初年“二次革命”前后中日政治、经济关系史的一个重要课题。

涩泽荣一的访华，肇因于孙中山1913年访日期间与日本财界密切接触，从讨论到最终创设中日合办企业“中国兴业公司”。涩泽在与中国兴业公司的谈判及最终签约中始终扮演着主导角色，1913年8月11日该公司成立后，涩泽荣一为顾问，总裁位置暂时空缺（原内定由孙中山担任，“二次革命”发生后，日本为慎重计，故空缺），副总裁由仓知铁吉担任。以袁世凯为首的北京政府之所以要急不可耐地邀请涩泽荣一访华，其中的重要原因之一，便是要与涩泽当面讨论中国兴业公司的中方人选改组问题，尤其希望由刚入京的工商总长张謇与涩泽亲自面商改组及合作内容事宜。尽管后来涩泽与张謇并未谋面，但二人在这一过程中所起到的重要作用却是不容忽视的。

涩泽荣一访华团规模虽小，但却是近代日本财界派出的第一个有工商界最高领导人参加的对华实业考察团，故引起了海内外的强烈关注。中国方面接待的规格相当之高，各地方长官和绅商纷纷出迎，日本驻中国各地使领馆也全力以赴接待，提供高规格的服务。在北京，涩泽荣一一行更是受到大总统袁世凯等的接见，备受礼遇。通过与袁世凯和杨士琦等人的会谈，涩泽不仅推动了围绕创建中国兴业公司（后改为中日实业公司）所进行的中日经济合作，而且为日本谋取到了更多的经济权益。日本报纸曾以“涩泽大获成功”为题报道了涩泽的中国之行，认为“涩泽此行给中日实业关系带来了极大的效果，解除了北方实业家的误会，双方气氛良好”。

当年的中国《申报》、《大公报》等主要媒体也对涩泽的访华进行了大量跟踪报道，反映了中国社会尤其是工商界对涩泽访华的看法。工商界虽对日本政府图谋在中国攫取各项利权心存戒备，有强烈的不信任感，但对涩泽欲加强日中之间实业的交流与合作，基本还是持肯定和欢迎的态度，1914年5月30日的《申报》刊载《涩泽氏演词中之对华态度观》，向国人介绍了涩泽对华观的要点，即日中要相互提携，共同开发实业，“我之对华实业策在利益支那，即同时利益日本，并同时利益世界。实业会社即本此意味所设之助长机关。倘以中日两国实业家合同之力，尚不能达其目的，更不可不进而求列国实业家之提携。在今日之时势，单以自国之利益为目的，而欲开发支那之富源，不可能之事也”①。从涩泽关于实业开发的一贯观点看，他在关心日本利益的前提下，的确抱持有世界主义的观点，所言也并非不是他真心的想法。中国媒体也注意到涩泽对中国古典文化和中国文字是很有兴趣并有一定造诣的，他曾经提出通过《论语》加算盘来创立日本近代资本主义的新经济伦理，在文化上对中国抱有好感，如他所言：“余之游华，盖了久蓄之愿。余自髫年读中国经书时即心向往之，且余向尊孔学，久欲一谒此中国先师之墓，而外间对于余之此行多所误会。谓余乃往求让与权，且谓将于扬子江英国利益有碍云云，其他毫无影响。余无所求，此行以游览为主，余以研究中国文字之故，乃蓄此极诚之意，余既为商家，则自将调查中国经济状况，且望得与该国领袖、商家把晤倾谈，且余乃中日实业公司发起员之一，余固极欲得悉中国实业现状。总之，此行实未挟有政治使命也。”②尽管日后中日实业公司实际扮演了日本在中国进行经济扩张的桥头堡的角色，但参之日本政界、军界、新闻界与实业界有合有分，各自有不同追求的实况，作为实业界领袖，涩泽所言似仍有可信之处。

涩泽中国之行有两点是颇令人感到疑惑不解的：一是孙中山对此基本没有什么反应和言论，因最早与涩泽等商谈实业合作计划的恰好是孙中山本人。李廷江在研究日本财界与辛亥革命时，已注意到这一问题，他解释孙中山虽然对此事没有直接的评论，但已通过致函大隈重信（1914 年 5 月 11 日）的形式，提醒日本要警惕袁世凯利用实业交往而服务于其政治阴谋。孙中山之所以基本未予置评，一是涩泽等人在公司改组方面已得到孙中山的事前许可，二是孙中山一直对日本期待过高，不愿得罪日本③。

另一点很令人费解的是，张謇在涩泽访华之前，作为工商总长积极参与了与涩泽等派出的代表仓知铁吉的会谈和宴请，并协商将中国兴业公司改组为中国实业公司，同时张謇、盛宣怀二人还被补选为股东。但在涩泽荣一长达 30 多天的访华期间，张謇却似乎并未与涩泽谋面，至少目前并未见到有二人会面的史料记载。查张

---

① 《申报》，1914 年 5 月 30 日。

② 《申报》，1914 年 5 月 6 日。

③ 李廷江：《日本财界与辛亥革命》，中国社会科学出版社，1994 年，第 313～314 页。

謇日记，他这段时间的行程为南行到安徽“复勘淮河”并顺便回南通老家，时间为该年4月4日离京至6月24日回京，错过了与涩泽荣一见面的时机。张謇日记中也没有任何关于涩泽访华情况的片言只语。事实上，原本中方邀请涩泽访华，很重要的一个目的，就是希望这两位中日双方实业界的领袖在北京见面，面商中日实业界的合作事宜。而且，涩泽来华后先后见到了盛宣怀、杨士琦、周金箴等政界和商界的实业领袖，唯独没有见到号称“中国实业之父”（或者说中国的涩泽荣一）的张謇。错过这次机会之后，这两位近代东亚最重要的实业巨子平生都未曾谋面，这不能不说是一个历史的遗憾。

还有两年就是涩泽荣一中国行一百周年纪念，此时将涩泽访华期间中国媒体的大量报道汇集成册，加以出版，对推进对涩泽荣一这位日本近代实业史上最为重要人物的研究，以及对近代中日关系史的研究无疑都具有重要的意义。我们衷心感谢编者的辛勤劳动和甘为他人作嫁衣的学术奉献精神！

谨此为序。

马 敏

2012年9月20日于武汉

（本文原载田彤编：《1914 涩泽荣一中国行》，华中师范大学出版社2013年版）

《李寿昆书画集》序

寿昆兄经过几十年磨一剑，终于要出版自己的书画集了。我于书画皆外行，无缘置喙，只能以与他将近20年的交往经历，浮光掠影地谈谈对他的印象与观感，聊以为序。

与寿昆结缘，时在1995年。其时我正担任华中师大历史文化学院院长，经师弟肖文杰引见，与业师章开沅教授、时任校长王庆生教授、副校长李以章教授前往其工作室参观，并同著名诗人曾卓先生商谈合作事宜。正是在那次拜会中，寿昆因服膺吾师开沅先生的人品与学问，以古人风行跪拜之礼，成为章门私淑弟子。一来二去，因志趣相投，遂与寿昆结成终生挚友。

接触日久，相知日深，方觉寿昆乃属那种民间传说中的隐侠般人物：神龙见首不见尾，集多种艺术才华于一身，很难用一种固定的身份和头衔来界定他。网上介绍："李寿昆，字楚石，号丑石，著名中国书画家、金石篆刻家、瓷器艺术家、文化名人。"这既对又不全对，因为并没有把他多样的本领和丰富的人生经历说完。作为著名国画家徐松安的关门弟子，他在书画、金石、瓷器艺术上所取得的巨大成就是毋庸置疑的，但他还是文物鉴定和收藏大家，著名京剧票友，大型文艺、电影、音乐、戏剧、美术活动的策划人和编导。20世纪80年初，在武汉书画院工作的他，曾被借调到北京电影合作制片公司，并于1983年担任著名香港导演李翰祥的秘书兼副导演，参与拍摄电影《火烧圆明园》，与刚刚出道的刘晓庆、梁家辉有过密切的合作。在北京工作期间，他还创作了电影剧本《大漠紫禁令》，1986年，该片正式上映。正是因为他在艺术上的多种成就和杰出造诣，2006年李寿昆荣获美国南加州杰出艺术贡献奖，被授予洛杉矶市荣誉市民称号。

在诸种本领和贡献中，私见以为，寿昆最大的本领和贡献，可能还在文物鉴定和收藏。寿昆的业师徐松安先生不仅是著名的书画家和金石篆刻家，而且是公认的文物鉴定大家。"文革"期间，徐松安先生将平生所学悉数传授给李寿昆，使他在文物鉴定方面打下了坚实的基础，几十年的文物收藏实践，更使他炉火纯青，成了这方面的高手。在其位于鄙校的云英阁工作室兼收藏室中，可谓琳琅满目，珍藏无数，其中甚至不乏国宝级的文物，凡参观者无不称奇。李寿昆还利用在国外讲学的机会，帮助将流失在海外的乾隆牌位、“百鸟朝凤”寿幛等国宝级文物搜寻回国内，为国家文物事业作出了重要贡献。

尽管我于书画是外行，但凭我有限的知识，也能感觉得到，正是多方面的艺术修养、广博的知识以及丰富的人生阅历，才造就了寿昆今天在中国书画上的成就，使之自成一格，自树一帜，既有师承，又有独创，汪洋恣肆，不可模仿。

艺术即人生。寿昆在书画艺术上的造诣实乃其人生的浓缩和映射。

寿昆出身于国民党统治时期的官宦之家，父亲曾经担任当时湖北省政府的经济要员。抗战期间，其父曾帮助新四军购买药品，与共产党人交往甚密。但解放初期，因其历史问题受到不公正的待遇，被发配到新疆服刑，从此，寿昆一家生活陷入困境，年幼的李寿昆也因此而过早尝到了生活的艰辛。为了维持生计，他母亲曾在自家居住的巷口支起一口锅卖热干面，他自己也经常为了挣到一两毛钱而去推板车。尽管他品学兼优地读完了小学、初中和高中，但作为“黑五类”子弟却没有资格考大学，也没有资格去上山下乡当知青，只能到中小学代课或去街道工厂当临时工。在生活的惊涛骇浪中，他并没有因此而消沉，也从未放弃自幼萌发的文艺梦，先后拜著名武生高盛麟、著名老生武正豪为师学习京剧，拜著名画家徐松安为师学习书画和文物鉴定，又与被打成右派的著名诗人曾卓等过从甚密，经常在一起讨论文学、诗歌。在“文革”中也曾有过因追随徐松安先生而被关押起来的经历。正是艰辛生活的历练和艺术追求上的坚持，使他在思想上和艺术上日臻成熟，得以进入武汉书画院，最终成为一个难得的艺术家。

李寿昆书画艺术又以能在瓷器上挥洒自如地进行创作最为令人惊艳。1999 年，正在德国讲学的他，应一位欧盟官员的邀请，到对方家中做客。在这位官员家中，他看到了许多来自中国的瓷器。这位官员对他说：“中国对世界影响最大的就是瓷器，以致西方就用 China 来称呼中国。”这句话深深地触动了他，“作为一名学者和艺术家，如果不对中国瓷器有所了解，将是一种人生的缺失”。为此，他于 2000 年 4 月只身前往瓷器之都景德镇，潜心研究瓷器创作艺术。这一待，就是整整 5 年！其间，他将中国传统书法及写意花鸟山水创作手法，成功运用到青花釉里红瓷器烧造之中，效果绝佳。直到有一天，他被腹部突如其来的剧烈疼痛所击倒，才被迫离开景德镇，返回武汉就医。检查的结果令他和医生都大吃一惊，他得的竟是大肠癌，直接被抬上了手术台……

寿昆在艺术上一直不懈追求创新，在生活中也是一位真正的斗士。他曾三度直面死神：一次癌症，一次败血症，一次心脏搭桥（四处），次次都惊心动魄，死里逃生。但每大病一次，他对艺术的真谛就有一次全新的领悟，艺术境界也随之提升，字越写越好，画也越画越好。这足以证明：艺术与生命有割不断的联系，生命力愈旺盛，艺术创造力也就愈旺盛，二者互为因果，相互促进。

艺术即学问。艺术当然不等同于学问，但只有好学深思者，方能最终登上艺术的巅峰，这已是不争的事实。画家不是画匠，书家也不是写字先生，绘画与书法最后比拼的是文化，是艺术家自身的文化涵养，所谓“读书破万卷，下笔如有神”，所谓“万物皆备于我”，所谓“一花一世界”，皆为此理。

寿昆在书画艺术上能取得今天的成就，全在于数十载如一日，孜孜不倦地苦读与苦学。他最高学历为高中，尽管也有师承，但主要靠刻苦自学，靠无师自通的自我领悟，自我鞭策，由此而学到多方面的知识，成为博学多闻、博采众长的“通才”。与寿昆相处愈多，愈发感受到他见多识广、博学多才的一面，常有使人颇感意外处。譬如历史，他对历朝沿革、帝王逸事、宫中掌故，皆能如数家珍，娓娓道来，古人诗歌词赋多能倒背如流，令我辈吃历史饭者有时也自愧弗如；譬如宗教，他对儒、释、道三家均有所涉猎，对道教和佛教钻研尤深，曾一度担任道教武汉长春观的顾问和重庆缙云山绍龙观的特别顾问，系各位道长的座上客。某日，我们一道参观一家专事收藏藏传佛教文物的私人博物馆，他当场解答了藏主有关藏传佛教的诸多疑问，令其佩服不已。在相交二十余载后，某日偶然提到要学桥牌，才突然发现他竟在“文革”时期就是桥牌发烧友，牌技无师自通，也十分了得。这一切艺术之外的知识，均在有意无意间滋养、涵育了他的艺术气质，使之在需要时能信手拈来，左右逢源，天然玉成。

艺术即人品。“学者先观其德。德器浅薄，终罕成就，虽成亦小。”（张履祥：《备忘二》，李国钧主编：《清代前期教育论著选》上册，人民教育出版社 1990 年版，第 201 页）艺术造诣的大小，与德行的修为密不可分，只有“德艺双馨”者，方能成就为真正的大家和大师。寿昆能在艺术上取得如此之大的成就，最根本的还在于他一贯秉持的为人之道：出之诚，出之以真，以天下为心，广结善缘。他性情刚烈，疾恶如仇，眼中容不得沙子，但凡事能从大处着眼，替朋友着想，真心助人，不图回报，有古代“士人”之气质，所谓“朝闻道，夕死可也”。“文革”期间，在诗人曾卓最困难的时候，他不顾个人安危，出手相助，帮助传递各种信息，帮助他干各种体力活。在挚友文化名人冯天瑜先生患病期间，他不仅到处张罗联系手术，而且在冯先生住院 20 余天中，曾 10 多次前往探视。他为武汉市设计城市 logo，加班熬夜，分文未取，以后又将市政府奖励的 10 万元中之一半捐赠给章开沅东西方文化基金会。他还曾多次表示，平生收藏，相当一部分将赠予华中师大与武汉大学的博物馆，使之能发挥传承文化、教育后代的作用。美的最高境界是真与善，有了真与善之心，方能作大美之画，书大美之字。所谓“画如其人”、“字如其人”，诚可信也。

羊年春节期间，寿昆曾挥毫作一联，直抒胸臆，联曰：“大道至简抱朴守一，君子之交和而不同。”前联系道家之真谛，后联乃儒家之精髓。可以说，这既是对其书画作品艺术特点的高度概括，也是他对自己、家人和朋友的人生期许。谨记，谨记！

是为序。

乙未年初春于南湖华大家园

（本文原载《李寿昆书画集》，长春出版社 2015 年版）

五、附录

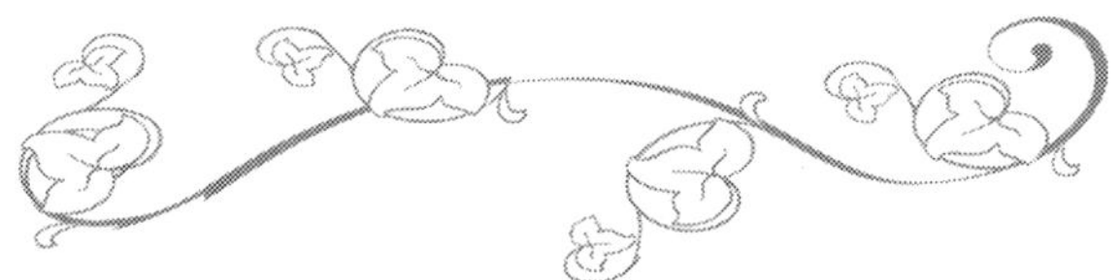

马敏论著目录

专著、编著

1.《传统与近代的二重变奏：晚清苏州商会个案研究》，巴蜀书社 1993 年版，合著。

2.《过渡形态：中国早期资产阶级构成之谜》，中国社会科学出版社 1994 年版。

3.《跨越中西文化的巨人：韦卓民学术思想国际研讨会论文集》，华中师范大学出版社 1995 年版，主编。

4.《官商之间：社会剧变中的近代绅商》，天津人民出版社 1995 年初版，华中师范大学出版社 2003 年修订版，韩国新书苑 2006 年韩文版。

5.《社会转型与教会大学》，湖北教育出版社 1998 年版，合编。

6.《马敏自选集》，华中理工大学出版社 1999 年版。

7.《中国文化概论》，华中师范大学出版社 2000 年版，主编。

8.《韦卓民基督教文集》，香港汉语基督教研究所 2000 年版。

9.《中国近代史上的官绅商学》，湖北人民出版社 2000 年版，合编。

10.《中国近代民族资产阶级研究：1860—1919》，华中师范大学出版社 2000 年版，合编。

11.《基督教与中国文化丛刊》，湖北教育出版社 2000 年版，合编。

12.《商人精神的嬗变——近代中国商人观念研究》，华中师范大学出版社 2001 年版。

13.《中国西部开发的历史审视》，湖北人民出版社 2001 年版，主编。

14.《东方文化与现代文明》，湖北人民出版社 2001 年版，合编。

15.《当代中国：东方巨人的崛起》，贵州人民出版社 2001 年版，合著。

16.《中国文化教程》，华中师范大学出版社 2002 年版，主编。

17.《中国经济通史》(晚清卷)，湖南人民出版社 2002 年版，合著。

18.《百年校史：1903 年—2003 年》，华中师范大学出版社 2003 年版。

19.《苏州商会档案丛编》第二辑，华中师范大学出版社 2004 年版，主编。

20.《包鹭宾学术论著选》，华中师范大学出版社 2005 年版，主编。

21.《基督教在华传播及其文化教育事业》，财团法人基督教宇宙光全人类关怀机构 2006 年版。

22.《拓宽历史的视野：诠释与思考》，华中师范大学出版社 2006 年版。

23.《中国近现代史纲要》，高等教育出版社 2007—2015 年版，第二首席专家。

24.《中国近现代史（1840—1949）》，高等教育出版社 2009 年版，普通高等教育“十一五”国家级规划教材，主编。

25.《苏州商会档案丛编》第三辑（上、下），华中师范大学出版社 2009 年版，主编。

26.《苏州商会档案丛编》第四辑（上、下），华中师范大学出版社 2009 年版，主编。

27.《博览会与近代中国》，华中师范大学出版社 2010 年版，主编。

28.《韦卓民纪念文集》，华中师范大学出版社 2010 年版，合编。

29.《苏州商会档案丛编》第五辑（上、下），华中师范大学出版社 2010 年版，主编。

30.《苏州商会档案丛编》第六辑（上、下），华中师范大学出版社 2011 年版，主编。

31.《西方文化教程》，华中师范大学出版社 2011 年版，普通高等教育“十一五”国家级规划教材，合编。

32.《商人精神的嬗变：辛亥革命前后中国商人观念研究》，华中师范大学出版社 2011 年版。

33.《辛亥革命时期苏州商会研究》，华中师范大学出版社 2011 年版，合著。

34.《变革中的教师教育：华中师范大学免费师范生培养的理论与实践探索》，华中师范大学出版社 2012 年版，合编。

35.《基督教与中西方文化的融合》，华中师范大学出版社 2013 年版。

36.《教育之道与管理之道》，华中师范大学出版社 2013 年版。

37.《华中师范大学校史：1903—2013》，华中师范大学出版社 2013 年版，合编。

38.《中国近代商会通史》四卷本，社会科学文献出版社 2015 年版，主编，第一作者。

专题论文

1.《我国第一部正式商法》,《史学月刊》1984 年第 1 期。

2.《清末第一次南洋劝业会述评》,《中国社会经济史研究》1985 年第 4 期。

3.《清末江苏资产阶级裁厘认捐活动述略》,《华中师范大学学报》1985 年第 6 期,合撰。

4.《中国近代商人心理结构初探》,《中国社会科学》1986 年第 5 期;英文版 1987 年第 4 期。

5.《论孙中山的伟人品质》,《历史研究》1986 年第 6 期。

6.《马克思主义史学的发展与主体意识》,《福建论坛》(文史哲版)1987 年第 3 期。

7.《中国走向世界的新步幅——清末商品赛会活动述评》,《近代史研究》1988 年第 1 期。

8.《浅谈晚清苏州商会与行会的区别及其联系》,《中国经济史研究》1988 年第 3 期,合撰。

9.《清末苏州商会组织系统试论》,《江海学刊》1988 年第 6 期。

10.《过渡特征与中国近代社会形态》,《历史研究》1989 年第 1 期。

11.《辛亥革命时期的苏州绅商》,章开沅主编:《辛亥革命史丛刊》(第 9 辑),中华书局 1991 年版。

12.《艰难的蜕变——解放前后的华中大学与韦卓民》,章开沅等编:《中西文化与教会大学》,湖北教育出版社 1991 年版。

13.《早期资本家阶级与近代中国社会结构演化》,《天津社会科学》1993 年第 3 期。

14.《美国收藏的中国教会大学历史文献》,《近代史研究》1993 年第 6 期,合撰。

15.《论中国近代民族资本的分化与粘连》,《社会科学战线》1994 年第 1 期。

16.《甲午战争前夕李鸿章对局势的判断论析》,《社会科学研究》1995 年第 5 期。

17.《韦卓民先生宗教文化观述论》,马敏等主编:《跨越中西文化的巨人:韦卓民学术思想国际研讨会论文集》,华中师范大学出版社 1995 年版。

18.《中国教会大学的国际化特色:华中大学个案分析》,章开沅主编:《文化传播与教会大学》，湖北教育出版社 1996 年版。

19.《中国与日本的“士商”——张謇与涩泽荣一之比较观》，《近代史研究》1996 年第 1 期。

20.《商事裁判与商会：论晚清苏州商事纠纷的调处》，《历史研究》1996 年第 1 期；《中国社会科学》（英文版）1997 年第 3 期。

21.《抗战期间教会大学的西迁——以华中大学和湘雅医学院为例》，《华中师范大学学报》（哲学社会科学版）1996 年第 2 期。

22.《晚清绅商与近代经济发展》，《中国经济史研究》1996 年第 3 期。

23.《传统社会保障体系与现代化》，《中国研究》（日本）1996 年第 7 期。

24.《抗战期间高等院校内迁概论》，《华中师范大学学报》1996 年专辑。

25.《有关中国近代社会转型的几点思考》，《天津社会科学》1997 年第 4 期。

26.《马希曼、拉沙与早期的〈圣经〉中译》，《历史研究》1998 年第 4 期。

27.《论孙中山的现代国家建设思想》，《华中师范大学学报》（人文社会科学版）1998 年第 4 期。

28.《有关中国与巴拿马太平洋万国博览会的几点补充》，《近代史研究》1999 年第 4 期。

29.《试论晚清绅商与商会的关系》，《天津社会科学》1999 年第 5 期。

30.《试论晚清苏州的“市民社会”》，章开沅主编：《辛亥革命史丛刊》第 10 辑，湖北人民出版社 1999 年版。

31.《中国现代化进程中的国家与社会关系论略》，《中国社会科学研究》（日）2000 年第 11 期。

32.《商战：中国近代化思潮的一个侧面》，《人文论丛》2000 年第 11 期。

33.《绅商名辩及其社会内涵》，《学人》第 15 期（2000 年）。

34.《晚清绅商阶层与辛亥革命》，《华中师范大学学报》1991 年专辑；金冲及选编：《辛亥革命研究论文集》（上卷），生活·读书·新知三联书店 2011 年版。

35.《建构民国时期（1912—1949）社会发展指标体系的几点思考》，《华中师范大学学报》（人文社会科学版）2001 年第 1 期，合撰。

36.《“绅商”词义及其内涵的几点讨论》，《历史研究》2001 年第 2 期。

37.《论孙中山的现代国家建设思想及其特征》，《郧阳师范高等专科学校学报》2001 年第 4 期。

38.《张謇与近代博览事业》，《华中师范大学学报》（人文社会科学版）2001 年第 5 期。

39.《近代中西文化的冲突与交流》，周远清等编著：《中国大学人文启示录》(第5卷)，华中科技大学出版社2001年版。

40.《基督教会与近代湖北的教育卫生事业》，台北中原大学编：《基督教与近代中国论文集》，宇宙出版社2001年版。

41. Min Ma, Emergent Civil Society in the Late Qing Dynasty: The Case of Suzhou, David Faure & Tao Tao Liu ed., *Town and Country in China: Identity and Perception*, Oxford, University of Oxford Press, 2002.

42.《略论辛亥前后商人司法意识的变迁》，中国史学会编：《辛亥革命与20世纪的中国》，中央文献出版社2002年版。

43.《商会史研究与新史学的范式转换》，《华中师范大学学报》(人文社会科学版)2003年第5期。

44.《中国近代博览会事业与科技、文化传播》，《历史研究》2004年第2期。

45.《中国同业公会史研究中的几个问题》，《理论月刊》2004年第4期。

46.《论新时期政府、商会和民营企业的新型关系》，《江汉论坛》2004年第5期。

47.《21世纪中国近代史研究的若干趋势》，《史学月刊》2004年第6期。

48.《语法书：马希曼是否抄袭马礼逊》，陶飞亚、梁元生编：《东亚基督教再诠释》，香港中文大学出版社2004年版。

49.《西部大开发研究的历史意识》，《中国21》第19卷，爱知大学现代中国学会2004年版，合撰。

50.《张謇与近代博览事业》，周新国编：《中国近代化先驱：状元实业家张謇》，社会科学文献出版社2004年版。

51.《社会转型的个案研究》，《郧阳师范高等专科学校学报》2005年第4期。

52.《民国时期政府统计工作与统计资料述论》，《华中师范大学学报》(人文社会科学版)2005年第6期，合撰。

53.《政府职能转变与商会组织的作用》，黄孟复编：《商会蓝皮书：中国商会发展报告》，社会科学文献出版社2005年版。

54.《营造一个和谐发展的地方社会——张謇经营南通的启迪》，《华中师范大学学报》(人文社会科学版)2006年第2期。

55.《民国时期政府统计工作与统计资料述论》，《华中师范大学学报》(人文社会科学版)2005年第6期，合撰。

56.《对近代中国出路的早期探索的启示》，《思想理论教育导刊》2006年第10期，合撰。

57.《南京国民政府时期国货展览会述论（1928～1937）》，中国社会科学院近代史研究所民国史研究室、四川师范大学历史文化学院编：《一九三〇年代的中国》，社会科学文献出版社2006年版，合撰。

58.《中国文化体制改革的进程评估及其发展方向——以艺术表演团体为中心的观察》，《华中师范大学学报》（人文社会科学版）2008年第4期，合撰。

59.《東アジア的価値観を有する近代産業の指導者》，陶徳民、姜克實、見城悌治、桐原健真編：《近代東アジアの経済倫理とその実践—渋沢栄一と張謇を中心に》，日本経済評論社2009年版。

60.《新时期深化文化体制改革中的文化政策问题》，《中国地质大学学报》（社会科学版）2009年第3期，合撰。

61.《民国时期国货展览会研究：1910—1930》，《华中师范大学学报》（人文社会科学版）2009年第4期，合撰。

62.《寓乐于会：近代博览会与大众娱乐》，《史学月刊》2010年第1期。

63.《张之洞与晚清湖北的商品赛会》，《江汉大学学报》（社会科学版）2010年第1期。

64.《世博会与近代东亚的参与》，《华中师范大学学报》（人文社会科学版）2010年第3期。

65.《孙中山与张謇实业思想比较研究》，《历史研究》2012年第5期。

66. The Confucian Merchant Tradition in the Late Qing and the Early Republic and its Contemporary Significance，*Social Sciences in China*，No. 2，2013.

67.《近代中国的商业启蒙》，《中国社会科学》2014年第2期。The Mercantile Enlightentment in Late Qing and Republic China，*Social Sciences in China*，2014，Vol. 35，No. 4.

68.《晚清商会与近代博览会》，《华中师范大学学报》（人文社会科学版）2015年第3期，合撰。

69. Joshua Marshman and the First Chinese Book Printed with Movable Metal Tybe，*Journal of Cultural International in East Asia*，Volume 6，March 2015，8.

70.《晚晴商会与中国式市民社会雏形的形式》，《南国学术》2016年第1期。

71.《现代化的“中国道路”——中国现代化历史进程的若干思考》，《中国社会科学》2016年第6期。

书评、学术综述

1.《〈苏州商会档案丛编第一辑〉简介》,《近代史研究》1987 年第 3 期，合撰。

2.《中国农村社会经济发展史的新探索》,《近代史研究》1993 年第 2 期。

3.《另一种历史——高阳〈胡雪岩全传〉读后》,《华中师范大学学报》(哲学社会科学版) 1997 年第 1 期。

4.《胡适研究的深层次探索——评罗志田著〈再造文明之梦——胡适传〉》,《历史研究》1998 年第 4 期。

5.《放宽中国近代史研究的视野——评介〈近世中国之传统与蜕变〉》,《历史研究》1999 年第 5 期。

6.《林霨著〈从战争到民族主义：中国的转折点，1924—1925〉》,《历史研究》2002 年第 1 期。

7.《据之于实情：建立中国史学新典范的若干启示——以李伯重〈江南的早期工业化 (1550—1850)〉为例》,《历史研究》2003 年第 1 期。

8.《探寻近代中国城市演变的历史轨迹——评介〈近代中国城市发展与社会变迁〉》,《中华文化论坛》2006 年第 1 期。

9.《追寻已逝的街头记忆——评王笛著〈街头文化：成都公共空间、下层民众与地方政治，1870—1930〉》,《历史研究》2007 年第 5 期。

10.《社会转型与文化变迁国际学术研讨会综述》,《历史研究》1996 年第 3 期。

11.《近年来大陆教会大学史研究综述》,《世界宗教研究》1996 年第 4 期。

12.《二十世纪的辛亥革命史研究》,《历史研究》2000 年第 3 期，合撰。

13.《近十年来中国的商会史研究及其展望》，章开沅主编：《近代史学刊》第 1 辑，华中师范大学出版社 2001 年版。

14.《第四届张謇国际学术讨论会会议综述报告》，第四届张謇国际学术研讨会组委会编：《张謇与近代中国社会》，南京大学出版社 2007 年版。

15.《近年来大陆中国教会大学史研究综述》,《世界宗教研究》1996 年第 4 期。

16.《近十年来中国的商会史研究及其展望》,《近代史学刊》2001 年第 00 期。

17.《改革开放以来的中国商会史研究》,《史学理论研究》2009 年第 3 期。

18.《中国近代博览会史研究的回顾与思考》,《历史研究》2010 年第 2 期，合撰。

19.《近 20 年来的中国商会史研究 (1990—2009)》,《近代史研究》2010 年第 2 期，合撰。

20.《百年来中国同盟会研究述评》,《史林》2012 年第 5 期，合撰。

随笔、杂感

1.《社会转型的文化视角》,《光明日报》1996 年 2 月 6 日。

2.《中国与世界博览会》,《光明日报》1999 年 6 月 18 日。

3.《有感于孔子述而不作》,《长江日报》2000 年 11 月。

4.《海洋文化不是西方的专利》,《光明日报》2000 年 12 月 7 日。

5.《计量史学与民国社会发展指标体系》,《光明日报》2001 年 8 月 7 日。

6.《中国早期工业化的若干问题》,《光明日报》2003 年 4 月 22 日。

7.《荆楚文化与近代湖北工商业的发展》,《光明日报》2004 年 6 月 22 日，合撰。

8.《中日近代企业家的人文关怀与社会贡献》,《南通日报》2005 年 5 月 28 日。

9.《树立大学经营的新理念》,《中国教育报》2005 年 10 月 21 日。

10.《借世博东风提升国民整体素质》,《光明日报》2010 年 4 月 14 日。

11.《见证人类时代的进步 世博会的灵魂“创新”》,《人民日报》2010 年 4 月 15 日。

12.《一日观会，胜于十年就学》,《人民日报》2010 年 5 月 15 日。

13.《从“万国街”到“地球村”——经济全球化视野下的世博会》,《光明日报》2010 年 6 月 22 日。

14.《规范认识的超越》,《读书》1994 年第 3 期。

15.《“流水不争先”——追念史家林增平先生》,《读书》1996 年第 6 期。

16.《耶鲁怪杰史景迁》,《读书》1997 年第 6 期。

17.《文化寻踪偶记》,《读书》1999 年第 8 期。

18.《治学偶得——〈马敏自选集〉书后》,《理论月刊》1999 年 10 期。

19.《如何理解史学研究中的“范式转换”》,《北京行政学院学报》2002 年第 4 期。

20.《发展繁荣哲学社会科学必须做扎扎实实的工作》,《理论月刊》2002 年第 8 期。

21.《传承华师精神　延续桂子学脉——重温〈华中师范学院学报〉创刊号“发刊词”》,《华中师范大学学报》2005 年第 6 期。

22.《关于加快发展武汉会展业的若干思考》,《学习与实践》2006 年第 10 期。

23.《通史贵在“通”》,《近代史研究》2007 年第 5 期。

24.《让城市文化史研究更富活力》，《史学月刊》2008年第5期。

25.《两访赛兰坡》，《读书》2016年第3期。

26.《史学研究贵在“开新”——我与〈史学月刊〉》，《史学月刊》2016年第3期。

序言、其他

1.《〈《万国公报》与晚清中西文化交流〉序》，杨代春著：《〈万国公报〉与晚清中西文化交流》，湖南人民出版社2002年版。

2.《〈社会转型的历史轨迹〉序》，杨华山：《社会转型的历史轨迹》，中央编译出版社2004年版。

3.《〈傅兰雅档案〉序》，戴吉礼主编：《傅兰雅档案》，广西师范大学出版社2010年版。

4.《〈变动社会中的法律秩序——1929—1949年鄂东民事诉讼案例研究〉序》，付海晏：《变动社会中的法律秩序——1929—1949年鄂东民事诉讼案例研究》，华中师范大学出版社2010年版。

5.《〈近代中日基督教教育比较研究（1860—1950）〉序》，张永广：《近代中日基督教教育比较研究（1860－1950）》，上海社会科学院出版社2012年版。

6.《〈大过渡——时代变局中的中国商人〉序》，李培德：《大过渡——时代变局中的中国商人》，商务印书馆（香港）有限公司2013年版。

7.《〈1914　涩泽荣一中国行〉序》，田彤编：《1914　涩泽荣一中国行》，华中师范大学出版社2013年版。

8.《〈纵浪大化中——二十一世纪章开沅在华师〉序》，陈建平编：《纵浪大化中——二十一世纪章开沅在华师》，华中师范大学出版社2013年版。

9.《中国舟船文明研究的新进展——〈中国造船史〉读后》，席龙飞：《中国造船史》，湖北教育出版社2000年版。

10.《〈行摄天下〉序》，张牢生：《行摄天下》，华中师范大学出版社2014年版。

11.《〈华中师范大学图书馆百年珍藏撷荟〉序》，《华中师范大学图书馆百年珍藏撷荟》，世界图书出版广东有限公司2013年版。

12.《〈桂子山10年新闻作品集〉序》，党波涛：《桂子山10年新闻作品集》，华中师范大学出版社2013年版。

13.《〈高情商：打造你的个人魅力〉序》，刘宗劲：《高情商：打造你的个人魅力》，南方日报出版社 2014 年版。

14.《〈中国政党制度发展史论〉序》，钟德涛：《中国政党制度发展史论》，高等教育出版社 2015 年版。

15.《“三结合整合式”教学模式探索——〈中国近代史纲要〉课程教学改革的理论与实践》，《教育研究》2009 年第 3 期，合撰。

16.《教师教育新模式理论探索及其实践——以师范生免费教育政策实施为契机》，《教育研究》2012 年第 11 期，合撰。